高职交通运输与土建类专业系列教材

高等职业教育新形态一体化教材

轨道工程

陈凤英　姜海波　赵宁宁　主　编
刘巧静　霍新伟　陈路明　副主编
田苗盛　主　审

人民交通出版社

北　京

内 容 提 要

本书为高职交通运输与土建类专业系列教材、高等职业教育新形态一体化教材。教材根据我国城市轨道交通行业最新的标准和规范,以打造"互联网+"教材的思路,运用简练的文字,大量的图片,生动的微课、视频、动画、模型等翔实介绍了轨道的构造、施工等内容,并创新性地加入了与岗位强相关的应急处理内容,着重培养学生对基本知识和技能的理解和运用。教材融入虚拟仿真练习、实操技能点、考核评价等要素,以够用为度,理、实一体化,实现全方位、多维度的人才培养。

本书共分为6个项目,主要内容包括:轨道构造与检查、轨道的几何形位、道岔、无缝线路、轨道施工、常见故障应急处理。每个项目下设若干任务,每个任务皆包含任务目标、知识链接、学习活动、拓展任务,每个学习活动由作业指导书、任务训练单、任务实施、任务评价组成。

教材针对城市轨道交通行业线路维护岗位需求,结合1+X城市轨道交通线路维护证书理论和实操要求,反映现代轨道工程的新动态和新做法,培养在轨道方面识原理、精检测、会维护、懂施工、能应急的高素质技术技能人才。本书可以作为高职高专院校、成人教育学院等城市轨道交通工程技术专业的教材或教学参考书,也可以供地铁和铁路工务部门的工作人员学习参考。

本书配有教学课件、教师可通过加入职教铁路教学研讨群(QQ:211163250)获取。

图书在版编目(CIP)数据

轨道工程 / 陈凤英,姜海波,赵宁宁主编. — 北京:人民交通出版社股份有限公司,2025.8

ISBN 978-7-114-19310-1

Ⅰ.①轨… Ⅱ.①陈…②姜…③赵… Ⅲ.①轨道(铁路) Ⅳ.①U213.2

中国国家版本馆CIP数据核字(2024)第025317号

Guidao Gongcheng

书　　　名:	轨道工程
著　作　者:	陈凤英　姜海波　赵宁宁
策划编辑:	李　娜
责任编辑:	陈虹宇
责任校对:	赵媛媛　武　琳
责任印制:	张　凯
出版发行:	人民交通出版社
地　　　址:	(100011)北京市朝阳区安定门外外馆斜街3号
网　　　址:	http://www.ccpcl.com.cn
销售电话:	(010)85285911
总　经　销:	人民交通出版社发行部
经　　　销:	各地新华书店
印　　　刷:	北京科印技术咨询服务有限公司数码印刷分部
开　　　本:	787×1092　1/16
印　　　张:	24.5
字　　　数:	581千
版　　　次:	2025年8月　第1版
印　　　次:	2025年8月　第1次印刷
书　　　号:	ISBN 978-7-114-19310-1
定　　　价:	69.00元(主教材+实训手册)

(有印刷、装订质量问题的图书,由本社负责调换)

Preface 前 言

　　党的二十大提出加快建设交通强国,要求轨道交通向智能化、精细化方向发展,在"智能运维、智慧城轨"的发展趋势下,"四新"技术不断应用,要求轨道施工及维护技能不断更新。在此大背景下,我校与时俱进,修订了专业课程标准和人才培养方案,课改后的"轨道工程"课程是城市轨道交通工程技术的专业核心课,主要介绍城市轨道(包括无砟部分和有砟部分)的构造、施工及维修,并创新性地加入了与岗位强相关的应急处理内容。本教材有以下特色。

1. 引入最新标准规范,内容先进实用

　　教材在编写过程中引入了目前大多数城市轨道工程施工与维护参考的《普速铁路线路修理规则(TG/GW 102—2019)》(2022年7月修订)和《高速铁路线路维修规则(TG/GW 115—2023)》,以及最新发布的《城市轨道交通运营设备维修与更新技术规范 第4部分:轨道》(JT/T 1218.4—2024)和《城市轨道交通设施设备运行维护管理办法》(交运规〔2024〕9号)等标准规范。采用交通运输部和中国国家铁路集团有限公司颁布的权威标准,而不使用省区市各地方地铁集团的检修施工规定,在保证教材先进性的同时还使其具有较强的实用性,为学生日后在各省区市城市轨道交通系统工作打下坚实的基础。

2. 突出知识技能培养,体现职教特色

　　教材采用项目–任务式的编写方式,6个项目的内容从城市轨道(包括无砟部分和有砟部分)构造、施工到应急处理,由浅入深,易学易懂,以够用为度,基本涵盖了轨道工程课程需要掌握的全部知识和技能。每个任务皆包含任务目标、知识链接、学习活动、拓展任务,每个学习活动由作业指导书、任务训练单、任务实施、任务评价组成,教学设计逻辑严谨,符合职业教育层次学生认知规律。

3. 融合岗位和证书标准,产教深度融合

教材在编写过程中,注重校企"双元"合作,编写团队的教师多为双师型教师,学习任务基本都来自地铁公司和铁路局员工岗位考核内容。相关知识点和技能点的取舍及深度,由教师会同哈尔滨地铁集团有限公司、宁波轨道交通集团有限公司、中铁一局集团有限公司、中国铁路成都局有限公司、中国铁路设计集团有限公司等企业专家反复论证,力求反映行业最前沿的"四新"技术。

同时,教材融合"岗课赛证",将城市轨道线路维护工(中级、高级)及技术员的理论知识、实操技能及"1+X"证书要求融入课程,使教材与专业岗位紧密结合,体现工学结合、理实一体化。

4. 配套教学资源丰富,搭建网络平台

教材充分体现"纸数融合",全方位、多维度地培养人才。为了学生能更加直观地学习和智助学习,编写团队以"互联网+"模式开发教材,读者可以通过手机扫描二维码观看微课视频、动画模型,进行虚拟仿真实训,还可以在"学习通"平台搜索课程名称,在线学习课程,获取更多资源。

本书由哈尔滨铁道职业技术学院陈凤英、哈尔滨地铁集团有限公司姜海波、宁波轨道交通集团有限公司赵宁宁担任主编;哈尔滨铁道职业技术学院刘巧静、中国铁路设计集团有限公司霍新伟、宁波轨道交通集团有限公司陈路明担任副主编;宁波轨道交通集团李进、巩京锋,哈尔滨地铁集团有限公司王冰、王海东、孙洪强、陈殷,哈尔滨铁道职业技术学院刘伟楠、王雪飞,中铁一局集团有限公司仲恺,中国铁路成都局有限公司谭章旭为参编;中国铁路设计集团有限公司田苗盛担任主审。

具体编写分工如下:陈凤英编写项目二、项目四、项目五、项目三任务五;刘巧静编写项目一任务一、任务二;姜海波编写项目一任务三;王冰编写项目一任务四;孙洪强编写项目一任务五;霍新伟编写项目一任务六;赵宁宁编写项目三任务一;陈路明编写项目三任务二;巩京锋编写项目三任务三;刘伟楠编写项目三任务四;王雪飞编写项目三任务六;谭章旭编写项目三任务七;李进编写项目六任务一;陈殷编写项目六任务二;王海东编写项目六任务三。哈尔滨地铁集团有限公司关宇宁、哈尔滨铁道职业技术学院董四宇负责图文编辑。

本书在编写过程中,参考和借鉴了相关书籍文献、图片资料、多所高职高专院校城市轨道工程技术专业教学文件及国家现行的规范和标准,书中大量考核标准

和案例来自各地铁公司现场做法,宁波轨道交通集团有限公司工务维修中心提供了大量的现场视频,在此一并致以衷心的感谢。

由于编者水平有限,书中难免存在不足和疏漏之处,敬请读者批评指正。

编　者

2025年4月

本教材配套数字资源索引

资源位置		资源编号	资源类型	资源名称	资源页码
项目一	任务一	1.1.1	微课	钢轨的断面及材质	主教材6
		1.1.2	模型	钢轨	主教材7
		1.1.3	现场视频	轨缝调整作业	主教材10
		1.1.4	虚拟仿真	单根钢轨更换	实训手册7
		1.1.5	习题小测	钢轨的功能及断面	实训手册7
	任务二	1.2.1	微课	钢轨伤损及探伤	主教材12
		1.2.2	现场视频	波磨测量作业	主教材16
		1.2.3	现场视频	钢轨磨耗检查作业	实训手册8
		1.2.4	模型	磨耗尺	实训手册8
		1.2.5	虚拟仿真	钢轨探伤	实训手册11
		1.2.6	模型	钢轨探伤仪	实训手册11
		1.2.7	现场视频	焊缝探伤	实训手册22
		1.2.8	现场视频	钢轨人工打磨	实训手册22
		1.2.9	习题小测	钢轨伤损及探伤	实训手册22
	任务三	1.3.1	微课	轨枕	主教材17
		1.3.2	现场视频	碎石道床方正轨枕作业	实训手册23
		1.3.3	虚拟仿真	更换木枕作业	实训手册28
		1.3.4	习题小测	轨枕	实训手册28
	任务四	1.4.1	微课	接头连接零件	主教材25
		1.4.2	模型	钢轨接头	主教材26
		1.4.3	微课	扣件	主教材29
		1.4.4	动画	WJ-7型扣件	主教材31
		1.4.5	现场视频	扣件涂油作业	实训手册29

1

资源位置		资源编号	资源类型	资源名称	资源页码
项目一	任务四	1.4.6	虚拟仿真	扣件涂油	实训手册29
		1.4.7	现场视频	接头螺栓涂油	实训手册35
		1.4.8	习题小测	连接零件	实训手册35
	任务五	1.5.1	模型	有砟轨道	主教材34
		1.5.2	现场视频	碎石道床人工捣固作业	实训手册36
		1.5.3	习题小测	有砟轨道	实训手册41
	任务六	1.6.1	微课	无砟轨道	主教材38
		1.6.2	模型	无砟轨道	主教材38
		1.6.3	习题小测	无砟轨道	实训手册44
项目二	任务一	2.1.1	微课	直线轨道的几何形位	主教材47
		2.1.2	模型	电子轨距尺	实训手册47
		2.1.3	现场视频	线路起道作业	实训手册49
		2.1.4	习题小测	直线轨道轨距水平	实训手册50
	任务二	2.2.1	微课	小半径曲线轨距加宽	主教材51
		2.2.2	习题小测	小半径曲线轨距加宽	实训手册52
	任务三	2.3.1	微课	曲线外轨超高	主教材55
		2.3.2	动画	曲线外轨超高	主教材55
		2.3.3	习题小测	曲线外轨超高	实训手册55
	任务四	2.4.1	微课	曲线整正	主教材59
		2.4.2	现场视频	正矢测量	实训手册56
		2.4.3	现场视频	碎石道床拨道作业	实训手册60
		2.4.4	虚拟仿真	曲线拨道作业	实训手册60
		2.4.5	现场视频	线路改道作业	实训手册64
		2.4.6	虚拟仿真	改道作业	实训手册64
		2.4.7	习题小测	曲线整正	实训手册64
	任务五	2.5.1	现场视频	轨底坡测量	实训手册65
		2.5.2	习题小测	前后高低、轨底坡	实训手册69
	任务六	2.6.1	微课	缩短轨1	主教材67
		2.6.2	微课	缩短轨2	主教材67
		2.6.3	习题小测	缩短轨	实训手册72
	任务七	2.7.1	模型	轨道检查仪	主教材72
		2.7.2	虚拟仿真	轨道检查仪静态检查作业	实训手册72

资源位置		资源编号	资源类型	资源名称	资源页码
项目二	任务七	2.7.3	现场视频	轨道检查仪检查作业	实训手册72
		2.7.4	习题小测	轨道检查仪	实训手册77
项目三	任务一	3.1.1	微课	普通单开道岔的认知	主教材80
		3.1.2	虚拟仿真	单开道岔组成	实训手册78
		3.1.3	习题小测	道岔认知	实训手册86
	任务二	3.2.1	微课	单开道岔的构造:转辙器部分	主教材85
		3.2.2	动画	转辙机的工作原理	主教材85
		3.2.3	习题小测	单开道岔转辙器部分	实训手册91
	任务三	3.3.1	虚拟仿真	道岔支距测量作业	实训手册92
		3.3.2	现场视频	道岔支距测量作业	实训手册92
		3.3.3	模型	支距尺	实训手册93
		3.3.4	习题小测	道岔连接部分	实训手册96
	任务四	3.4.1	微课	识读单开道岔总布置图	实训手册96
		3.4.2	图纸	图3-4-2 单开道岔布置图1	实训手册97
		3.4.3	图纸	图3-4-3 单开道岔布置图2	实训手册99
		3.4.4	习题小测	单开道岔布置图	实训手册102
	任务五	3.5.1	微课	单开道岔的构造:辙叉及护轨	主教材100
		3.5.2	现场视频	护轨轮缘槽测量作业	实训手册102
		3.5.3	现场视频	道岔查照间隔测量作业	实训手册106
		3.5.4	习题小测	单开道岔辙叉及护轨	实训手册111
	任务六	3.6.1	现场视频	道岔17处测量作业	实训手册111
		3.6.2	虚拟仿真	道岔17处检查	实训手册111
		3.6.3	习题小测	道岔17处轨距水平检查	实训手册115
	任务七	3.7.1	微课	更换道岔护轨	主教材106
		3.7.2	现场视频	道岔护轨更换	实训手册115
		3.7.3	动画	护轨的更换流程	实训手册116
		3.7.4	习题小测	护轨更换	实训手册121
项目四	任务一	4.1.1	微课	无缝线路认知	主教材110
		4.1.2	习题小测	无缝线路认知	实训手册124
	任务二	4.2.1	微课	无缝线路温度力计算	主教材114
		4.2.2	微课	温度力单向图及反向图	实训手册125
		4.2.3	习题小测	钢轨温度力及温度力图	实训手册129
	任务三	4.3.1	微课	无缝线路应力放散	主教材120

资源位置		资源编号	资源类型	资源名称	资源页码
项目四	任务三	4.3.2	虚拟仿真	无缝线路应力放散	实训手册130
		4.3.3	现场视频	位移观测桩测量作业	实训手册135
		4.3.4	习题小测	无缝线路应力放散	实训手册135
	任务四	4.4.1	动画	无缝线路胀轨跑道	主教材125
		4.4.2	微课	无缝线路胀轨跑道	主教材125
		4.4.3	虚拟仿真	无缝线路胀轨跑道处理作业	实训手册135
		4.4.4	习题小测	无缝线路胀轨跑道	实训手册139
	任务五	4.5.1	虚拟仿真	钢轨焊接作业	实训手册139
		4.5.2	习题小测	钢轨焊接	实训手册150
	任务六	4.6.1	微课	无缝线路钢轨折断处理方法	主教材131
		4.6.2	虚拟仿真	无缝线路钢轨折断临时处理	实训手册150
		4.6.3	虚拟仿真	无缝线路钢轨折断紧急处理	实训手册152
		4.6.4	现场视频	无缝线路钢轨折断紧急处理	实训手册152
		4.6.5	虚拟仿真	无缝线路钢轨折断永久处理	实训手册154
		4.6.6	习题小测	钢轨折断处理	实训手册157
项目五	任务一	5.1.1	微课	一般及中等减振地段整体道床施工	主教材136
		5.1.2	虚拟仿真	无砟轨道铺轨施工	主教材136
		5.1.3	动画	整体道床轨道施工流程	实训手册158
		5.1.4	虚拟仿真	轨道精调	实训手册161
		5.1.5	习题小测	普通无砟轨道施工	实训手册161
	任务二	5.2.1	微课	高等减振地段整体道床施工	主教材144
		5.2.2	虚拟仿真	减振轨道铺设施工	主教材144
		5.2.3	虚拟仿真	无缝线路的铺设	实训手册166
		5.2.4	习题小测	减振轨道施工	实训手册166
	任务三	5.3.1	微课	浮置板道床原理	主教材147
		5.3.2	动画	浮置板弹簧隔振器的组成	主教材148
		5.3.3	微课	浮置板减振道床施工	主教材151
		5.3.4	习题小测	浮置板减振轨道	实训手册174
	任务四	5.4.1	微课	碎石道床施工	主教材156
		5.4.2	虚拟仿真	有砟轨道铺轨施工	主教材156
		5.4.3	动画	原位法道岔施工流程	主教材158
		5.4.4	微课	碎石道床道岔岔枕摆放及道岔组装	实训手册174
		5.4.5	习题小测	碎石道床施工	实训手册178

资源位置		资源编号	资源类型	资源名称	资源页码
项目六	任务一	6.1.1	现场视频	挤岔应急抢修作业	实训手册180
		6.1.2	习题小测	挤岔应急处理	实训手册184
	任务二	6.2.1	现场视频	线路起道作业	实训手册185
		6.2.2	虚拟仿真	起道作业	实训手册185
		6.2.3	习题小测	碎石道床下沉应急处理	实训手册188
	任务三	6.3.1	现场视频	整体道床沉降处理	实训手册189
		6.3.2	习题小测	整体道床下沉	实训手册192

资源使用说明：

1. 扫描封面二维码,注意每个码只可激活一次；

2. 长按弹出界面的二维码关注"交通教育出版"微信公众号并自动绑定资源；

3. 公众号弹出"购买成功"通知,点击"查看详情",进入后即可查看资源；

4. 也可进入"交通教育出版"微信公众号,点击下方菜单"用户服务—图书增值",选择已绑定的教材进行观看。

目 录

Contents ■■■■

1

引言

轨道结构作为现代交通系统的物理载体,是列车安全、高效运行的基石。轨道通过钢轨与车轮的精确配合,引导列车沿固定路径行驶,避免方向偏离;同时轨道承载列车重量及动态荷载,通过轨枕、道床逐级分散至路基,确保结构稳定性。

一、轨道的核心组成及功能

轨道作为地铁和铁路系统的重要组成部分,是列车运行的基础,它不仅支撑着列车的重量,还引导列车安全平稳地行驶。轨道由多个元素构成,包括钢轨、配件、扣件、道岔及轨下基础等,它们共同作用,确保列车能够高效、稳定地行驶。按照道床的形式,轨道分为有砟轨道和无砟轨道。轨道组成如图0-0-1所示。

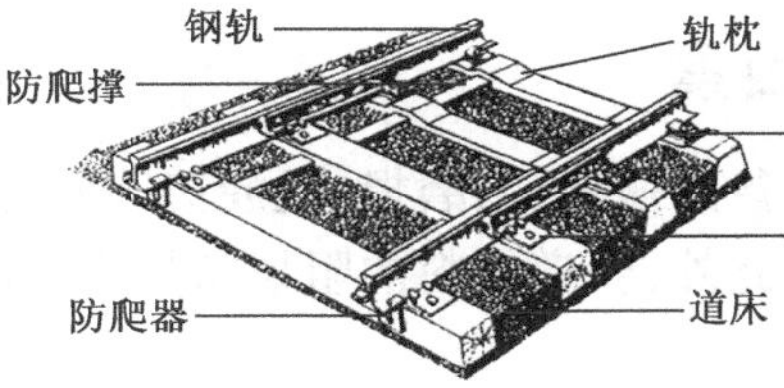

a)有砟轨道组成图    b)无砟轨道组成图

图0-0-1　轨道结构组成图

钢轨是轨道的主体部分,它直接与列车的车轮接触,承受列车的重量和产生的压力。

轨枕是轨道的基础支撑结构,它位于轨道床和轨道之间,固定钢轨的位置,确保轨道的稳定性。轨枕承受并传递列车的载荷,它需要具备足够的强度和稳定性,以确保列车能够安全、平稳地行驶。

扣件是连接轨道和轨枕的关键部件。它能够将轨道牢固地固定在轨枕上,防止轨道移位或断裂,同时为钢轨提供必要的弹性。轨道扣件的强度和紧固程度直接影响到列车行驶的安全性。

道岔是轨道系统中的关键组件之一,它能够引导列车从一条线路转向另一条线路,是实现列车在不同线路间切换的关键。道岔的种类繁多,包括单开道岔、交分道岔等,每种类型都有其特定的应用场景和优势。

道床是轨道下方的填充物,它能够有效吸收列车行驶时产生的震动和冲击,提高轨道的稳定性。道床的材料和结构设计直接影响到轨道的性能,是确保轨道安全运行的重要因素。

二、轨道的发展历程

轨道的演进是一部技术创新与社会需求交织的历史:

(1)古代萌芽(前5世纪—18世纪):古希腊石质凹槽轨道用于减少车轮摩擦,16世纪德国木制轨道用于煤矿运输,通过横向木条固定提升运力。

图 0-0-2 早期的 L 型轨

(2)工业革命突破(1767年至19世纪):铸铁轨(1767年)、L型轨(1776年)的出现增强了轨道的导向性;1825年锻铁轨应用于第一条公共铁路,标志现代轨道雏形诞生。钢轨标准化(1835年双头轨)与勾头道钉的发明奠定了轨道结构基础。早期的L形轨如图0-0-2所示。

(3)城市化驱动(20世纪及以后):地铁(1863年伦敦)、轻轨(1978年命名)缓解城市交通压力;中国1969年北京地铁通车,至2023年全国运营里程超1.1万km,形成全球最大轨交网络。截至2024年底,我国铁路营运里程16.2万km,其中高铁4.8万km。

(4)技术迭代:从蒸汽机车到全自动运行系统(UTO),材料从铸铁到高强合金钢,检测技术从弦测法到激光惯性基准,智能化与耐久性持续提升。

三、影响轨道的安全性和稳定性的因素

(1)轨道材料的质量和性能。轨道材料需要具备高强度、耐磨损、抗疲劳等性能,以确保在长时间使用过程中不会出现断裂、变形等问题。此外,轨道材料的阻尼特性也对减振和降噪有着重要作用。

(2)轨道结构的刚度和自振频率。轨道结构的刚度决定了轨道对列车载荷的响应程度,刚度越高,列车行驶的平稳性和安全性越好。自振频率则与轨道结构的固有特性有关,过高的自振频率可能导致轨道共振,对轨道的稳定性和安全性造成不利影响。

(3)轨道的几何形状。轨道几何形状的设计也对轨道的安全性和稳定性产生影响。例如,轨道的平直度、轨距、轨底坡等参数都会直接影响到列车的行驶轨迹和稳定性。

(4)外部因素。外部因素如地震、风载、雪载等自然灾害和人为因素也可能对轨道的安全性和稳定性造成影响。为了应对这些外部因素,需要对轨道进行相应的加固设计和采取预防措施。

四、轨道的未来发展方向

1. 城轨轨道未来发展方向

2024年中国城市轨道交通协会发布了《中国城市轨道交通既有线改造指导意见》,强调以新质生产力推进城轨更新改造。未来城市轨道交通将围绕"轻量化材料、智能结构、绿色降

噪、高效施工、智慧运维"五大核心方向,依托新质生产力实现高质量发展。

(1)轨道材料创新。未来碳纤维复合材料、环保材料与再生资源等将进一步用于轨道结构材料中。例如,无砟轨道中采用低环境负荷混凝土,结合工业固废再生骨料技术,减少资源消耗;钢轨表面涂层技术(如纳米涂层)延长使用寿命,减小维护频率。

(2)轨道结构优化。轨道结构向预制化、模块化发展。例如,上海地铁的钢弹簧浮置板道床通过预制龙骨整体吊装技术,工效提升5~10倍,人工成本减少60%。未来,轨道组件将实现"即插即用"式装配,缩短施工周期。

(3)轨道施工智能化。未来将进一步发展轨道智能化施工装备和数字化施工管理。如福州地铁基于BIM(建筑信息模型)技术构建轨道三维模型,结合5G实时监控系统,精准定位施工误差,减少返工率。

(4)轨道维护预测化。进一步发展智能检测与健康管理,推进智慧运维平台发展,实现由"计划修"向"状态修"的进一步转变。

2.未来铁路轨道的发展方向

未来铁路轨道除了城市轨道的主要发展方向外,还将继续推进重载与高速协同发展。如进一步发展无缝线路技术、可动心轨道岔技术,发展高速磁悬浮技术、超导磁悬浮技术,提升重载列车运行平稳性。

项目一

轨道构造与检查

项目引入

城市轨道交通轨道结构主要由地下区间、高架线、出入线、车辆段组成,地下区间和高架线一般采用无砟轨道;车辆段是地铁列车停放、检修和维护的重要场所,一般采用有砟轨道结构。出入段线部分,则会根据与正线的连接方式和列车运行速度等要求,采用相应的过渡轨道结构,如在有砟轨道和无砟轨道之间设置过渡段,以保证列车运行的平稳性和安全性。

有砟轨道与无砟轨道的主要区别在于:有砟轨道是碎石道床,散粒结构;无砟轨道是整体道床。有砟轨道主要由钢轨、轨枕、道床、道岔、连接零件、防爬设备组成。

随着城市轨道交通的飞速发展,噪声与振动问题逐渐成为影响居民生活、限制轨道交通进一步发展的重要因素,利用高分子减振垫、减振橡胶、减振扣件、浮置板轨道、弹性支承块轨道等新型减振降噪材料与技术,从源头降低噪声和振动的产生,同时在传播途径中采取有效手段进一步减弱其影响,最终达到保护居民生活环境、促进轨道交通与城市和谐发展的目的。

项目导航

项目一 轨道构造与检查	任务一 钢轨的功能与断面认知	任务二 钢轨伤损及探伤	任务三 轨枕作业
	知识1:钢轨类型及功能 📚 知识2:预留轨缝 ◎ 知识3:轨缝调整量 🧠 技能1:轨缝调整 🔨 拓展:轨缝调整器 📚	知识1:钢轨伤损类型 📚 知识2:钢轨磨耗 ◎ 技能1:磨耗测量 🔨 技能2:钢轨探伤 🔨 拓展1:焊缝探伤 🔨 拓展2:钢轨打磨 🔨	知识1:轨枕组成及分类 📚 知识2:轨枕间距计算 ◎ 技能:方正轨枕 🔨 拓展:更换木枕 🚃
	任务四 连接零件作业	任务五 有砟轨道作业	任务六 无砟轨道作业
	知识1:连接零件组成分类 📚 知识2:扣件类型 ◎ 技能:扣件涂油 🔨 拓展1:接头螺栓涂油 🚃 拓展2:拆卸螺栓 🚃	知识1:碎石道床组成及特点 📚 知识2:道床病害 ◎ 技能:人工捣固道床 🔨	知识1:无砟轨道的发展 📚 知识2:城市轨道交通无砟轨道 ◎ 知识3:高速铁路无砟轨道 ◎ 技能:无砟轨道认知 🔨

📚基础认知　◎教学重点　🧠教学难点　🔨现场实操　🚃虚仿练习

任务一　钢轨的功能及断面认知

🔍 任务引入

在轨道系统中，钢轨就像一个全能型选手，既能扛重活，又能抠细节，堪称"轨道界的劳模"。它的第一大任务，就是稳稳地托住火车，给它一个可靠的铁肩膀。钢轨不仅是"托举大师"，还是"快递员"。它负责把列车的重量和冲击力传递给轨枕、道砟和路基，要是钢轨不给力，整个轨道系统就会"罢工"。因此要求钢轨肩要平、腰要直、腿要稳。如此重要的角色，钢轨应该是什么断面、什么材质，才能让列车平稳、高速地行驶呢？

🔍 任务分析

钢轨的功能、断面和材质的相关知识是轨道维护人员应知应会的基本内容，轨道维护人员掌握相关内容能为后续检查、探伤、维护奠定坚实的基础。轨缝调整作业是线路工现场基本作业内容。要求学生能熟读钢轨的标记、熟练计算轨缝调整量。

🔍 课岗赛证

课	岗	赛	证
教学内容 1.钢轨的功能及类型 2.钢轨的断面及材质 3.轨缝计算 4.轨缝调整	**城市轨道线路维护工** **初级**（××地铁） 整治钢轨接头错牙 **城市轨道线路维护工** **中级**（××地铁） 1.正确计算轨缝量 2.能确定轨缝调整方法 3.能使用轨缝调节器进行个别轨缝调整	**中铁×局员工技能大赛** **铁路线路工比赛** **全国行业职业技能大赛** **铁路线路工比赛** 实作3 轨缝调整作业	**1+X线路维护证** （中级） 实作8 整治钢轨 接头错压 实作17 使用液压轨缝调整器调整轨缝作业 **铁路线路工证** （中级） 轨缝调整

🔍 任务目标

【知识目标】

1.阐述钢轨的功能及断面组成、类型。

2.说出钢轨的化学成分及其对力学性能的影响。

3.概述轨缝调整作业流程。

【技能目标】

1.能够计算普通线路的预留轨缝。

2.能够根据气候条件对不同类型的钢轨设置合适的轨缝。

3.能够进行轨缝调整作业。

【素质目标】

1.具备自主学习能力和查阅资料的能力。

2.具备独立分析问题与解决问题的能力。

3.增强线路工作业按规操作、精益求精的意识。

🔍 知识链接

微课 钢轨的断面 及材质

一、钢轨的功能及类型

　　钢轨是轨道最重要的组成部件,它的功能在于为车轮提供连续、平顺和阻力最小的滚动表面,引导机车车辆的车轮前行,直接承受来自车轮和其他方面的各种力,并传递给轨下基础。在电气化铁路和自动闭塞区段,钢轨还兼做轨道电路使用,轨道电路如图 1-1-1 所示。

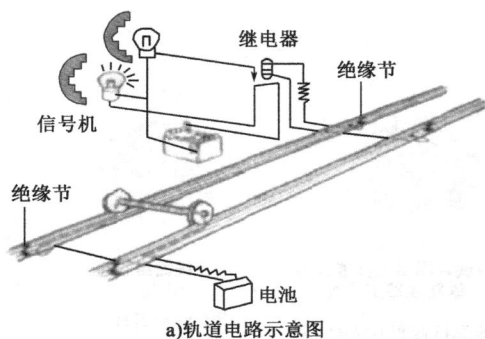

a)轨道电路示意图　　　　　　　　　　　　b)轨道电路实物图

图 1-1-1　轨道电路

　　钢轨的类型以每米大致质量(kg/m)划分。我国现有的钢轨类型分为 38kg/m、43kg/m、50kg/m、60kg/m(60、60N)、75kg/m(75、75N)等类型。

　　钢轨的长度与钢轨的类型有关,38kg/m、43kg/m 的钢轨有 12.5m 和 25m 两种长度,50kg/m、60kg/m 的钢轨有 12.5m、25m、100m 三种长度,75kg/m 的钢轨有 25m、75m、100m 三种长度。

　　《地铁设计规范》(GB 50157—2013)规定:"正线及配线钢轨宜采用 60kg/m 钢轨,车场线宜采用 50kg/m 钢轨。"

二、钢轨的断面

　　钢轨采用具有最佳抗弯性能的工字形断面,由轨头、轨腰和轨底三部分组成。钢轨横断面如图 1-1-2 所示。

图 1-1-2 钢轨横断面

1.轨头

轨头是钢轨直接和车辆接触部分,应有抵抗压溃和耐磨的能力,故轨头宜大而厚,并应具有和车辆踏面相适应的外形。轨头顶面应轧制成隆起的圆弧形,使由车轮传来的压力集中于钢轨中轴。

2.轨腰

轨腰的两侧为曲线,必须具有足够的厚度和高度,以使钢轨有足够的承载能力和抗弯能力,轨腰将轨头与轨底连接起来,必须保证夹板有足够的支撑面。

3.轨底

轨底应保持钢轨的稳定,应有足够的宽度和厚度,并具有必要的刚度和抵抗锈蚀的能力。

钢轨断面具体尺寸如图 1-1-3 所示,钢轨类型详情见表 1-1-1。

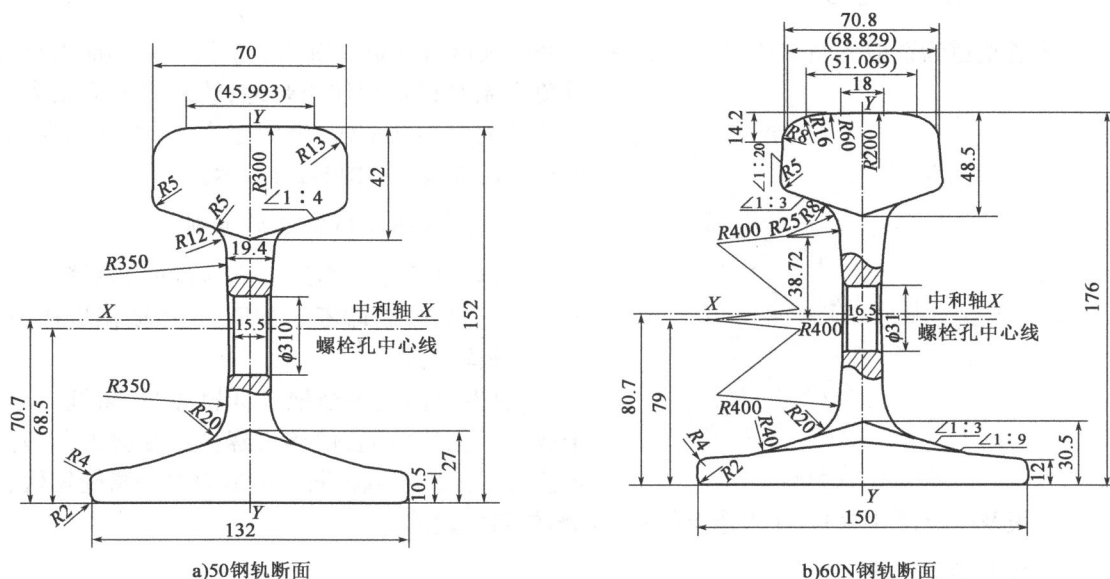

a)50钢轨断面

b)60N钢轨断面

图 1-1-3 钢轨断面尺寸(尺寸单位:mm)

钢轨类型详情 表1-1-1

项目	单位	类型(kg/m)					
		75N	75	60N	60	50	43
每米理论质量	kg/m	74.25	74.6	60.45	60.76	51.46	44.56
断面积	cm²	94.56	95.04	77.05	77.45	65.80	56.77
钢轨高度	mm	192	192	176	176	152	140
轨头宽度	mm	72	72	70.8	70.8	70	70
轨底宽度	mm	150	150	150	150	132	114
轨腰厚度	mm	20	20	16.5	16.5	15.5	14.5
螺栓孔直径	mm	31	31	31	31	31	29

三、钢轨的材质

钢轨的化学成分主要为铁(Fe),还含有碳(C)、锰(Mn)、硅(Si)、磷(P)、硫(S)等元素。碳对钢轨的性质影响最大,是铁以外的主要成分。钢的抗拉强度、耐磨性及硬度均随含碳量的增加而提高;但若钢中含碳量过多,钢质会变脆,其塑性指数(伸长率、断面收缩率、冲击韧性)会显著下降。锰可以提高钢轨的强度和耐磨性,同时提高韧性。硅易与氧发生化合反应,能去除钢中气泡,因此,适当提高含硅量,能提高钢轨耐磨性能。磷与硫在钢中均属于有害成分,所以磷、硫的含量必须严加控制。

当前国内使用于城市轨道交通的钢轨主要有U74、U71Mn、U74Mn、U75V(旧称PD3)等。

四、钢轨的轨缝

普通轨道为适应钢轨热胀冷缩,钢轨接头处必须留有一定的轨缝。预留轨缝不应太小,以免高温时钢轨无伸长余地;轨缝也不应太大,以免低温时钢轨缩短,缝隙过大,严重影响列车运行。钢轨轨缝如图1-1-4所示。

图1-1-4 钢轨轨缝

1.一般线路预留轨缝的原则

(1)当轨温达到当地最高轨温时,轨缝应大于或等于零,使轨端不受挤压力,以防温度压力太大而胀轨跑道。

(2)当轨温达到当地最低轨温时,轨缝应小于或等于构造轨缝,使接头螺栓不受剪力,以防止接头螺栓拉弯或拉断。构造轨缝是指受钢轨、接头夹板及螺栓尺寸限制,在构造上能实现的轨端最大缝隙值。

2.预留轨缝计算

预留轨缝的计算方法如式(1-1-1)所示。

$$a_0 = aL(t_z - t_0) + \frac{1}{2} a_g \qquad (1\text{-}1\text{-}1)$$

式中：a_0——换轨或调整轨缝时的预留轨缝，mm；

　　　a——钢轨线膨胀系数 $a=0.0118$，mm/(m·℃)；

　　　L——钢轨长度，m；

　　　t_z——当地中间轨温，℃，$t_z = (t_{max} + t_{min})/2$，其中 t_{max}、t_{min} 为当地历史最高、最低轨温；

　　　t_0——换轨或调整轨缝时的轨温，℃；

　　　a_g——构造轨缝，38kg/m、43kg/m、50kg/m、60kg/m、75kg/m 钢轨均采用 $a_g=18$mm。

3.调整轨缝作业要求

（1）不拆开接头调整轨缝。只松动接头螺栓，放行列车时，每个接头至少拧紧4个螺栓（每端2个）。

（2）拆开接头成段调整轨缝。

①拉开空隙不超过50mm，放行列车时，应把拉开的尺寸均摊到其他接头内，每个接头至少拧紧4个螺栓（每端2个）。

②拉开空隙超过50mm，放行列车时（限速），插入短轨头（带轨底），配合使用长孔夹板，并垫短轨枕，每个接头至少拧紧4个螺栓（一端2个，另一端1个，短轨头上1个）。

③使用短轨头时，拉开的最大空隙不得超过150mm；短轨头（带轨底）的长度分别为50mm、70mm、90mm、110mm、130mm五种。

4.调查轨缝和接头错差

用方尺和楔形轨缝尺量接头错差和左右股轨缝，记录在轨缝调整计算表中。一般由始点向终点量，以左股为基准，用方尺量右股的接头，向始点错为"+"号，反之为"−"号。

5.轨缝调整计算案例

【例1-1】　直线地段轨缝调整，实测轨缝、实测直角错差、计划轨缝值见表1-1-2，完成轨缝调整计算。

解：计算过程见表1-1-2。

轨缝调整计算表（单位：mm）　　　　　　表1-1-2

轨缝测点编号	左股钢轨					右股钢轨					实际直角错差	调整后	
	实际轨缝	计划轨缝	轨缝差	串动量	串动方向	实际轨缝	计划轨缝	轨缝差	串动量	串动方向		两股钢轨串动量差	直角错差
(1)	(2)	(3)	(4)	(5)	(6)	(7)	(8)	(9)	(10)	(11)	(12)	(13)	(14)
1	7	7	0	0		7	7	0	0		12	0	12
2	11	7	+4	+4		0	7	−7	−7		3	−11	−8
3	2	7	−5	−1		20	7	+13	+6		−16	+7	−9
4	3	7	−4	−5		3	7	−4	+2		−17	+7	−10

续上表

轨缝测点编号	左股钢轨					右股钢轨					实际直角错差	调整后	
	实际轨缝	计划轨缝	轨缝差	串动量	串动方向	实际轨缝	计划轨缝	轨缝差	串动量	串动方向		两股钢轨串动量差	直角错差
5	1	7	−6	−11		7	7	0	+2		−7	+13	6
6	11	7	+4	−7		6	7	−1	+1		−7	+8	1
7	7	7	0	−7		5	7	−2	−1		−3	+6	3
8	10	7	+3	−4		12	7	+5	+4		−8	+8	0
9	8	7	+1	−3		0	7	−7	−3		6	0	−6
10	10	7	+3	0		10	7	+3	0		4	0	4
Σ	70	70	±15			70	70	±21					

注:第(1)栏:轨缝测点编号。

第(2)、(7)栏:左右两股钢轨实测轨缝值。

第(3)、(8)栏:计划轨缝,计算所得。

第(4)、(9)栏:左右股钢轨实测轨缝与计划轨缝差。

第(5)、(10)栏:钢轨串动量。某测点串动量等于前一测点串动量加该点轨缝差(斜加平写)。

第(6)、(11)栏:左右股钢轨串动方向。当串动为正时,表示钢轨要向始端方向串动;反之,则往终端方向串动。

第(12)栏:实测两股轨缝直角错差。

第(13)栏:左右股钢轨串动量差,即右股串动量减去左股串动量。

第(14)栏:两股钢轨串动后的直角错差,等于实测直角错差加两股钢轨串动量差。

现场视频 轨缝调整作业

两股钢轨串动后的直角错差,应符合《普速铁路线路修理规则》(TG/GW 102—2019)的规定。如因配轨不当,接头相错量较大,应在一股或两股之间按长度误差量调配钢轨,不得用增减轨缝尺寸的方法调整接头相错量。

任务二 钢轨伤损及探伤

任务引入

轨道组成中看起来质地坚硬的钢轨,在服役过程中会"生病"吗?钢轨并非"坚不可摧"。随着列车的长期运行,钢轨会因各种原因出现伤损,而这些伤损如果不及时发现和处理,可能导致严重的安全事故。

2022年,××高铁某段钢轨因长期列车荷载和环境腐蚀,出现裂纹。由于探伤工作未及时覆盖该区域,裂纹逐渐扩展,最终导致列车紧急停运。事后调查发现,裂纹的形成与钢轨材质、列车运行频率以及维护周期密切相关。

现场每天都有一群人,对钢轨进行"地毯式"检查,他们像西医一样,利用专业仪器探测钢轨表面和内部肉眼难以发现的伤损;也像中医一样,采用望闻问切的方法,为钢轨把脉、看诊。检查后对伤损的钢轨进行标记,对症维修。

🔍 任务分析

钢轨的伤损类型及程度判断是线路工的基本技能,也是城市轨道交通线路维护1+X的基本技能。钢轨探伤作业是探伤工的基本作业点。要求学生能够熟练使用磨耗尺检查,并判断伤损情况,了解钢轨核伤及探伤仪的使用。

🔍 课岗赛证

课	岗	赛	证
教学内容 1.钢轨伤损类型 2.钢轨损伤的编号及标记 3.钢轨的磨耗 4.磨耗尺的应用 5.探伤小车的应用	**城市轨道线路维护工初级**(××地铁) 判断钢轨表面伤损 打磨钢轨肥边	**城市轨道交通线路工比赛(中级)理论题** **国家"一带一路"金砖大赛理论题**	**1+X线路维护证**(中级) 实作5 测量钢轨磨耗 实作6 轨端及钢轨肥边打磨

🔍 任务目标

【知识目标】

1.能够阐述钢轨伤损的标准。

2.能够根据现场图片,判断钢轨伤损的类型。

3.能够归纳钢轨探伤的方法。

【技能目标】

1.能够利用磨耗尺检查垂直磨耗、侧面磨耗。

2.能够运用钢轨仿形打磨机熟练打磨钢轨。

3.能够根据磨耗检查数据,利用公式熟练计算,并判断钢轨伤损程度。

【素质目标】

1.具有严谨认真、不断探索的学习态度。

2.具有耐心、专注、爱岗敬业的工匠精神。

3.具有主动参与课堂活动、热爱劳动的精神品质。

知识链接

微课 钢轨伤损
及探伤

　　列车机车没有转向盘,司机无须操作,完全是通过钢轨来引导车辆运行的,所以钢轨承载着来自车轮的巨大压力和冲击力。在极其复杂的工作条件下,钢轨不可避免地会产生各种伤损,有在冶炼过程中出现的缺陷,也有在运输、建设及使用过程中出现的伤损。

一、钢轨伤损类型

1. 钢轨磨耗

钢轨磨耗包括垂直磨耗、侧面磨耗(图1-2-1)、波浪形磨耗(简称波磨)(图1-2-2)。

图1-2-1　侧面磨耗

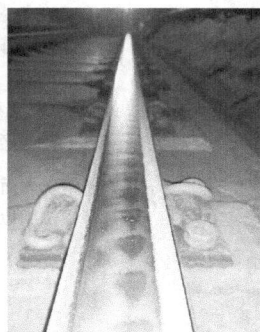

图1-2-2　波浪形磨耗

2. 接触疲劳伤损

接触疲劳伤损包括轨头裂纹、隐伤、剥离,还有肥边以及钢轨擦伤等,如图1-2-3~图1-2-6所示。

图1-2-3　裂纹

图1-2-4　隐伤

图1-2-5　肥边

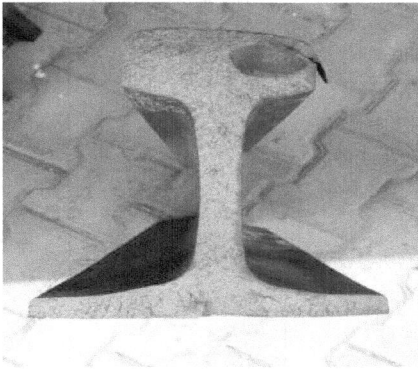

图1-2-6　擦伤

3.轨头核伤

轨头核伤是对行车威胁最大的一种钢轨伤损。在列车荷载的反复作用下,在轨头内部出现极为复杂的应力分布和应力状态,使细小裂纹横向扩展成核伤。直至核伤周围的钢材强度不足以抵抗轮轨作用下的应力,钢轨发生突然猝断。轨头核伤如图1-2-7所示。

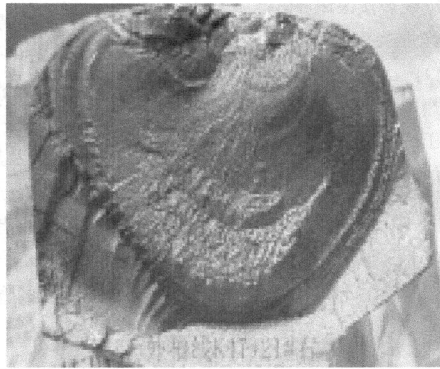

图1-2-7　轨头核伤

二、钢轨伤损编号分类及标记

1.钢轨伤损分类编号

根据《钢轨伤损分类》(TB/T 1778—2010),钢轨伤损分类编号采用五位数表示:

第一位数字,有0~7和9共9个数,分别表示伤损在钢轨长度上的起始位置;

第二位数字,有0~6共7个数,分别表示伤损在钢轨横截面上的起始位置;

第三位数字,有0~9共10个数,分别表示不同的伤损状态;

第四位数字,表示对伤损状态的细化,细化顺序以1,2,3,4,…编号,没有细化的编号为0;

第五位数字,有1~4共4个数,分别表示不同的伤损程度。

钢轨伤损分类编号见表1-2-1。

钢轨伤损分类编号结构   表 1-2-1

第一位数字	第二位数字	第三位数字	第四位数字	第五位数字
伤损在钢轨长度上的起始位置	伤损在钢轨横截面上的起始位置	伤损状态	伤损状态的细化	伤损程度
0——钢轨全长范围(或全长的大部分)。 1——轨身的局部区域。 2——夹板接头(轨端、螺栓孔和夹板长度范围的钢轨)区域。 3——焊补区域。 4——接续线焊接区域。 5——闪光焊接头(含电极灼伤部位)。 6——铝热焊接头。 7——气压焊接头。 9——其他形式焊接的焊缝和热影响区	0——整个钢轨截面或外表面。 1——轨头表面(踏面、轨距角、轨头侧面)。 2——轨头内部。 3——轨头下颚。 4——轨腰。 5——螺栓孔。 6——轨底(轨底下表面、轨底边缘或轨底角侧面)	0——弯曲变形。 1——磨耗、压溃、压陷(或凹陷)。 2——波浪磨耗。 3——接触疲劳裂纹(剥离裂纹)及其引起的掉块和疲劳断裂。 4——内部裂纹或内部缺陷(白点,夹杂物、成分偏析、淬火缺陷,焊接缺陷、焊补缺陷等)及其引起的疲劳断裂。 5——表面缺陷及其引起的疲劳断裂。 6——外伤(擦伤、碰伤等)及其引起的疲劳断裂。 7——锈蚀及其引起的疲劳断裂。 8——没有明显疲劳裂纹的脆性断裂。 9——其他	0——没有细化。 1——曲线上股轨头磨耗超限。 2——曲线下股轨头全长压溃和辗边。 3——直线钢轨交替不均匀侧面磨耗。 4——轨距角处鱼鳞状剥离裂纹、掉块和疲劳断裂。 5——轨头踏面处斜线状裂纹、局部凹陷和疲劳断裂。 6——曲线下股轨头踏面剥离裂纹和浅层剥离掉块	1——不到轻伤。 2——轻伤。 3——重伤。 4——折断

注:1. 凡属于与夹板接头质量及焊接接头质量有关的伤损,在伤损编号中按在夹板接头和焊接接头区域形成的伤损进行分类和登记;凡属于与轨身相同原因形成的伤损,在伤损编号中,按轨身处形成的伤损进行分类和登记。
　　2. 闪光焊电极灼伤也属于焊接接头伤损范围。

2. 伤损钢轨标记

按照《普速铁路线路修理规划》(TG GW 102—2019)要求,发现伤轨后应在缺陷处按表 1-2-2 所规定的方法做标记。

钢轨伤损标记   表 1-2-2

伤损种类	伤损范围及标志		说明
	连续伤损	一点伤损	
轻伤	|←▲→|	↑ ▲	用白铅油做标记
重伤	|←▲▲▲→|	↑ ▲▲▲	同上

三、钢轨磨耗

钢轨磨耗分为轨顶垂直磨耗、轨头侧面磨耗和轨面波浪形磨耗。

1.垂直磨耗

垂直磨耗是钢轨轨面高度上的磨耗,不管是直线还是曲线轨道都存在垂直磨耗,垂直磨耗与轮轨之间的蠕滑、摩擦等因素有关。垂直磨耗在一般情况下是正常的,随着通过总重的增加而增大。在曲线上,垂直磨耗是由超高设置不合理而引起的。内股垂直磨耗表现为轨头压溃、轨头偏压、宽度增大。

2.侧面磨耗

侧面磨耗发生在小半径曲线的外股钢轨上,是目前曲线上伤损的主要类型之一。

减少侧面磨耗的途径:

(1)采用耐磨轨(高硅轨、淬火轨)。

(2)加强养护维修,合理设置超高、轨距,保持良好的轨底坡和方向。

(3)曲线涂油。

钢轨伤损程度可分为轻伤、重伤和折断。根据《城市轨道交通运营设备维修与更新技术规范　第4部分:轨道》钢轨头部磨耗达到表1-2-3的标准为轻伤,达到表1-2-4的标准为重伤。

钢轨头部磨耗轻伤标准　　　　　　　　　　　表1-2-3

钢轨(kg/m)	总磨耗(mm)				垂直磨耗(mm)				侧面磨耗(mm)			
	v_{max}>160km/h 正线	160km/h≥v_{max}>120km/h 正线	v_{max}≤120km/h 正线及到发线	其他线	v_{max}>160km/h 正线	160km/h≥v_{max}>120km/h 正线	v_{max}≤120km/h 正线及到发线	其他站线	v_{max}>160km/h 正线	160km/h≥v_{max}>120km/h 正线	v_{max}≤120km/h 正线及到发线	其他线
75	9	12	16	18	8	9	10	11	10	12	16	18
75以下~60	9	12	14	16	8	9	9	10	10	12	14	16
60以下~50			12	14			8	9			12	14
50以下~43			10	12			7	8			10	12
43以下			9	10			7	7			9	11

注:1.v_{max}——线路允许速度(km/h)。

　　2.总磨耗=垂直磨耗+1/2侧面磨耗。

　　3.垂直磨耗在钢轨顶面宽1/3处(距标准工作边)测量。

　　4.侧面磨耗在钢轨踏面(按标准断面)下16mm处测量。

钢轨头部磨耗重伤标准（正线） 表 1-2-4

钢轨 (kg/m)	垂直磨耗(mm)			侧面磨耗(mm)		
	v_{max}>160km/h 正线	160km/h≥ v_{max}>120km/h	v_{max}≤120km/h	v_{max}>160km/h	160km/h≥ v_{max}>120km/h	v_{max}≤120km/h
75	10	11	12	12	16	21
60(含)~75	10	11	11	12	16	19
50(含)~60			10			17
43(含)~50			9			15
43以下			8			13

3.波浪形磨耗

波浪形磨耗(以下简称"波磨")是指钢轨顶面上出现的波浪状不均匀磨耗,实质上是波浪形压溃。波磨会提高轮轨相互作用的强度,加速机车车辆及轨道部件的损坏,增加养护维修费用;此外列车的剧烈振动会使旅客不适,严重时还会威胁到行车安全;波磨也是噪声的来源。

现场视频　波磨测
量作业

波磨按波长的不同分为两种:另一种是波纹磨耗,波长 30~80mm,多发生在大半径曲线上,甚至直线上;一种是波浪磨耗,波长为 80~600mm,多发生在小半径曲线上。

任务三　轨　枕　作　业

任务引入

当你搭乘列车火车穿越平原,凝视窗外那两条永远平行的钢轨,是否想过它们为何不会"脚软"? 答案就藏在钢轨的身下——轨枕。别小瞧他们,这可是撑起钢轨巨龙的"脊椎骨"!

从早期的轨道到现代高铁,轨枕家族堪称材料界的选秀:木枕曾是贵族出身,可惜娇生惯养怕虫怕潮,寿命短得像临时工;混凝土枕以"糙汉子"姿态横空出世,抗压如"金钟罩",但笨重且不抗冻;如今新型复合材料轨枕更像"跨界网红",轻便、环保还自带滤镜效果。

任务分析

轨枕是轨道的组成部分之一,承受上部结构的力,并保持轨距良好。轨枕的材质经过了木材、混凝土,现在又出现了新型材料。轨枕间距的计算是线路工岗位必备的基本技能,方正轨枕作业是现场基本作业内容。

🔍 课岗赛证

课

岗

赛

证

教学内容	**城市轨道线路维护工** **(中级)(××地铁)**	**城市轨道交通线路工比赛** **(中级)**	**1+X线路维护证(中级)**
1.轨枕的分类标准 2.新型合成轨枕 3.轨枕间距计算	检查轨枕偏斜、伤损、 失效、超垫 方正轨枕	实操5 方正轨枕	实操17 方正轨枕

🔍 **任务目标**

【知识目标】

1.理解轨枕的分类标准。

2.理解轨枕配置要求。

【技能目标】

1.能够利用公式准确计算轨枕间距 a、b、c。

2.能够利用相关工具完成方正轨枕操作。

【素质目标】

1.理解自身岗位责任,树立安全、规范操作意识。

2.现场方正轨枕作业中,能听从指挥、注意安全,不发生人身和工具安全事故。

🔍 **知识链接**

一、轨枕的功用和种类

轨枕承受来自钢轨的各个方向的压力,并弹性地传布于道床,保持钢轨的位置、方向和轨距。因此,轨枕应具有必要的坚固性、弹性和耐久性,并应便于固定钢轨具有造价低廉、制作简单、铺设及养护方便等优点。

轨枕按材料分主要有木枕、混凝土枕、复合轨枕;按长度分为短枕、长枕和宽枕,按照铺设位置分为普通线路混凝土枕、混凝土岔枕、混凝土桥枕。

微课 轨枕

二、木枕

木枕又称枕木,如图1-3-1所示,它具有弹性好,易于加工制作,运输、铺设、养护维修方便,与钢轨的连接较简便,绝缘性能好,成本低等优点。但是,木枕容易腐朽,使用寿命短,需要耗费大量宝贵的木材,特别是它的强度、弹性和耐久性不一致,在机车车辆作用下会出现轨道不平顺,易引起巨大的车辆附加动压力,不仅会缩短轨道各部件的使用寿命,而且会加速线路几何状态的残余变形积累。制作木枕的树种,要求坚韧而富有弹性,并且必须具有较高的抗腐蚀能力。

图1-3-1 木枕

三、普通混凝土枕

现阶段使用的混凝土枕主要有新Ⅱ型混凝土枕、Ⅲ型混凝土枕、混凝土岔枕、混凝土桥枕、钢轨伸缩调节器混凝土枕、混凝土宽枕、电容枕、弹性枕、电气绝缘节枕、电磁枕等,其主要尺寸见表1-3-1。

混凝土枕类型表

表1-3-1

型号	长度(mm)	轨下高度(mm)	重量(kg)
新Ⅱ型钢筋混凝土枕	2500	205	290
Ⅲa型钢筋混凝土枕	2600	230	370
Ⅲb型钢筋混凝土枕	2600	230	360
新Ⅲ型钢筋混凝土桥枕	2600	210	440
Ⅲc型钢筋混凝土枕	2600	230	370
Ⅲqc型钢筋混凝土桥枕	2600	210	440
Ⅲ型电容枕	2600	230	368
新Ⅱ型电容枕	2500	205	290

混凝土枕的优点是材料来源丰富,重量大,并能保证尺寸统一,使轨道弹性均匀,提高轨道的稳定性。混凝土枕不受气候、腐朽、虫蛀及火灾的影响,使用寿命长。此外,混凝土枕还具有较高的道床阻力,这对提高无缝线路的横向稳定性是十分有利的。

与木枕线路相比,混凝土枕在线路荷载作用下的挠度较小,但弹性较差,列车通过不平顺的混凝土枕线路时,轨道附加动力增大。为了增大弹性,减缓列车的动力冲击作用,在钢轨和轨枕之间必须加设弹性垫层,并采用富有弹性的联结扣件,以提高线路的抗振能力。

1.新Ⅱ型混凝土枕

混凝土枕的截面均为上窄下宽的梯形,新Ⅱ型混凝土枕设计强度为C60,其结构尺寸如图1-3-2所示。

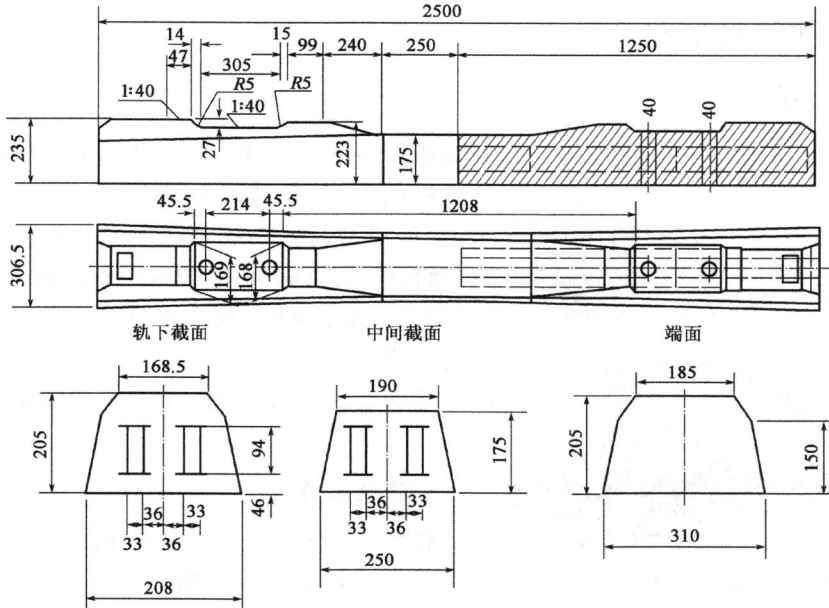

图 1-3-2 新Ⅱ型混凝土枕结构尺寸(尺寸单位:mm)

2.Ⅲ型混凝土枕

Ⅲ型混凝土枕结构尺寸如图 1-3-3 所示,支承钢轨的部位称承轨台,承轨台根据所用扣件类型的不同,分为有挡肩和无挡肩两大类。台面上做成 1:40 的轨底坡,长度有 2.5m 和 2.6m 两种。

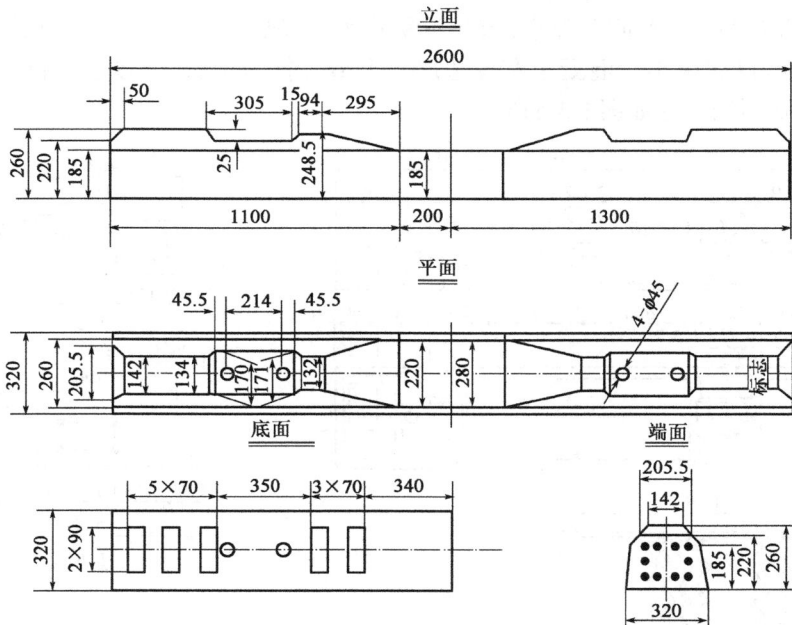

图 1-3-3 Ⅲ型混凝土枕结构尺寸(尺寸单位:mm)

四、特种混凝土枕

1.混凝土岔枕

我国从20世纪70—20世纪80年代开始研制混凝土岔枕。混凝土岔枕能较好地保持道岔纵横向位移、各部位轨距、水平,减小道岔部件应力,保证道岔与区间线路轨下基础刚度基本保持一致,延长使用寿命,如图1-3-4所示。混凝土岔枕长度最短2.6m,最长4.9m,级差0.1m,为了有效支撑,扣件采用无挡肩式,顶面平直。我国9号、12号单开道岔,部分特殊道岔,提速道岔,大号码道岔均配有混凝土岔枕。

图1-3-4 混凝土岔枕

2.混凝土桥枕

混凝土桥枕分为一般和宽枕两种,分别有护轮轨平直部分用桥枕和护轮轨梭头部分用混凝土桥枕。混凝土桥枕预留安装护轮轨扣件的锚固孔,适用于需要铺设护轮轨的有砟桥面及路肩挡土墙地段。

3.混凝土宽轨枕

混凝土宽枕俗称轨枕板,简称宽枕,是继我国大量推广混凝土枕后发展起来的轨道结构。其底面积大(宽度约为混凝土枕的1倍),能有效地减小道砟应力和变形,加之质量大(每块约500kg),底部摩擦力增大,轨道变形比木枕或混凝土枕轨道大为减少。混凝土宽枕采用密铺式,每块间隔约为2.6cm,枕间缝隙小,道床不易脏污,外观整洁美观,轨道平顺性、稳定性好。其缺点是养护维修较困难。混凝土宽枕适用于大型客货站场、长大隧道和行车密度大的线路。混凝土宽枕结构尺寸如图1-3-5所示。

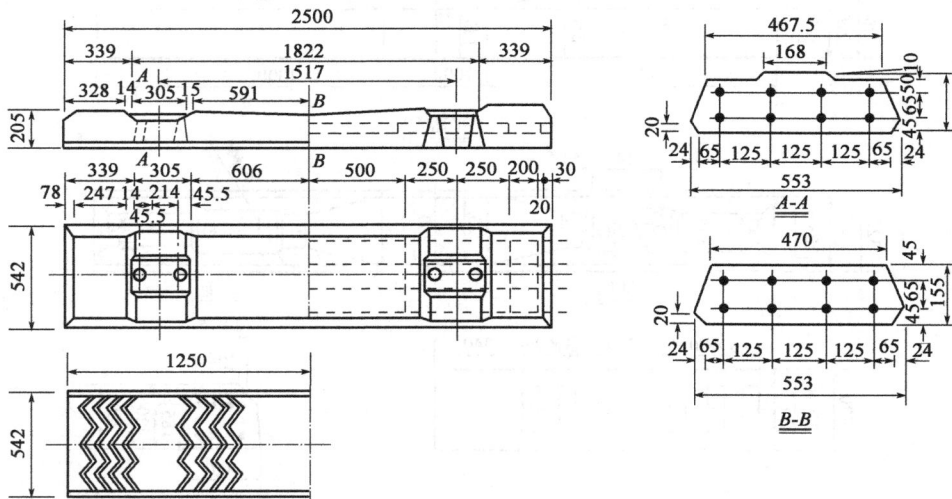

图1-3-5 混凝土宽枕结构尺寸(尺寸单位:mm)

五、复合轨枕

近年来,复合材料合成材料轨枕逐渐应用于轨道。复合材料合成轨枕(以下简称复合轨枕)是指将玻璃纤维增强材料(纤维束、纤维布、毡)、不饱和聚酯树脂及辅助材料(催化剂、固化剂、紫外线吸收剂、填料等)在高温条件下通过拉挤成型生产出的一种中空结构新型合成轨枕。该轨枕最大的优点是充分利用纤维增强材料的强度和树脂材料的弹性,其结构布置及生产工艺根据轨枕受力特性进行了优化,综合了传统的混凝土枕强度高和木枕弹性好的特性。复合轨枕如图1-3-6所示。

图1-3-6　复合轨枕

六、轨枕配置

1. 轨枕间距尺寸规定

轨枕每千米配置的根数,应根据运量、行车速度及轨道的设备条件确定,并与钢轨及道床等合理配套,以求在最经济的条件下,保证轨道具有足够的强度和稳定性。轨枕密一些,道床、路基面、钢轨以及轨枕本身的受力都可以小一些。同时,使轨距、方向易于保持,对行车速度高的地段尤为重要。但也不能太密,太密则不经济,而且净距过小会在一定程度上影响捣固质量。

《普速铁路线路修理规则》(TG/GW 102—2019)规定:允许速度大于120km/h正线铺设Ⅲ型混凝土枕,允许速度不大于120km/h正线宜铺设Ⅲ型混凝土枕。普通线路换轨大修及铺设无缝线路前期工程,除应将失效的轨枕和严重伤损的混凝土枕更换掉外,还应根据运输发展的需要,按表1-3-2的标准,更换为与运营条件相适应的轨枕并补足配置根数。

正线轨枕类型和配置根数标准　　　　表1-3-2

项目		单位	Ⅰ级铁路				Ⅱ级铁路	
运营条件	旅客列车设计行车速度	km/h	200	160	120		≤120	
	货物列车设计行车速度	km/h	≤120	≤120	≤80		≤80	
混凝土枕	型号	—	Ⅲ	Ⅲ	Ⅲ	新Ⅱ	Ⅲ	新Ⅱ
	铺枕根数	根/km	1667	1667	1667	1760	1667	1760

我国铁路规定每千米线路最多铺设的轨枕根数为:木枕1920根,新Ⅱ型混凝土枕1840根,Ⅲ型混凝土枕1667根,混凝土宽枕1760根。

但符合下列条件之一的正线木枕或新Ⅱ型混凝土枕地段应加强,增加轨枕配置根数:

(1)半径为800m及以下的曲线地段。

（2）坡度大于12‰的下坡制动地段。

《地铁设计规范》(GB 50157—2013)规定:无砟道床地段应采用预制钢筋混凝土轨枕;有砟道床地段宜采用预应力钢筋混凝土轨枕。每千米铺设的轨枕根数确定以后,每节钢轨下轨枕的间距并不是完全平均分布的,这是因为在普通轨道上为了加强接头,悬空式接头处轨枕的间距 c 要比钢轨中部轨枕的间距 a 小,而 a 与 c 之间还应有一个过渡的轨枕间距 b,一般 $a>b>c$。

《普速铁路线路修理规则》(TG/GW 102—2019)规定的轨枕间距见表1-3-3。

普通线路轨枕间距 表1-3-3

轨型	钢轨长度(m)	每千米配置根数	每节钢轨配置根数	木枕(mm)			混凝土枕(mm)		
				c	b	a	c	b	a
75kg/m、60kg/m或50kg/m	12.5	1600	20	440	594	640	540	587	635
		1680	21	440	544	610	540	584	600
		1760	22	440	524	580	540	569	570
		1840	23	440	534	550	540	544	544
		1920	24	440	469	530	—	—	—
	25.0	1600	40	440	537	635	540	579	630
		1680	42	440	487	605	540	573	598
		1760	44	440	497	575	540	549	570
		1840	46	440	459	550	540	538	544
		1920	48	440	472	525	—	—	—
43kg/m或38kg/m	12.5	1440	18	500	604	720	500	604	720
		1520	19	500	604	675	500	604	675
		1600	20	500	564	640	500	564	640
		1680	21	500	559	605	500	559	605
		1760	22	500	541	575	500	541	575
		1840	23	500	504	550	500	504	550
		1920	24	500	513	523	—	—	—
	25.0	1440	36	500	622	705	500	622	705
		1520	38	500	617	665	500	617	665
		1600	40	500	599	630	500	599	630
		1680	42	500	554	600	500	554	600
		1760	44	500	569	570	500	569	570
		1840	46	500	537	545	500	537	545
		1920	48	500	509	522	—	—	—

对于无缝线路,轨枕间距应均匀布置。轨枕间距尺寸按《普速铁路线路修理规则》(TG/GW 102—2019)中有关规定设置,见表1-3-4。

无缝线路轨枕间距表　　　　　　　　　　　　表1-3-4

轨枕配置根数(根/km)	轨枕间距(mm)
1667	600.0
1760	568.2
1840	543.5
1920	520.8

2.轨枕间距尺寸计算

每节钢轨轨枕配置根数 n 可以按式(1-3-1)计算:

$$n = \frac{NL}{1000} \tag{1-3-1}$$

式中:N——每千米轨枕标准铺设根数;

　　　L——每节钢轨长度(不包含轨缝),m。

如图1-56所示,每节钢轨轨枕间距 a、b、c 值按式(1-3-2)计算:

$$a = \frac{L' - c - 2b}{n - 3} \tag{1-3-2}$$

式中:L'——每节钢轨长度,mm,含一个轨缝(一般采用9mm),钢轨接头采用相错式时为两股相错接头之间的长度;

　　　b——a 与 c 之间的过渡间距,mm;

　　　c——钢轨接头两根轨枕间距,mm,其值根据钢轨接头构造而定(我国规定:60kg/m、50kg/m钢轨、木枕 c=440~520mm;混凝土枕 c=540mm;43kg/m钢轨、木枕 c=500mm,混凝土枕 c=500mm);

　　　a——除接头轨枕间距 c 和过渡间距 b 外,其余轨枕间距,mm;

　　　n——每节钢轨轨枕配置根数。

钢轨轨枕布置图如图1-3-7所示。

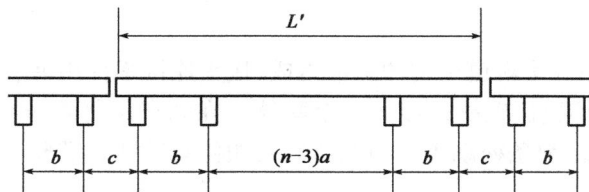

图1-3-7　轨枕布置图

一般 $a>b>c$。如果采用 $b=(a+c)/2$,则根据式(1-3-3):

$$a = \frac{L' - 2c}{n - 2} \tag{1-3-3}$$

将计算所得的 a 值取整数。如 a 值大于表1-22的规定,则每节钢轨(或两股相错接头之间)轨枕配置根数应增加1根。由于 n 值的改变,重新计算值(仍采用整数),再根据 a 及 c 按公式(1-3-4)求出 b 值:

$$b = \frac{L' - c - (n - 3)a}{2} \tag{1-3-4}$$

【例1-2】 某线路铺设50kg/m钢轨,每千米铺设轨枕标准为1760根混凝土枕,每节钢轨轨枕配置根数 $n=37$ 根,试计算轨枕间距 a 及 b。

解:

$$a = \frac{L' - 2c}{n - 2} = \frac{21009 - 2 \times 540}{37 - 2} \approx 569(\text{mm})$$
$$b = \frac{L' - c - (n - 3)a}{2} = \frac{21009 - 540 - (37 - 3) \times 569}{2} \approx 561(\text{mm})$$

计算结果: $a>b>c$,且 $a \approx 569$mm,比570小1mm,符合规定。

任务四　连接零件作业

任务引入

接头连接零件和扣件,是轨道组成中不起眼的小零件,却要像太极高手一样化解高速行驶列车的冲击力。鱼尾板就像两块钢轨的"创可贴",用螺栓紧紧抱住钢轨不让它"劈叉",但遇到热胀冷缩时,又得悄悄松一松,给钢轨留点"伸懒腰"的空间。弹条扣件的作用就像人体的韧带,它们既需要足够的强度来固定钢轨,又需要一定的弹性来缓冲冲击,减振扣件和高弹性扣件在城市轨道交通中被广泛应用,以降低列车运行时的噪声和振动。

任务分析

接头连接零件和扣件是轨道结构的基本组成,接头连接零件用夹板和螺栓将两根钢轨形成一个整体,扣件则将钢轨、轨枕连接为一个整体。在列车反复碾压中,容易造成螺栓孔开裂、夹板断裂、弹条断裂、弹条松动等;风吹日晒中,扣件易锈蚀。需要线路工在日常作业中进行养护维修。

课岗赛证

课	岗	赛	证
教学内容 1.连接零件的组成和要求 2.扣件的组成和要求 3.扣件的分类 4.扣件涂油 5.拆卸接头	**城市轨道线路维护工** **（中级）（××地铁）** 复拧松动的连接零件和扣件 安装、更换夹板 扣件涂油 接头螺栓涂油	**国家一带一路金砖大赛** 实操1 更换扣件 实操2 更换夹板	**1+X线路维护证** **（中级）** 实操4 更换接头夹板 实操20 钢轨胶结接头 作业

任务目标

【知识目标】

1.阐述钢轨对接的方式。

2.描述钢轨接头对接类型,接头零件的组成。

3.归纳城市轨道和高铁传统扣件和减振扣件的类型。

【技能目标】

1.能够判断不同场所使用连接零件的区别。

2.能够进行扣件涂油。

【素质目标】

1.具有吃苦耐劳、不怕脏的精神。

2.理解自身岗位责任,树立安全、规范操作意识。

知识链接

一、接头连接零件

　　钢轨接头是线路的薄弱环节之一,机车车辆的作用使钢轨接头低塌、道床翻浆、钢轨产生鞍形磨耗和螺栓孔断裂、轨枕开裂等,因此需要投入大量的线路维修工作,对于12.5m的标准轨线路,几乎一半的工作都在接头处,因此必须对接头予以充分的重视。

微课　接头连接
零件

　　1.接头布置

　　接头相对于轨枕的承垫形式可分为两种:悬空式和承垫式,如图1-4-1所示。我国铁路采用悬空式钢轨接头。

a)悬空式　　　　　　　　b)单枕承垫式　　　　　　　　c)双枕承垫式

图1-4-1　钢轨接头相对于轨枕的承垫形式

接头按两股钢轨接头的位置可分为相对式和相错式,如图1-4-2所示。其中,相错式的缺点是车轮轮流冲击接头,如果轨道状态不良,会加剧车辆的摇晃。我国线路采用相对式钢轨接头。

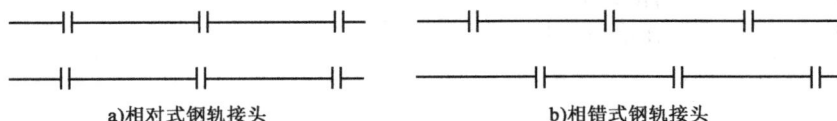

a)相对式钢轨接头　　　　　　　　b)相错式钢轨接头

图1-4-2　钢轨接头形式

2.接头类型

按功能接头可分普通接头、特种钢轨接头,特种钢轨接头又可分为异形接头、绝缘接头、导电接头、冻结接头,如图1-4-3所示。

a)异形接头　　　　　　b)焊接接头　　　　　　c)导电接头

图1-4-3　接头类型

1)普通接头

普通接头由夹板、螺栓、螺母、弹性垫圈等组成,如图1-4-4所示。

模型　钢轨接头

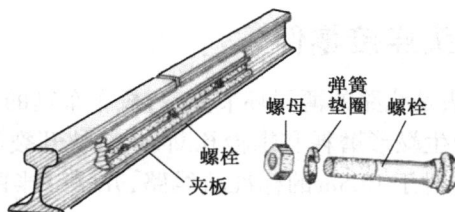

图1-4-4　钢轨接头连接零件

夹板的作用是夹紧钢轨,夹板以双头对称式(对称度在10%以内)最为常用。夹板分斜坡支承型和圆弧支承型两种。我国目前标准钢轨接头用斜坡支承型双头对称式夹板,这种夹板的优点是,在竖直荷载作用下具有较大的抵抗弯曲和横向位移的能力,夹板上下两面的斜坡能楔入轨腰空间,但不贴住轨腰。这样,当夹板稍有磨耗,以致联结松弛时,仍可重新旋紧螺栓,保持接头联结的牢固。

我国轨道线路使用的夹板上有6个螺栓孔,圆形与长圆形孔相间布置。依据钢轨圆形螺栓孔直径与螺栓直径之差,以及夹板圆形螺栓孔直径与螺栓直径之差,就可以得到所需要预留的轨缝。夹板的6个螺栓头部交替布置,以免列车脱轨时,车轮轮缘将所有的螺栓剪断。

螺栓需要有一定的直径。螺栓直径越大,紧固力越强,但加大螺栓直径势必加大钢轨及夹板上的螺栓孔直径,这将削弱轨端与夹板的强度,因此宜用由高强度的碳素钢制成的螺栓,并加以热处理,以提高螺栓的紧固力和耐磨、耐腐蚀的性能。

螺栓按其机械性能划分,分为10.9级和8.8级两种高强度螺栓,抗拉强度分别相当于1090MPa和880MPa。

为防止螺栓松动,要加弹簧垫圈(单圈),弹簧垫圈有圆形和矩形两种。在无缝线路伸缩区的钢轨接头加设高强度平垫圈,材料为55SiMn、60SiMn或55SiMn、60SiMn。

2)特种钢轨接头

(1)异形接头。线路等级不同,同一级别的正线、到发线和站线从技术经济方面考虑,通常采用不同类型的钢轨,因此出现了不同类型钢轨的联结问题。常规采用的方式是异形夹板联结(图1-4-5)和异形钢轨联结。

图1-4-5　异形夹板接头

(2)绝缘接头。在自动闭塞区段,绝缘接头是轨道电路的重要组成部分,它设于闭塞分区两端的钢轨接头处。它的作用是保证轨道电路在闭塞分区之间互相隔断。目前采用的绝缘接头主要有普通高强绝缘接头及胶接绝缘接头,如图1-4-6所示。

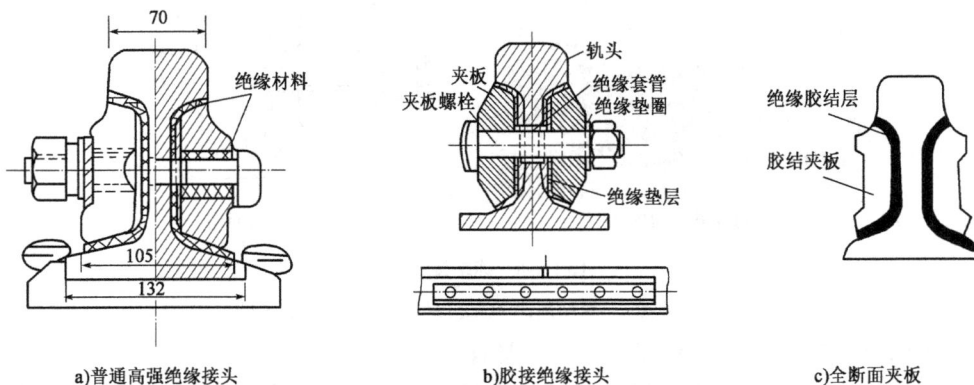

a)普通高强绝缘接头　　　　b)胶接绝缘接头　　　　c)全断面夹板

图1-4-6　绝缘接头(尺寸单位:mm)

①普通高强绝缘接头。普通高强绝缘接头是由高强零件组成的夹板式绝缘接头。它由高强绝缘螺栓、高强性能垫圈、高强钢平垫、槽型绝缘板及绝缘套管等组成。

②胶接绝缘接头。胶接绝缘接头是满足超长无缝线路取消缓冲区的要求而采用的一种钢轨绝缘接头，主要由绝缘垫层、夹板与胶接层组成。

在接头钢轨的端部与侧面要加垫具有足够强度的绝缘垫层和套管，以保证轨道电路绝缘。在结构上，钢轨端面有对接和斜接两种。斜接接头轨端接触面大，可发挥胶粘剂剪切强度大的优势，增大接头承载能力。但斜接接头需把轨端加工成尖轨形式，轨端一旦开裂，钢轨易被轧伤，因而普遍采用对接形式。

胶接绝缘接头的夹板是联结钢轨的重要部件。它既保留了联结螺栓，又用胶粘剂把钢轨与夹板胶接在一起。为增大胶接面积，提高接头的承载能力，要求胶接绝缘接头的夹板采用特制的大接触面积的夹板或采用扩大与钢轨接触面的改造型夹板。钢轨接头螺栓采用高强度螺栓，使粘胶加压固化，增强绝缘接头夹板抗剥离性能。

（3）导电接头。在自动闭塞及电力牵引区段，信号电流和牵引电流都要依靠钢轨传导，所以在钢轨接头必须设置两轨间的导电装置。导电连接装置目前有两种，即焊接式和塞钉式，如图1-4-7所示。

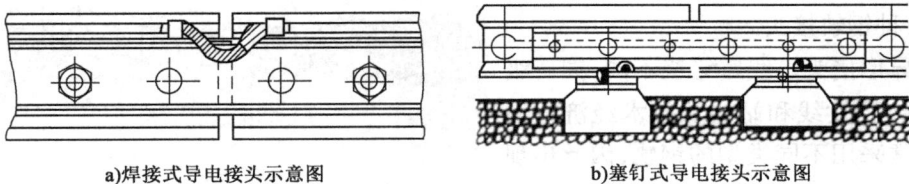

a)焊接式导电接头示意图　　　　　b)塞钉式导电接头示意图

图1-4-7　导电接头

（4）冻结接头。冻结接头是指用胶粘剂将夹板与轨缝两侧钢轨粘接，并用高强度螺栓、平垫圈及螺母连接，在一定轴向力作用下轨缝保持不变的钢轨接头，其结构如图1-4-8所示。

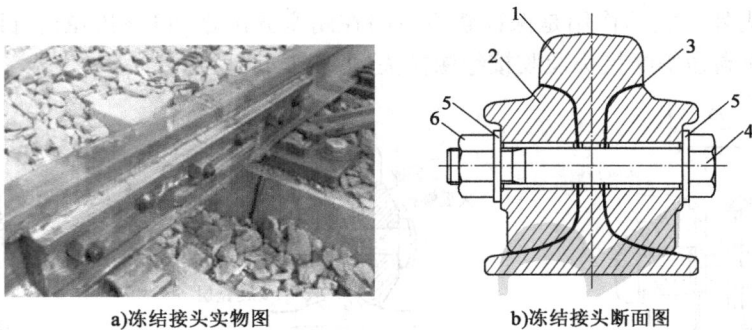

a)冻结接头实物图　　　　　b)冻结接头断面图

图1-4-8　冻结接头

1-钢轨;2-夹板;3-胶粘剂;4-高强度螺栓;5-平垫圈;6-螺母

目前国内外采用的钢轨接头冻结方式主要有：

①普通冻结接头。普通冻结接头是指采用特制垫片，塞入钢轨螺栓孔空隙，使钢轨接缝密贴而阻止钢轨自由伸缩的一种钢轨联结方式。

②新型冻结接头。近年来,出现了采用施必牢防松机构、哈克紧固件等联结形式的钢轨接头联结及 MG 接头等新型钢轨冻结接头。与普通冻结接头不同的是,新型冻结接头主要依靠高强螺栓联结为钢轨与夹板间提供足够的摩擦阻力,阻止钢轨与夹板间伸缩,要求钢轨接头螺栓强度高,并具有一定的防松功能。在钢轨接头联结中运用新型冻结接头技术,可以有效地冻结钢轨接头,减少接头病害,冻结后的线路可以比照普通无缝线路进行管理。

二、扣件

扣件是钢轨与轨枕或其他轨下基础连接的重要联结件,它的作用是固定钢轨,阻止钢轨纵向和横向位移,防止钢轨倾斜,并能提供适当的弹性,将钢轨承受的力传递给轨枕或道床承轨台。扣件由钢轨扣压件和轨下垫层两部分组成。

微课　扣件

1.扣件设计原则

扣件应具有足够的强度、扣压力和耐久性。在高架桥无砟、无枕的轨道上,扣件还必须有一定的弹性,保持轨距和较大轨距水平调整量,以适应预应力梁的徐变和桥墩的不均匀沉降,满足减振、降噪、绝缘的要求。扣件的结构力求简单,尽量标准化,通用性好,造价低。对于扣件的铁部件应做防腐处理。

2.扣件分类

扣件一般有以下分类方式:

①按扣压件区分,有刚性和弹性两种;②按承轨槽区分,有挡肩和无挡肩两种;③按轨枕区分,有木枕扣件和混凝土枕扣件两种;④按轨枕、垫板及扣压件的联结方式区分,有不分开式和分开式两种;⑤按照应用场合区分,分为城轨扣件和高铁扣件;⑥按照是否减振,分为普通扣件和减振扣件。

1)城市轨道交通普通扣件

目前在国内城市轨道交通中使用的扣件大致可分为传统扣件、DT 系列扣件、WJ 系列扣件。

(1)传统扣件。传统扣件沿用了铁路上的常用扣件,主要分为木枕用混合式扣件(卡板式扣件)、混凝土扣件(主要有板式扣件和弹条式扣件)。弹条 I 型扣件为弹性不分开式、有螺栓扣件,扣压件采用我国铁路标准的 ω 弹条,轨距调整量为+8mm、−12mm,最大水平调整量为+10mm。传统扣件如图 1-4-9 所示。

a)木枕卡板式扣件	b)混凝土枕弹条式扣件

图 1-4-9　传统扣件

（2）DT系列扣件。DT系列扣件在城市轨道交通中主要应用于地下线路，有DTⅠ、DTⅡ、DTⅢ、DTⅣ、DTⅥ和DTⅦ等型号，其中每个型号还分不同的改进类型，如DTⅢ-2就是DTⅢ扣件的改进型扣件。DT系列扣件在城市轨道交通地下整体道床中被大量使用。

①DTⅢ2型扣件。该扣件为弹性分开式扣件，无挡肩，有T形螺栓，扣压件采用我国铁路标准Ⅰ型弹条（ω弹条），用于轨枕埋入式整体道床，如图1-4-10所示。轨下与铁垫板下可同时设调高垫板，加大水平调整量，并设轨距垫可调整轨距并起绝缘作用。DTⅢ2型扣件可调整弹条的扣压力，更换弹条方便；造价适中，但后期运营维护的工作量较大。

DTⅢ2型扣件主要技术性能指标如下：单个弹条扣压力为8kN，扣件节点垂向静刚度为20~40kN/mm，电气绝缘性能为每个绝缘垫板电阻≥$10^8\Omega$，轨距调整量为+8mm/−12mm，水平调整量一般为40mm（其中轨下10mm，铁垫板下30mm）。

DTⅢ2型扣件适用于隧道一般减振地段，但该扣件组件较多，安装复杂，并且T形螺栓在线路运营一段时间后就需要进行复拧，养护维修工作量较大。上海地铁采用了此类扣件。

②DTⅥ2型扣件。该扣件为弹性分开式扣件，无挡肩、无T形螺栓，二阶减振，采用DⅠ型弹条（e型弹条），用于轨枕埋入式整体道床，该扣件零部件少，减少了养护维修工作量，且造价适中，如图1-4-11所示。

图1-4-10　DTⅢ2型扣件

图1-4-11　DTⅥ2型扣件

扣件主要技术性能指标如下：单个弹条扣压力为8.25~8.5kN，扣件节点垂向静刚度为20~40kN/mm，电气绝缘性能为每个绝缘垫板电阻≥108Ω，轨距调整量为+8mm/−12mm，高低调整量为+30mm；

DTⅥ2型扣件适用于隧道一般减振地段，该扣件专门针对地铁工况设计，技术成熟，使用广泛。南京地铁、沈阳地铁及大连地铁采用了此类扣件。

（3）WJ系列扣件。WJ系列扣件是一种无挡肩扣件，有WJ-1、WJ-2、WJ-3、WJ-4、WJ-5等类型，主要在城市轨道交通高架线路上使用，它是一种小阻力的扣件。

WJ-2A型扣件是弹性分开式，采用ω形弹条。WJ-2A型扣件在WJ-2型扣件的基础上优化而来，主要是针对WJ-2型扣件在国内城市轨道交通多年运营中表现出来的一些不足，如扣压力、绝缘性能和轨距保持等方面的不足进行改进，主要改进措施是：中间和接头处均采用接头弹条,以统一弹条类型;采用轨距块,提高绝缘性能以及调整轨距能力;增加了锯齿块,提高小半径曲线地段保持轨距能力。WJ-2A 型扣件示意图如图 1-4-12 所示。

WJ-2A 型扣件主要技术性能指标如下:单个弹条扣压力为 4kN,扣件节点垂向静刚度为 25~35kN/mm,电气绝缘性能为每个绝缘垫板电阻≥$10^8\Omega$,轨距调整量为+24mm、−28mm,高低调整量为+40mm。

(4)检查坑扣件。检查坑宽 1200mm,要求扣件较短,一般均为无挡肩式半弹性扣件,分为Ⅰ型、Ⅱ型和Ⅲ型三种检查坑扣件。

2)减振扣件

减振扣件是为了降低轨道交通的振动和噪声,减少对附近居民、建筑及地质不良地段的影响而使用的扣件,常见的有双层非线性减振扣件、Vanguard(凡戈德)扣件等。

(1)双层非线性减振扣件。双层非线性减振扣件采用可拆卸式专利自锁结构,技术成熟,零部件可单独更换,安装简便,维护成本低,减振效果优秀,成为中等减振路段的主流产品,如图 1-4-13 所示。双层非线性减振扣件主要技术参数为:静刚度为 12~18kN/mm,中间层预紧力为 5~30kN,湿电阻≥20kΩ,隔振量为 5~8dB。

图1-4-12　WJ-2A型扣件示意图

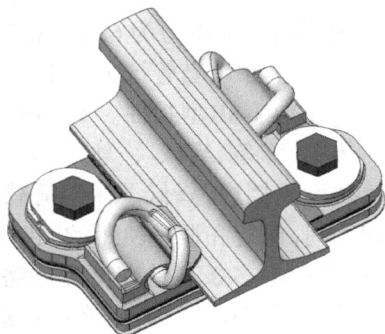

图1-4-13　双层非线性减振扣件

(2)Vanguard 扣件。Vanguard 扣件(图 1-4-14)是英国 Pandrol 公司开发的减振扣件。该扣件主要由橡胶楔块、侧挡板、铸铁锁紧楔块、扣入型挡肩、底板和锚固螺栓组成。Vanguard 扣件具有扣件垂向刚度低、较好的减振性能、避免了由垂向刚度偏低而引起的钢轨侧翻问题及较强的轨距保持能力等特点。其主要技术参数如下:扣件纵向阻力为 5~15kN,节点最小静刚度为 3~5kN/mm,轨距调整量为 ±25mm,水平调高为 36mm,节点绝缘电阻为 108Ω 以上,隔振量为 10dB。

Vanguard 扣件结构简单,养护维修方便,养护维修工作量较少,但造价较高。

(3)科隆蛋扣件。科隆蛋扣件是出现比较早的减振扣件之一,是通过加大橡胶层的厚度和性能来实现的,螺栓孔的位置也比较特别,如图 1-4-15 所示。

动画　WJ-7型扣件

图 1-4-14　Vanguard 扣件示意图

图 1-4-15　科隆蛋扣件

3）高铁扣件

（1）WJ-7B 型扣件。WJ-7B 型扣件（图 1-4-16）为弹性分开式、无挡肩扣件,由弹条、T形螺栓、螺母、平垫圈、轨距块、铁垫板、缓冲垫板、锚固螺栓、重型弹簧垫圈、平垫块和预埋套管组成。铁垫板上设 1:40 轨底坡,可通过更换不同刚度的轨下垫板,来分别适应 350km/h 高速铁路和 250km/h 客运专线的运行需求。该扣件轨下垫板分 A、B 两类,A 类用于兼顾货运的高速铁路,B 类仅用于运行客车的高速铁路。

WJ-7B 型扣件主要技术性能指标如下。单个弹条扣压力:W1 型弹条,扣压力大于 9kN;X2 型弹条,扣压力为 6kN。扣件节点静刚度为 35kN/mm。调高量为 30mm。轨距调整量为 ±12mm。预埋套管抗拔力不小于 100kN。

（2）WJ-8B 型扣件。WJ-8B 型扣件（图 1-4-17）为弹性不分开式、有挡肩扣件,由螺旋道钉、平垫圈、弹条、绝缘块、轨距挡板、轨下垫板、铁垫板、板下弹性垫板和预埋套管组成。该扣件轨枕设置挡肩,降低了横向荷载的作用位置,使扣件更加稳固。轨距挡板设置在铁垫板和挡肩之间,保持和调整轨距的同时起绝缘作用。该扣件最初在郑西高铁采用,后推广在京石、沪杭、大西等多条高铁和城际铁路上。该扣件轨下垫板分 A、B 两类,A 类用于兼顾货运的高速铁路,B 类仅用于运行客车的高速铁路。

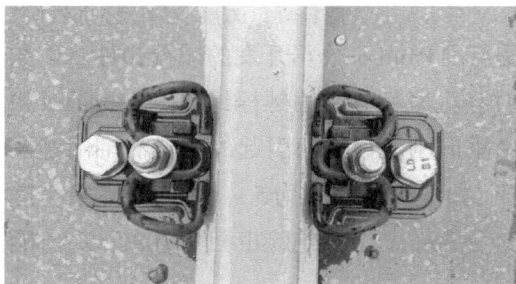

图 1-4-16　WJ-7B 型扣件

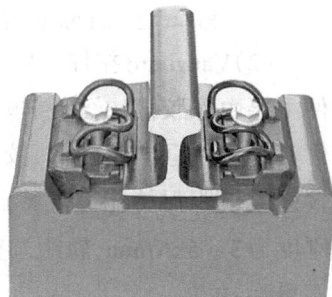

图 1-4-17　WJ-8B 型扣件

WJ-8B 型扣件主要技术性能指标如下:单个弹条扣压力:W1 型弹条,扣压力大于 9kN;X2 型弹条,扣压力为 6kN。扣件节点静刚度为 35kN/mm。调高量为 30mm。轨距调整量为 ±10mm。预埋套管抗拔力不小于 60kN。

任务五　有砟轨道认知

任务引入

在轨道组成中,道床像肌肉一样,为轨道提供弹性支撑并保持排水通畅。然而,随着列车的长期运行和环境的侵蚀,有砟轨道也会出现各种问题。

2022年,某段有砟轨道因长期列车荷载和雨水侵蚀,出现道砟破碎和道床板结的问题。由于维护不及时,轨道的弹性性能下降,最终导致列车运行时出现异常颠簸。事后调查发现,道砟的破碎与列车运行频率、环境湿度以及维护周期密切相关。

线路工在日常作用中,需要清理道床里的杂物,清筛整道,让道床"呼吸顺畅";用捣固机对道床进行锤炼,确保道床饱满密实。

任务分析

道床的日常保养作业是线路工岗位应具备的基本技能,要求学生认识有砟轨道特点、掌握道床的组成、为后期轨道施工打下基础;在现场能判断道床病害类型,采取合适的防治措施,操作捣固机等对道床进行捣固作业。

课岗赛证

课	岗	赛	证
教学内容 1.碎石道床的组成、特点 2.道床病害及防治 3.人工捣固道床作业	**城市轨道线路维护工** (中级)(××地铁) 能认识道床病害 能进行手工捣固作业 能使用内燃冲击镐进行捣固作业 能处理捣固过程中常见故障	**铁路线路工比赛**(中级) (××铁路局) 实操4　道床捣固作业	**中国中铁职业技能等级评价规范** (铁路线路工) 2.2.2 轨道基础知识 2.2.8小型捣固机械

任务目标

【知识目标】

1.归纳道床的功能、材料及技术标准。

2.识记道床横断面。

3.列举有砟轨道减振降噪的作用。

【技能目标】

1.能编制道床捣固作业指导书,并组织道床捣固作业。

2.能够绘制道床横断面图。

3.能按照规范要求进行清筛整道作业。

【素质目标】

1.具备口头及书面表达能力。

2.树立团队协作意识和互助意识。

3.树立现场作业的安全意识。

4.树立吃苦耐劳的基本职业操守。

知识链接

由于城市轨道交通一般穿越城市的闹市区、居民区,行车密度大,运行时间长,轨下道床结构须具有稳定性好、耐久性强、易于养护的特点,特别是由于振动与噪声直接影响居民的生活与健康,减振降噪成为城市轨道交通道床结构设计的一个重要内容。

道床铺设在路基之上,轨道框架下面。按照道砟组成,轨道分为有砟轨道和无砟轨道。有砟轨道由碎石道床组成,无砟轨道由混凝土整体道床组成。碎石道床是由一定粒径级配的碎石,按照设计几何模断面要求,填筑、碾压密实的散粒体结构。在有砟轨道养护维修工作中,道床养护维修工作量占全部工作量的60%~70%。提高道砟质量,改善道床状态非常重要。因此,我国地铁有砟道床应采用一级道砟;道砟材料应符合《铁路碎石道砟》(TB/T 2140—2008)和《铁路碎石道床底砟》(TB/T 2897—1998)的规定。

模型　有砟轨道

一、碎石道床

1.相关要求

碎石道床的优点是结构简单,容易施工,减振降噪性能较好,造价低,但其轨道建筑高度较高,造成结构底板下降,隧道的净空加大,排水设施复杂,养护工作频繁,更换轨枕困难。捣固时,粉尘飞扬,危害工作人员健康。

为此,城市轨道交通的隧道内不采用碎石道床,而采用整体道床。高架混凝土桥面上的轻轨线也不采用碎石轨枕道床,而采用新型的道床形式,以减轻桥面荷载,减少维修工作量,同时可避免列车运行的偶然石子飞落桥面,伤害行人。只有地面线及车场线道岔才采用碎石道床。

碎石道床的厚度应符合表1-5-1的规定。地面直线和曲线段碎石道床断面分别如图1-5-1、图1-5-2所示。

碎石道床厚度　　　　　　　　　　　　　　　　表1-5-1

下部结构类型	道床厚度(mm)		
	正线、配线		车场线
非渗水土路基	双层	道砟250	单层250
		底砟200	
岩石、渗水土路基、混凝土结构	单层道砟300		

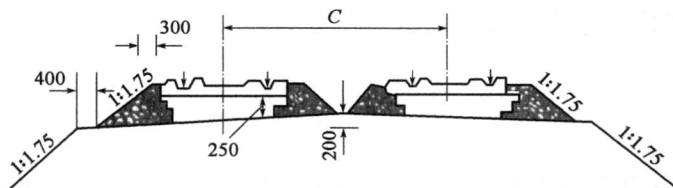

图1-5-1　地面直线段道床断面(尺寸单位:mm)

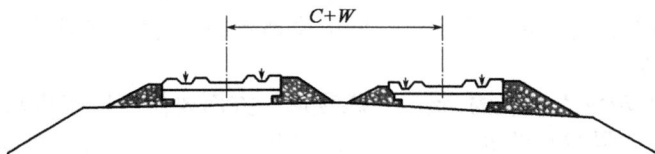

图1-5-2　地面曲线段道床断面

2.底砟技术条件

底砟是碎石道床的重要组成部分,位于碎石道床道砟层和路基基床表层之间,起传递、分布列车荷载,隔离碎石层和基床表层,防止上层碎石道砟和下层路基土颗粒之间的相互掺混的作用。同时,对从碎石到基床表层之间的渗水性能起过渡作用,防止基床表面在暴雨时被冲刷,防止地下水通过毛细管作用向上渗透,对基床表层起保温防冻作用。当然,底砟层本身要有足够的承载能力,底砟层材料要有足够的抗冲击、抗压碎、抗磨耗功能。结合我国国情,按照道砟层界面上的隔离过滤准则,《铁路碎石道床底砟》(TB/T 2897—1998)对底砟材料的粒径、级配、材质指标及生产、验收检验都有详细的规定。

底砟技术条件如下:

(1)底砟材料可取自天然砂砾材料,也可由开山块石或天然卵石、砾石经破碎、筛选得到。

(2)底砟材料的粒径级配应符合表1-5-2的规定,且0.5mm筛以下的细集料中通过0.075mm筛的颗粒含量应小于等于66%。

底砟粒径级配　　　　　　　　　　　　　　　　表1-5-2

方孔筛边长(mm)	0.075	0.1	0.5	1.7	7.1	16	25	45
过筛质量百分率(%)	0~7	0~11	7~32	13~46	41~75	67~91	82~100	100

(3)在粒径大于16mm的粗颗粒中带有破碎面的颗粒所占的质量百分率不少于30%。

(4)底砟材料的性能。

①粒径大于1.7mm集料的洛杉矶磨耗率不大于50%。

②粒径大于1.7mm集料的硫酸钠溶液浸泡损失率不大于12%。

③粒径小于0.5mm细集料的液限不大于25%,其塑性指数小于6%。

④黏土团及其他杂质含量的质量百分率小于等于0.5%。

二、道床病害及其防治

1.道床变形

1)道床变形的原因

道床变形可分为初期急剧下沉和后期缓慢发展两个阶段。初期下沉是指新铺的道砟或起道捣固作业后,道砟处于不稳定的松散状态,在冲击振动作用下,道砟形成稳定组合及间隙被压密过程中发生下沉。后期缓慢下沉是指列车荷载反复作用,压力和振动力以及捣固时捣镐的打击使碎石破损、磨损和石砟产生流动引起的下沉,在振动加速度较大的轨枕范围内较明显。此外,雨水的渗透进一步减小了颗粒间的摩擦系数,加速了道床下沉。

2)道床变形的整治

道床的变形是不断发生发展的,整治道床变形一方面要做好道床排水,加强捣固,及时补充石砟;另一方面要加强线路的养护维修,保持线路的平顺性,以缓冲列车的动力冲击作用,并采用优质道砟。

2.道床翻浆冒泥

1)道床翻浆冒泥的原因

(1)造成道床翻浆冒泥的原因主要是道床脏污和排水不良。道床脏污的原因一是机械磨损,即捣固作业时捣镐的打击和列车频繁的动力冲击作用,使道砟不断被粉碎形成粉末;二是外界松散物质和尘土等的侵入。道床脏污在其断面上的分布并不是均匀的,一般在轨枕底下10cm范围内较大。其结果是使道床丧失了排水性能及应有的弹性,使承载力迅速降低,从而引起翻浆冒泥、道床下沉和线路不平顺等病害。

(2)排水不良会造成道床及路基长期存水,水分在列车荷载作用下产生水压,道床孔隙中的水体挤压道砟,与泥土混合形成泥浆冒出。同时,路基土长期处于湿润状态,强度降低,无法为道床提供稳定支撑,道床在列车荷载作用下变形破坏。此外,寒冷地区排水不良会使道床及路基中的水分冻结膨胀,产生冻胀力破坏道床结构,融冻期解冻后的道床因排水不畅易发生翻浆冒泥。而且,排水不良会使污物积聚,堵塞道床孔隙,导致道床板结、渗透性降低,进一步加剧水分积聚,形成恶性循环。最后,施工不当或长期使用导致路基本身的纵、横坡不符合设计要求,或者线路下沉、维修作业破坏了路基表面的平顺度,使排水坡不满足排水需求,路基表面的积水无法及时排出,渗透到道床中,浸泡道砟和泥土,使其软化形成泥浆,在列车振动作用下发生翻浆冒泥。

2)道床翻浆冒泥的防治

预防和整治道床翻浆冒泥,除了有计划地对道床进行清筛,保持道床清洁、饱满、密实外,必须切实做好道床排水,必要时可增设横向盲沟,以利于排水。

3.道床沉陷

1)道床沉陷的原因

(1)道床脏污,排水不良,使路基顶面软化,承载力降低,道砟逐渐陷入路基,造成道床沉陷。

(2)道床厚度不足,或未按规定在路基面铺设砂垫层,道砟陷入路基面形成道砟陷槽,造成道床沉陷。

道床沉陷使道砟陷入路基,形成各种道砟袋、道砟槽,使路基基床向两侧挤开,导致路基病害,降低路基承载力。

2)道床沉陷的防治

为防止道床沉陷,必须做好道床垫层,设置排水设备。在日常养护工作中,要及时清筛道床和清理排水设备,排水困难地段可设置横向盲沟。对已经产生道床沉陷的地段,应及时清理,必要时须对路基面填土进行换填,并做好排水,补充石砟,加强捣固。

任务六　无砟轨道认知

任务引入

无砟轨道以混凝土整体结构取代传统碎石道床,凭借高平顺性、低维修量及强环境适应性,成为支撑高铁在350km/h运营速度下安全运行的核心技术,并在城市轨道交通中破解了地下空间施工难题。日本新干线于1964年首次大规模应用板式轨道,德国于1959年启动路基无砟化研究;中国则通过CRTS系列技术突破,实现了从秦沈客专试验到福厦高铁跨海大桥的工程飞跃,CRTSⅢ型板式轨道采用自密实混凝土充填层,兼具减振与可维修性,打破国外专利垄断,技术出口至雅万高铁,推动"中国标准"走向世界。

在城市轨道领域里,预制化与绿色施工是发展的趋势,北京地铁6号线首次采用工厂预制轨道板结合自密实混凝土底座,减少70%现场浇筑工作量,隔离层的设置极大提高了无砟轨道可维修性。

任务分析

无砟轨道是城市轨道交通"1+X"复合型人才培养的重要模块。需要学生掌握地铁和铁路无砟轨道的类型和构造,为后续学习无砟轨道的施工打下基础。

课岗赛证

课	岗	赛	证
教学内容 1.无砟轨道的发展 2.城市轨道交通无砟轨道的类型 3.高速铁路无砟轨道	**城市轨道线路维护工** （中级）（××地铁） 无砟轨道理论知识	**铁路线路工比赛**（中级） （成都铁路局） 实操6无砟轨道调高垫板作业	**中国中铁职业技能等级评价规范** （线路工） 2.2.2.9 轨道基础知识-无砟轨道

微课 无砟轨道　　模型 无砟轨道

一、无砟轨道的概念

无砟轨道是将混凝土等整体道床作为轨下基础的新型轨道结构。简单地说,无砟轨道采用混凝土、沥青等整体道床,取代散体的碎石道床。

二、无砟轨道的优点

无砟轨道和有砟轨道相比,由于取消了碎石道床,具有整体性强、稳定性好的优点,轨道几何形位容易保持,有利于铺设无缝线路。无砟轨道的整体变形变小,极大地减轻了养护维修工作量。除此以外,无砟轨道铺设以后,高度会比传统的有砟轨道小,能有效地增大区间隧道和桥梁的净空。与有砟轨道相比,无砟轨道还具有整齐、清洁、美观、坚固、耐久等一系列优点,在我国高速铁路和城市轨道交通中广泛应用。目前,我国城市轨道交通区间均铺设了无砟轨道。在铁路领域,设计速度300km/h及以上的高速铁路,以及设计速度200～250km/h的长大隧道内均铺设了无砟轨道。

三、城市轨道交通无砟轨道的类型和特征

城市轨道交通中无砟轨道主要以一般整体道床为主,局部有减振需求地段考虑减振整体道床。一般整体道床多采用现浇工艺,近些年开始推广预制道床板。其中现浇工艺采用现浇道床,道床形式基本没有差别,主要是区别在于配套轨枕。

1.地下线整体道床

1)长枕轨式整体道床

长枕轨式整体道床是将长轨枕埋在整体道床内。道床的混凝土强度等级为C35,道床内布设双层钢筋,并兼做排流筋。长轨枕混凝土等级为C60,纵向钢筋贯穿长轨枕,形成整体,整体性强,结构合理,坚固稳定,美观整洁。长枕轨式整体道床的排水只能利用设在整体道床两侧的排水沟完成。长轨枕中部与道床平齐,轨道中心平台便于检修人员行走,发生事故时,便于乘客疏散,如图1-6-1所示。

长轨枕可由工厂预制,用轨排法施工,进度快,精度易保证,并且在轨道几何尺寸控制方面优势明显,轨底坡和轨距精度可以得到保证。长轨枕采用预应力钢筋混凝土制造,相比短轨枕式整体道床几乎不增加造价。上海地铁、苏州地铁、哈尔滨新建地铁均采用长轨枕式整体道床,运营状况良好。

2)短轨枕式整体道床

短轨枕式整体道床是将短轨枕埋在整体道床内。道床混凝土强度等级为C35,道床内布置钢筋网,以提高道床的可靠性和整体性,同时起到排除杂散电流作用。短轨枕混凝土强度等级为C50,横断面为梯形,底部外露钢筋,加强与道床混凝土的联结,如图1-6-2所示。道床排水沟可设于道床中间或两侧,但中心水沟削弱了道床的整体性,且废水的排除须跨越钢轨下方,造成整个道床面的潮湿,降低了道床的绝缘性能,使检修人员行走不便,同时不利于事故发生时乘客及时疏散。

图1-6-1 长轨枕式整体道床

图1-6-2 短轨枕式整体道床

钢筋混凝土短轨枕可在工厂预制,重量较轻,便于储存和运输。钢筋混凝土短轨枕用轨排法施工(用钢轨支撑架组成轨排),施工方法简便,进度较快。但由于左右两股钢轨相对位置不能固定,轨距、轨底坡等不易控制,因此轨道几何形位不易控制,调整工作量较大,尤其是小半径曲线地段,轨道施工精度不易控制,容易造成运营过程中轨道异常或病害。北京、天津、深圳、广州、大连地铁铺设过此种道床。

3)双块式整体道床

双块式整体道床是在长轨枕式整体道床的基础上发展起来的,由双块式轨枕、C35混凝土道床及水沟组成。双块式轨枕由两块混凝土短轨枕及联结钢桁架组成。双块式轨枕混凝土强度等级为C60,桁架采用冷拔钢筋焊接而成,如图1-6-3所示。双块式轨枕与现浇道床间的新老混凝土结合面小;钢桁架可精确保持轨枕几何尺寸,并利于加强轨枕和道床之间的连接。但双块式轨枕在吊装运输过程中容易变形,并且桁架钢筋焊接精度要求高,造价较高,适用于高速轨道地段。

图1-6-3 双块式整体道床

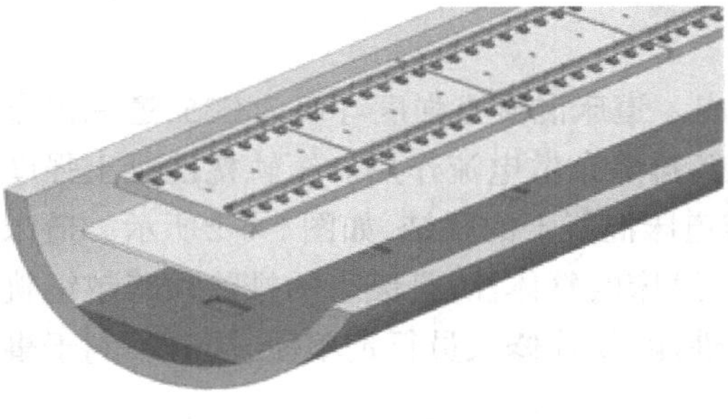

4)预制板式整体道床

预制板式整体道床(图1-6-4)是将预制轨道板通过自密实混凝土层"放置"在底座上的无砟轨道结构,由钢轨、扣件、轨道板、自密实混凝土、隔离层、底座板等组成。

板式整体道床的主要技术特点是:

(1)轨道板为工厂化预制,标准化生产,质量和精度易于保证,可控性更强,舒适性更高。

图1-6-4 预制板式整体道床示意图

(2)采用单元结构,有利于运营期间的养护维修,对沉降变形的适应性更强。

(3)采用单元板式无砟轨道,力学模型及受力清晰。

(4)自密实混凝土层起支承和调整的作用,能消除部分施工误差。

预制板式整体道床每千米造价比长轨枕式整体道床增加约30%。该道床形式是高速铁路主流的无砟轨道结构形式,目前,已在上海、深圳、广州等城市地铁项目中进行推广应用,是我国无砟轨道先进技术经验充分融合的产物,代表着我国无砟轨道技术的发展方向。

2.高架线整体道床

1)长枕轨式整体道床

长枕轨式整体道床是将长轨枕埋在整体道床内,纵向钢筋贯穿长轨枕,形成一整体,结构合理,坚固稳定,美观整洁;轨枕在工厂预制,用轨排法施工,进度快,精度易保证,轨枕混凝土强度等级为C60,轨枕内有预留孔,以备道床的纵向钢筋穿过,这不仅可加强与道床的联结,还可以起到排除杂散电流的作用。

长枕轨式整体道床的混凝土强度等级采用C40,在道床内布设双层钢筋,并结合排流筋综合布置,利用桥梁梁面排水,目前在城市轨道交通如北京机场线中有应用。

2)纵向承轨台整体道床

纵向承轨台是沿纵向铺设在钢轨下面的条形钢筋混凝土结构,两股承轨台之间无直接横向联结。纵向承轨台整体道床采用钢筋混凝土短轨枕,轨枕混凝土强度等级采用C50,承轨台内布置双层钢筋,混凝土强度等级采用C40,道床自重轻,纵横向阻力较长轨枕式整体道床小,如图1-6-5所示。

3)双块式整体道床

双块式轨枕由两块混凝土短轨枕及联结钢桁架组成,双块式轨枕混凝土强度等级为C60,桁架采用冷拔钢筋焊接而成。短轨枕体积小、重量轻,搬运方便,轨枕与现浇道床间的新老混凝土结合面小;钢桁架可精确保持轨枕几何尺寸,并利于轨枕和道床之间的连接。双块式整体道床可采用轨排架法施工,轨排较轻,道床混凝土捣固作业方便,施工快捷,施工调整工作量小,而且质量易于保证,施工精度较高。

图1-6-5　纵向承轨台整体道床

4)预制板式整体道床

预制板式整体道床主要由道床板、混凝土基础及两者之间的填充层和抗剪销组成。道床板所受的纵横向力由道床板与基础之间的填充砂浆和抗剪销承担。这种道床板需专业工厂预制,造价较高,板内预埋联结套管、灌浆孔和起吊螺栓等,便于施工装配。

3.减振整体道床

目前,城市轨道中减振措施种类繁多,主要有金属弹簧浮置板道床、橡胶弹簧浮置板道床、隔离式橡胶道床垫整体道床、梯形轨枕轨道床等。

1)金属弹簧浮置板道床

金属弹簧浮置板道床在减振系统中是较先进的,能为振动频率在12.2Hz以下的振动提供较好的隔振效果,其断面如图1-6-6所示。同时金属弹簧浮置板道床较橡胶弹簧浮置板道床使用寿命长,万一损坏容易更换,可维修性能好,不会影响正常运营,但是造价较高。

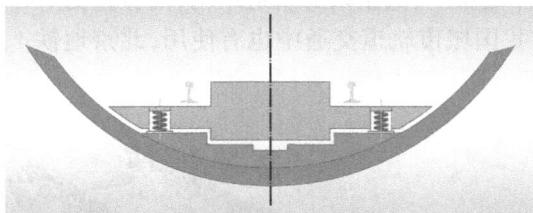

我国在深圳地铁一期工程中开发研究了金属弹簧浮置板道床,并在穿越市民中心(市政厅)的减振设计中采用。目前,金属弹簧浮置板道床在国内运用较多,大连地铁1、2号线,

图1-6-6　金属弹簧浮置板断面

北京、上海、南京等地均已采用。

2)橡胶弹簧浮置板道床

橡胶弹簧浮置板道床目前最常见的结构为分布式支承。其优点是与金属弹簧浮置板道床相比造价低;缺点主要是轨道板需预制,制作精度及施工精度要求较高,橡胶隔振器耐久性较差且更换不便,抵抗轨道纵向力及横向力能力差。其隔振器如图1-6-7所示。

广州地铁1、2号线工程,深圳地铁一期工程使用的就是橡胶弹簧浮置板道床。

3)隔离式橡胶道床垫整体道床

隔离式橡胶道床垫整体道床由隔离式减振垫和道床板组成,形成质量-弹簧体系,可减弱传递到隧道结构的振动力和振动加速度,隔振量为12dB以上,如图1-6-8所示。

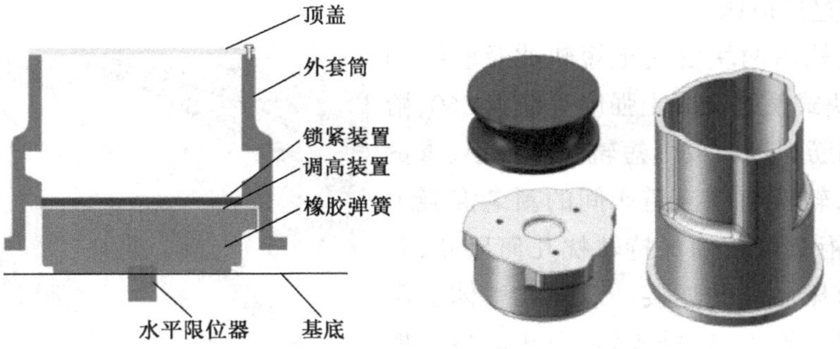

图1-6-7　橡胶弹簧浮置板道床隔振器

　　隔离式橡胶道床垫整体道床在减振系统中是较先进的,对振动频率在30Hz以上的振动可以提供较好的隔振效果。隔离式橡胶道床垫整体道床的优点在于施工方便、简单、快捷,且性价比较高。目前隔离式橡胶道床垫整体道床在深圳、杭州、大连等地已有铺设。

　　4)梯形轨枕道床

　　梯形轨枕道床是一种新型的轨道结构,其轨枕是由2根钢筋混凝土纵梁及3根钢管制的横向联结杆构成的,形似扶梯,因此称为梯形轨枕,如图1-6-9所示。梯形轨枕下设弹性减振装置,弹性垫层有板形、球形、角形等多种形式。梯形轨枕是纵向轨枕的一种,既能大幅度提高荷重的分散能力,又具有补充钢轨本身的刚性和质量的性能,是轨枕的一种革新形式。梯形轨枕尤其适用于无砟整体道床,不但能充分发挥复合轨道高刚性的特点,还使轨道构造具有充分的弹性。梯形轨枕利用减振材料等间隔支撑结构,使其浮于混凝土整体道床上,应用于地下线可减小隧道开挖断面,应用于高架线可减少轨道自重和桥梁恒载。梯形轨道可在很大程度上减小列车运行带来的振动和噪声,是一种低噪声、低振动的轨道结构,隔振量为10～15dB。梯形轨枕道床首先应用于日本,近年来在我国城市轨道交通中也有使用,北京地铁4、5号线,广州地铁等均有铺设。

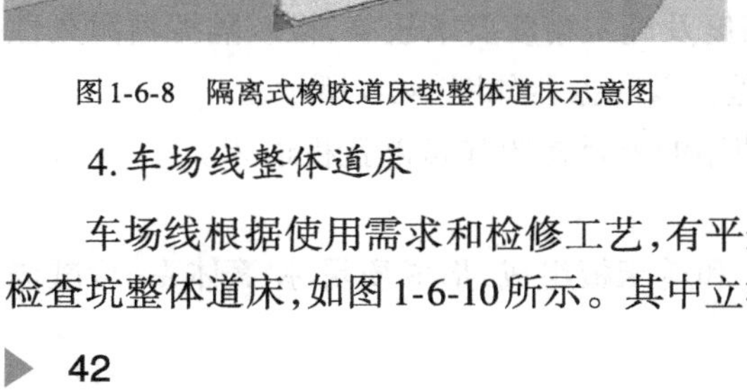

图1-6-8　隔离式橡胶道床垫整体道床示意图

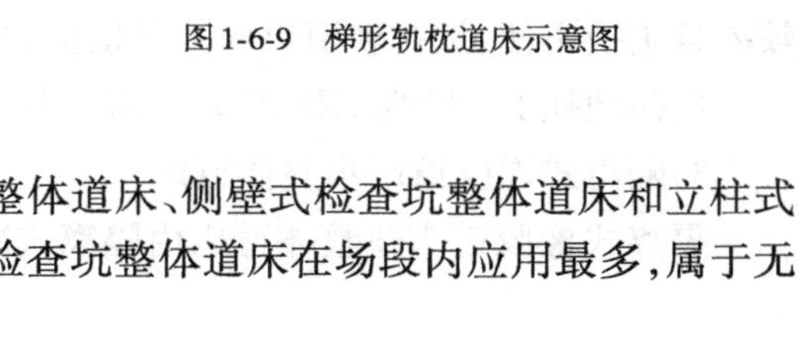

图1-6-9　梯形轨枕道床示意图

　　4.车场线整体道床

　　车场线根据使用需求和检修工艺,有平过道整体道床、侧壁式检查坑整体道床和立柱式检查坑整体道床,如图1-6-10所示。其中立柱式检查坑整体道床在场段内应用最多,属于无枕式整体道床,尼龙套管直接埋入立柱。立柱横向间距通常设为1100mm或1200mm,纵向间距通常设为1.25~1.40m。

a)平过道整体道床　　b)侧壁式检查坑整体道床

c)立柱式检查坑整体道床

图1-6-10　车场线整体道床

四、高速铁路中常见的无砟轨道结构形式

无砟轨道在我国高速铁路上大量铺设,由钢筋混凝土道床板与基础、填充层或隔离层、限位部件等组成,主要分为板式、双块式、长枕埋入式、弹性支撑块式等多种类型,如图1-6-11所示。无砟轨道所采用的填充层有乳化沥青砂浆和自密实混凝土等材料。

a)板式无砟轨道 　　b)双块式无砟轨道

图　1-6-11

c)长枕埋入式无砟轨道   d)弹性支撑块式无砟轨道

图1-6-11 高速铁路中常见的无砟轨道

1.CRTSI型双块式无砟轨道

该型轨道引进德国的雷达2000无砟轨道技术,施工时将预制的双块式轨枕组成的轨排浇入连续的钢筋混凝土道床,属于埋入式的轨道结构,最先应用在武广客运专线上。

2.CRTSII型无砟轨道

该型轨道引进了德国的旭普林技术,施工时以现场浇筑混凝土的方式,将预制的双块式轨枕组成的轨排,通过机械振动,嵌入现浇的钢筋混凝土,属于振动压入式轨道,它最先应用在郑西客运专线上,机械化程度较高。

3.CRTSIII型板式无砟轨道

CRTSIII型板式无砟轨道(图1-6-12)是我国自主研发的轨道,也是一种预制板式轨道结构。施工时,用自密实混凝土替代CA砂浆,把下面的底座和轨道板约束在一起,在自密实混凝土和底座之间设置隔离层,为的是以后更换维修方便。这种无砟轨道目前在国内应用最为广泛,已经铺设了超过1万km。

图1-6-12 CRTS III型板式无砟轨道

轨道的几何形位检测

项目引入

轨道的几何形位是指轨道的几何形状、相对位置和基本尺寸。轨道几何形位正确与否，对列车的安全运行、乘客的旅行舒适及设备的使用寿命延长和养护费用降低等起着决定性作用。

轨道由直线和曲线组成。直线轨道的几何形位基本要素包括轨距、水平、高低、方向、轨底坡等。轨距是指轨道上两股钢轨头部内侧顶面以下一定距离处，两作用边之间的最短距离，我国城市轨道交通直线地段轨距标准为 1435mm。水平是指轨道上两股钢轨顶面的相对高低，在直线上应保持同一水平，在曲线上则需满足均匀和平顺超高的要求。高低是指一股钢轨纵向的相对高低，轨道高低必须满足平顺要求，以保证列车运行的平稳性。方向即轨向，是指轨道中心线在水平面上的平顺性，直线上应保持顺直，曲线上应保持与半径相适应的圆顺度。轨底坡是指钢轨底面对轨枕顶面的倾斜度，一般设置为 1:40 ~ 1:20，以便使钢轨顶面与锥形踏面的车轮相配合，让轮轨接触更均匀，受力更合理。

曲线轨道的几何形位除满足上述直线轨道的要求外，还有曲线轨距加宽、曲线外轨超高及缓和曲线等特殊构造。当曲线半径较小时，轨距适当加宽，根据《普速铁路线路检修规划》（TG/GW 102—2019）要求，半径小于 295m，加宽 5 ~ 15mm。根据《地铁设计规范》（GB 50157—2013），采用 A 型车时半径小于 250m，曲线地段加宽值 5 ~ 15mm；采用 B 型车时半径小于 200m，曲线地段加宽值 5 ~ 10mm。为抵消机车车辆通过曲线时出现的离心力，外轨顶面略高于内轨顶面形成外轨超高；为使机车车辆平稳地自直线进入圆曲线或由圆曲线进入直线，并为外轨逐渐升高、轨距逐渐加宽创造必要条件，在直线与圆曲线之间设置缓和曲线。

项目导航

任务一　直线轨道的轨距、水平作业	任务二　小半径曲线轨距加宽作业	任务三　曲线外轨超高作业
知识1：轨道几何形位内容及要求 知识2：轨距尺测量及检校 知识3：支距尺的应用 技能1：轨道几何形位手工检查 拓展：线路起道作业	知识1：曲线轨距加宽的标准 知识2：轨距加宽测量方法及调整 技能1：轨距进行调整和检查 技能2：用适当工具进行轨距调整 拓展：万能、数显式轨距尺使用	知识1：外轨超高计算及设置方法 知识2：外轨超高的测量和检查 技能：实施外轨超高调整方案 拓展：外轨超高设置

任务四　轨向作业	任务五　前后高低、轨底坡作业	任务六　缩短轨作业
知识1：轨向的测量方法 知识2：轨向与轨道几何形位关系 技能1：轨向尺测量轨向偏差 技能2：轨向调整操作 拓展：线路起道、改道作业	知识1：前后高低影响、检测方法 知识2：轨底坡的定义与作用 技能1：前后高低进行精确测量 技能2：轨底坡的检查与调整 拓展：绳正法整正曲线	知识1：缩短轨类型与长度确定 知识2：缩短轨计算及配置方法 技能1：轨缝调整器调节轨缝 技能2：缩短轨的配置 拓展：缩短轨调整测量

任务七　轨道检查仪检查作业
知识1：几何形位检查对列车的影响 知识2：轨道几何形位不良病害分析 技能2：测量数据整理、分析和评估 技能2：轨道静态几何尺寸测量 拓展：轨道静态几何形位检查

项目二　轨道的几何形位

理论认知　教学重点　教学难点　现场实操

任务一　直线轨道的轨距、水平检查作业

任务引入

　　××线货运列车脱轨事故：2012年5月2日16时42分，××局××线32035次货运列车运行至鹰潭Ⅲ场3110#至3116#岔区时，因工务线路水平三角坑超限，造成列车机后27、28、29位车辆脱轨，构成铁路交通一般B类事故。

　　事故原因：

　　轨距水平误差：事故发生的直接原因是轨道的水平和三角坑超限。尽管静态检测时轨距、高低、水平等数值未超过标准，但在动态检测中，轨向与水平的复合偏差导致了严重的动态偏差，最终引发列车脱轨。

任务分析

　　直线轨道的轨距和水平是轨道工程中的关键参数，直接关系到列车运行的安全性、稳定性和舒适性。对于城市轨道交通线路维护人员来说，掌握轨距和水平的测量、调整以及相关标准是基本技能要求。学生需要通过理论学习和实践操作，熟练操作标尺式或数显式轨距尺，准确测量轨距和水平，根据测量结果进行轨距和水平的调整，进行包括更换轨距块、调整轨距杆、起道、捣固等操作确保轨道的安全和稳定运行。

课岗赛证

课　　　岗　　　赛　　　证

教学内容	城市轨道线路维护工 (中级)(××地铁)	铁路线路工比赛(中级) (××铁路局)	中国中铁职业技能 等级评价规范 (铁路线路工)
1.轨道几何形位的内容及要求 2.轨距尺测量及检校 3.支距尺的应用	1.能检查线路几何形位 2.能按计划检查线路设备 **城市轨道线路维护工**(高级) 能进行线路、道岔质量评定	实操7　轨道几何形位手工检查	2.2.1.29　轨道动静态检查基本知识 2.2.2.3　道尺、支距尺的使用和保养

任务目标

【知识目标】

1.熟练掌握轨距、水平、高低、轨向、轨底坡的概念。

2.掌理解几何形位中轨距水平测定方法。

3.理解标准轨距、宽轨距、窄轨距的区别。

【技能目标】

1.应用机械式、数显式轨距尺测量线路轨距、水平。

2.能够利用轨底坡测量仪检测轨底坡。

【素质目标】

1.具备自主学习能力和查阅资料的能力。

2.在检测的过程中,培养一丝不苟、精益求精的工匠精神。

3.提升现场作业的安全意识。

微课　直线轨道的
几何形位

知识链接

一、轨距的一般要求

轨距是钢轨踏面下16mm范围内两股钢轨工作边之间的最小距离。我国铁路、城市轨道线直线轨距标准规定为1435mm,称为标准轨距。

轨距误差:经常保养标准一般规定宽不得超过6mm,窄不得超过2mm。所以在线路直线部分,轨距不应大于1441mm且不应小于1433mm。在日常检查时,通常每6.25m检查一处,即在每节25m钢轨的接头、中间(俗称大腰)及两个四分之一处(俗称小腰)共检查四处;每节12.5m钢轨的接头及中间各检查一处。轨距误差在日常管理上采用的标志符号:大于标准的误差用"+"号,小于标准的误差用"-"号。根据《普速铁路线路修理规则》(TG/GW　102—2019)

要求轨距变化率(不含规定的递减率)允许速度大于120km/h的正线不得大于1‰;允许速度不大于120km/h的正线及到发线不得大于2‰,其他站线不大于3‰。因为在短距离内如有显著的轨距变化,即使不超过允许误差,也会使机车车辆发生剧烈的摇摆。限制轨距变化率,对于保证行车平稳、保持轨道方向是非常重要的,特别是在高速行车地段尤为重要。

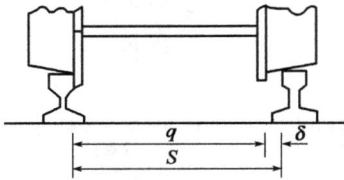

图 2-1-1　车辆游间示意图

为了使列车在轨道上顺利运行,轨距应略大于轮对宽度,两者之间留有空隙,称为游间。如图 2-1-1 所示,当轮对中的一个车轮轮缘与钢轨贴紧时,另一个车轮轮缘与钢轨之间的间隙(游间)δ 为

$$\delta = S - q \tag{2-1-1}$$

式中:S——轨距,mm;

　　　q——轮对宽度,mm。

游间过小,轮对易被两股钢轨楔住,增大行车阻力和轮轨间的磨耗。但也不能过大,以免列车运行时产生剧烈的摇摆,影响行车的平稳性和轨道的稳定性。

设 S_0 为标准轨距,q_0 为正常轮对宽度,则正常游间为

$$\delta_0 = S_0 - q_0 \tag{2-1-2}$$

设 S_{max} 及 S_{min} 分别为最大及最小轨距,q_{max} 及 q_{min} 分别为最大及最小轮对宽度,则最大及最小游间分别为

$$\delta_{max} = S_{max} - q_{min} \tag{2-1-3}$$

$$\delta_{min} = S_{max} - q_{max} \tag{2-1-4}$$

城市轨道交通车辆轮对尺寸见表 2-1-1,直线轨道游间见表 2-1-2。

城市轨道交通车辆轮对尺寸(单位:mm)　　　　　　　　表 2-1-1

轮缘厚度		轮背内侧距			轮对宽度		
最大	最小	最大	正常	最小	最大	正常	最小
32	23	1355	1353	l351	1419	1417	1397

直线轨道游间(单位:mm)　　　　　表 2-1-2

游间	最大	正常	最小
	44	18	14

必须指出,表 2-1-2 中的游间值没有把车轴挠曲对轮对宽度的影响以及轨距的弹性扩大考虑在内,特别是在高速铁路上应考虑上述影响因素。

二、水平

水平指的是轨道上两股钢轨顶面相对高低。线路上两股钢轨顶面在直线段应保持同一水平,曲线应保持相应的超高值。

实践中,有两种性质不同的钢轨水平误差,对行车的危害程度也不相同。第一种称水平差,就是在一段相当长的距离内,一股钢轨的轨顶面始终较另一股高。另一种称为三角坑,如

图 2-1-2 所示,即在 6.25m 的距离范围内,先是左股钢轨高,后是右股钢轨高,前后两点的水平误差的代数差超过 4mm 时为三角坑(三角坑的检查长度可延伸至 18m)。根据《城市轨道交通运营设备维修与更新技术规范　第 4 部分:轨道》(JT/T 1218.4—2024)检查三角坑的基长:采用轨道检查仪时宜为 3m,采用轨距尺时宜为 6.25m。这时就会出现车轮不能全部正常压紧钢轨的情况,在最不利的情况下甚至可能爬上钢轨,引起脱轨事故。因此,必须予以消除。

三角坑计算公式为 $A-(-A)=2A$

图 2-1-2　线路三角坑示意图

三角坑是引起轮轨作用力变化、影响行车平稳性的主要原因。三角坑将使转向架出现三点支承、一点悬浮的恶劣状态。高点会使车辆出现侧滚,产生垂直振动加速度,低点会使车轮减载。当车轮减载量与荷载量之比大于 0.8 时,还有脱轨的危险。无论曲线还是直线,严重的局部扭曲不平顺都有可能引起车辆剧烈侧滚和侧摆振动,导致脱轨系数过大而脱轨。所以要高度重视三角坑病害的整治与预防。必须将轨道三角坑限定在一定范围之内,一旦发现超限,必须予以消除。

【例 2-1】　图 2-1-3 所示为某直线线路两股钢轨水平检查结构,试计算三角坑值。

解: 由图 2-1-3 可知,AA' 处水平偏差为 $-2mm$,BB' 处水平偏差为 $+3mm$,CC' 处水平偏差为 $-1mm$,则

$AA'-BB'$ 段三角坑值 $=|-2-(+3)|=5(mm)$

$BB'-CC'$ 段三角坑值 $=|+3-(-1)|=4(mm)$

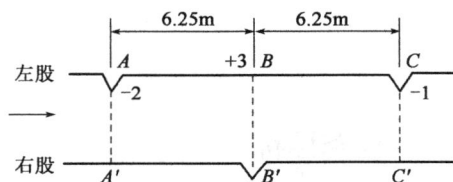

图 2-1-3　某直线线路两股钢轨水平检查结构

任务二　小半径曲线轨距加宽

 任务引入

某线 K193+541 ~ K194+009 曲线圆曲线部分曾出现连续大轨距问题,最大值达到 9mm。该曲线在 2020 年多次出现轨距超限的情况。经检查发现,现场曲线扣件多处扣压力不足,扣

件离缝达2mm,同时曲线上股侧磨变化较大,从6mm变为9mm。这些问题导致轨距反复出现病害,列车运行时晃动明显,严重影响行车安全和舒适性。

原因分析:

小半径曲线的轨距加宽需要根据实际情况合理设置,而该曲线未及时调整轨距加宽值,导致轨距变化率过大,同时事故地段的轨道在日常检测中未能及时发现潜在的动态偏差问题,反映出轨道检测和维护工作的不足。

任务分析

小半径曲线轨距加宽是线路工岗位应具备的基本技能,也是城市轨道交通线路维护1+X的基本技能。轨距调整作业是线路维护工的基本作业点。要求学生能够熟练使用轨距尺进行检查,并判断轨距加宽情况,了解小半径曲线轨距加宽的计算方法及调整原则,能够准确测量出曲线段的轨距,并判断其是否符合标准;掌握轨距调整的方法和步骤,包括确定标准股、调整轨距加宽值等;能够根据小半径曲线的实际状态,合理设置轨距加宽值,避免轨距变化率过大。

课岗赛证

课	岗	赛	证
教学内容	**城市轨道线路维护工** (中级)(××地铁)	**铁路线路工比赛**(中级) (××铁路局)	**中国中铁职业技能 等级评价规范** (铁路线路工)
1.曲线轨距加宽概念及原因 2.曲线轨距加宽的标准 3.小半径曲线轨距加宽调整	对轨距进行调整和检查 **城市轨道线路维护工**(高级) 完成线路几何尺寸的整改	中级实作13:50m线路检查	3.4技师能测量计算 轨距及轨距相错量

任务目标

【知识目标】

1.理解小半径曲线轨距加宽原因。

2.掌握轨距加宽原则。

【技能目标】

1.能计算不同半径轨距加宽递减值。

2.能利用轨距尺进行曲线地段的轨距水平测量。

【素质目标】

1.在轨距加宽计算中,培养求真务实的科学素养。

2.在轨距水平测量中,培养精益求精的工匠精神。

知识链接

一、小半径曲线轨距加宽原因

机车车辆进入曲线轨道时,仍然存在保持其原有行驶方向的惯性,只是受到外股钢轨的引导作用才沿着曲线轨道行驶。在小半径曲线,为使机车车辆顺利通过曲线而不被楔住或挤开轨道,减小轮轨间的横向作用力,以减少轮轨磨耗,轨距要适当加宽。加宽轨距是指将曲线轨道内轨向曲线中心方向移动,并在缓和曲线长度范围内完成,曲线外轨的位置则保持与轨道中心半个轨距的距离不变,如图 2-2-1 所示。

微课　小半径曲线
轨距加宽

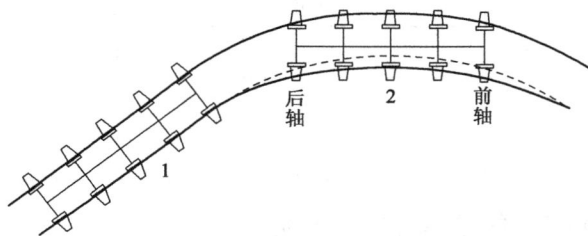

图 2-2-1　曲线加宽原因
1-直线轨道;2-曲线轨道

二、轨距加宽原则

机车车辆通过曲线的内接形式随着轮轨游间大小而定。根据运营经验,以自由内接最为有利,但机车车辆的固定轴距长短不一,不能全部满足自由内接通过的要求。为此,确定轨距加宽必须满足如下原则:

(1)保证大多数车辆能以自由内接形式通过曲线。

(2)保证固定轴距较长的机车通过曲线时,不出现楔形内接,但允许以正常强制内接形式通过。

(3)保证车轮不掉道,即最大轨距不超过容许限度。

三、曲线轨道的最大允许轨距

曲线轨道的最大允许轨距应切实保障行车安全,不使其掉道。在最不利情况下,当轮对的一个车轮轮缘紧贴一股钢轨时,另一个车轮踏面与钢轨的接触点即车轮踏面的变坡点。曲线轨道的最大容许轨距应为 1450mm,即最大允许加宽 15mm。《普速铁路线路修理规则》(TG/GW 102—2019)规定:曲线轨距加宽递减率一般不得大于 1‰,特殊条件下,不得大于 2‰。具体要求见表 2-2-1。

《普速铁路线路修理规则》(TG/GW 102—2019)轨距加宽标准　　　　表 2-2-1

曲线半径(m)	轨距加宽值(mm)	轨距(mm)
$R \geq 295$	0	1435
$295 > R \geq 245$	5	1440

续上表

曲线半径(m)	轨距加宽值(mm)	轨距(mm)
245>R≥195	10	1445
R<195	15	1450

《地铁设计规范》(GB 50157—2013)中关于轨距加宽的要求:半径小于250m的曲线地段应进行轨距加宽,加宽值应符合表2-2-2的规定。轨距加宽值应在缓和曲线范围内递减,无缓和曲线或其长度不足时,应在直线地段递减,递减率不宜大于2‰。

《地铁设计规范》(GB 50157—2013)轨距加宽值　　　　　　表2-2-2

曲线半径(m)	轨距加宽值(mm)	轨距加宽值(mm)
	A 型车	B 型车
250>R≥200	5	—
200>R≥150	10	5
150>R≥100	15	10

四、曲线轨距加宽方法及加宽递减

为保持曲线外股钢轨的圆顺,我国铁路规定,在设置轨距加宽时外股钢轨保持不动,轨距加宽通过将内股钢轨向外横移来实现。《地铁设计规范》(GB 50157—2013)规定:轨距加宽应在缓和曲线范围内递减,无缓和曲线或长度不足时,应在直线地段递减,递减率不宜大于2‰。为使轨距均匀递减,《普速铁路线路修理规则》(TG/GW102—2019)规定:

(1)曲线轨距加宽应在整个缓和曲线内均匀递减。如无缓和曲线,则在直线上递减,递减率不得大于1‰,如图2-2-2、图2-2-3所示。

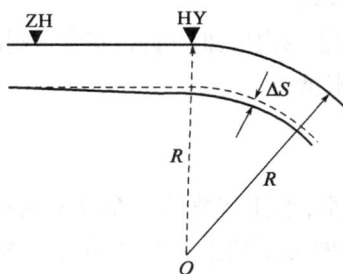

图2-2-2　有缓和曲线轨距加宽递减　　　　　图2-2-3　无缓和曲线轨距加宽递减

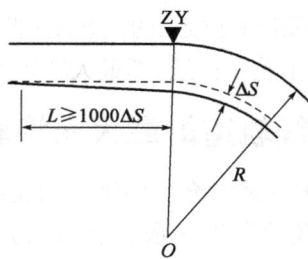

(2)复曲线应在正矢递减范围内,从较大轨距加宽向较小轨距加宽均匀递减。

(3)两曲线轨距加宽按1‰递减,其终点间的直线长度不应短于10m。不足10m时,如直线部分的两轨距加宽相等,则直线部分保留相等的加宽,如不相等,则直线部分从较大轨距加宽向较小轨距加宽均匀递减,如图2-2-4、图2-2-5所示。在困难条件下,站线上的轨距加宽可按2‰递减。

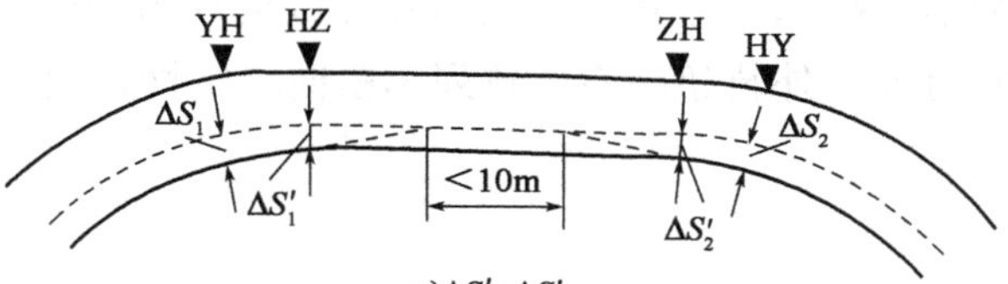

a)$\Delta S'_1 = \Delta S'_2$

图 2-2-4　直线部分保留相等的加宽

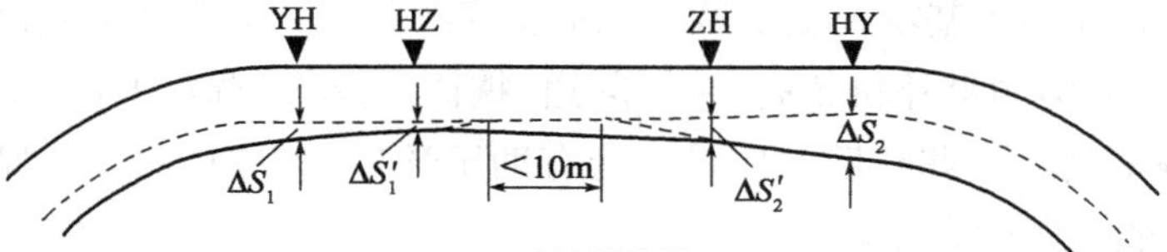

b)$\Delta S'_1 \neq \Delta S'_2$

图 2-2-5　从较大轨距向较小轨距均匀递减

(4)特殊条件下的轨距加宽递减,可根据具体情况规定,但不得大于2‰。

五、曲线地段轨距、水平记录要求

1.曲线地段轨距记录要求

曲线上有轨距加宽,要考虑轨距加宽的情况。轨距加宽值一般用W表示,标注在钢轨内轨轨腰上。例如$W:5$,代表了轨距加宽为5mm,这个时候标准轨距变成了1440mm。如果测量的轨距是1435mm,则记录−5;同理,如果测出的轨距值为1443mm,则记录值为+3。轨距加宽记录表见表2-2-3。

轨距加宽记录表(单位:mm)　　　　　　　　　　　表2-2-3

轨距测量值	1435	1443
轨距加宽值	5	5
轨距记录值	−5	+3

2.曲线地段水平记录要求

同直线水平测量一样,曲线地段量测水平需要先确定基准股。曲线上以外股为基准股,外股较内股高出的数值减去规定的超高值,即水平偏差值。

任务三　曲线外轨超高计算及检查

任务引入

某铁路曲线半径600m,列车以120km/h通过,外轨超高60mm。因超高不足,列车离心力未被平衡,产生剧烈摇摆。某日,一客运列车通过该曲线时脱轨,第5节车厢脱轨,致列车中断、乘客受伤,损失数百万元。外轨超高不足致列车横向稳定性差,脱轨风险大,且严重影响乘客舒适度。

任务分析

外轨超高设置不当易影响铁路安全与乘客舒适度。合理设置与维护外轨超高是保障铁路安全的关键,也是线路工基本技能及城市轨道交通线路维护1+X证书制度的重要内容。学生需能用轨距尺等准确测量外轨超高,掌握起道、捣固、垫板等调整方法,确保超高符合设计要求,并用弦线等工具检查调整后的质量。这有助于学生适应岗位需求,保障轨道交通安全运行,提升专业技能和职业素养。

课岗赛证

课	岗	赛	证
教学内容 1.设置外轨超高的目的 2.外轨超高计算及设置方法 3.轨道欠超高和过超高范围要求	**城市轨道线路维护工**(中级) 能检查线路几何尺寸 **城市轨道线路维护工**(高级) 能计算和调整曲线超高	**铁路线路工比赛**(中级) (××铁路局) 中级实作13:50m线路检查	**中国中铁职业技能等级评价规范** (铁路线路工) 3.3.1能计算和调整曲线超高,并能分析曲线常见病害并整治

任务目标

【知识目标】

1.理解曲线外轨超高的原因。

2.掌握欠超高、过超高的概念。

3.掌握曲线最高速度的影响因素。

【技能目标】

1.能够独立计算超高的允许值,并判断欠超高和过超高是否超限。

2.能够根据半径和超高允许值判断某条曲线最高允许限速。

【素质目标】

1.在轨距加宽计算中,培养求真务实的科学素养。

2.树立安全意识,严格按照规章制度作业。

知识链接

一、设置外轨超高的原理和计算方法

列车在曲线上运行时,产生向外的离心力,此力使曲线外轨受到很大的挤压力,不仅加速了外轨的磨耗,也使旅客不舒适,严重时,甚至会导致列车倾覆或挤翻外轨使车辆颠覆。

为了平衡离心力,应在曲线轨道上设置外轨超高,即把曲线外轨适当抬高,使车辆内倾,用车辆重力的水平分力来抵消离心力,以使曲线里外两股钢轨所受的垂直压力大致相等,达到垂直磨耗均匀和提高旅客舒适度的目的。

微课　曲线外轨超高

动画　曲线外轨超高

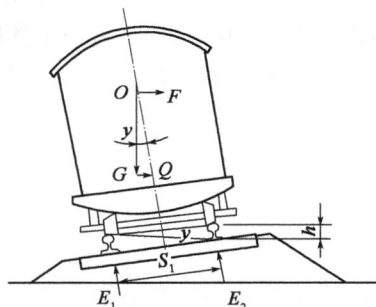

列车在曲线上运行时,产生离心力 F,其值可由式(2-3-1)计算。

$$F = m \frac{V^2}{R} = \frac{G}{g} \cdot \frac{V^2}{R} \tag{2-3-1}$$

式中:m——车体的质量,kg;

　　　V——行车速度,km/h;

　　　R——曲线半径,m;

　　　G——车体的重力,kN;

　　　g——重力加速度,m/s²。

若将曲线轨道设置外轨超高 h 后(图2-3-1),使车体的重力 G 与离心力 F 的合力 Q 恰好通过轨道中心,此时里外两股钢轨所受的垂直压力相等,钢轨的支承反力 $E_1 = E_2$。

由图2-3-1可以看出 $\tan\gamma = \dfrac{F}{G} = \dfrac{h}{S_1}$,则平衡离心力所需要的外轨超高为

$$h = \frac{S_1 F}{G} = \frac{S_1}{G} \cdot \frac{G}{g} \cdot \frac{V^2}{R} = \frac{S_1}{g} \cdot \frac{V^2}{R} \tag{2-3-2}$$

当速度 V 以 km/h 计,半径 R 以 m 计,超高 h 以 mm 计时,将两股钢轨中心间的距离 $S_1 = 1500$ mm 代入式(2-3-3):

图2-3-1　外轨超高示意图

$$h = \frac{1500 \times \left(\frac{1}{3.6}\right)^2}{9.81} \cdot \frac{V^2}{R} = 11.8 \frac{V^2}{R} (\text{mm}) \tag{2-3-3}$$

上式是以速度为 V 通过曲线的车辆推导出来的超高计算式。实际上通过曲线的各次列车速度不一样,因此,式(2-3-3)中的速度 V 应采用各次列车的平均速度 V_c,则 h 为

$$h = 11.8 \frac{V_c^2}{R} \tag{2-3-4}$$

《地铁设计规范》(GB 50157—2013)规定:曲线地段超高的最大限度不得超过120mm。《普速铁路线路修理规则》(TG/GW 102—2019)规定:有砟轨道实设最大超高,在单线上不得大于125mm,在双线上不得大于150mm。无砟轨道实设最大超高不得大于75mm。

二、曲线外轨超高的验算

任何一条曲线轨道,均按一定的平均速度设置超高。超高一经设置,便成为一种固定设施。当行驶速度 y 和平均速度 K 不一致的列车通过时,实际设置的外轨超高和实际需要的外轨超高不可能完全适应。如果实际需要的外轨超高大于实际设置的外轨超高($V>V_c$),我们说曲线上外轨有"欠超高"。此时,离心力 F 大于实际设置超高所提供的向心力,外轨承受偏载,离心力未被平衡,使旅客感觉不舒适;反之,如果实际需要的外轨超高小于实际设置的外轨超高(速度:$V<V_c$),我们说曲线上外轨有"过超高"。此时,离心力 F 小于实际设置超高所提供的向心力,内轨承受偏载向心力在平衡离心力后有多余,使旅客不适。

我们将欠超高和过超高统称为未被平衡的超高。为保证行车安全和旅客舒适,延长钢轨使用寿命,未被平衡的超高不能超过一定的容许值。当列车以最高速度 V_{max} 通过超高为 h 的曲线时,其最大未被平衡欠超高为

$$\Delta h_{max} = \frac{S_1}{g} \cdot \frac{V_{max}^2}{R} - h = \frac{S_1}{g} \cdot \frac{V_{max}^2}{R} - \frac{S_1}{g} \cdot \frac{V_c^2}{R} = \frac{S_1}{g}(a_{max} - a_c) = \frac{S_1}{g}\Delta a = 153\Delta a \quad (2\text{-}3\text{-}5)$$

式中:a_{max}——最大离心加速度,m/s^2;

$\quad\ a_c$——列车以平均速度通过曲线时的离心加速度,m/s^2;

$\quad\ \Delta a$——未被平衡的离心加速度,m/s^2。

当 Δa 取 $0.4m/s^2$ 时能满足旅客舒适度的要求,此时 $\Delta h_{max}=61mm$。《地铁设计规范》(GB 50157—2013)规定:未被平衡的超高允许值不应大于61mm。《普速铁路线路修理规则》(TG/GW 102—2019)规定:未被平衡的欠超高不应大于75mm,困难情况下不应大于90mm。

根据上述最大容许未被平衡超高 Δh 的规定,通过超高为 h 曲线的最高容许行车速度 V_{max},可按式(2-3-6)进行验算:

$$V_{max} = \sqrt{\frac{(h + \Delta h)R}{11.8}} \quad (2\text{-}3\text{-}6)$$

式中:V_{max}——通过曲线的最高行车速度,km/h;

$\quad\ h$——按平均速度设置的超高,mm;

$\quad\ \Delta h$——允许最大未被平衡超高,mm;

$\quad\ R$——曲线半径,m。

【例2-2】 已知地铁某段线路曲线半径为800m,测得通过该段线路列车的速度分别为67km/h、58km/h、63km/h、62km/h、70km/h,所需的外轨超高为多少?

解:(1)求平均速度 V_c。

$$V_c = \frac{67 + 58 + 63 + 62 + 70}{5} = 64(km/h)$$

(2)计算超高。

$$h = 11.8\frac{V_c^2}{R} = \frac{11.8 \times 64^2}{800} = 60.4(mm)$$

$$取 h=60mm$$

(3)检算外轨超高。该曲线最高行车速度为70km/h,所需的外轨超高量为

$$h_{高} = \frac{11.8 \times 70^2}{800} = 72.3(\text{mm})$$

则未被平衡的超高(欠超高)为

$$\Delta h = 72.3 - 60 = 12.3(\text{mm}) < 61(\text{mm})$$

该曲线最低通过速度为58km/h,所需的外轨超高为

$$h_{低} = \frac{11.8 \times 58^2}{800} = 49.6(\text{mm})$$

则未被平衡的过超高为

$$\Delta h_{过}=60-49.6=10.4\text{mm}<60\text{mm}(参考北京地铁标准)$$

所以,外轨超高值h=60mm满足要求。

三、曲线外轨超高的设置方法

对于城市轨道交通隧道内U形结构无砟轨道,设置超高的方法是将超高值的1/2在里股钢轨处向下落低,而将另一半在外股钢轨处向上抬高1/2,高架线、地面线采用外轨抬高法。

城市轨道交通线路,超高顺坡率一般不大于2‰,困难地段不大于2.5‰,铁路中超高顺坡则做如下规定:

(1)曲线超高应在整个缓和曲线内顺完,允许速度大于160km/h的线路,超高必须在整个缓和曲线内顺完;允许速度大于120km/h的线路,顺坡坡度不应大于$1/(10V_{max})$;允许速度不大于120km/h的线路,顺坡坡度不应大于$1/(9V_{max})$。

(2)允许速度不大于160km/h的线路,如缓和曲线长度不足,顺坡可延至直线上;允许速度为120(不含)～160km/h的线路,在直线上顺坡坡度不应大于$1/(10V_{max})$,在直线上顺坡的超高不应大于8mm;允许速度不大于120km/h的线路,在直线上顺坡坡度不应大于$1/(9V_{max})$,在直线上顺坡的超高,有缓和曲线时不应大于15mm,无缓和曲线时不应大于25mm。

(3)在困难条件下,可适当加大顺坡坡度,但允许速度大于120km/h的线路不应大于$1/(8V_{max})$;其他线路不应大于$1/(7V_{max})$,且不得大于2‰。

任务四　轨 向 作 业

任务引入

2024年12月22日,某市轨道交通11号线发生了一起严重事故。一列驶向××新城方向的列车与工地吊车吊臂猛烈相撞。事故导致列车车头严重受损,车窗玻璃破碎,车身结构变形,同时线路设施也遭受破坏。众多旅客被困车厢内长达50余分钟,给旅客的生命安全带来巨大威胁。

　　轨道轨向不正确会导致列车在运行过程中出现晃动或偏移,增加列车脱轨的风险,也增加列车与外部障碍物相撞的风险。轨向问题会导致列车轮对与轨道之间的接触不均匀,加剧轮对和轨道的磨损,轨向问题会导致列车行驶过程中的平稳性下降,影响旅客的舒适度。

任务分析

　　轨向测量及调整是获得城市轨道交通线路维护1+X证书、铁路线路工职业资格证书、地铁线路维护工证书需要具备的基本技能。要求学生熟练掌握使用轨距尺、弦线等工具测量轨向偏差并记录数据,能够根据测量结果进行拨道、改道等操作以调整轨向,熟悉轨道维护设备的使用和保养,确保设备处于良好状态,从而保障轨道安全运行。

课岗赛证

课	岗	赛	证
教学内容 1.轨向的测量方法 2.轨向不良的原因及影响 3.轨向的调整与维护 4.轨向与轨道几何形位关系	**城市轨道线路维护工**(中级) 确定拨道位置和拨道量 **城市轨道线路维护工**(高级) 能计算拨道量并整正	**铁路线路工比赛**(中级) (××铁路局) 中级实作13:50m线路检查 中级实作15:线路拨道作业	**中国中铁职业技能等级评价规范** (铁路线路工) 能够进行整正曲线

任务目标

【知识目标】

1.理解轨向、正矢的概念。

2.掌握曲线正矢的检测步骤。

3.理解曲线拨道的要求。

【技能目标】

1.能够熟练利用弦绳测量直线和曲线的正矢。

2.能够正确计算曲线的拨量。

3.能够编制拨道作业指导书并进行现场拨道。

【素质目标】

1.具备一定的工程思维能力和计算能力。

2.在检测的过程中,培养一丝不苟、精益求精的工匠精神。

3.具备现场作业听从指挥、遵章守纪的能力。

🔍 **知识链接** ----------------------------

一、曲线轨向

　　轨道的方向,在直线上是否平直,在曲线上是否圆顺,叫作轨向。直线轨道实际并不是一条理想的直线,而是由许多波浪形曲线组成,不过这些曲线的长度为10~20m,一般肉眼不易辨认。

　　如果直线不直,方向不良,势必引起列车的摇晃和蛇形运动。在行驶高速列车的轨道上,线路方向对行车的平稳性尤为重要。相对轨距来说,轨道方向则是主要的,只要方向保持在容许范围内,则轨距变化对车体振动的影响就不致很大。

微课　曲线整正

　　在无缝线路地段,若轨道方向不良,则到了高温季节,在一定条件下,会引起胀轨跑道,严重威胁行车安全。

二、曲线正矢

　　由于曲线轨道受机车车辆的冲击、推挤和摩擦比直线轨道多得多,所以曲线轨道方向的改变比直线轨道快,半径越小问题越大。曲线方向不良会加剧列车通过时的摇摆,加速列车对轨道的破坏,严重时将危及行车安全。为使曲线轨道具有良好的受力条件,保证正确的几何形位,必须对曲线方向进行定期检查,及时整正。曲线正矢示意图如图2-4-1所示。

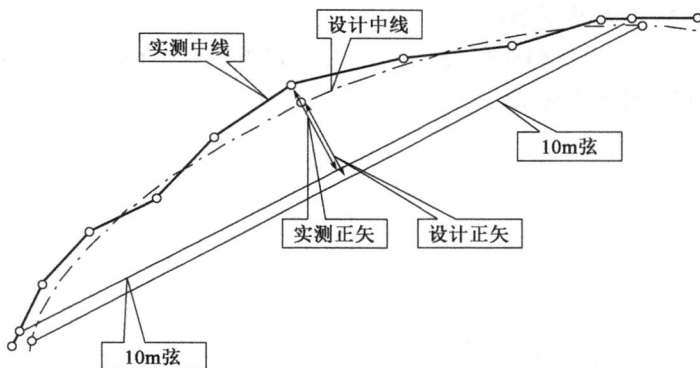

图2-4-1　曲线正矢示意图

1.计划正矢的计算

1)圆曲线上的正矢

圆曲线上任一点的正矢f_y可用式(2-4-1)求出:

$$f_y = \frac{\lambda^2}{2R}$$

(2-4-1)

式中:λ——测量正矢所用弦长的一半,称为测点距,一般为10m。

　　若将λ值代入式(2-4-1),且将f_y的单位取为mm。则

$$f_y = \frac{\lambda^2}{2R} = \frac{10^2}{2R} \times 1000 = \frac{50000}{R} \text{ mm} \tag{2-4-2}$$

如图 2-4-2 所示,当圆曲线与直线直接相连时,由于测量弦线的一端伸入直线,故圆曲线始、终点(ZY,YZ)两侧测点的正矢与圆曲线内的各点不同。

$$\begin{cases} f_0 = \frac{1}{2}y_1 = \frac{1}{2} \times \frac{(b\lambda)^2}{2R} = \frac{b^2}{2} \times f_y = a_z \times f_y \\ f_1 = \frac{1}{2}y_2 - y_1 = \frac{1}{2} \times \frac{(2\lambda - a\lambda)^2}{2R} - \frac{b\lambda^2}{2R} = \left(1 - \frac{a^2}{2}\right) \times f_y = a_y \times f_y \end{cases} \tag{2-4-3}$$

式中: a_z——直线一侧测点的正矢系数, $a = b/2$;

a_y——圆曲线一侧测点的正矢系数, $a_y = 1 - a^2/2$;

a、b——以 ZY 为界测量弦线的分配系数, $a+b=1$。

2)缓和曲线上的正矢

(1)缓和曲线中间各测点的正矢。所谓缓和曲线中间各测点是这样一些点:当测正矢的弦线两端所在的测点为缓和曲线上的点时,弦线中央所对的测点。

根据正矢与半径的关系可得

$$f_i = N_i \cdot \frac{f_y}{m_0} = N_i \cdot f_d \tag{2-4-4}$$

式中: N_i——测点距缓和曲线始点的段数;

m_0——缓和曲线全长的段数;

f_d——缓和曲线正矢递变率, $f_d = f_y/m_0$。

(2)缓和曲线始点(ZH,HZ)相邻测点的正矢。如图 2-4-3 所示,设 0,1 两测点分别在 ZH 点两侧,与 ZH 点相距分别为 $a\lambda$、$b\lambda$。

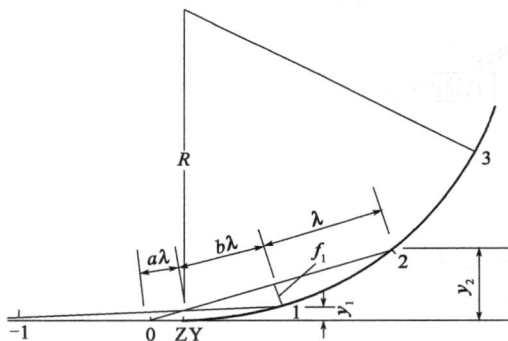

图 2-4-2 正矢测点与曲线特征点不相同

图 2-4-3 测点在 ZH 点两侧

根据缓和曲线方程,可知

$$\begin{cases} f_0 = \frac{b^3}{6} \cdot \frac{\lambda^3}{2Rl_0} = a_z \cdot f_d \\ f_1 = \frac{1}{6} \cdot (6b + a^3) \cdot \frac{\lambda^3}{2Rl_0} = \left(b + \frac{a^3}{6}\right) \cdot f_d = a_{H-1} \cdot f_d \end{cases} \tag{2-4-5}$$

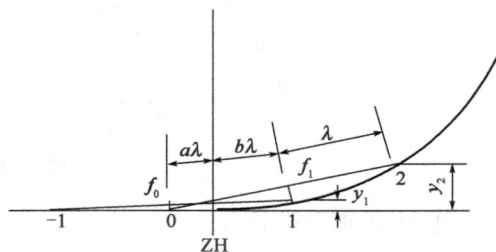

式中：a_z——直线一侧测点的正矢系数，$a_z = b^3/6$；

　　a_{H-1}——缓和曲线一侧测点的正矢系数，$a_{H-1} = b + a^3/6$。

如图2-4-4所示，n和$n+1$为与缓圆点相邻的两个测点，距HY分别为$b\lambda$、$a\lambda$。

$$\begin{cases} f_n = f_y - \left(b + \dfrac{a^3}{6}\right) \times f_d = f_y - a_{H-2} \times f_d \\ f_{n+1} = f_y - \dfrac{1}{2}\dfrac{(b\lambda)^3}{6Rl_0} = f_y - \dfrac{b^3}{6} \times f_d = f_y - a_y \times f_d \end{cases} \qquad (2\text{-}4\text{-}6)$$

式中：a_{H-2}——与HY（或YH）相邻的缓和曲线一侧测点的正矢系数，$a_{H-2} = b + a^3/6$；

　　a_y——与HY（或YH）点相邻的圆曲线上测点的正矢系数，$a_y = b^3/6$。

2.曲线正矢外业测量

测量现场正矢是曲线整正计算前的准备工作。这项工作的质量好坏直接关系到计算工作，并影响拨后曲线的圆顺。因此应注意以下几点：

(1)测量现场正矢前，先用钢尺在曲线外股按计划的桩距(一般为10m)丈量，并做好标记和编出测点号，测点应尽量与直缓点、缓圆点、圆缓点、缓直点重合。

(2)测量现场正矢时，弦线必须拉紧，弦线的两端位置和量尺位置要正确。测量时应在轨距线处进行，有飞边应在飞边处进行，飞边大于2mm时应铲除它。每个曲线丈量3次，取其平均值，精确到毫米。

(3)尺在下，弦在上，尺不要顶弦也不要离开。读数时，视线、弦线、量尺三者应保持垂直；要读弦线靠钢轨一侧的数，如图2-4-5所示。

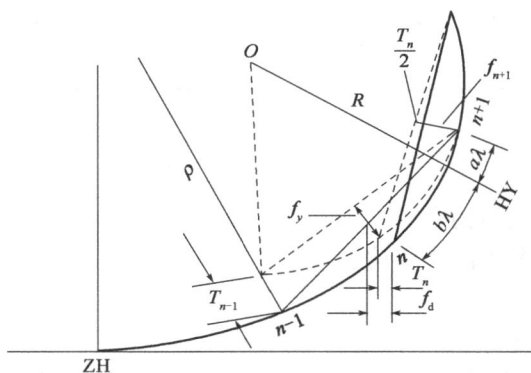

图2-4-4　测点在HY点两侧　　　　　图2-4-5　现场正矢测量示意图

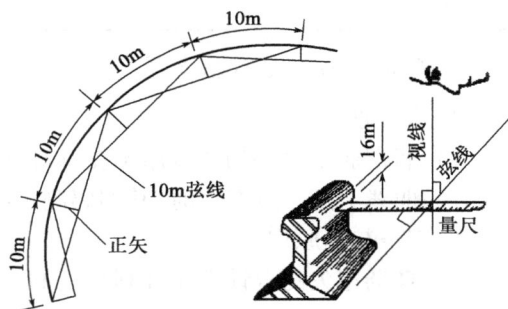

(4)如果直线方向不直就会影响整个曲线，应首先将直线拨正后再量正矢；如果曲线头尾有反弯(鹅头)应先进行整正；如果曲线方向很差，应先粗拨一次，但应在新拨动部分经列车滚压后，再量取现场正矢，以免现场正矢发生变化而影响拨道量计算的准确性。

（5）在测量现场正矢的同时，应注意线路两旁建筑物的界限要求，桥梁、隧道、道口等建筑物的位置可以供计划时参考。

3.曲线正矢容许偏差

一般用20m弦在钢轨踏面下16mm处测量正矢，其偏差不能超过表2-4-1和表2-4-2的限度。

曲线正矢作业验收容许偏差（单位：mm）　表2-4-1

曲线半径R(m)		缓和曲线的正矢与计算正矢差	圆曲线正矢连续差	圆曲线正矢最大最小值差
R≤250		6	12	18
250<R≤350		5	10	15
350<R≤450		4	8	12
450<R≤800		3	6	9
R>800	V_{max}≤120km/h	3	6	9
	V_{max}>120km/h	2	4	6

曲线正矢计划维修容许偏差管理值（单位：mm）　表2-4-2

曲线半径R(m)	缓和曲线的正矢与计算正矢差		圆曲线正矢连续差		圆曲线正矢最大最小值差	
	正线、出入线及试车线	其他线	正线、出入线及试车线	其他线	正线、出入线及试车线	其他线
R≤250	7	8	14	16	21	24
250<R≤350	6	7	12	14	18	21
350<R≤450	5	6	10	12	15	18
450<R≤800	4	5	8	10	12	15
R>800	3	4	6	8	9	12

4.绳正法曲线整正基本原理

1）两条假定

（1）假定曲线两端切线方向不变，即曲线始终点拨量为零。

（2）曲线上某一点拨道时，其相邻测点在长度上并不随之移动。

2）四条基本原理

（1）现场正矢的合计等于计划正矢的合计。

（2）曲线上任意点的拨动，对相邻点正矢的影响量为拨动点拨动量的二分之一，其方向相反。

3）绳正法检查曲线方向的基本要求和方法

（1）曲线两端直线轨向不良时，应事先拨正，两曲线间直线段较短时，可以与两曲线同时计算、拨正。

（2）在外股钢轨上用钢尺丈量，每10m设置一个测点（曲线头或尾是否在测点上不限）。

（3）在无风或风力较小的条件下，将20m弦线两端置于曲线测点上，弦线应拉紧并贴靠在外轨头部内侧轨顶面以下16mm处，在弦线中点处准确量出弦线至外轨头部内侧的距离，此距离称为现场正矢。为确保测量准确，每个测点的现场正矢应测量3次，取平均值。

在曲线圆顺状态下，各测点应有的正矢称为计划正矢，它是根据正矢与曲线半径的关系通过计算确定的，因此也称计算正矢。计划正矢也就是曲线方向整正后各测点应达到的正矢。

任务五　前后高低、轨底坡检查

🔍 任务引入

某桥隧工程公司项目经理部擅自组织民工封闭道口处理线路下沉，因单边过量起道，导致线路轨道几何尺寸发生变化，水平偏差47mm、三角坑48mm。这种轨道高低不平顺增大了列车冲击力，破坏了轨道结构。虽未提及轨底坡设置错误，但理论上轨底坡不当会加剧这些问题，降低轨道稳定性，影响列车运行安全。在此事故中，轨底坡的潜在不良影响与前后高低问题共同导致了列车脱轨。

🔍 任务分析

前后高低和轨底坡测量调整是线路工及城市轨道交通、地铁线路维护岗位的基本技能。需熟练使用弦线、轨距尺测前后高低，用轨底坡测量仪测轨底坡，并记录数据；掌握起道、要求学生捣固调前后高低，及调整垫板、换垫片调轨底坡的方法；熟悉轨道设备维护保养，确保设备良好。这些技能助学生适应岗位需求，保障轨道交通安全。

🔍 课岗赛证

课	岗	赛	证
教学内容 1.前后高低的概念 2.前后高低检测方法、维修标准与整治措施 3.轨底坡设置标准、检查与调整	**城市轨道线路维护工(中级)** 轨道手工检查 **城市轨道线路维护工(高级)** 轨道几何形位检查	**铁路线路工比赛** （中级）（××铁路局） 中级实作13:50m线路检查	**中国中铁职业技能等级评价规范** （铁路线路工） 3.3.1线路巡检

![任务目标]

【知识目标】

1. 了解前后高低的概念和要求。

2. 掌握轨底坡的设置原则和要求。

【技能目标】

1. 能利用弦绳和直钢尺检查前后高低。

2. 能利用轨底坡测量仪测量轨底坡。

【素质目标】

1. 通过工具的量测,培养现场测量中一丝不苟、精益求精的工匠精神。

2. 通过数据处理,培养严谨认真的工作态度。

![知识链接]

一、前后高低

1. 前后高低的概念

一股钢轨顶面纵向的高低差,叫作线路的前后高低。由于有前后高低而存在不平顺,

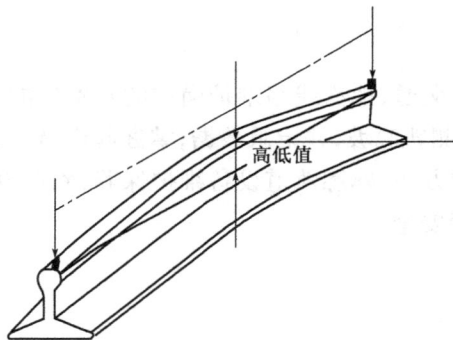

危害甚大。因为列车通过这些钢轨时,冲击动力增大,使道床变形加快,反过来又扩大不平顺,从而使列车对轨道的破坏力更大,形成恶性循环。这种破坏作用往往同不平顺(坑洼)的深度成正比,而同它的长度成反比,即长度越短,破坏力越大。前后高低的概念如图2-5-1所示。

2. 前后高低检查法

前后高低检查时,先俯身目测下颚圆弧的延长线,从纵向上找出线路高低不良的位置,用石笔做出标记。在钢轨顶面垫以同样高度的垫墩,将10m弦

图2-5-1 前后高低的概念

绳拉紧后两端紧贴垫墩上表面,量取弦绳至轨顶面的矢度。用垫墩高度减量取的矢度之差,即该处线路的高低偏差值。偏差值大于零,符号为"+",线路向上凸起;偏差值小于零,符号为"−",线路向下凹陷。

轨向、高低偏差值的确定是以检查出的超限偏差值为该线路单位长度(每千米或每股道)的偏差值,并在记录上标注超限偏差值出现的位置。

3. 检测工具

弦线(QS-Ⅱ型曲线测量盒)、150mm直钢尺或木折尺。

二、轨底坡

钢轨向轨道中心倾斜,这种倾斜度称为轨底坡。由于车轮踏面主要部分为 1:20 的圆锥面,故在直线上钢轨不应竖直铺设,而要适当地向道心倾斜。如果钢轨保持竖直,车轮的压力将离开钢轨的中心线而偏向道心一侧,且微向外斜,其结果是钢轨头部磨损不均,腰部弯曲,轨头与轨腰连接处易发生纵裂,甚至折损。

设置轨底坡后,不但可以使车轮压力更集中于钢轨的中轴线,减少荷载的偏心距,降低轨腰应力,而且可以减小轨头由于接触应力而产生的塑性变形,因为在轨头中部塑性变形的积累远较两侧缓慢。

在城市轨道交通运营实践中,规定轨底坡为 1:40~1:30。这是因为在机车车辆的动力作用下,轨道被弹性挤开,轨枕产生挠曲和弹性压缩,加上垫板与轨枕不密贴,扣件的扣压力不足等,以及车轮踏面经过一段时间的运行,原来 1:20 的踏面也被磨耗接近 1:40 的坡度。轨底坡是否正确,可以从钢轨顶面的光带位置判断,光带如偏向内侧,则说明轨底坡不足;反之则过大。

在铁路木枕地段,轨底坡在带斜坡的铁垫板上做成,如没有铁垫板,就必须砍削枕木;混凝土枕的轨底坡,一般在浇筑混凝土枕时直接做在承轨台上。在曲线地段,里股钢轨的轨底坡轨枕随外轨超高而抬高,使曲线里股钢轨向轨道外侧倾斜,这种情况称为"小反",必须避免,否则将影响列车运行的安全与平稳。曲线里股根据外股的超高,通过垫楔形木垫板或砍削枕木进行适当的调整(表 2-5-1),以保证其不向轨道外方倾斜。当轨顶面由于磨耗不均,已形成横向坡度时,轨底坡应按磨耗轨顶坡予以适当调整。

里股钢轨轨底坡调整范围　　　　　　　　　　　　　　　表 2-5-1

外轨超高(mm)	轨枕面最大斜度	楔形垫板或木枕砍削的倾斜度		
		铁垫板或承轨台倾斜度		
		0	1:20	1:40
0~75	1:20	1:20	0	1:40
80~125	1:12	1:12	1:30	1:17

任务六　缩短轨配置

任务引入

在某铁路既有线提速改造工程中,一段半径为 350m 的曲线线路因施工人员未按要求准确计算和配置缩短轨,导致曲线内股钢轨接头相错量超标。列车通过时晃动剧烈,轨道部件受冲击力影响出现扣件松动、道床板结等问题。最终,列车高速通过时钢轨断裂,列车脱轨,造成严重人员伤亡和财产损失。

　　缩短轨配置错误使列车车轮接触点变化,摩擦力分布不均,加剧列车不稳定,增加脱轨风险。列车剧烈振动导致车辆部件和轨道设备损坏,维修成本增加。事故还导致列车中断运行,影响铁路运输秩序,造成较大经济损失。

任务分析

　　缩短轨测量与配置检查是线路工及城市轨道交通、铁路线路维护岗位的核心技能之一。学生需用钢尺、轨距尺从曲线起点逐根测钢轨长度,记录缩短轨位置与长度。检查缩短轨配置是否符合设计要求,涵盖数量、位置和长度。测量要准确,检查要全面,操作规范,记录完整。对不符合设计要求的缩短轨,应及时拆除并更换为符合标准的钢轨,随后用轨距尺将轨距调至规定标准。通过上述规范操作,不仅能充分满足城市轨道交通和铁路线路维护岗位需求,更能为轨道交通安全运行提供坚实保障。

课岗赛证

课	岗	赛	证
教学内容 1.缩短轨基础知识 2.缩短轨类型与长度确定 3.缩短轨计算及配置方法	**城市轨道线路维护工**(中级) 能确定轨缝调整方法 **城市轨道线路维护工**(高级) 能计算配置曲线缩短轨和计算钢轨空搭头	**铁路线路工比赛** (中级)(××铁路局) 中级实作13:50m线路检查	**中国中铁职业技能等级评价规范** (铁路线路工) 3.3.1钢轨作业 3.3.2更换钢轨

任务目标

【知识目标】

1.理解曲线内轨缩短轨配置的原因。

2.掌握缩短轨配置的原则。

【技能目标】

1.能独立计算内轨缩短轨的根数和外轨标准轨根数。

2.能利用公式对第一段缓和曲线、圆曲线、第二段缓和曲线进行配轨计算。

【素质目标】

1.在现场缩短轨配置中,提高科学思维和工程思维能力。

2.提升数据处理的严谨态度和细致认真能力。

🔍 **知识链接** ┄┄

微课　缩短轨1

微课　缩短轨2

一、曲线铺设缩短轨的目的和要求

在曲线上,里股钢轨线比外股钢轨线短,若里外两股铺以同样长度的标准轨,则里股钢轨的接头势必比外股的接头超前,不能满足钢轨接头对接的要求。为了使里外股钢轨接头对接,必须在里股钢轨的适当位置铺缩短轨。

由于线路上曲线的半径和长度不一,难以使曲线上每个接头均正好相对,因此,允许里外两股钢轨接头有少量相错。在正线及到发线上,相错量不大于20mm加上所用缩短轨缩短量的一半;在其他站线、次要线和使用非标准长度钢轨的线路上,允许再增加20mm。如使用不同的缩短轨,则取其缩短量较大者作为计算标准。

我国铁路使用下列标准缩短轨:对于12.5m的标准轨,配有缩短量为40mm、80mm和120mm的三种标准缩短轨;对于25m的标准轨,配有缩短量为40mm、80mm和160mm的三种标准缩短轨。

为了维修管理方便,同一曲线一般宜使用同一种标准缩短轨。

二、曲线里股轨线应有缩短量的计算

1.缓和曲线部分任意点的缩短量计算

$$\varepsilon_{\mathrm{H}} = \frac{1500l^2}{2Rl_0} \qquad\qquad (2\text{-}6\text{-}1)$$

式中:ε_{H}——缓和曲线上任一点至缓和曲线始点里股轨线应有的缩短量,mm;

l——缓和曲线上任一点至缓和曲线始点的轨线长度,m;

l_0——缓和曲线全长,m。

当 $l = l_0$ 时,一端缓和曲线缩短量 $= 1500l_0/2R$。

2.圆曲线缩短量计算

$$\varepsilon_y = \frac{1500L_y}{R} \qquad\qquad (2\text{-}6\text{-}2)$$

式中:ε_y——圆曲线里股轨线应有的缩短量,mm;

L_y——圆曲线长,m。

三、曲线缩短轨的配置

1.缩短轨需要数量的计算

设缓和曲线长度为 l_0,圆曲线长度为 L_y,则由式(2-6-3)及式(2-6-4)可计算出曲线里股轨线的总缩短量:

$$\varepsilon_{总} = 2\varepsilon_{H0} + \varepsilon_y = \frac{1500(l_0 + L_y)}{R} \tag{2-6-3}$$

式中: ε_{H0}——一侧缓和曲线应有的缩短量,mm;

$\quad\varepsilon_y$——圆曲线应有的缩短量,mm。

设每根缩短轨的缩短量为 K,则该曲线所需缩短轨的根数 N 为

$$N = \frac{\varepsilon_{总}}{K} \tag{2-6-4}$$

外股轨线所需标准轨的根数 N_0 为

$$N_0 = \frac{2l_0 + L_y}{l_{标} + \delta} \tag{2-6-5}$$

式中: $l_{标}$——标准轨长度,m;

$\quad\delta$——轨缝,mm。

显然,曲线里股铺设的缩短轨根数 N 不应大于曲线外股轨线上铺设的标准轨的根数 N_0,否则,应选用缩短量更大的缩短轨。一般来说,当 $R>500$m,可选用 $K=40$mm 的缩短轨;R 在 $250\sim450$m 时,可选用 $K=80$mm 的缩短轨。

2.缩短轨的配置

(1)在运营线上,可采用现场丈量的办法布置缩短轨。

①根据所使用的缩短轨类型及算出的缩短轨根数配齐轨料。

②在现场用钢尺从曲线头附近的钢轨接头量起,在外股量一根标准轨长加一轨缝值,里股也量同样长度。然后,将外股丈量终点用方尺方到里股,则里股丈量终点比外股方过来的点要超前一个量值,称此值为应有缩短量。

③继续丈量,当应有缩短量大于缩短轨缩短量的一半时,即在里股此根轨上做记号,表示此轨要换成缩短轨。

④将里股丈量起点向丈量始点方向退一缩短轨缩短量的长度,再按前述方法继续丈量,直至定出所有缩短轨的位置为止。

(2)在新线铺轨或线路大修组装轨排工程中,只能通过计算来配置缩短轨。配置的方法是:从曲线始点开始,计算外股轨线每个钢轨接头处里股应有的缩短量。当里股应有缩短量与实际缩短量之差大于缩短轨缩短量的一半时,应在该处布置一根缩短轨,以使里外股接头错距不大于缩短轨缩短量的一半。

【例2-3】 缓和曲线长80m,圆曲线长28.27m,曲线半径400m,第一根钢轨进入曲线的长度为7.06m,用12.50m标准轨及12.42m的缩短轨铺设(即缩短量为80mm),如图2-6-1所示。

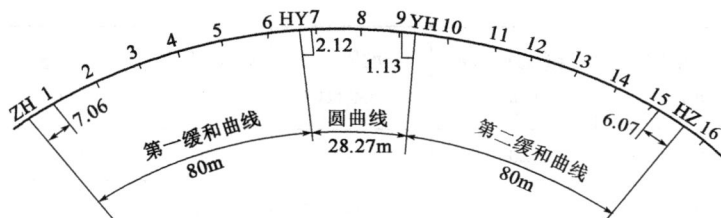

图 2-6-1 曲线示意图

解：

1.计算缩短量及缩短轨

1）圆曲线的缩短量

$$\varepsilon_y = \frac{1500L_y}{R} = \frac{1500 \times 28.27}{400} = 106(\text{mm})$$

2）一端缓和曲线的缩短量

$$\varepsilon_{H0} = \frac{1500l_0}{2R} = \frac{1500 \times 80}{2 \times 400} = 150(\text{mm})$$

3）整个曲线的总缩短量

$$\varepsilon_{总} = 2\varepsilon_{H0} + \varepsilon_y = 106 + 2 \times 150 = 406(\text{mm})$$

4）缩短轨根数

$$N = \frac{\varepsilon_{总}}{K} = \frac{406}{80} = 5.1(根)(用5根)$$

2.确定缩短轨的铺设位置

缩短轨计算过程见表 2-6-1。

缩短轨计算过程 　　　　表 2-6-1

接头号数	由直缓或缓圆到接头的距离(m)	接头总缩短量(mm)	标准轨(○)或缩短轨(×)	实际缩短量(mm)	接头错开量(mm)	备注
(1)	(2)	(3)	(4)	(5)	(6)	(7)
1	7.06	1	○	0	−1	进入缓和曲线7.06m
2	7.06+12.51=19.57	9	○	0	−9	
3	19.57+12.51=32.80	24	○	0	−24	
4	32.80+12.51=44.59	47	×	80	+33	
5	44.59+12.1=57.10	76	○	80	+4	
6	57.10+12.51=69.61	113	○	80	−33	
7	69.61+10.39=80.00 / 2.12	158	×	160	+2	进入圆曲线2.12m

接头号数	由直缓或缓圆到接头的距离(m)	接头总缩短量(mm)	标准轨(○)或缩短轨(×)	实际缩短量(mm)	接头错开量(mm)	备注
8	2.12+12.51=14.63	205	×	240	+35	
9	14.63+12.51=27.14	252	○	240	−12	
10	1.13 / 80.00−11.38=68.62	296	×	320	+24	进入缓和曲线 11.38m
11	68.62−12.51=56.11	332	○	320	−12	
12	56.11−12.51=43.60	361	×	400	+39	
13	43.60−12.51=31.09	383	○	400	+17	
14	31.09−12.51=18.58	368	○	400	+2	
15	18.58−12.51=6.07	405	○	400	−5	

在表2-27中:

(1)第2栏为每个接头到直缓点或缓圆点的距离。

例如:

7.06——1号接头到直缓点的距离(实地测量)。

19.57——2号接头到直缓点的距离(计算得来)。

14.63——8号接头到缓圆点的距离(计算得来)。

(2)第3栏为各接头处的总缩短量。

例如,第7号接头有10.39m在缓和曲线上,有2.12m进入圆曲线,其总缩短量应为缓和曲线总缩短量加2.12m长的圆曲线缩短量。

(3)第4栏为缩短轨的布置。"O"代表标准轨,"X"代表缩短轨。当计算的缩短轨量大于缩短轨缩短量的一半时,插入一根缩短轨。

例如,4号接头的缩短量为47mm,大于40mm,插入一根缩短轨。7号接头的缩短量为158mm,158−70=78mm>40mm,所以插入第2根缩短轨。

(4)第5栏为实际缩短量。

当插入一根缩短轨时,实际缩短量就缩短80mm。

例如,4号接头插入第1根缩短轨,实际缩短量为80mm;7号接头插入第2根缩短轨,实际缩短量为160mm。

(5)第6栏为接头错量。

$$接头错量=第5栏-第3栏$$

例如,1号接头错量=0−1=−1mm,4号接头错量=80−47=33mm。

"+"表示上股在前,"−"表示下股在前。

任务七　轨道检查仪检查作业

任务引入

　　××次列车在某站Ⅴ场32道入库时因钢轨断裂脱轨,原因是钢轨存在鱼鳞纹伤损、夹板裂纹(10mm)及螺栓松动等隐患未被工区巡检记录,且未对低质旧钢轨探伤,导致疲劳裂纹积累至断裂。

　　为预防类似事故,应强化轨道几何参数动态监测,完善钢轨周期性探伤制度并明确责任主体,定期检测几何形位并及时调整偏差,确保检查设备校准维护到位,加强人员安全培训,落实维护工作,并引入先进检测技术提高效率精度。

任务分析

　　熟练操作轨道检查仪,进行数据采集、处理和分析,判断轨道几何形位是否达标,依结果调整轨道并编撰检测报告,是线路工及城市轨道交通线路维护1+X的核心技能。学生需掌握铁路线路基础常识,涵盖轨道结构、几何形位和列车运行原理等;熟知《普速铁路线路修理规则》(TG/GW102—2019)里的轨道几何形位要求与轨道调整规范,确保调整后复检合格且报告精准,以胜任地铁与铁路线路维护工作,护航轨道交通安全。

课岗赛证

课	岗	赛	证
教学内容	**城市轨道线路维护工(中级)**	**铁路线路工比赛**	**中国中铁职业技能等级评价规范**
1.几何形位检查的重要性	3.1.4~3.3.4 能做好回检线路	(中级)(××铁路局)	(铁路线路工)
2.轨道静态、动态的测量	**高级工进行整治城市轨道线路维护工(高级)**	中级实作13:50m线路检查	3.1.3能进行线路、道岔质量评定
3.测量数据整理、分析和评估	推行轨道检查仪		3.1.5能利用动态检测资料,现场核查病害并进行整治

任务目标

【知识目标】

1.熟悉轨道检查仪的结构。

2.掌握轨道检查仪的检查方法。

3.能够正确推行检查仪、设置合理的参数。

【技能目标】

1.能够正确组装、标定检查仪。

2.能够正确设置检查仪参数。

3.能够对数据进行分析、处理。

【素质目标】

1.具备自主学习的能力和查阅资料的能力。

2.在检测的过程中,培养一丝不苟、精益求精的工匠精神。

3.提升现场作业的安全意识。

知识链接

一、轨道检查仪概述

模型　轨道检查仪

轨道检查仪是用于测量轨道静态几何参数的小型推车。它主要由检测机械装置、数据采集分析系统及智能型数据分析处理软件三部分组成。以GJY-T-4A型轨道检查仪为例,如图2-7-1所示,其中,检测机械装置由机架和陀螺箱两部分组成。数据采集分析系统由数据采集分析软件和笔记本电脑组成。智能型数据分析处理软件在出厂前已安装在所配备的笔记本上。

图2-7-1　GJY-T-4A型轨道检查仪结构示意图

轨道检查仪主要用于对轨道的静态几何参数即轨距、水平或超高、左右轨向及正矢、左右高低及三角坑进行检测。

二、主要功能

(1)笔记本电脑用于记录并分析数据,同时将测量的真实结果实时显示出来;所有项目现场超限报警功能可立即让检测者标记出病害的位置。

(2)可人机对话,用于记录线路的特征点、道口、站台、固定螺栓脱落、断轨等标记或病害。

（3）可通过专配智能型数据分析处理软件对检测数据进行进一步的分析，为线路的维护提供科学依据。

三、使用注意事项

（1）在测量前要确保走行轮和测量轮干净，过多灰尘和油污会影响测量数据的精度。

（2）测量前确保陀螺箱的安装可靠，不可靠的安装方式会导致测量数据的错误。

（3）按时对轨道检查仪进行标定和检定，使用没有按时标定和检定过的仪器进行测量可能导致测量结果不准确。

（4）使用过程中应尽量轻拿轻放，避免碰撞，严禁坐在仪器上休息。

四、使用条件指标

（1）操作环境：环境温度–20 ~ +50℃，湿度≤90%RH，海拔≤2500m。

（2）存储环境：温度–30 ~ +70℃，湿度≤90%RH。

（3）推行速度：匀速0.4km/h<V≤8km/h。

（4）电源电压：DC 7.4V。

（5）主要性能指标：

①采样间隔：0.125m、0.25m、0.5m、1m可选。

②数据存储：存储5000km以上线路检测数据。

③电池容量：能连续工作8h以上。

④重量：≤40kg。

⑤外形尺寸：长×宽×高=1700mm×1100mm×1000mm（工作时）。

五、检测项目及系统精度指标

检测项目及系统精度指标如图2-7-2所示。

序号	检测项目	测量范围精度指标	示值误差精度指标	备注
1	正右高低	±100mm	±1.0mm	10m弦
2	正右轨向	±100mm	±1.0mm/	10m弦
	正矢	±400mm	±1.0mm/	20m弦（对应曲线半径450m＜R≤800m）
3	轨距	1410～1470mm	±0.5mm	
4	水平及超高（超高调头误差）	±200mm	±0.5mm（超高调头误差为：0.3mm）	
5	三角坑	±30mm	±1.0mm	2.4m、6.25m基长（可选）
6	里程	0～9999km	±2‰	
7	轨距变化率			1‰～2‰（可选）

图2-7-2　检测项目及系统精度指标

六、安装

安装示意图如2-7-3所示。

图2-7-3　安装示意图

1-16芯插座;2-机架;3-螺杆;4-蓝牙天线

(1)将陀螺箱上16芯插头与机架上16芯插座对接。

(2)将陀螺箱放置于机架处燕尾槽内。

(3)拧紧螺杆,使陀螺箱与机架联结紧固。

(4)将蓝牙天线安装固定在陀螺箱上。

七、上道前检查

(1)检查仪器各部分,特别是测量轮和走行轮部分有无松动现象,如发现有松动应及时拧紧。

(2)检查仪器蓝牙连接是否正常。

(3)检查仪器电池及笔记本电脑电池电量是否充足。

(4)蓝牙连接及电量的检查按以下步骤进行:

①将轨检小车组装成一体。

②开机(主机和笔记本电脑)。

③点击桌面 图标进入数据采集分析软件。

④点击 进入状态监测界面查看连接状态及电池电压。状态监测界面如图2-7-4所示。

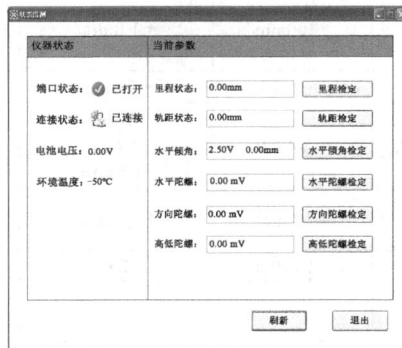

图2-7-4　状态监测界面

八、开始作业

（1）点击桌面 图标进入数据采集分析软件。

（2）静止状态下对陀螺仪进行零点标定。

（3）点击"线路测量"进入自动运行设置向导界面。

（4）输入当前检测线路的名称等相关信息。

（5）输入线路资料及信息，点击"下一步"按钮进入自动运行设置向导界面，如图2-7-5所示。

图2-7-5　自动运行向导界面（1）

（6）设置前进方向、左右轨、采样点数，输入检测的起始里程。

（7）点击"下一步"按钮进入超限报警设置界面，如图2-7-6所示。

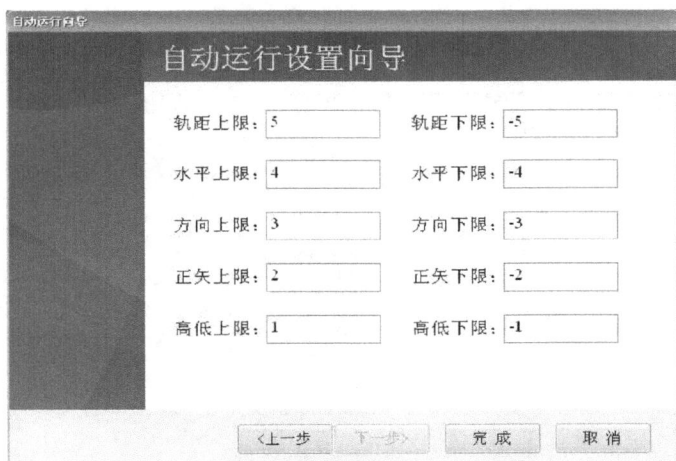

图2-7-6　自动运行向导界面（2）

（8）根据用户实际情况设置各项参数。

（9）现场超限报警值，点击"完成"按钮。

（10）进入线路测量界面，如图2-7-7所示。

图2-7-7　线路测量界面

（11）轨道检查过程中根据现场实际情况变换左右轨，输入特征点、标志点等信息。

（12）完成测量后按"结束测量"按钮，软件自动将测量数据保存至数据采集分析软件安装目录下的"测量数据"文件夹中。

（13）下道关闭主机电源。

（14）导出可供智能型数据分析处理软件分析的原始测量数据。

（15）通过智能型数据分析处理软件对测量数据进行分析。

九、查看数据和数据导出

（1）在数据采集软件主界面下点击"记录查看"按钮进入"记录查看"界面，如图2-7-8所示。

图2-7-8　记录查看界面

（2）选择一条数据记录双击或按查看选定数据。

（3）在数据查看界面点击"导出数据"按钮可导出当前查看数据并自动保存在数据采集软件安装目录下的"导出数据"文件夹中，如图2-7-9所示。

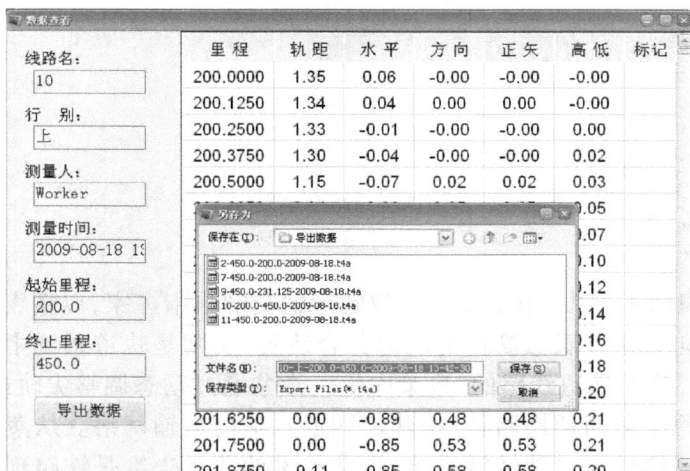

图2-7-9 数据查看界面

项目三

道岔

项目引入

　　轨道脉络交织的王国中,道岔如同一位隐形的交响乐指挥家,以精密的几何结构决定着列车行进的方向。这种看似简单的轨道分合装置,实则是轨道系统中技术复杂度最高的关键设备之一。作为轨道线路的"决策中枢",道岔通过动态调整尖轨或心轨空间布局,使列车得以在不同轨道间切换路径,构建起四通八达的运输网络。从蒸汽机车时代的手动扳道器到智能高铁的全自动转辙系统,道岔技术的演进史恰是铁路现代化进程的微观缩影。

　　高速铁路时代,道岔技术面临着前所未有的挑战。当列车以350km/h的速度通过时,转辙器的转换必须在电光石火间完成,动作时间误差需控制在0.15s以内。中国自主研发的可动心轨大号码道岔,使高速列车通过时的横向加速度降至0.3m/s²以下,达到了"人无感通过"的境界。在智能化、绿色化的发展浪潮中,道岔技术正朝着自感知、自诊断、自适应的方向进化。

　　然而,道岔的复杂性也使其成为轨道系统的薄弱环节。据统计,线路中30%的故障与道岔直接相关。从轮轨接触疲劳到转辙机电气故障,从轨距扩大量到滑床板离缝,每个细微缺陷都可能演变为重大安全隐患。根据国铁集团2023年运维数据,每组高铁道岔年均接受专业巡检达200次以上,涉及轨距、水平、轨向等18项几何参数测量,以及滑床台离缝、尖轨爬行等32项专项检查。

项目导航

📚 理论认知　◎ 教学重点　💡 教学难点　🖊 现场实操

任务一　道 岔 认 知

🔍 任务引入

道岔是铁路轨道系统中的关键设备，犹如铁路的"转向盘"，负责引导列车从一股轨道转向另一股轨道，实现线路的分支、交汇与转换。它的设计与应用直接影响列车运行的安全性与效率，是铁路网灵活性和运输能力的重要保障。

从结构上看，道岔由转辙器、辙叉及连接部分组成。不同类型的道岔（如单开道岔、对称道岔、交叉渡线等）适应了复杂的线路需求。

🔍 任务分析

道岔是轨道设备重要组成部分，熟悉道岔是线路工岗位的基本要求，也是城市轨道交通线路维护 1+X 的基本技能，要求学生能够熟悉掌握各种道岔类型，现场判断道岔类型。

课岗赛证

课	岗	赛	证
教学内容 1.道岔的概念 2.单开道岔的组成 3.绘制单开道岔 4.测量单开道岔号数	**城市轨道线路维护工中级(××地铁)** 检查判定道岔常见病害	**城市轨道交通线路工比赛(中级)理论题**	**1+X线路维护证(中级)** 实作11 单开道岔检查作业

任务目标

【知识目标】

1.阐述道岔的类型。

2.说出单开道岔的组成。

【能力目标】

1.在现场采用合适的方法,判断道岔的号数。

2.正确绘制单开道岔的简图。

【素质目标】

1.具备现场徒手绘图的能力。

2.具备积极思考、自主学习的能力。

知识链接

微课 普通单开道岔的认知环节。

根据《城市轨道交通运营设备维修与更新技术规范 第4部分:轨道》道岔是指将一条铁路轨道分支为两条或两条以上,或将一条铁路轨道跨越至另一条轨道的设备。根据用途和条件不同,可以利用道岔把许多股道连接组合成不同形式的车站或车场,如图3-1-1所示。

道岔具有数量多、构造复杂、使用寿命短、限制列车速度、行车安全性低、养护维修投入大等特点,与曲线、接头并称为铁路轨道的三大薄弱环节。

一、概念

根据用途和构造形式的不同,道岔基本可分为连接设备、交叉设备和连接与交叉组合设备三类。其具体分类方法如图3-1-2所示。

图 3-1-1　地铁道岔图

1.普通单开道岔

普通单开道岔又称单开道岔,是以直线为主线,侧线向主线的左侧或右侧分支的道岔,如图3-1-3所示。

2.对称双开道岔

对称双开道岔是把直线轨道分为左右对称的两条轨道的道岔,如图3-1-4所示。

3.菱形(十字)交叉

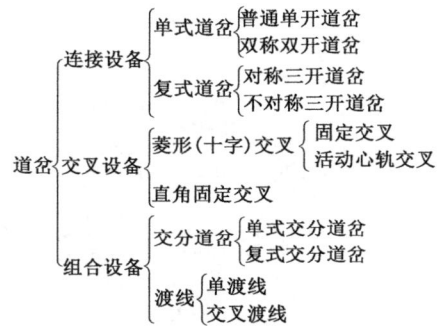

图 3-1-2　道岔类型

菱形(十字)交叉是两条轨道在同一平面相交成菱形(十字)的交叉,如图3-1-5所示。

a)右开道岔实物图 　　　　　　　　　　　　b)左开道岔实物图

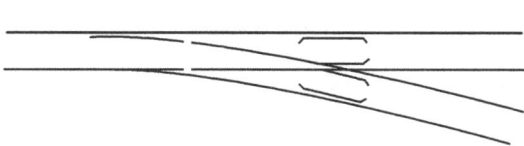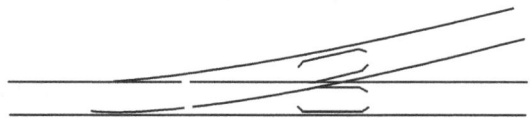

c)右开道岔 　　　　　　　　　　　　　　d)左开道岔

图 3-1-3　普通单开道岔

a)对称双开道岔实物图   b)对称双开道岔示意图

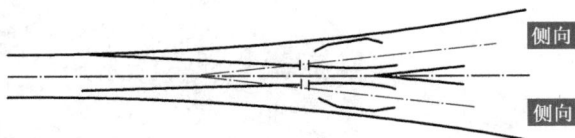

图3-1-4 对称双开道岔

a)菱形(十字)交叉实物图   b)菱形(十字)交叉示意图

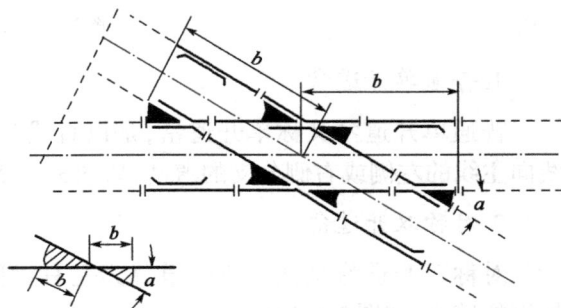

图3-1-5 菱形(十字)交叉道岔

4.渡线

渡线是连接两条平行股道的轨道设备,常有单渡线(图3-1-6)和交叉渡线(图3-1-7)。

a)单渡线实物图   b)单渡线示意图

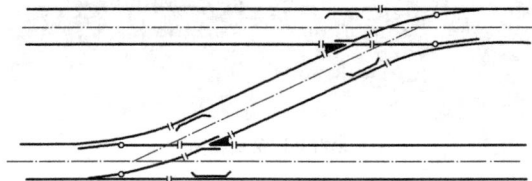

图3-1-6 单渡线

5.复式交分道岔

复式交分道岔是在菱形(十字)交叉的基础上,增设两组双转辙器和两个方向不同的侧线,让机车车辆既可以沿交叉轨道直向运行,又可以沿曲线转入侧线的道岔,如图3-1-8所示。

a)交叉渡线实物图 b)交叉渡线示意图

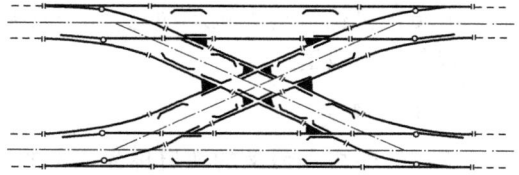

图3-1-7 交叉渡线

a)复式交分道岔实物图 b)复式交分道岔示意图

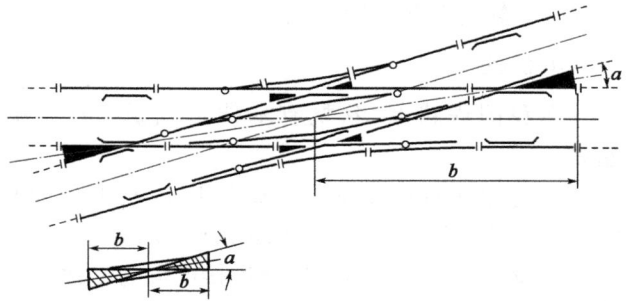

图3-1-8 复式交分道岔

道岔的种类很多,但在实际应用中以普通单开道岔使用最为普遍。据统计,普通单开道岔铺设数量占各类道岔铺设总数的90%以上,同时它具有其他道岔的共有特点和要求,是学习其他类型道岔的基础。因此,掌握普通单开道岔的基本特征,对道岔在运营中的管理、铺设与养护维修具有十分重要的指导意义。

二、单开道岔的组成

单开道岔由转辙器部分、连接部分、辙叉及护轨部分组成,如图3-1-9所示。

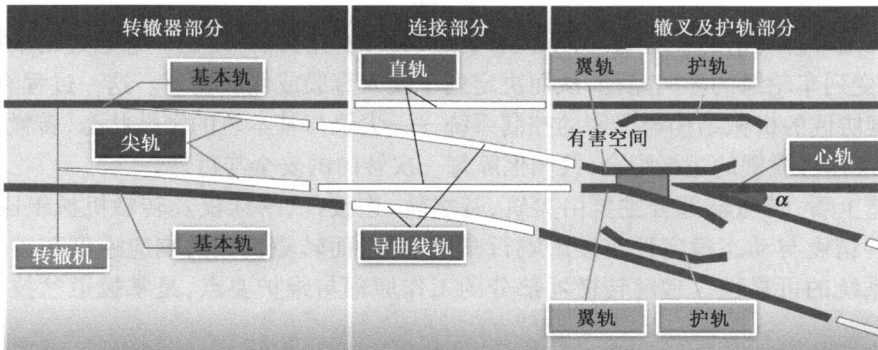

图3-1-9 单开道岔组成

1. 转辙器部分

转辙机主要由两股基本轨、两股尖轨、各种连接零件和道岔转辙机构组成。转辙器部分主要由转辙机构带动尖轨运动,实现一股尖轨与基本轨密贴,另一股拉开,从而实现列车从一股道转向另一股道。

2. 连接部分

连接转辙机和辙叉的轨道称为道岔的连接部分,它包括直股连接线和曲股连接线。

3. 辙叉及护轨部分

辙叉由心轨、翼轨、护轨及连接零件组成。两翼轨工作边相距最近处称辙叉咽喉,从辙叉咽喉到心轨实际尖端处轨线中断的距离称为"有害空间",为了使车轮顺利通过有害空间,一般在基本轨的两侧设置护轨。

4. 岔枕

在我国铁路上,岔枕有木枕和混凝土枕两类,城市轨道交通中,岔枕主要是混凝土岔枕。

木岔枕截面和普通木枕基本相同,长度分为12级,其中最短为2.6m,最长为4.8m,级差0.2m,钢筋混凝土枕最长为4.9m,级差0.1m。

铺设在单开道岔转辙器及连接部分的岔枕,均应与道岔直股方向垂直。辙叉部分的岔枕应与辙叉角的角平分线垂直,从辙叉趾端前第二根轨枕开始,逐渐由垂直于角平分线转到垂直于直股方向。岔枕的间距,在转辙器部分按直线上股计量,在导曲线及转向过渡段按直线下股计量,在辙叉部分按角平分线计量。为改善列车直向过道岔时的运行条件,提速道岔中所有的岔枕均垂直于直股方向布置,间距均匀一致,为600mm。

任务二 单开道岔的转辙器部分作业

🔍 任务引入

转辙机是单开道岔的核心组件,承担着轨道切换的"指挥者"角色。它通过精准控制尖轨的位移,改变列车轮缘的导向路径,从而决定列车驶入直股或侧股轨道。这一过程看似简单,却需要高度协调的机械结构与严密的控制系统——尖轨与基本轨的密贴状态、转辙机械的动力传递,以及信号联锁的逻辑配合,共同保障每一次转向的安全与可靠。

从构造上看,转辙器部分主要由尖轨、基本轨、连接杆、滑床板及转辙机械组成。其中,尖轨的线性精度与动态稳定性直接影响行车平稳性,而转辙机械的响应速度和锁闭强度则关乎整个系统的可靠性。理解转辙器部分的工作原理与维护要点,是掌握道岔技术的关键一步。

任务分析

了解道岔的转辙器部分是线路工岗位的基本技能,熟悉道岔转辙器部分是对线路工的基本要求,也是城市轨道交通线路维护1+X的基本技能。要求学生能够熟悉掌握转辙器部分的构造,指出直线尖轨与曲线尖轨区别。

课岗赛证

课	岗	赛	证
教学内容 1.转辙器部分的组成结构 2.尖轨类型判断 3.尖轨顶面降低值测量	**城市轨道线路维护工 高级(××地铁)** 1.矫正尖轨线形 2.更换道岔尖轨	**城市轨道交通线路工 比赛(中级)理论题** **××地铁开展更换 尖轨技术比武**	**××铁路局高铁 工务段作业指导书** 道岔(调温器)降低值 检查作业

任务目标

【知识目标】

1.阐述单开道岔转辙器部分的组成。

2.说出直线尖轨和曲线尖轨的区别。

3.能在现场指出转辙器部分组成的名称。

【技能目标】

1.能在现场判断直线尖轨、曲线尖轨。

2.熟练使用塞尺检查转辙器部分的密贴,并判断是否超限。

3.能采用弦绳和钢板尺或者尖轨降低值测量仪检查尖轨顶面降低值。

4.能综合判断转辙器部分状态,并提出整治意见。

【素质目标】

1.在转辙器部分检查过程中,提升精益求精的工匠精神。

2.转辙器部分检过程中,遵章守纪、听从指挥。

3.工电联合整治的相关意识。

知识链接

微课　单开道岔的构造:转辙器部分　　　　　动画　转辙机的工作原理

转辙器部分的组成

转辙机是引导列车进入道岔不同方向的设备,其作用是通过将尖轨扳到不同的位置,使列车沿直线或侧线行驶。它由尖轨、基本轨、连接零件(拉杆、连接杆、顶铁、滑床板、轨撑、限位器),垫板及转辙机构等组成,如图3-2-1所示。

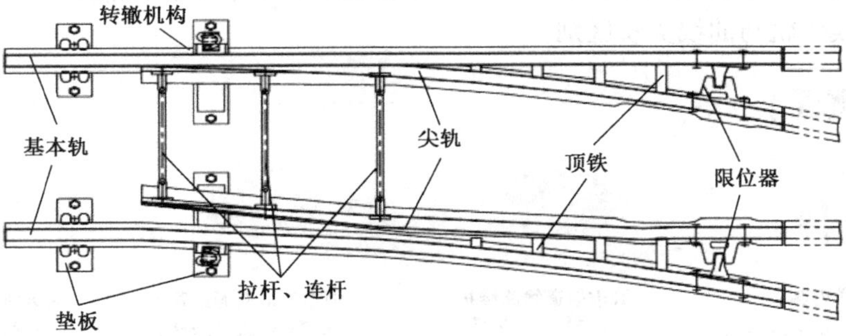

图3-2-1 转辙器部分图

1.基本轨

基本轨用一根12.5m或25m标准断面的普通钢轨制成,主股为直线,侧股按转辙器各部分的轨距在工厂事先弯折成规定的折线。基本轨除承受车轮的垂直压力外,还与尖轨共同承受车轮的横向水平力。

2.尖轨

1)尖轨类型

尖轨是转辙机的主要部分,机车车辆进出道岔靠它引道。尖轨在平面上可分为直线型和曲线型。

尖轨是转辙机最重要的组成部分,列车靠它引进直股或侧股。尖轨按平面形状分为直线尖轨和曲线尖轨两种,如图3-2-2、图3-2-3所示。直线尖轨制造简单,便于修换,尖轨尖端刨削部分短、横向刚度大;其缺点是道岔长,转折角大,使列车摇晃,尖端易磨耗。曲线尖轨冲击角小,导曲线半径大,从而使列车进入道岔运行比较平稳,但制造复杂,尖轨尖端刨削长,尖轨的长度过长。曲线尖轨的曲线形状多为圆曲线,与基本轨贴靠的连接形式有切线式、半切线式及割线式三种,尖轨多用特种断面钢轨制造。尖轨尖端与基本轨贴靠时的工作边夹角称转辙角,图中用β表示。

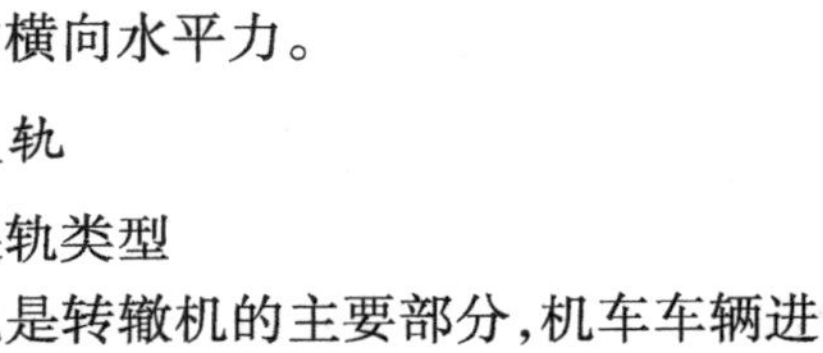

图3-2-2 直线尖轨

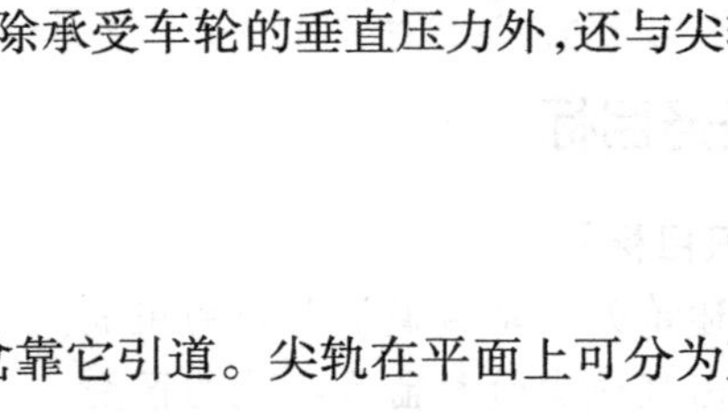

图3-2-3 曲线尖轨

2)尖轨与基本轨的贴靠方式

尖轨与基本轨的贴靠方式通常有贴尖式与藏尖式。

（1）贴尖式。当采用普通钢轨刨切时，为避免对基本轨和尖轨刨切过多，一般将头部经过铡切的尖轨置于较基本轨高出6mm的滑床板上，使尖轨叠盖在基本轨的轨底上，形成贴尖式尖轨。这种方式基本轨轨颚不刨切，加工简单，备品方便，如图3-2-4所示。

（2）藏尖式。当采用矮型特种断面钢轨加工尖轨时，一般在轨头下颚轨距线以下做1∶3的斜切，使尖轨尖端藏于基本轨的轨距线之下，形成藏尖式结构。这样就保护了尖轨尖端不被车轮扎伤，并使尖轨在动荷载作用下保持良好的竖向稳定性，如图3-2-5所示。因基本轨轨颚需要刨切，要求基本轨与尖轨的刨切接触面良好，加工要求严格。

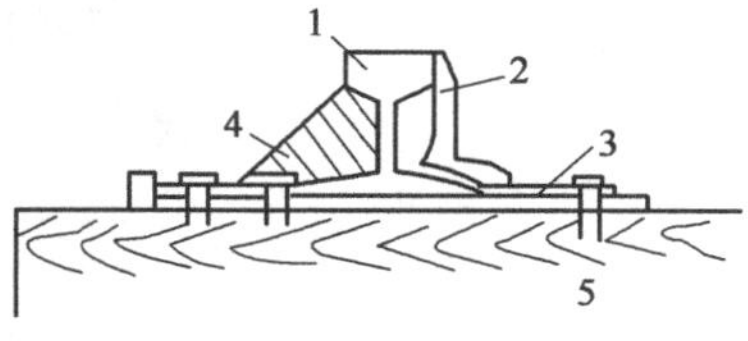

图3-2-4　贴尖式尖轨
1-基本轨；2-尖轨；3-滑床板；4-轨撑；5-岔枕

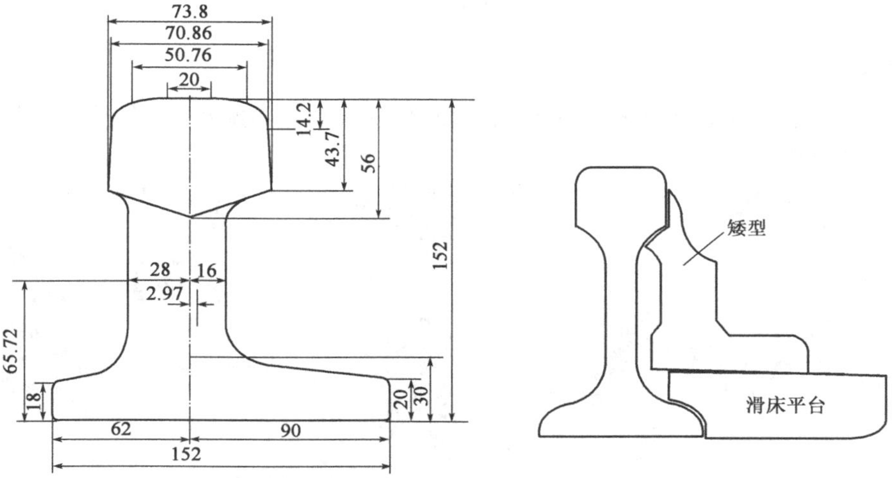

图3-2-5　60AT特种断面钢轨(尺寸单位:mm)

在新设计的60kg/m的12号道岔和大号码道岔上采用了弹性可弯式跟端结构。弹性可弯式尖轨在跟端前2～3根轨枕处，将轨底削去一部分，使其与轨头同宽，形成柔性部位，使尖轨具有能从一个位置扳到另一个位置的足够的弹性，如图3-2-6所示。

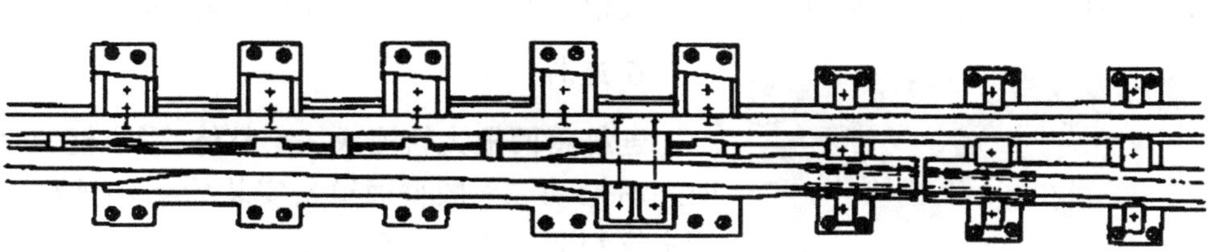

图3-2-6　弹性可弯式尖轨

3.轨撑

轨撑安装于基本轨外侧撑住轨腰，防止基本轨横移。轨撑中间孔用水平螺栓与轨腰联结，使结构紧固，兼防爬作用，如图3-2-7所示。

图3-2-7　轨撑

4.滑床板

滑床板是一种垫板面上焊有滑床台的垫板,保证尖轨左右滑动,还有阻止基本轨内移的作用,如图3-2-8所示。

a)普通滑床板

b)带辊轮的滑床板

图3-2-8　滑床板

5.拉杆

拉杆除将两根尖轨连接外,还与转辙机械相连以拉动尖轨左右贴靠基本轨。

图3-2-9　连杆

6.连杆

连杆将两根尖轨连成一个整体,形成框架,使之同时左右摆动。一般普通道岔安装2~3根连杆,连杆多用扁钢制造,如图3-2-9所示。

7.顶铁

顶铁安装在尖轨轨腰上,当尖轨与基本轨贴靠时,顶铁顶端恰好与基本轨轨腰接触,以防轨距扩大,如图3-2-10所示。

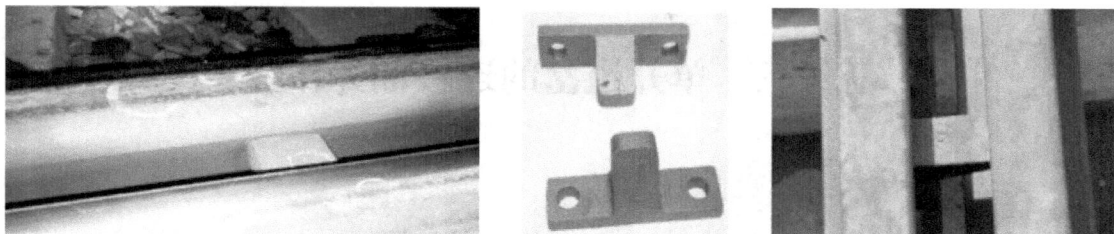

图 3-2-10　顶铁

8.限位器

在跨区间无缝线路中,为限制尖轨尖端的伸缩位移,在尖轨根部的基本轨和尖轨轨腰上安装限位器,将过大的温度力传递给外侧基本轨,如图 3-2-11 所示。

图 3-2-11　限位器

9.转辙机械

转辙机械的作用是扳动尖轨到不同位置,使道岔准确地向直线或侧线开通。常用的转辙机械有电动转辙和手动转辙两类,如图 3-2-12 所示。

图 3-2-12　转辙机械

任务三　单开道岔的连接部分作业

任务引入

连接部分是单开道岔的"过渡纽带",位于转辙器与辙叉之间,承担着轨道几何形态平顺衔接的核心任务。它由导轨、轨撑、垫板及连接零件组成,通过精确的线型设计与稳固的机械联结,确保列车从转辙器到辙叉的行驶轨迹连续、稳定。看似简单的连接段,实则需兼顾动态荷载传递、轨道弹性协调与几何参数适配,是保障列车通过道岔时平稳无冲击的关键环节。

任务分析

掌握单开道岔的连接部分是线路工岗位的基本技能,也是城市轨道交通线路维护1+X的基本技能。要求学生能够熟练判断导曲线的位置和类型,测量导曲线支距,判断导曲线的支距值是否符合规范要求。

课岗赛证

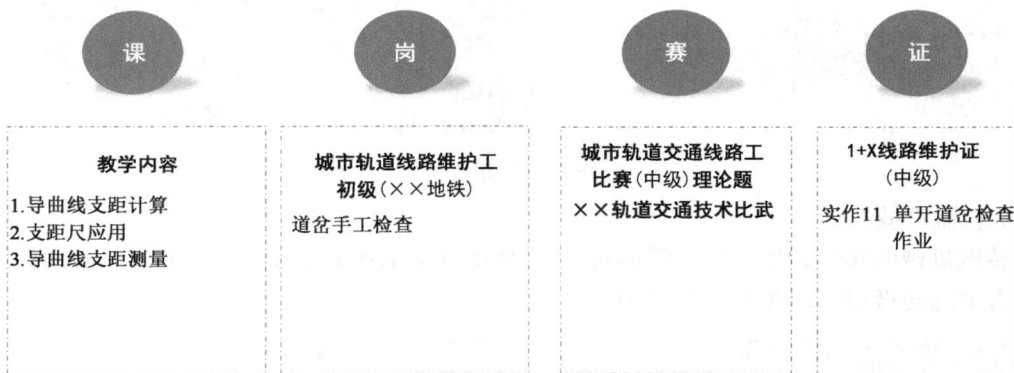

课	岗	赛	证
教学内容 1.导曲线支距计算 2.支距尺应用 3.导曲线支距测量	**城市轨道线路维护工初级(××地铁)** 道岔手工检查	**城市轨道交通线路工比赛(中级)理论题** ××轨道交通技术比武	**1+X线路维护证(中级)** 实作11 单开道岔检查作业

任务目标

【知识目标】

1.能在现场判断导曲线的位置和类型。

2.能够说出单开道岔布置图的计算步骤。

3.能说出导曲线支距测量的步骤。

4.能判断导曲线的支距值是否符合规范要求。

【技能目标】

1.能利用导曲线支距的计算公式,计算出几种常见号数的道岔导曲线支距值。

2.能够熟练使用支距尺。

3.现场能够快速找到导曲线支距的测量位置并准确快速地测出导曲线支距值。

4.能够参考公式计算不同号数单开道岔的尺寸。

【素质目标】

1.提升自主学习、探究的能力。

2.通过小组合作,提升团队合作意识和口头表达能力。

3.实操测量,提升安全意识和培养精益求精的工匠精神。

知识链接

一、连接部分基本要求

在单开道岔中,连接转辙器与辙叉之间的线路,称为连接部分。在其他道岔中,转辙器与转辙器之间或辙叉与辙叉之间的线路,也称为连接部分。

1.导曲线平面

导曲线的平面形式有圆曲线型、缓和曲线型及复曲线型三种,后两种用于需要侧向高速通过的大号码道岔,地铁一般只采用圆曲线型。

圆曲线型又细分为:

(1)与直线尖轨配合的圆曲线型导曲线,其切点可选在跟端或端后的适当位置。

(2)与曲线尖轨配合的圆曲线型导曲线,其半径常与尖轨曲线半径相等。

(3)后割式圆曲线型导曲线,即其后部割于直线辙叉前的适当位置,常与割线型曲线尖轨结合,以增大导曲线半径。

2.导曲线构造

1)构造特点

道岔导曲线和一般线路上的曲线在构造上有两点不同:一是不设轨底坡,原因是为了避免岔零件进一步复杂,普通断面钢轨转辙器及组合辙叉均不设轨底坡;二是不设超高,原因是曲线长度短,没有足够的超高递减距离。但与特种断面有轨顶横坡的尖轨和整铸辙叉配合时,导曲线应设轨底坡;在大号码道岔上,因导曲线较长,可设一定数值的超高,以提高侧向过岔速度和旅客的舒适性。

2)导曲线的加强

由于上述构造原因,导曲线在动载作用下比一般曲线更容易产生钢轨外倾和轨距扩大,故应在导曲线两股钢轨外侧成对地安装一定数量的轨撑,或在导曲线上安装一定数量的轨距杆。为减少道岔钢轨爬行,还应按规定安装足够数量的防爬设备,将道岔锁定。

二、导曲线支距计算

在单开道岔上,以直股基本轨作用边为横坐标轴,导曲线上各点距此轴的垂直距离叫作导曲线支距。导曲线支距正确与否对保证导曲线的圆顺起着十分重要的作用。

计算导曲线支距有多种方法,下面以圆曲线型导曲线的曲线尖轨单开道岔为例,进行计算。取直股基本轨作用边上正对尖轨跟端的0点为坐标原点,如图3-3-1所示。

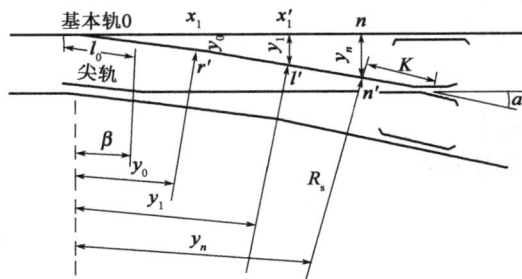

图3-3-1 导曲线支距图

这时,导曲线始点的横坐标x_0和支距y_0分别为

$$\begin{cases} x_0 = 0 \\ y_0 = y_g \end{cases} \quad (3\text{-}3\text{-}1)$$

在导曲线的终点,x_0和支距y_0分别为

$$\begin{cases} x_0 = R(\sin\gamma a_n - \sin\beta) \\ y_0 = y_g + R(\cos\beta - \cos\gamma_n) \end{cases} \quad (3\text{-}3\text{-}2)$$

式中:R——导曲线外轨半径,m;

y_n——导曲线终点n所对应的偏角,°;

β——转辙角,°。

令导曲线上各支距点i的横坐标为x_i(通常点间距为2m),则其相应的支距y_i为。

$$\begin{cases} y_i = y_0 + R(\cos\beta - \cos\gamma_i) \\ \gamma_i = \arcsin\left(\sin\beta + \dfrac{x_i}{R}\right) \end{cases} \quad (3\text{-}3\text{-}3)$$

最后计算所得的y_n,可用式(3-6)进行校核:

$$y_n = S - K\sin\alpha \quad (3\text{-}3\text{-}4)$$

式中:K——导曲线后插直线长,mm。

现仍对60kg/m钢轨12号单开道岔进行计算。已知的参数为$\alpha=4°45'49''$;$\beta=1°54'40''$;$y_g=207$;支距计算起始点为$x_0=0$,$y_0=y_g=207$mm。

支距计算终点坐标为

$$x_n = R(\sin\alpha - \sin\beta) = 350717.5 \times (0.08304495 - 0.03334639) = 17416(\text{m})$$

$$y_n = S - K\sin\alpha = 1435 - 2548 \times 0.08304495 = 1223(\text{mm})$$

其余各点支距可按公式及表格进行计算,见表3-3-1。

支距计算表　　　　　　　　　　　　　　　　　　　　表3-3-1

X_i	X_i/R	$\sin\gamma_i=\sin\beta+x_i/R$	$\cos\gamma_i$	$\cos\beta-\cos\gamma_i$	$R(\cos\beta-\cos\gamma_i)$	$y_i=y_1+R(\cos\beta-\cos\gamma_i)$
0	0	0.03334639	0.99944386	0	0	207
2000	0.00570260	0.03904899	0.99923730	0.00020656	72	280
4000	0.01145020	0.04475160	0.99899815	0.00044571	156	364
6000	0.01710779	0.05045418	0.99872638	0.00071748	252	495
8000	0.02218038	0.05615677	0.99842198	0.00102190	359	566
10000	0.02851298	0.06185937	0.99808488	0.00135898	478	658
12000	0.03421557	0.06756196	0.99771508	0.00172878	607	814
14000	0.03991817	0.07326456	0.99731254	0.00213132	749	956
16000	0.04562076	0.07896715	0.99687722	0.00256664	901	1108
17416	0.04965820	0.08300460	0.99654916	0.00289470	1018	1223

任务四　单开道岔的布置图作业

任务引入

道岔的布置图是道岔施工与维护的"工程语言",直观呈现道岔各组成部分的空间关系、结构尺寸及技术标准。

在布置图中,转辙器、连接部分与辙叉的几何衔接清晰可见——尖轨开向、导曲线半径、辙叉角等参数共同定义了列车的转向路径;轨距渐变段、护轨配置及钢轨接头的细节则暗含了轮轨动态交互的力学平衡。无论是高速铁路的动力学适配,还是站场咽喉区的空间约束,通过解析布置图中的符号体系、标注规范及比例关系,我们得以从二维图纸中透视三维轨道的运行逻辑。接下来,我们将深入拆解单开道岔布置图的核心要素,揭示其如何以"静态图示"承载"动态安全"的工程智慧。

任务分析

理解道岔图纸识读是线路工岗位的基本技能。要求学生能够独立识读图纸主体相关信息;读出道岔的主要尺寸、配轨情况、导曲线、岔枕等相关信息;读出道岔的细部构造,并用于指导施工和道岔维护。

课岗赛证

课	岗	赛	证
教学内容	**城市轨道线路维护工中级(××地铁)**	**××局线路工实操比赛(高级)**	**1+X线路维护证(中级)**
1.道岔主要尺寸 2.配轨计算方式 3.岔枕布置 4.单开道岔图纸识读	1.道岔吊装 2.读图	1.单开道岔图纸识读 2.单开道岔拼装作业	实作11 单开道岔检查作业

任务目标

【知识目标】

1.理解道岔图纸识读的工程意义。

2.理解道岔前长、全长等主要尺寸的含义。

3.能够理解配轨计算的步骤。

【技能目标】

1.独立识读图纸主体相关信息。

2.能够读出道岔的主要尺寸、配轨情况、导曲线、岔枕等相关信息。

3.能够读出道岔的细部构造,并用于指导施工。

【素质目标】

1.培养按图施工、按图作业的意识。

2.在图纸识读中,培养严谨认真、一丝不苟的工匠精神。

知识链接

一、道岔主要尺寸的计算

常见的半切线型尖轨、直线辙叉单开道岔的主要尺寸如图3-4-1所示。

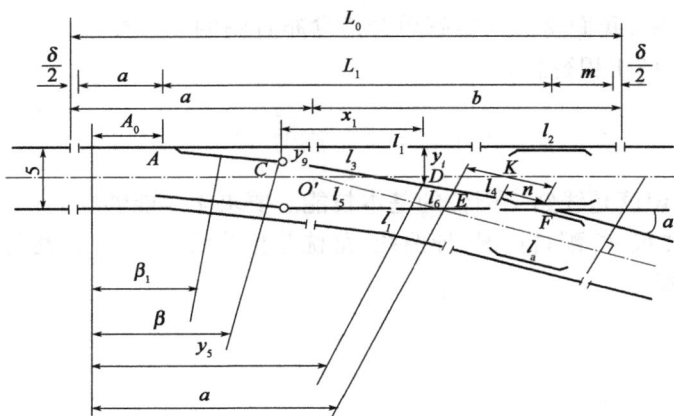

图3-4-1　常见的半切线型尖轨、直线辙叉单开道岔的主要尺寸

图中的各项符号意义如下:道岔号数(或辙叉角)N,轨距S,轨缝d,转辙角β,尖轨长l_0、l_0';尖轨跟端支距y,基本轨前端长y_g;辙叉趾距n,跟距m;导曲线半径R,导曲线后直线插入段K。O点为道岔直股中心线和侧股中心线的交点,又称道岔中心。

需要计算的尺寸如下:

(1)道岔前长a(道岔前轨缝中心到道岔中心的距离)。

(2)道岔后长b(道岔中心到道岔后端轨缝中心的距离)。

(3)道岔理论长L_t(尖轨理论尖端到辙叉理论尖端的距离)。

(4)道岔实际长L_Q(道岔前后轨缝中心之间的距离)。

(5)导曲线后插直线长K。

导曲线后插入直线段是为了缓冲车辆对辙叉的撞击,避免车轮与辙叉前接头相撞,并使辙叉两侧的护轨完全铺设在直线上,一般要求K为2~4m,最短不得小于辙叉趾距n加上夹板长度的半,即

$$K_{min} \geqslant n + \frac{l_n}{2}$$ 　　　(3-4-1)

为求得道岔的有关数据,将导曲线外股工作边 $ACDEF$ 投影到直股中心线上,则

$$L_t = R\sin\alpha - A_0 + K\cos\alpha \tag{3-4-2}$$
$$L_Q = q + L_t + m + \delta \tag{3-4-3}$$

再把它投影到直股中心线的垂线上,即

$$y_g + R(\cos\beta - \cos\alpha) + K\sin\alpha = s \Rightarrow K = \frac{s - R(\cos\beta - \cos\alpha) - y_g}{\sin\alpha} \tag{3-4-4}$$

或者

$$R = \frac{s - K\sin\alpha - y_g}{\cos\beta - \cos\alpha} \tag{3-4-5}$$

同理可得式(3-4-6)、式(3-4-7)。

$$b = \frac{\dfrac{s}{2}}{\tan\dfrac{\alpha}{2}} + m + \frac{\delta}{2} \tag{3-4-6}$$

$$a = L_Q - b \tag{3-4-7}$$

【例3-1】　60kg/m 钢轨 12 号曲线尖轨、直线辙叉单开道岔 $N = 12$ ($\alpha = 4°45'49''$),$R =$ 350717.5mm,基本轨长 l_j =15700mm,n=2123mm,m=3800mm,曲线尖轨长 l_0=11300mm,直尖轨长 l'_0=11300mm,基本轨前端长 q=2850mm,S=1435mm,y_g=207mm,d=8mm,导曲线理论起点距离尖轨实际尖端411.5mm,距基本轨工作边11.95mm。

有关的角度计算结果为:

$\beta = 1°54'40''$,$\cos\beta = 0.99940978$

$\alpha = 4°45'49''$,$\cos\alpha = 0.99654580$,$\sin\alpha = 0.08304495$

$\tan\dfrac{\alpha}{2} = 0.04159431$

$L_t = R\sin\alpha - A_0 + K\cos\alpha = 350717.5 × 0.08304495 - 411.5 + 2548 × 0.99654580 = 31253(\text{m})$

$L_Q = q + L_t + m + \delta = 2846 + 31253 + 3800 + 8 = 37907(\text{m})$

$$K = \frac{s - R(\cos\beta - \cos\alpha) - y_g}{\sin\alpha}$$
$$= \frac{(1435 - 11.95) - 350717.5 × (0.99940978 - 0.99654580) - 207}{0.08304495} = 2458(\text{mm})$$

$$b = \frac{\dfrac{s}{2}}{\tan\dfrac{\alpha}{2}} + m + \frac{\delta}{2} = \frac{\dfrac{1435}{2}}{0.04159431} + 3800 + \frac{8}{2} = 21054(\text{mm})$$

$a = L_Q + b = 37907 - 21054 = 16853(\text{mm})$

二、配轨计算

一组单开道岔,除转辙器、辙叉及护轨外,一般有8根连接轨,分4股,每股2根。其中2股为直线,另外2股为曲线。所谓配轨就是计算这8根钢轨的长度并确定其接头的位置。

配轨计算时应遵循如下原则:

(1)转辙器及辙叉的左右基本轨长度应尽可能一致,以减少基本轨备件的数量,并有利于左右开道岔的互换。

（2）连接部分的钢轨不宜过短，小号道岔一般不小于4.5m，大号道岔不小于6.25m。

（3）配轨时应保证对接接头，并尽量使岔枕布置不发生困难，同时要考虑安装轨道电路绝缘接头的可能性。

（4）充分利用整轨、缩短轨、整轨的整分数倍的短轨，做到少锯切，少废弃，选用钢轨利用率较高的方案。

单开道岔配轨计算公式为

$$\begin{cases} l_1 + l_2 = L_Q - l_j - 3\delta \\ l_3 + l_4 = \left(R + \dfrac{b}{2}\right)(\alpha - \beta)° \cdot \dfrac{\pi}{180} + K - n - 3\delta \\ l_5 + l_6 = L_t - l'_0 - n - 3\delta \\ l_7 + l_8 = q + A_0 - S_j \tan\beta_1 + \left(R - S - \dfrac{b}{2}\right)(\alpha - \beta)° \cdot \dfrac{\pi}{180} + K + m - 2\delta - l_j \end{cases} \tag{3-4-8}$$

式中：A_0——曲线尖轨实际尖端至导曲线实际起点的距离，n；

$\quad S_j$——尖轨尖端处的轨距，m；

$S_j \tan\beta_1$——曲线尖轨外轨起点距超前内轨起点的距离，n；

$\quad l_j$——基本轨的长度，n。

仍对60kg/m钢轨12号单开道岔进行计算，并采用以上的计算结果。

$$l_1 + l_2 = 37907 - 15700 - 3 \times 8 = 22183(\text{mm})$$

取 $l_1 = 9683\text{mm}, l_2 = 12500\text{mm}$

$l_3 + l_4 = (350717.5 + 35)(2.7949760)° \times 0.01745329 + 2548 - 2123 - 3 \times 8 = 17846(\text{mm})$

取 $l_3 = 9090\text{mm}, l_4 = 8756\text{mm}$

$l_5 + l_6 = 31253 - 11300 - 2123 - 3 \times 8 = 17806(\text{mm})$

取 $l_5 = 9092\text{mm}, l_6 = 8714\text{mm}$

$l_7 + l_8 = 2850 + 2728 - 1437 \times 0.00894814 + (350717.5 - 1437 - 35 - 11.95) \times 4.25093401° \times 0.01745329 + 2548 + 3804 - 3 \times 8 - 15700 = 22014(\text{mm})$

取 $l_7 = 9604\text{mm}, l_8 = 12500\text{mm}$

三、岔枕布置

为使道岔的轨下基础具有均匀的刚性，岔枕间距应尽可能保持一致。转辙器和辙叉范围内的岔枕间距通常采用90%~100%区间线路的轨枕间距。设头处轨枕间距保持一致，并使轨缝位于间距的中心。

铺设在单开道岔转辙器及连接部分的岔枕，均应与道岔的直股方向垂直。辙叉部分的岔枕应与辙叉角的角平分线垂直，从辙叉趾前第二根岔枕开始，逐渐由垂直于角平分线方向转到垂直于直股的方向。岔枕的间距，在转辙器部分按直线上股计量，在导曲线及转向过渡段按直线下股计量，在辙叉部分按角平分线计量。

道岔枕木的截面与普通枕木相同，但其长度在道岔各个部位差别很大。为减少道岔上出现过多的枕木长度级别，需要集中若干长度相近者为一组。道岔上使用的枕木，除一小部分长为2.50m的标准枕木外，共分12个级别，其中最短者为2.60m，最长者为4.80m，每级相差0.20m。

岔枕端部伸出钢轨工作边的距离应与区间线路基本一致，即

$$M = \frac{2500 - 1435}{2} = 532.5 (\text{mm}) \tag{3-4-9}$$

按 M 值要求计算的岔枕长度各不相等,集中若干长度相近者为一组时,误差不应超过岔枕标准级差的二分之一,即 0.10m。

四、材料数量表

根据设计总图提出材料明细表及枕木数量表,使用的材料均应符合现有各种标准。60kg/m 钢轨 12 号单开道岔具体尺寸如图 3-4-2 所示,材料和轨枕数量见表 3-4-1 和表 3-4-2。

材料明细表   表 3-4-1

序号	图号	名称	尺寸单位	数量	材料	质量(kg)	备注
1	专线 4139	转辙器	组	1		6600	
2	专线 4130	辙叉及护轨	组	1			
3	专线 3160	钢轨	m	79.969	60kg/m 钢轨	4849	
4	专线 3161	夹板	块	10	B6 或 B7	233	
5	专线 4118-8	垫板 384×180×20	块	82	A3F 或 B3F	918	
6	专线 4114-14	中间板 60	个	156	KT35-10	120	
7	专线 4114-15	接头扣板 60 0～2	个	4	KT35-10	2.89	
8	专线 4114-15	接头扣板 60 2～4	个	4	KT35-10	2.89	
9	专线 4114-4	螺栓 M22×60	根	164	A3	47.4	
10	专线 3180	鱼尾螺栓及螺母 M24	副	30	A5	21.3	
11	TB417-75	螺母 M24	个	164	A5	16.6	
12	TB418-75	垫圈 M22	个	164	55Si$_2$Mn	6.51	
13	TB418-75	垫圈 M24	个	30	55Si$_2$Mn	1.65	
14	TB436-77	螺纹道钉 22×145	个	328	A3	134	
15	专线 4114-45	塑料垫片 394×190×5	块	82	聚乙烯	29.1	
16	专号 9045	钢轨绝缘	组	2			由通号公司供图

轨枕图   表 3-4-2

序号	名称	尺寸单位	数量	备注
1	普通枕木	根	5	
2	道岔枕木 2.6	m	36.4	14 根
3	道岔枕木 2.8	m	33.6	12 根
4	道岔枕木 3.0	m	24.0	8 根
5	道岔枕木 3.2	m	19.2	6 根
6	道岔枕木 3.4	m	20.4	6 根
7	道岔枕木 3.6	m	18.0	5 根
8	道岔枕木 3.8	m	15.2	4 根
9	道岔枕木 4.0	m	16.0	4 根
10	道岔枕木 4.2	m	21.0	5 根
11	道岔枕木 4.4	m	17.6	4 根
12	道岔枕木 4.6	m	23.0	5 根
13	道岔枕木 4.8	m	24.0	5 根

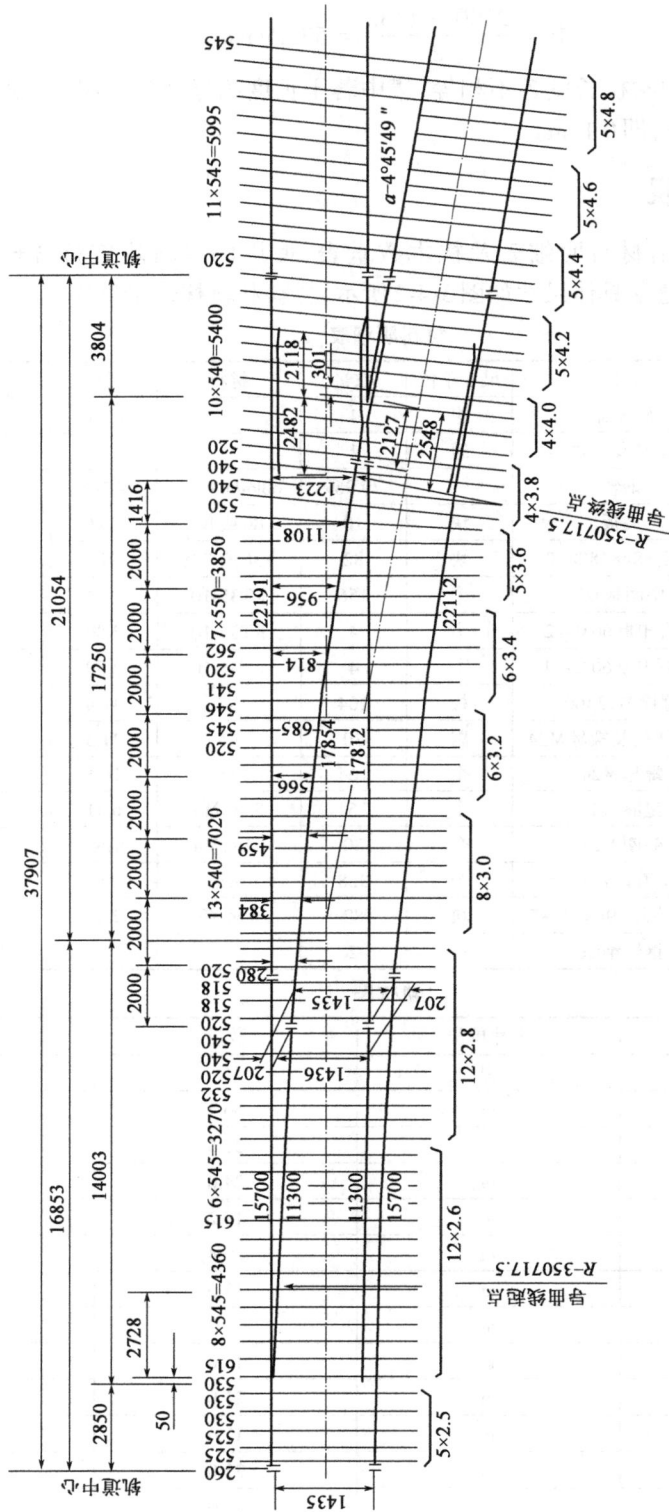

图3-4-2 60kg/m钢轨12号单开道岔 (尺寸单位：mm)

任务五　单开道岔的辙叉及护轨部分作业

任务引入

　　单开道岔的辙叉与护轨是列车轮对安全跨越钢轨交叉区域的关键。辙叉以心轨与翼轨的交叉构造为核心,其辙叉角影响着道岔的导引效率与通过速度。从固定型辙叉到可动心轨辙叉的变革,是为了解决固定辙叉"有害空间"带来的轮轨冲击与速度受限问题。可动心轨辙叉通过动态补偿,适应不同线路要求,提升列车运行的稳定性和舒适性。护轨则确保车轮沿预定路径行驶,消除脱轨风险。

任务分析

　　了解单开道岔的辙叉及护轨部分是线路工岗位的基本技能,也是城市轨道交通线路维护1+X的基本技能。要求学生能够说出辙叉及护轨部分的组成及构造,能阐明有害空间与护轨之间的关系,能说出查照间隔、护背距离的含义。

课岗赛证

课	岗	赛	证
教学内容	**城市轨道线路维护工初级**(××地铁)	**××轨道交通技术比武**	**1+X线路维护证**(中级)
1.辙叉及护轨的构成 2.检查轮缘槽 3.检查查照间隔和护背距离	检查道岔几何尺寸	道岔手工检查	实作11 单开道岔检查作业

任务目标

【知识目标】

1.说出辙叉及护轨部分的组成及构造。

2.能阐明有害空间与护轨之间的关系。

3.能说出查照间隔、护背距离的含义。

【技能目标】

1.能在现场快速找出辙叉各部分的位置。

2.熟练准确找到测点位置,快速准确地利用轨距尺量取查照间隔、护背距离。

3.能准确量取护轨、翼轨、心轨轮缘槽宽,并根据规范判断是否合格。

【素质目标】

1.提升团队协作意识和互助意识。

2.提升现场作业的安全意识与责任意识。

3.具备线路工严谨细致的岗位精神、踏实肯干的劳动精神。

4.树立线路工精益求精、锐意进取的工匠精神。

🔍 知识链接 --

辙叉及护轨部分包括辙叉、护轨、主轨(安装护轨的基本轨)及其他连接零件,如图3-5-1所示。辙叉与护轨组成一个整体,共同配合发挥作用。

微课 单开道岔
的构造:辙叉及护轨

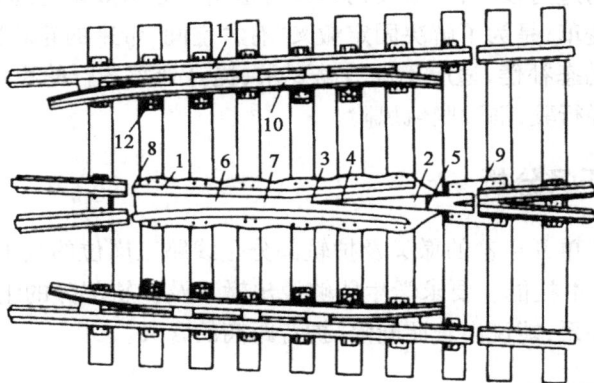

图 3-5-1 辙叉及护轨(部分)图
1-翼轨;2-心轨(叉心),3-理论尖端,4-实际尖端,5-辙叉角,6-咽喉,7-有害空间;
8-辙叉趾端;9-辙叉跟端;10-护轨;11-主轨;12-护轨垫板

辙叉是道岔中两股线路相交处的设备,其作用是使列车能够按确定的行驶方向,跨越线路正常地通过道岔。

一、辙叉构造

辙叉是由翼轨和心轨(叉心)组成的。翼轨的始端称辙叉趾端;叉心的末端称辙叉跟端;叉心两个工作边的交点称为辙叉理论中心(理论尖端);叉心实际尖端处有6～10mm的宽度,称为实际尖端;叉心两个工作边的夹角称辙叉角(道岔角)。

图 3-5-2 辙叉构造

辙叉趾端处两个工作边之间的宽度称为前开口;辙叉跟端两个工作边之间的宽度称为后开口;两根翼轨之间的最窄处称为辙叉咽喉;由咽喉至实际尖端的距离,因轨线中断,车轮在此处对钢轨产生剧烈冲击,此空间称为道岔的"有害空间";由辙叉理论尖端至趾端的距离称为辙叉趾长 n;由辙叉理论尖端至跟端距离称为辙叉跟长 m;由趾端至跟端沿一股轨道线量取的长度称为辙叉全长。辙叉构造如图3-5-2所示。

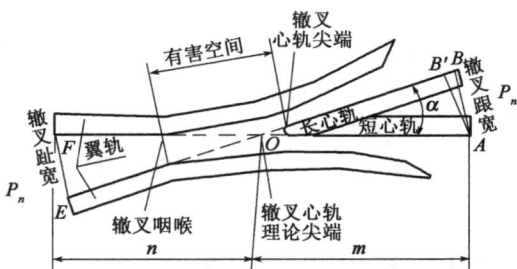

道岔号数越大,辙叉角越小,有害空间就越大。车轮通过有害空间时,叉心容易受到撞击。为保证车轮安全通过有害空间,在辙叉两侧相对位置的基本轨内侧设置了护轨,借以引

导车轮的行驶方向。

二、道岔号数

道岔号数是以辙叉号数 N 来表示的。辙叉号数 N 与辙叉角 α 的关系在第一节已经讲解，此处不再赘述。

我国常用的几种道岔号数与辙叉角的对应值见表 3-5-1。

道岔号数与辙叉角的关系 表 3-5-1

道岔号数	7	9	12	18	30
辙叉角	8°07′48″	6°20′25″	4°45′49″	3°10′47″	1°54′33″

我国常用的标准道岔的辙叉尺寸见表 3-5-2。

标准道岔的辙叉尺寸 表 3-5-2

钢轨类型 (kg/m)	道岔号数	辙叉全长 (mm)	n (mm)	m (mm)	P_n (mm)	P_m (mm)
75、60	18	12600	2851	9749	258	441
75、60	12	5927	2127	3800	177	317
50	12	4557	1849	2708	154	225
60	9	4309	1538	2771	171	308
50	9	3588	1538	2050	171	228

三、辙叉类型

按平面形式分，辙叉有直线辙叉和曲线辙叉两类；按构造分，辙叉又有固定式辙叉和可动辙叉两类。在单开道岔上以直线式固定辙叉最为常用。直线式固定辙叉分两种，即整铸辙叉和钢轨组合式辙叉。

1. 整铸辙叉

整铸辙叉是用高锰钢浇铸的整体辙叉。高锰钢是一种含锰、碳元素较多的合金钢，具有较高的强度和良好的冲击韧性，经热处理后，在冲击荷载作用下，会很快硬化，使表面具有良好的耐磨性；同时，由于心轨和翼轨同时浇铸，整体性和稳定性较好，可以不设辙叉垫板而直接铺设在岔枕上。这种辙叉还具有使用寿命长，养护维修方便的优点。

2. 钢轨组合辙叉

钢轨组合式辙叉是用钢轨及其他零件经刨切拼装而成的，由长心轨、短心轨、翼轨、间隔铁、辙叉垫板及其他连接零件组成。

3. 可动辙叉

可动辙叉是指辙叉个别部件可以移动，以保证列车过岔时轨线的连续，消除了固定辙叉上存在的有害空间，并可取消护轨。同时辙叉在纵断面上的几何不平顺可以大大减少，从而显著地降低了辙叉部位的轮轨相互作用力，提高运行的平稳性，延长辙叉的使用寿命。可动辙叉可分为可动心轨式和可动翼轨式。

（1）可动心轨式，即心轨可动，翼轨固定。这种辙叉结构的优点是车辆作用于心轨的横向力能直接传递给翼轨，保证了辙叉的横向稳定。由于心轨的转换与转辙器同步联动，不会在误认进路时发生脱轨事故，故能保证行车安全。其缺点是制造比较复杂，并较固定式辙叉长。可动心轨式辙叉的心轨跟端有铰接式和弹性可弯式两种。

（2）可动翼轨式，即心轨固定，翼轨可动。可动翼轨式又分单侧翼轨可动或双侧翼轨可动两种形式。这类辙叉可以设计成与既有固定式辙叉互换的尺寸，铺设时可以避免引起平面的变动，同时满足消灭有害空间的要求。其缺点是可动翼轨的横向稳定性较差，翼轨的固定装置结构复杂。

四、辙叉纵断面

钢轨组合式辙叉［图3-5-3a)］规定，叉心顶宽40mm及以上部分能承受全部车轮压力，而在30mm及其以下部分则完全不受压力。心轨轨面需要降低33mm，以防止车轮撞伤叉心。

高锰钢整铸辙叉［图3-5-3b)］规定，叉心顶宽为35mm及以上部分承受全部车轮压力，而在20mm及以下断面则完全不受压力，因此，将翼轨顶面从辙叉咽喉到叉心顶宽35mm的部分以堆焊法加高。为防止车轮撞击心轨尖端，应使该处叉心顶面低于翼轨顶面33mm以上。

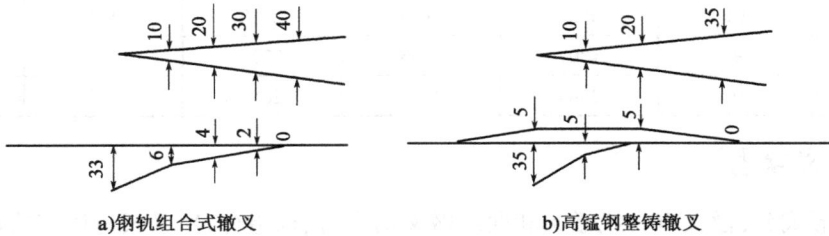

a)钢轨组合式辙叉 b)高锰钢整铸辙叉

图3-5-3 辙叉纵断面(尺寸单位:mm)

五、护轨

护轨与辙叉的配合有以下两方面的作用：一是控制车轮的运行方向，使之正常通过有害空间而不错入轮缘槽；另一方面是保护辙叉尖端不被轮缘冲击撞伤。护轨设置图如图3-5-4所示。

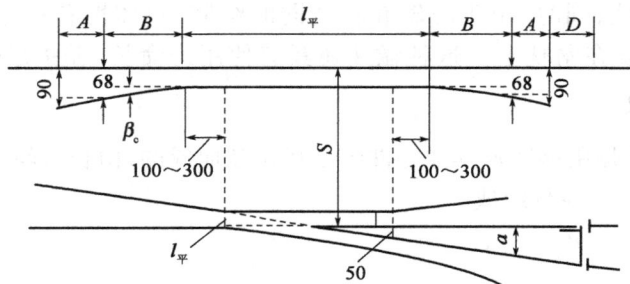

图3-5-4 护轨设置图(尺寸单位:mm)

护轨的平面形状，在中间的一段应为与主轨平行的直线，其长度为由咽喉至叉心顶宽为50mm处之间的距离，两端再附加100～300mm，该直线段内护轨与主轨轮缘槽宽度为42mm。

然后两端各向轨道内侧弯折一段长度,称为过渡段或缓冲段,其弯折角应近似等于尖轨的冲击角,使车轮进入护轨时得到缓冲引导。护轨末端的外侧面,将轨头在150mm长度内斜切去一部分,形成喇叭口,该处的槽宽规定为90mm。

护轨是用普通钢轨经过刨切弯折而成的,并用间隔铁、螺栓等零件与主轨连接。间隔铁为可调整宽度的螺栓型,以便在护轨侧面磨耗达到限度时,调整轮缘槽的宽度。

我国标准的9号、12号及18号单开道岔的护轨全长分别为3.6~3.9m、4.5~4.6m、7.4~7.5m。

任务六　单开道岔的轨距水平检查作业

🔍 任务引入

道岔轨距水平检查对于保障铁路运输安全与平稳运行至关重要。道岔作为列车转换线路的关键部件,其轨距水平的精准性直接影响列车通过时的平稳性和安全性。严格的检查可及时发现潜在偏差,预防晃车、脱轨等事故,确保列车平稳运行,提升旅客舒适体验。同时,它能延长道岔使用寿命,降低维护成本,对铁路系统整体效能的提升起到不可忽视的作用。2018年,在某铁路枢纽的单开道岔处,曾因轨距水平检查维护不到位,导致列车通过时发生晃车现象,甚至出现车轮与钢轨的非正常磨损。经深入调查发现,此次事件的根本原因在于日常轨距水平检查工作的疏忽,未能及时发现并处理轨距超限等问题,使得列车在不良的轨道状态下运行。

🔍 任务分析

单开道岔检查作业是线路工岗位的基本技能,也是城市轨道交通线路维护1+X的考核点。要求学生能够能说出单开道岔轨距加宽位置,写出道岔轨距及轨距加宽的方法,进行17处轨距水平检查。

🔍 课岗赛证

课	岗	赛	证
教学内容 1.道岔各部分的轨距 2.单开道岔17处检查 3.轨距水平容许误差值	**城市轨道线路维护工 初级（××地铁）** 检查道岔几何尺寸	**城市轨道交通线路工 比赛(中级)理论题 ××工务段开展技术比武** 单开道岔检查	**1+X线路维护证 (中级)** 实作11 单开道岔检查 作业

任务目标 -

【知识目标】

1.能说出单开道岔轨距加宽位置。

2.能写出道岔轨距及轨距加宽方法。

3.能阐述道岔17处轨距检查的位置及要点。

【能力目标】

1.运用轨距尺熟练检测道岔17处轨距、水平。

2.能根据规范,判断道岔的几何状态。

【素质目标】

1.检查过程中,培养精益求精的工匠精神。

2.现场作业中提高安全意识,遵章守纪、按章作业。

3.主动参加小组合作,积极与组员沟通,养成良好的团队合作意识。

知识链接 -

直线轨道的轨距为1435mm,当列车通过道岔时,为了缓冲列车对钢轨的挤压和冲撞,需要对以下部位考虑加宽:

(1)基本轨前接头处轨距S_1。

(2)尖轨尖端轨距S_0。

(3)尖轨跟端直股及侧股轨距S_h。

(4)导曲线中部轨距S_c。

(5)导曲线终点轨距S。

道岔各部位的轨距,按机车车辆以正常强制内接条件加一定的余量,计算公式为

$$S = q_{max} + (f_0 - f_i) + \frac{1}{2}\delta_{min} - \sum \eta \tag{3-6-1}$$

式中:q_{max}——最大轮对宽度,mm;

f_0——外轮与外轨线形成的矢距,mm;

f_i——内轮与内轨线形成的矢距,mm;

δ_{min}——轮轨间的最小游间,mm;

$\sum \eta$——机车车辆轮轴的可能的横动量之和,mm。

根据对我国铁路上使用的各种机车车辆的检算,我国铁路标准道岔上各部位的轨距值见表3-6-1。

标准道岔上各部位的轨距值(单位:mm)   表3-6-1

部位	9	12		18
		直线尖轨	曲线尖轨	
S_1	1435	1435	1435	1435

部位	9	12		18
		直线尖轨	曲线尖轨	
S_0	1450	1445	1437	1438
S_h	1439	1439	1435	1435
S_c	1439	1446	1435	1435

任务七　更换道岔护轨作业

🔍 任务引入

护轨作为道岔的关键部件,对引导车轮顺利通过道岔、保障列车运行安全起着至关重要的作用。在繁忙线路上,护轨承受着列车的高频冲击与长期摩擦,其状态的优劣直接关系到道岔乃至整个轨道系统的稳定性与安全性。一旦护轨出现磨损、变形或损坏等问题,不仅会影响列车的平稳运行,甚至可能引发脱轨等严重安全事故。

在某段铁路的日常巡检中,维护人员发现部分护轨的侧面磨损已超出规定限度,表面的磨损痕迹清晰可见,局部甚至出现了细微裂纹。经过详细检测与评估,果断决定对这些护轨进行更换。

🔍 任务分析

了解不同类型护轨伤损的判断标准,护轨更换的作业流程是确保道岔"生命防线"持续稳固的关键。要求学生能够准确说出不同类型护轨伤损的判断标准;按照标准流程进行护轨更换作业。

🔍 课岗赛证

课	岗	赛	证
教学内容	**城市轨道线路维护工高级(××地铁)**	**城市轨道交通线路工比赛(中级)理论题**	**××地铁作业指导书**
1. 护轨类型有哪些	更换道岔护轨		更换护轨作业
2. 测量护轨及伤损标准		**××地铁开展护轨更换技术比武**	
3. 更换护轨			

任务目标

【知识目标】

1.能准确说出不同类型护轨伤损的判断标准。

2.能准确说出护轨更换的作业流程。

【技能目标】

1.能现场判断护轨的类型,测量护轨轮缘槽宽和磨耗,判断护轨的伤损情况。

2.能够小组配合,按照作业标准进行拆旧轨、装新轨作业,并利用调整垫片调整护轨几何尺寸。

3.利用长扳手和扭力扳手完成M24防脱螺栓的拆卸、涂油除锈、安装作业。

【素质目标】

1.在整个操作中,能够团结协作,听从组长指挥,步调一致,规范操作,不发生安全事故,不挤夹手脚,提升团结协作意识和团队凝聚力。

2.通过换旧轨、装新轨,螺栓涂油除锈等实作操作,培养崇尚劳动、热爱劳动、辛勤劳动的劳动精神。

知识链接

一、护轨类型

护轨是道岔中引导车轮安全通过有害空间的设备,是列车安全通过有害空间的守护神,护轨位置如图3-7-1所示。护轨类型主要有间隔铁型、H形、槽形。

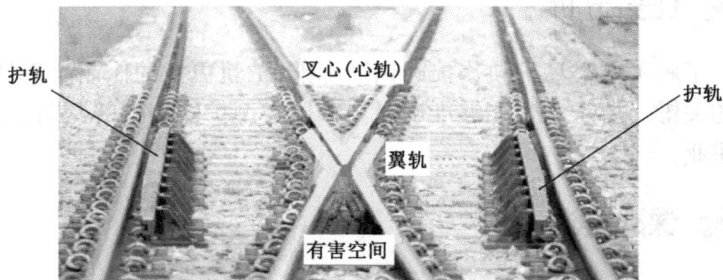

微课
更换道岔护轨

图3-7-1 护轨位置

1.间隔铁型

间隔铁型护轨采用普通、同型号钢轨制作而成,用间隔铁保持轮缘槽宽度,在护轨内侧设4个轨撑以保持护轨的位置,采用半圆头方颈螺栓进行联结。图3-7-2为间隔铁型道岔护轨的主要形式。

2.H形护轨

H形护轨由普通的钢轨加工而成,由H形护轨、护轨垫板、调整片和联结螺栓组成,护轨与基本轨不直接联结故又称分开式护轨结构,如图3-7-3所示。

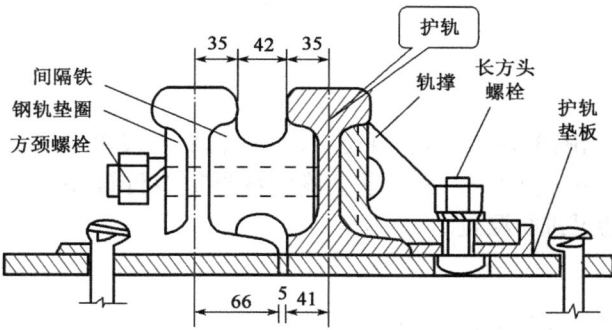

图 3-7-2　间隔铁型护轨(尺寸单位:mm)

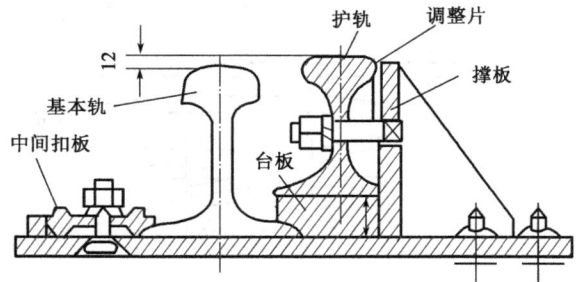

图 3-7-3　H形护轨(尺寸单位:mm)

3.槽形护轨

　　槽形道岔护轨由槽形钢护轨、护轨垫板扣板、调整片及联结螺栓等组成,是我国研究出的一种新型道岔护轨,现已普遍应用于现场,如图3-7-4所示。

图 3-7-4　槽形护轨

二、护轨测量及合格标准

1.护轨轮缘槽宽

护轨由平直段、缓冲段、开口段组成,如图3-7-5所示。规范要求:护轨平直段轮缘槽宽42mm,缓冲段轮缘槽宽65mm,开口段轮缘槽宽80mm,其中平直段轮缘槽宽容许误差−1~+3mm。护轨轮缘槽宽采用钢板尺或者钢卷尺进行测量。

2.护轨磨耗

护轨一般利用钢板尺进行侧面磨耗测量,如图3-7-6所示。

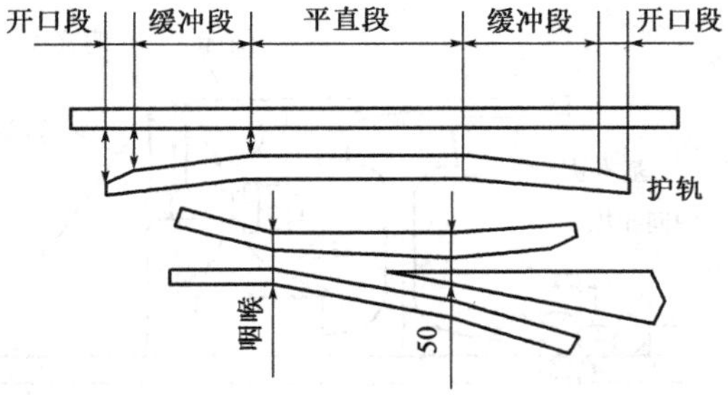

图3-7-5 护轨轮缘槽尺寸(尺寸单位:mm)

图3-7-6 护轨磨耗测量

3.护轨伤损标准

当护轨磨损严重,轮缘槽超过允许限度,或者护轨伤损或不符合规定,保证不了行车安全时,需要进行及时修理或更换;护轨裂纹时应及时更换。由于《城市轨道交通运营设备维修与更新技术规范 第4部分:轨道》(JT/T 1218.4—2024)没有相关要求,因此参考《普速铁路线路修理规则》(TG/GW 102—2019),护轨伤损标准见表3-7-1。

护轨伤损标准(单位:mm)   表3-7-1

道岔直向允许通过速度(km/h)	轻伤	重伤
$V_{max} > 120$	8	10
$V_{max} \leq 120$	10	13

无缝线路

📑 项目引入

列车通过钢轨接头时会产生很大的轮轨冲击力,对轨道结构产生很大的破坏作用,造成轨道部件的破损,同时加剧机车车辆的振动、车辆部件的破损,增加能耗和降低旅客的舒适度。无缝线路与普通线路相比,可以消除大量的接头,因而具有行车平稳,同时机车车辆和轨道的维修费用减少,使用寿命延长等一系列优点。

近年来我国在无缝线路发展迅速,××高铁采用跨区间无缝线路技术,最长连续焊接钢轨长度达21.5km,配合无砟轨道结构,将列车运行平顺性指标(如轨道不平顺幅值)控制在0.3mm以内。在重载领域,××铁路通过优化无缝线路结构,将年运量提升至4.5亿t,轴重从21t升级至30t,钢轨疲劳寿命延长了40%。此外,无缝线路在降低噪声、减少养护维修成本(较有缝线路节省60%以上)等方面的综合效益。

近些年,城市轨道交通为了适应高密度、不间断运营及减少线路的维修养护工作,轨道线路建设大都采用无缝线路轨道结构。截至2024年,我国高铁无缝线路里程已突破4.5万km,占运营里程的95%以上,成为全球无缝线路技术应用最广泛、规模最大的国家。希望大家通过该项目的学习,能够掌握无缝线路的类型及基本原理,无缝线路缓冲区的设置方法及预留轨缝的计算,无缝线路的常规养护等知识,为未来工作打下坚实的基础。

📑 项目导航

项目四 无缝线路	任务一 无缝线路认知	任务二 无缝线路温度力及温度力图认知	任务三 无缝线路应力放散作业
	知识1:无缝线路概念 📑 知识2:无缝线路的优缺点 ◎ 知识3:无缝线路的分类 ◎ 技能:温度应力式无缝线路认知 ↗ 拓展:贝壳仿生管道 📑	知识1:钢轨温度应力、温度力和伸缩变形与轨温变化的关系 ◎👊 知识2:钢轨温度和锁定轨温 ◎👊 技能:温度力和温度力图计算 ↗ 拓展:热弹性理论 📑	知识1:应力放散 📑 知识2:应力调整 📑 技能:无缝线路应力放散 👈↗ 拓展:位移观测桩检测测量作业 📑
	任务四 无缝线路胀轨跑道作业	任务五 钢轨焊接作业	任务六 断轨处理作业
	知识1:胀轨跑道的原因 📑 知识2:预防胀轨的主要措施 ◎ 知识3:胀轨跑道后的处理 👊 技能:无缝线路胀轨紧急处理 👈↗ 拓展:锯轨机具、钻孔机具 📑	知识1:钢轨焊接方式 📑 知识2:闪光焊接 ◎ 知识3:气压焊接 ◎ 知识4:铝热焊接 ◎ 技能:钢轨铝热焊接作业 👈↗ 拓展:液压推瘤机 📑	知识1:钢轨断裂的原因与规律 📑 知识2:钢轨断裂的预防措施及处理 ◎👊 技能1:钢轨断裂临时处理 👈↗ 技能2:钢轨折断紧急处理 👈↗ 技能3:钢轨折断永久处理 👈↗ 拓展:钢轨急救器 📑

📑 基础认知　◎ 教学重点　👊 教学难点　↗ 现场实操　👈 虚仿练习

任务一　无缝线路认知

任务引入

轨道的组成中有很多要害部位,为了确保行车的安全每年都要耗费巨大的人力物力,而我们的先人就在想可不可以减少要害部位呢? 把铁轨焊接成一根,减少钢轨接头,这样就可以节约大量维护成本,从而诞生出一种轨道线路——无缝线路。

2022年××市铁路应用无缝线路技术对北环线进行5.18km长的线路进行无缝钢轨更换,检修工作量降低50%以上,每年节约成本五十余万元。

任务分析

无缝线路是全球普及的轨道线路铺设方式,也是线路工岗位需要掌握的基础知识。要求学生能熟练掌握无缝线路的概念分类及特点,了解无缝线路温度力并能绘制温度力图。

课岗赛证

课	岗	赛	证
教学内容 1.铺设无缝线路的意义 2.无缝线路的分类 3.长钢轨的焊接 4.温度应力式的认知 5.温度力图的绘制	城市轨道线路维护工初级(××地铁) 1.能检测线路及各类道岔设备,进行病害分类 2.能进行无缝线路位移观测及分析	国家"一带一路"金砖大赛理论题 **国家"能源杯"智能建设技能大赛——铁路运输系统职工技能竞赛**	1+X线路维护证(中级) 实作13 50m线路检查

任务目标

【知识目标】

1.理解无缝线路的概念。

2.说出无缝线路的分类及特点。

3.说出无缝线路的优缺点。

【技能目标】

1.能指出温度应力式、放散温度应力式无缝线路的各部分。

2.能绘制温度应力式无缝线路的示意图。

【素质目标】

理解我国轨道交通无缝线路事业的发展,树立岗位责任意识。

微课

无缝线路认知

一、铺设无缝线路的意义

普通线路是由标准长度的钢轨(长度为12.5m或25m)利用接头联接连件联结而成的,线路上存在大量的钢轨接头。钢轨接头是铁路线路的薄弱环节,接头的存在不仅加剧了列车通过时对线路产生的冲击和振动,促使道床板结、溜坍,混凝土枕破裂损坏,使接头处线路产生较严重的病害,而且会加剧线路的爬行,缩短钢轨和机车车辆的使用寿命,影响行车的速度和平稳性,并产生振动和噪声,使旅客感觉不舒适。另外,大量接头需消耗大量接头零部件,为整治接头病害还将大大增加线路的养护维修工作量和养护维修费用。随着轴重、运量和行车速度的不断增长,普通线路的上述缺点更为突出。实践统计表明,列车对钢轨接头的冲击力比对非接头区的冲击力大3倍以上。在普通线路上,接头的养护维修费用约占全部养护维修费用的35%~50%,钢轨由于轨端损坏而需更换的数量也较因其他部位损坏而需更换的数量多2~3倍。显然,从根本上消除钢轨接头,对列车运行、旅客的舒适性和线路的养护维修等均极为有利,无缝线路也因此而迅速发展起来。

所谓无缝线路,就是把标准长度的钢轨一根一根地焊接成具有相当长度的长钢轨(我国铁路规定不短于200m),用于代替标准钢轨而铺设的线路。与普通线路相比,无缝线路在很大程度上消灭了钢轨接头,减轻了列车对轨道的动力冲击和振动作用,因而具有行车平稳、噪声低、减少材料消耗、降低养护维修费用、延长维修周期、延长线路设备和机车车辆的使用寿命、减少行车阻力等优点,能满足高速行车的需要,有利于发展高速、重载铁路。

无缝线路作为一种先进的轨道结构形式,是轨道结构发展的方向之一。早在20世纪20年代,国外就已经开始铺设无缝线路。我国从1957年开始试铺无缝线路,之后铺设技术日趋完善,特别是全区间和跨区间无缝线路铺设技术不断成熟。

《地铁设计规范》(GB 50157—2013)中规定:下列地段轨道宜按无缝线路设计,并宜扩大无缝线路的铺设范围:

(1)地下线的直线和曲线半径不小于300m的地段;

(2)高架线及地面线无砟道床的直线和曲线半径不小于400m的地段;

(3)有砟道床的直线和曲线半径不小于600m的地段;

(4)试车线;

(5)曲线半径小于本条第1~3款的限制值时,应进行特殊设计并采取加强措施。

正线有砟道床地段宜按一次铺设无缝线路设计。

二、无缝线路的分类

无缝线路按处理长钢轨内部因轨温变化而引起的温度应力方式的不同,分为温度应力式和放散温度应力式两种类型;按长轨节的长度不同,可分为普通无缝线路、区间无缝线路和跨区间无缝线路等三种。

1.温度应力式无缝线路

温度应力式无缝线路结构简单,不需要特殊设备,铺设和养护维修方便,是一种比较好的无缝线路结构形式,被广泛采用。我国已铺设的无缝线路,除特大桥梁的个别梁跨外,均为温度应力式无缝线路。

2.放散温度应力式无缝线路

放散温度应力式无缝线路适用于年最高和最低轨温差较大的地区,根据温度应力放散方法的不同,可分为自动放散式和定期放散式两种。

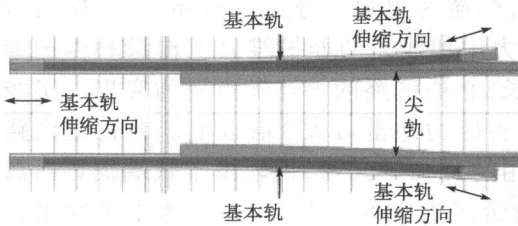

图4-1-1　钢轨伸缩调节器

1)自动放散温度应力式无缝线路

自动放散温度应力式无缝线路在焊接长钢轨两端设置钢轨伸缩调节器(尖轨接头),如图4-1-1所示。钢轨伸缩调节器的主要部件与道岔的转辙器类似,由尖轨和基本轨组成,可利用尖轨或基本轨相对错动来调节钢轨的胀缩,随时释放温度力。

在温差较大的地区和特大桥上,为了消除或减少钢轨内部的温度力,同时尽量消除桥梁伸缩附加力的影响,可采用这种形式的无缝线路。

2)定期放散温度应力式无缝线路

定期放散温度应力式无缝线路的结构形式与温度应力式无缝线路相同。这种形式的无缝线路曾在我国年轨温差较大的地区试用,但由于放散作业工程量较大,且作业不便,每次放散应力时需耗费大量人力物力,故目前已不使用。

现今世界各国主要采用的是温度应力式无缝线路。

普通无缝线路是指长轨节的长度为1000~2000m的无缝线路;区间无缝线路是指不跨越车站只跨越闭塞分区,整个区间用一根长钢轨联结的无缝线路;跨区间无缝线路也称超长无缝线路,是指轨节长度跨越车站道岔并贯穿区间的无缝线路。

三、长钢轨的焊接

无缝线路上铺设的长钢轨是由标准长度定尺的钢轨焊接而成的,现代焊接技术的发展(如采用接触焊接技术等)已能使钢轨焊接接头的力学性能基本上和钢轨母材相同。

目前,我国主要采用的长钢轨焊接方法是首先将轨端100m标准长度定尺的钢轨,在焊轨厂用接触焊(也叫电阻焊)或气压焊,焊接成500m长;其次用长钢轨专运列车将其运到铺设地点进行储存、码放,再用移动式闪光焊机将钢轨焊接成设计单元轨节长度;最后选择适当的轨温条件,进行无缝线路应力放散锁定,完成无缝线路的铺设。

任务二　无缝线路温度力及温度力图认知

任务引入

轨道看起来很坚硬,但它总在我们注意不到的地方"长个子",随着天气的变化,热涨冷缩便是对轨道安全的又一大考验。如果是短轨有轨缝可以作为缓冲,可无缝线路的接头都焊接起来了,轨道长大的部分又该怎么办呢,这就需要我们了解让轨道"长个子"的元凶——温度力了。

任务分析

温度力是保证轨道安全行车的重要因素,也是对轨道是否需要放散温度力的重要指标。要求学生熟练掌握无缝线路温度力的计算,并理解无缝线路温度力、温度应力与轨温之间的关系,掌握无缝线路温度力图中各部位的含义并能标出伸缩区、固定区和缓冲区。

课岗赛证

课	岗	赛	证
教学内容 1.钢轨的自由伸缩量 2.温度应力和温度力的关系 3.钢轨温度和锁定轨温 4.温度力与纵向阻力的关系 5.温度力图计算	**城市轨道线路维护工高级(××地铁)** 1.能测量计算轨缝及轨缝相错量 2.能制定调整轨缝方案并组织实施	**城市轨道交通线路工比赛(中级)理论题** **国家"一带一路"金砖大赛理论题** **中铁公司钢轨焊接岗位技能竞赛**	**铁路综合检修工** 1.温度应力的检测方法 2.钢轨温度应力的产生与影响因素 3.温度应力检测技术规范与标准

任务目标

【知识目标】
1.理解无缝线路温度力、温度应力与轨温之间的关系。
2.能说出设计锁定轨温与实际锁定轨温之间的关系。
3.能理解无缝线路温度力图的含义。

【技能目标】
1.能计算轨温单向变化的温度力,并绘制温度力图。
2.能在温度力图中标出伸缩区、固定区和缓冲区。

【素质目标】
1.在温度力计算过程中,训练科学思维和工程思维。
2.在温度力图绘制过程中,培养耐心、细致的工匠精神。

一、钢轨温度应力、温度力和伸缩变形与轨温变化的关系

无缝线路铺设后,钢轨完全被固定,轨温变化时,长钢轨不能随轨温变化而自由伸缩,则在钢轨内部产生应力,称为温度应力。特别是在轨温很高或很低时,钢轨内将产生巨大的温度应力。对整个钢轨断面而言,由轨温变化而产生的内力,称为温度力。

微课　无缝线路温度力计算

1.钢轨的自由伸缩量

一根不受任何限制可以自由伸缩的钢轨,当轨温变化时,其自由伸缩量可按式(4-2-1)计算:

$$\Delta l = aL\Delta t \tag{4-2-1}$$

式中:Δl——钢轨的自由伸缩量,mm;

a——钢轨的线膨胀系数,$a=0.0118\text{mm}/(\text{m}\cdot\text{℃})$,即每米长的钢轨,当轨温变化1℃时,钢轨将伸缩0.0118mm;

L——钢轨长度,m;

Δt——轨温变化幅度,℃。

若钢轨长度为1000m,轨温变化为20℃,则其自由伸缩量为$\Delta l=0.0118\times1000\times20=236(\text{mm})$。可见,长钢轨的自由伸缩量是相当大的。

2.温度应力和温度力

如果长钢轨被完全锁定,不能随轨温变化而伸缩,则随着轨温的变化,钢轨内部将产生温度应力。根据胡克定律,在一股钢轨上产生的温度应力按式(4-2-2)、式(4-2-3)计算:

$$\sigma_t = E \times \varepsilon_t = E \times \frac{\Delta L}{L} = E \times \frac{a \times L \times \Delta t}{L} = E \times a \times \Delta t \tag{4-2-2}$$

式中:E——钢的弹性模量,$E=2.1\times10^7\text{N/cm}^2$;

ε_t——钢轨的温度应变(轨温变化时钢轨未能实现的长度变化率)。

将E、a的数值代入式(4-2-2)得

$$\sigma_t = 2.1 \times 10^7 \times 11.8 \times 10^{-6}\Delta t = 247.8\Delta t(\text{N/cm}^2) \tag{4-2-3}$$

相应地,整个钢轨断面所承受的温度力应按式(4-2-4)计算:

$$P_t = F\sigma_t = 248F \times \Delta t \tag{4-2-4}$$

式中:P_t——温度力,N;

F——钢轨断面面积,cm²,对于75kg/m、60kg/m、50kg/m、43kg/m的标准钢轨,其断面面积分别为95.04cm²、77.45cm²、65.8cm²、57.0cm²。

不同类型的长钢轨轨温变化1℃时钢轨内部的温度力值见表4-2-1。

轨温变化1℃时钢轨内部产生的温度力值　表4-2-1

钢轨类型(kg/m)	43	50	60	75
断面积(cm²)	57.00	65.80	77.45	95.04
温度力(N)	14125	16305	19192	23551

从式(4-2-3)、式(4-2-4)可以看出：

(1)无缝线路长钢轨锁定后，随着轨温的变化，钢轨内部所承受的温度应力和温度力与轨温变化幅度 Δt 成正比，而与钢轨的长度 L 无关。也就是说，不同类型的长钢轨只要轨温变化幅度相同，不论长短，在其内部产生的温度应力是一样的。

(2)对于同一类型不同长度的钢轨，如果轨温变化幅度相同，那么其内部所承受的温度力大小是一样的。

从理论上讲，无缝线路焊接长钢轨的长度可以任意长，而不会影响其内部的温度应力值，这就是无缝线路得以铺设的主要理论依据。

考虑到施工及管理技术的限制，长钢轨的长度也不能太长，我国普通无缝线路长钢轨的长度一般以一个闭塞分区长度来考虑，采用1000～2000m。为便于锁定线路和进行养护维修，以及充分体现无缝线路的优越性，我国铁路规定，无缝线路焊接长钢轨的长度不应短于200m，特殊地段不应短于150m。

二、钢轨温度和锁定轨温

由于温度应力式无缝线路长钢轨内部产生的温度力的大小与钢轨温度的变化有直接关系，钢轨温度的升降幅度直接影响无缝线路长钢轨的伸缩及轨道的强度和稳定，因此，钢轨温度是无缝线路设计、铺设和养护维修的重要技术参数。

1.钢轨温度

钢轨温度简称轨温，影响轨温的因素比较复杂。轨温不但受气温、风力及日照程度的影响，而且与地形、线路方向、测量部位等因素有关。一般来说，轨温是随大气温度的变化而改变的。根据调查观测资料分析，最高轨温 T_{max} 比当地最高气温高18～25℃，最低轨温 T_{min} 比当地的最低气温低2～3℃。设计时通常最高轨温等于当地最高气温加20℃，最低轨温与同一地点的最低气温基本相同。最高轨温多出现在当天的13:00—14:00，而最低轨温一般出现在黎明前。我国主要地区的最高、最低和中间轨温见表4-2-2。

我国主要地区的最高、最低和中间轨温(单位：℃)　表4-2-2

地区	最高轨温	最低轨温	中间轨温	地区	最高轨温	最低轨温	中间轨温
北京	62	−27.4	17.3	重庆	63.0	−1.8	30.6
天津	60.5	−22.9	18.8	昆明	52.8	−8	22.4
石家庄	62.9	−19.8	21.6	贵阳	57.5	−7.8	24.9
成都	57.3	−5.9	25.7	济南	62.5	−19.7	21.4
呼和浩特	58.9	−32.8	13.0	南京	61.0	−14.0	23.5
太原	60	−25.5	17.2	上海	60.2	−10.1	25.1

地区	最高轨温	最低轨温	中间轨温	地区	最高轨温	最低轨温	中间轨温
沈阳	58.4	−32.9	12.7	杭州	60.3	−9.6	25.4
大连	58	−21.1	18.5	合肥	61.0	−20.6	20.1
哈尔滨	59.2	−38.1	10.6	福州	61.7	−1.7	30
齐齐哈尔	60.8	−39.5	10.7	厦门	59.2	1.5	28.9
乌鲁木齐	62.1	−41.5	10.3	武汉	62.0	−18.1	22
广州	60	0	30	长沙	60.6	−10.3	25.2
深圳	58.7	0.2	29.3	南宁	60.4	−2.1	29.2
兰州	59.8	−21.7	19.1	郑州	63.0	−17.9	22.6
西宁	56.5	−26.6	15.0	拉萨	50.4	−16.5	17
银川	59.3	−30.6	14.4	香港	57.7	0.0	28.9
西安	61.8	−20.6	20.6	台北	58.6	−2.0	28.3

现场实地测量钢轨温度，目前多用半导体点温计或吸附式轨温计。要准确地测量轨温，除应有良好的测温计外，还要掌握正确的测温方法。晴天，钢轨的阳光直射面与背阴面温度不同，轨底与轨头不同，钢轨内部与表面也不同。因此，为了测得准确的轨温值，应在钢轨的全断面上选定多点进行测量，然后取其平均值。

2. 锁定轨温

无缝线路是通过拧紧钢轨两端接头螺栓、上紧中间扣件及防爬设备来把焊接长钢轨固定在线路上的，这一过程称为"锁定线路"。锁定线路时的钢轨温度称为无缝线路的锁定轨温。严格地讲，锁定轨温应该是长钢轨在被锁定瞬间的轨温。但在实际运用中，长钢轨不可能在瞬间锁定，这个瞬间的轨温很难掌握，因此，通常是把长钢轨锁定时两端轨温的平均值作为锁定轨温，其测量方法已于前述。很显然，长钢轨在锁定瞬间处在自由伸展状态下，从理论上讲，此时长钢轨内部的温度应力应为零，故锁定轨温也称零应力轨温。温度应力和温度力计算式中的轨温变化幅度 Δt 是指实际轨温与锁定轨温的差数。由于无缝线路长钢轨内的温度应力和温度力与轨温变化幅度成正比，轨温变化幅度越大，钢轨内的温度力也越大，而轨温变化幅度与锁定轨温直接相关。因此，正确、合理地选择锁定轨温成为无缝线路设计、铺设的关键，锁定轨温必须准确、均匀。

从前面的分析可知，降低钢轨内部的温度应力，保证在最低轨温时长钢轨不被拉断，在最高轨温时轨道不失去稳定的关键在于适当控制轨温的变化幅度 Δt，而 Δt 的计算依据是无缝线路的锁定轨温。因此，无缝线路的设计锁定轨温应以最高轨温时轨道不发生胀轨跑道，最低轨温时不拉断钢轨或螺栓为基本条件，经过轨道强度和稳定性检算而设计确定。根据多年来无缝线路的铺设经验，在日常管理中，一般更侧重于防止胀轨跑道，可取较当地中间轨温略高的轨温作为无缝线路的设计锁定轨温。中间轨温是指当地最高轨温和最低轨温的平均值，即

$$T_{中} = \frac{T_{max} + T_{min}}{2} \qquad (4\text{-}2\text{-}5)$$

式中：$T_{中}$——中间轨温，℃；

　　　T_{max}——当地最高轨温，℃；

　　　T_{min}——当地最低轨温，℃。

各地区锁定轨温比中间轨温的值偏高，可根据当地最大轨温差按表4-2-2确定，但它只能作为参考而不能作为正式设计的依据。在实际铺设无缝线路时，由于轨温时刻在变化，而铺轨锁定工作需要一定时间来完成，要把锁定轨温定在确定的固定值是很困难的。因此，在满足轨道强度和稳定条件的前提下，允许在设计锁定轨温左、右一定范围内进行锁定线路，这个轨温范围称为设计锁定轨温范围。允许的设计锁定轨温范围一般取设计锁定轨温加、减5℃。在寒冷地区困难条件下，设计锁定轨温范围可采用6~8℃。无缝线路铺轨施工时，应在这个轨温范围内完成铺设锁定工作，并做好详细记录，作为以后养护维修的技术资料妥善保存。计算中可以参照表4-2-3中的数据。

锁定轨温比中间轨温的偏高值　　　　　　　　　　　表4-2-3

当地最高轨温差（℃）	偏高值（℃）	
	混凝土枕	木枕
91~95	6~7	/
86~90	4~5	5~6
81~85	3~4	4~5
80及以下	3以下	4以下

3.轨道纵向阻力

温度应力式无缝线路长钢轨被锁定以后，钢轨就不能发生自由伸缩。这个锁定线路阻止长钢轨随轨温变化而发生纵向伸缩的阻力称为轨道纵向阻力，主要有接头阻力、道床纵向阻力及扣件阻力等。

1）接头阻力

无缝线路长钢轨两端钢轨接头阻止钢轨纵向伸缩的阻力，称为接头阻力。接头阻力由钢轨与夹板接触部分之间的摩擦力和螺栓的抗剪力提供，为了安全，我国只考虑摩擦力。接头阻力的大小主要取决于接头螺栓的拉力和钢轨与夹板接触面之间的摩擦系数。

接头螺栓拧紧后，螺栓杆承受拉力，相应地，接头夹板对钢轨产生一个夹紧力，螺栓承受的拉力越大，则这个夹紧力也越大，钢轨和夹板之间的摩擦力也越大，接头抵抗长钢轨伸缩的能力也越强。螺栓杆的拉力与螺栓的拧紧程度有关。当采用的接头夹板类型确定后，螺栓的拧紧程度就成为保证接头阻力的关键。根据理论计算和实践证明，钢轨与夹板间的纵向摩擦阻力与螺栓杆所受的拉力基本相同。

我国铁路广泛采用六孔夹板，钢轨接头每端有3根螺栓，不同螺栓扭矩条件下的接头阻力值见表4-2-4。

不同螺栓扭矩条件下的接头阻力值   表 4-2-4

	T_N(N·m)	500	600	700	800	900	1000
P_H (kN)	50kg/m钢轨, φ24mm螺栓	250	300	370	430	490	
	60kg/m钢轨, φ24mm螺栓	230	280	390	450	510	570
	75kg/m钢轨, φ24mm螺栓		350	430	500	550	

　　地铁中要求正线采用12.9级高强度螺栓,冻结接头,扭力矩保持在1200~1400N·m。铁路中要求无缝线路缓冲区的钢轨接头必须使用10.9级高强度螺栓,接头螺栓扭矩应保持在700~1100N·m范围内。

　　2)道床纵向阻力

　　道床抵抗轨道框架纵向位移的阻力称为道床纵向阻力。道床纵向阻力的大小与道砟材质、粒径级配、道床断面、捣固质量、脏污程度、轨枕类型等因素有关。它是抵抗钢轨伸缩、防止线路爬行的重要参数,一般以每根轨枕提供的阻力 R(N/根)或一股钢轨下每延长1cm道床提供的平均阻力 r(N/cm)来表示(r 也称单位道床纵向阻力)。试验表明,道床纵向阻力随轨枕沿线路纵向位移的增加而增大,但当位移达到一定数值后,阻力不再明显增加。通常取轨枕位移为2mm时的阻力值作为设计无缝线路时的道床纵向阻力值,有砟轨道道床纵向阻力值见表4-2-5。

有砟轨道道床纵向阻力(单位:kN/m/轨)   表 4-2-5

轨枕类型	有载		无载
	机车下	车辆下	
Ⅲ型混凝土枕 (1667根/km)	r=11.6x,x≤2.0mm r=23.2,x>2.0mm	r=7.5x,x≤2.0mm r=15.0,x>2.0mm	r=7.5x,x≤2.0mm r=15.0,x>2.0mm
新Ⅱ型混凝土枕 (1760根/km)	r=6.8x,x≤2.0mm r=13.6,x>2.0mm	r=4.4x,x≤2.0mm r=8.8,x>2.0mm	r=4.4x,x≤2.0mm r=8.8,x>2.0mm

　　清筛道床等作业会使道床的纵向阻力下降,容易引起线路爬行,危及轨道的稳定,因此,清筛作业后必须夯实道床以增强阻力。表4-2-6为清筛后道床纵向阻力的变化情况。

清筛后道床纵向阻力的变化情况   表 4-2-6

作业项目	清筛前	筛边挖盒	方枕后	方枕后挖盒	综合捣固	筛后第3天	筛后第7天	筛后1个月	筛后半个月
纵向阻力 (kN/根)	13.8	6.78	2.5	3.7	6.8	8.35	8.8	9.7	12.6
%	100	49.1	18.1	26.8	49.2	60.5	63.8	10.2	91

　　3)扣件阻力

　　中间扣件及防爬设备阻止钢轨沿轨枕面纵向位移的阻力称为扣件阻力。扣件阻力的大小与扣件类型、拧紧程度及防爬设备类型、配置数量有关。为了充分发挥道床纵向阻力的作用,避免钢轨发生相对于轨枕面的纵向位移,扣件阻力必须大于道床纵向阻力,这是无缝线路轨道结构设计的基本要求之一。为此,要求在无缝线路上采用扣压力较大的中间扣件,并设置足够的防爬设备。

列车通过时的冲击振动会使扣件螺母松动,扭矩下降,导致扣件阻力下降。因此,扣件应经常进行复拧,使其扭力矩保持在规定的范围内。不同扣件的阻力值见表4-2-7。

Ⅰ、Ⅱ、Ⅲ型扣件的扣件阻力 　　　　　　　　　　　　　　　表4-2-7

扣件类型	扣件扭力矩(N·m)	
	80	150
Ⅰ型	9.0	12.0
Ⅱ型	9.3	15.0
Ⅲ型	16	

注:Ⅲ型扣件为无螺栓扣件,其扣件阻力与扭矩无关。

任务三　无缝线路应力放散作业

任务引入

大家平时在路上会看到马路膨胀和裂痕,这是因为在看不见的地方有一双手,在不断地给马路加压,这就是温度应力。而钢轨看似"平静",内部可能已经在碎裂的边缘,如果不能及时发现并处理,可能导致严重的安全事故。

2012年××高铁冬季因焊缝应力集中,发生钢轨断裂,造成了巨大损失,那我们应该如何避免呢,我们要采取措施把钢轨的应力提前释放出来,以保证行车安全。

任务分析

无缝线路应力放散是线路工岗位的重要技能,也是对安全行车目标的重要前提。要求学生熟练掌握无缝线路应力放散与调整的相关知识,并熟练掌握无缝线路应力放散的方法与作业流程。

课岗赛证

课	岗	赛	证
教学内容	**城市轨道线路维护工中级(××地铁)**	**城市轨道交通线路工比赛(中级)理论题**	**1+X线路维护证(中级)**
1.应力放散的原理 2.应力放散量的计算 3.应力调整的方法	1.能正确计算轨缝量 2.能安全拆除旧钢轨	**国家"一带一路"金砖大赛理论题** **铁路局工务系统职业技能竞赛**	中级实作18:无缝线路应力放散作业

任务目标

【知识目标】

1.阐述无缝线路应力放散与调整的概念。

2.归纳需进行应力放散的情况。

3.了解撞轨法和拉伸法放散作业流程。

【技能目标】

1.能准确计算无缝线路锁定轨温变化量。

2.能准确计算无缝线路应力放散量和锯轨量。

3.能够编制应力放散作业指导书,并组织现场放散。

【素质目标】

1.具备自主探究、独立研究问题和解决问题的能力。

2.树立吃苦耐劳、团结协作的劳动精神。

3.养成脚踏实地的职业素养,练就过硬本领。

知识链接

微课
无缝线路应力放散

无缝线路铺设的最理想季节是春秋季节,此时的轨温较易达到锁定轨温。但是由于我国铁路的快速发展,需要铺设大量的无缝线路,要在一年四季铺设无缝线路。夏季和冬季铺设无缝线路,施工锁定轨温不在设计锁定轨温范围内;此外,无缝线路在运营过程中钢轨发生爬行,导致纵向温度力分布不均匀,甚至产生纵向温度力局部集中现象。为此要对无缝线路进行应力放散和调整,以保证无缝线路纵向温度力的均匀和实际锁定轨温在设计锁定轨温范围内。

一、应力放散

1.应力放散认知

应力放散就是使积累在长钢轨内的温度力释放出去,使其恢复铺设时的无应力状态或设计锁定轨温。根据放散前的实际锁定轨温与原铺设时的施工锁定轨温(或设计锁定轨温)的变化情况,应力放散分为"伸长放散"和"收缩放散"两种,大约有95%以上的放散属于"伸长放散"。

2.锁定轨温变化的原因

(1)为了拓展施工季节,加速无缝线路的铺设,在气温较高或较低的季节进行铺设施工,造成锁定轨温比设计锁定轨温过高或过低的情况。

(2)由于低温焊接断缝。冬季固定区钢轨折断后,断口处两端钢轨收缩,放散了一部分温度拉力。如果为了抢修通车,在当时低温条件下焊上一段短轨,这就相当于这段线路在低温下锁定,改变了原来的锁定轨温。

(3)作业不当,如在低温或高温时解开接头,在伸缩区超限超温作业等,会导致钢轨产生不正常的伸缩变形,相当于放散了钢轨应力。作业完后恢复线路,等于重新锁定线路,改变了原来的锁定轨温。

(4)线路严重爬行,使钢轨产生不正常的伸缩变形,改变了原来的锁定轨温。

3.锁定轨温的检验

检验长钢轨锁定轨温的变化情况,简单易行的方法是设置位移观测桩,通过观测钢轨长度的变化,可计算出锁定轨温变化的大小,从而确定应力放散或调整区段。

1)位移观测桩布置

(1)普通无缝线路。长轨条长度不超过1200m时设置5对位移观测桩,长轨条长度大于1200m时适当增设位移观测桩,且桩间距不宜大于500m,如图4-3-1所示。

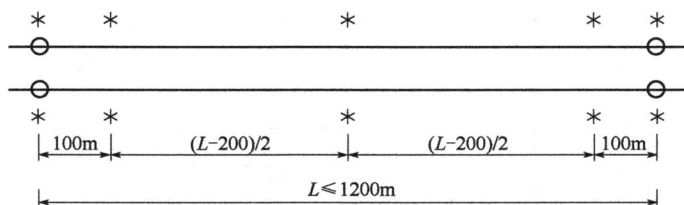

图4-3-1 普通无缝线路观测桩布置图

(2)跨区间无缝线路、区间无缝线路。跨区间无缝线路、区间无缝线路按单元轨节等距离设置位移观测桩,且观测桩间距离不宜大于500m。单元轨节位移观测桩可按图4-3-2设置,单元轨节长度不足500m的整倍数时,可适当调整桩间距离。跨区间无缝线路、区间无缝线路距长轨条起、终点100m处应分别设置一组位移观测桩。

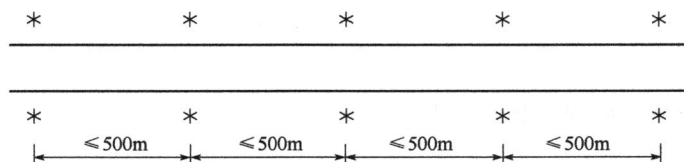

图4-3-2 单元轨节位移观测桩布置图

(3)无缝道岔。无缝道岔宜按图4-3-3分别在道岔始端和终端、尖轨跟端(或限位器处)分别设置一组钢轨位移观测桩,18号及以上的道岔宜在心轨处加设一组位移观测桩。

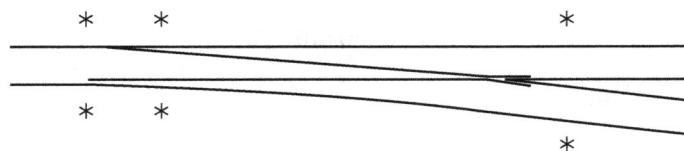

图4-3-3 无缝道岔位移观测桩布置图

2)锁定轨温变化计算

钢轨长度变化引起锁定轨温变化的关系式如式(4-3-1)所示。

$$\Delta t = \frac{\Delta l}{0.0118 \times l} \tag{4-3-1}$$

式中：Δl——钢轨长度变化，mm；

$\quad\quad\Delta t$——锁定轨温变化度数，℃；

$\quad\quad l$——钢轨原始长度，m。

【例4-1】 某上行线一段无缝线路，全长1348m，原锁定轨温为30℃，由于破底清筛后，线路爬行不匀，观测资料见表4-3-1。

线路爬行观测资料 表4-3-1

钢轨	缩短(mm)			22		28	
	伸长(mm)			24		6	
爬行后	爬行量(mm)	28	6	30	2	8	
爬行前		0	0	0	0	0	
两桩之间距离(m)			100　　574　　574　　100				
爬行观测桩编号			1#　　2#　　3#　　4#　　5#				
行车方向			→　（行车方向）				
爬行观测桩编号			1#　　2#　　3#　　4#　　5#				
两桩之间距离(m)			100　　574　　574　　100				
爬行前	爬行量(mm)	0	0	0	0	0	
爬行后		30	6	12	0	10	
钢轨	伸长(mm)			6		10	
	缩短(mm)			24		12	

解：

以右股1～2号桩之间钢轨长度变化情况为例：

钢轨原始长度：$l=100$m

钢轨长度缩短量：$\Delta l=30-6=24$（mm）

锁定轨温变化度数：$\Delta t=\dfrac{24}{0.0118\times100}=20$（℃）

这段钢轨的实际锁定轨温为

$$T_{锁}=30-20=10（℃）$$

4. 应力放散量的计算

1) 放散量

放散量按长轨自由伸缩公式(4-3-2)计算：

$$\Delta l=aL(T'_0-T_0) \tag{4-3-2}$$

式中：L——需放散的长轨长度，mm；

$\quad\quad a$——11.8×10^{-6}，℃；

T_0'——应力放散后的锁定轨温,℃,应在设计锁定轨温范围内;

T_0——原锁定轨温,℃。

2)锯轨量

放散时长轨发生伸缩,达到计算的放散量后,必须将与长轨联结的缓冲轨锯短或换长。在"放伸"时缓冲轨应锯短(或换为标准缩短轨),其锯轨量按式(4-3-3)计算:

$$K = \Delta l + \sum a - \sum b \pm c \tag{4-3-3}$$

式中:Δl——放散量,mm;

$\sum a$——放散后缓冲区上预留轨缝之和,mm;

$\sum b$——放散前缓冲区上预留轨缝之和,mm;

c——整治线路爬行时的钢轨爬行量,mm,当放散方向与爬行方向一致时为"+",反之为"−"。

"放缩"后需更换的缓冲轨,其长度也可按上式计算。

5.应力放散方法

过去常用的应力放散方法有列车碾压法、撞轨法和滚筒放散法。实践证明,前两种方法由于轨底与胶垫(或垫板)间摩阻力很大,放散应力很不均匀,离放散始端500m以外的钢轨断面位移量很小,故效果很差,已很少采用。

目前常用应力放散方法有滚筒放散法(与撞轨结合)和拉伸放散法(与滚筒结合)两种。放散时,每隔50～200m设置一个观测点,观测钢轨位移量,及时排除影响放散的故障,以使放散均匀。

1)滚筒放散法

适用条件:一般,当放散时的自然轨温在设计锁定轨温铺设范围之内时采用滚筒放散法,该方法适用于放伸或放缩。其优点是方法简便、放散均匀准确,对于目前使用弹条扣件的无缝线路是一种较好的放散方法。

方法简介:封锁线路后,将扣件及防爬设备全部松开,在长轨轨底垫入滚筒(滚筒长不超过轨底宽10mm,为ϕ24～30mm无缝钢管或圆钢,每10m插入1根;木枕用支架滚筒),使轨底与轨枕离开,然后辅以敲击或撞击钢轨,使钢轨自由伸缩。待放散均匀基本达到零应力后,将放散量视伸长或缩短切锯或更换缓冲轨,然后锁定线路恢复通车。如采用撞轨器辅助撞击钢轨,当放伸时每千米设一个撞轨点,放缩时300～500m设一处,遇曲线或上坡地段应适当缩短间隔。

2)拉伸放散法

适用条件:放散时的自然轨温低于设计锁定轨温铺设范围时,宜采用本方法进行"放伸"。其优点是可以保证锁定轨温准确,放散均匀,同时因拉伸器的拉力很大,可以节省人力,缩短放散时间。

方法简介:在滚筒放散的基础上,先将钢轨放至零应力状态(一般不辅以撞轨器),然后在长轨端加上1组(单股拉)或2组(双股拉)拉伸器,对长轨施加拉力,达到计算放散量后进行锁定。

拉伸放散法要求放散时,先将长钢轨放散到零应力状态,再拉至所需要调整的轨温长度,这样可以准确掌握放散后的锁定轨温。如果拉伸器的拉力不足以达到放散量,可辅以撞轨器,在拉稳后进行撞轨。

二、应力调整

应力调整与应力放散的不同点是,应力放散要改变原有的锁定轨温,而应力调整则只对局部应力不均之处进行调整,不改变原有长轨的锁定轨温。因此,应力调整是针对长轨出现局部爬行不均或夏季局部方向变化较大碎弯较多而采取的改善温度应力分布状况的措施。应力调整常用的方法有滚筒法和列车碾压法两种。

1.滚筒法

滚筒法调整应力与滚筒法放散应力大体相同,不同的是调整应力时,只在局部范围内松开扣件,调够位移量后再锁定线路。

2.列车碾压法

列车碾压法可用于行车密度较大的区段,在不中断行车的情况下,利用列车碾压的方法进行应力调整。列车碾压法分为顺向调整、逆向调整和双向调整三种情况。顺向调整是在双线地段,将需要顺列车运行方向调整地段的始端锁定不动,松开扣件后进行列车碾压调整;逆向调整是在双线地段,将需要逆列车运行方向调整地段的终端锁定不动,松开扣件后进行列车碾压调整;双向调整是在单线地段,将需要调整地段的中部约50m范围内用防爬器锁定不动,然后松开两端扣件,利用列车碾压调整。

任务四　　无缝线路胀轨跑道作业

任务引入

轨道组成中看起来质地坚硬的钢轨,在服役中也怕"中暑"? 在高温的影响下,钢轨的温度应力超出钢轨承受的阻力时,事故的发生就在一瞬间。

2020年××铁路在低温环境下进行无缝线路锁定,导致实际温度与锁定轨温差达53.1℃,相关部门未及时进行应力放散,导致出现胀轨跑道,造成巨大损失。

在现实工作中我们应该如何避免出现胀轨跑道现象呢? 如果发生了胀轨跑道我们应该怎么办呢? 让我们在接下来的课程中学习吧。

任务分析

无缝线路胀轨跑道的预防及处置是线路工岗位的重要技能,也是对安全行车目标的重要前提。要求学生熟练掌握可能造成胀轨跑道的原因及预防措施,并熟练掌握无缝线路胀轨跑道的处理。

课岗赛证

课	岗	赛	证
教学内容	**城市轨道线路维护工高级（××地铁）**	**国家"一带一路"金砖大赛理论题**	**1+X线路维护证（中级）**
1.胀轨跑道的原因 2.预防胀轨的主要措施 3.胀轨跑道后的处理方法 4.胀轨跑道后的处理流程	1.能进行无缝线路位移观测及分析 2.能测量计算轨缝及轨缝相错量	**国家"能源杯"智能建设技能大赛——铁路运输系统职工技能竞赛**	中级实作16：胀轨跑道处理作业 中级实作17：使用液压轨缝调整器调整轨缝作业

任务目标

【知识目标】

1.归纳可能造成胀轨跑道的原因。

2.列举胀轨跑道的所有处理措施。

【技能目标】

1.能编制无缝线路胀轨跑道作业指导书。

2.能在现场进行无缝线路胀轨应急处置。

【素质目标】

1.提升口头及书面表达能力。

2.增强现场作业的安全意识。

3.提升现场作业应急应变能力。

知识链接

动画　无缝线路胀轨跑道

微课　无缝线路胀轨跑道

一、胀轨跑道的原因

1.锁定轨温偏低

铺设无缝线路时，未按设计锁定轨温铺设，会造成低温锁定；或在合龙口时，因计划不周，钢轨长出一定值，采用撞轨办法合龙口，使钢轨在未锁定前就承受了预压应力，同样也相当于降低了锁定轨温，在高温时钢轨承受的温度压应力就会增大，线路易丧失稳定性，造成胀轨跑道。

在冬季，若发生固定区钢轨折断，断缝处温度力就会降为零，此时焊接修复，高温时会在断缝附近出现较大的温度压应力,易使线路丧失稳定性,发生胀轨跑道。

由于爬行不均匀,某段钢轨产生相对压缩变形而增加附加应力,也相当于降低了锁定轨温,高温时该段钢轨温度压应力增大,就容易引起胀轨跑道。

2. 道床横向阻力降低

在维修时违章作业,如扒开道床过长、起道过高、连续松开扣件过多等,都会较大地降低道床的横向阻力,加大胀轨跑道的危险性。

线路设备状态不良,如道床断面尺寸不足,轨枕盒内石砟不饱满、不密实、不清洁,尤其是轨枕头外露,都将严重地削弱道床横向阻力,造成胀轨跑道。

3. 轨道原始弯曲变形增大

长钢轨在运输和铺设中,作业不当而引起的原始弯曲变形,其弯曲矢度越大,线路稳定性越低,轨道框架刚度也越低。实践证明,胀轨跑道多发生在轨道原始弯曲处。

二、预防胀轨的主要措施

(1)严格按章作业,合理安排维修工作,充分做好作业前的准备工作和作业后的观察工作。

(2)加强线路的防爬锁定,防止产生应力集中。

(3)加强设备整修,提高线路阻力。道床必须保持饱满、坚实、清洁,无翻浆冒泥、坍塌松散现象。道床断面应符合标准,并加强夯拍,对线路薄弱地段应重点补充石砟。增大道床横向阻力可采用增加道床肩宽,特种道床断面和轨枕两端部设置挡板等辅助措施。对暗坑、吊板处所应加强捣固,清除失效轨枕。

(4)正确掌握锁定轨温。对于锁定轨温不明准者,应有计划地安排在设计锁定轨温范围进行应力放散。凡更换过调节轨地段、不在设计锁定轨温进行的铝热焊或锯过轨、低温条件下拆开过接头、曲线地段改变过半径等,都应有计划地进行应力放散或应力调整工作。

(5)及时整治方向不良问题,矫直硬弯钢轨,尤其对薄弱地段的原始弯曲,应注意在入夏前加以整治,维修养护中采用少拨道多改道的办法,及时消除方向不良,注意捣固,加强夯拍。

(6)加强检查和观测。

(7)加强对无缝线路技术管理的技术教育。

三、胀轨跑道后的处理

(1)当发现无缝线路方向不良、连续出现碎弯时,应加强巡查或派专人监视,观测轨温和线路方向的变化,如图4-4-1所示。若碎弯有扩大趋势,应采取在枕端和枕盒内堆道砟、夯拍道床(不允许拨道)等措施;若碎弯继续扩大,用长10m弦绳测量,两股钢轨的轨向偏差达到10mm,应设置列车慢行信号。

(2)高温季节,无论作业中还是作业后,发现碎弯增多或出现"S"弯,轨枕端出现道砟离缝,当列车通过时,即使轨温不升高,线路弯曲变形也突然扩大,或两股钢轨的轨向偏差平均值大于12mm时,应立即设置停车信号,通知车站。

(3)发现胀轨跑道后,应首先拦停列车,通知车站,设置车信号,尽速在钢轨上铺上覆盖物,然后采取浇水或喷洒液态二氧化碳的办法降低钢轨温度,如图4-4-2所示。当轨温降低后,恶化轨向有所缓解方可拨道,曲线地段只能上挑,不宜下压,拨道后应堆道砟,夯拍道床,限速放行列车,并派专人看守。待轨温降至实际锁定轨温,再恢复线路使之达到稳定状态,列车恢复正常速度运行。

轨向偏差平均值达到12mm时,设置停车信号

图4-4-1　观测轨向

图4-4-2　浇水降温

(4)在无降温条件或降温无效的情况下,处理胀轨跑道只能立即切断钢轨放散应力(图4-4-3),并钻钢轨螺栓孔(图4-4-4),安装夹板和螺栓,整正线路,夯拍道床,首列放行列车速度不应超过5km/h,并派专人监视,视线路状态,逐步恢复列车通过速度。待轨温降至锁定轨溢,彻底放散应力,锯切带孔钢轨,进行重焊,重新锁定。

图4-4-3　锯轨

图4-4-4　钢轨钻孔

任务五　钢轨焊接作业

任务引入

大家有没有感觉近些年的高铁越来越平稳了,记忆中火车的"哐当哐当"声消失不见了,这都要归功于钢铁焊接技术,它将一段段短轨焊接成无缝钢轨,不仅提升了旅客乘坐体验,还提升了列车运行速度,我们国家高铁跑出的"中国速度"少不了钢轨焊接的功劳。那这项神奇的技术是如何做到的呢?让我们一起走进钢轨焊接的世界。

任务分析

钢轨焊接是轨道施工中重要的一环,钢轨焊接的合格是行车安全重要的组成部分。要求学生熟练掌握钢轨焊接的原理,并熟练掌握钢轨焊接的流程方法。

课岗赛证

课	岗	赛	证
教学内容	城市轨道线路维护工高级(××地铁)	城市轨道交通线路工比赛(中级)理论题	焊工证(中级)
1.钢轨焊接方式 2.闪光焊接的原理与流程 3.气压焊接的原理与流程 4.铝热焊接的原理与流程	1.钢轨、焊缝小型机械精磨作业 2.铝热焊接焊接作业	国家"一带一路"金砖大赛理论题 铁路局工务系统职业技能竞赛	1.热低碳钢板立位对接手工电弧焊 2.低碳钢管斜位固定对接手工电弧焊

任务目标

【知识目标】

1.了解钢轨焊接的原理。

2.掌握铝热焊接的方法。

3.能说出铝热焊接的流程。

【技能目标】

1.能配合完成焊接前的准备工作。

2.能准确进行对轨、安装砂模、封箱、点火等作业。

3.能够进行焊接后推瘤、打磨作业。

【素质目标】

1.具备自主探究、独立研究问题和解决问题的能力。

2.树立吃苦耐劳、团结协作的劳动精神。

3.养成脚踏实地的职业素养,练就过硬本领。

知识链接

我国钢轨焊接主要有三种方式:闪光焊、气压焊和铝热焊。

一、钢轨焊接方式

1.闪光焊接

闪光焊接可分为固定式闪光焊接、移动式闪光焊接。

(1)固定式闪光焊接(固定式接触焊):用闪光焊机在基地或车间焊轨作业线的焊接工位

焊接钢轨,焊接电源由电力网经配电变压器供电,如图4-5-1所示。

（2）移动式闪光焊接（移动式接触焊）:用闪光焊机在工地焊接钢轨,焊机及其配套设备的动力源是独立的车载式发电机组,如图4-5-2所示。

图4-5-1 固定式闪光焊接

图4-5-2 移动式闪光焊接

2.气压焊接

气压焊接是指用气体火焰加热钢轨,在压力作用下获得牢固接头的焊接方法,如图4-5-3所示。

3.铝热焊接

铝热焊接是以氧化铁为氧化剂,以铝粉为还原剂的一种热剂焊,如图4-5-4所示。

图4-5-3 气压焊接

图4-5-4 铝热焊接

闪光焊接采用的焊机自动化工艺控制水平高,焊接质量好,其抗拉强度和疲劳强度与母材相当。气压焊接和铝热焊接由于工艺本身、工作环境条件、自动化控制水平等原因,焊接质量和强度弱于母材。据统计,铝热焊接伤损数量较多,气压焊接次之,闪光焊最好。实践证明,闪光焊的焊头强度高、断轨率低,其焊接质量最为可靠。

二、闪光焊接

闪光焊接一般应用于工厂焊接,现在大部分轨道都是采用此种工艺完成的。钢轨闪光焊接是将待焊接的钢轨分别上下夹紧,平顺对直,然后接通电源,并使钢轨两端相互接近直至接触,电流通过待焊接钢轨端部产生热量,不断形成金属过梁,随着过梁爆破产生闪光、飞溅使被焊端面得以清洁,并使之加热至表面熔化状态,当钢轨端温度均匀并沿纵向呈一定分布时,立即加压顶锻,在压力下相互结晶,使两节钢轨焊接在一起,如图4-5-5所示。

三、气压焊接

气压焊接是将需焊接的钢轨端面清理干净,然后对准并紧密贴合(施加一定的预顶力),用气体火焰(如氧+乙炔焰)加热端面周围到塑性状态时(这个状态下金属原子的活动能力增强,为后续结晶和牢固联结创造了条件),对贴合面进行加压顶锻,使得焊接表面紧密贴合,使金属原子之间相互吸引扩散,分子之间的金属键联结,完成重新结晶和牢固联结。钢焊的焊接温度较低,只加热到1250℃,且为固相结合,故具有焊接强度高等一般压接具有的优点,如图4-5-6所示。

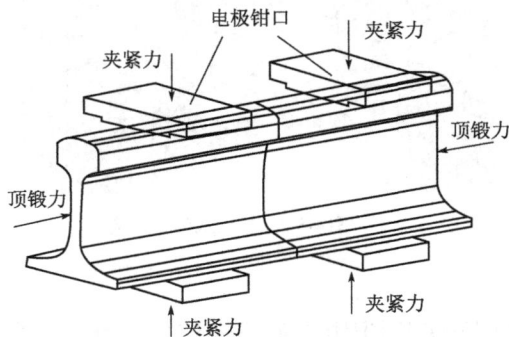

图4-5-5 闪光焊接示意图

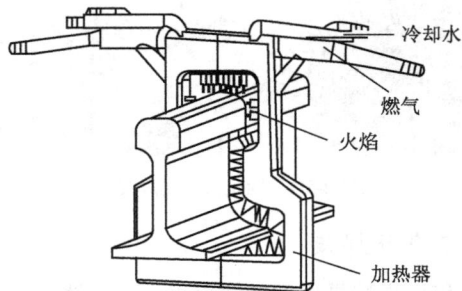

图4-5-6 气压焊接示意图

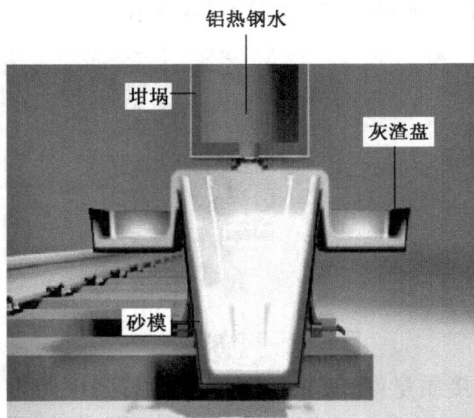

图4-5-7 铝热焊接示意图

四、铝热焊接

铝热焊接是一个氧化还原反应,将还原金属(铝)和氧化金属(氧化铁)、铁合金和铁钉屑等按比例配成的铝热焊剂,放在特制的坩埚中,用高温火柴点燃,立即产生强烈的化学反应。在反应过程中铁(Fe)被还原出来。铁比重大,沉于坩埚底部,铝氧化成氧化铝熔渣较轻于上部,同时产生巨大的热量,将高温的铝热钢水随即浇筑进轨缝砂模中,将两轨端熔化,浇筑钢水本身又作为填充金属,将钢轨焊接起来,如图4-5-7所示。钢轨铝热焊接一般用于钢轨的现场焊接,是线路维修不可缺少的方法。

任务六　断轨处理作业

任务引入

钢轨看似坚硬,但并不是坚不可摧,它也会因为各种原因而断裂。如果你是轨道维修团队的一员,你收到了紧急报告,巡检人员发现铁轨折断,你需要怎么处理?承受不可以耽误行车的压力进行紧急处理,这需要极高的职业素质与应急能力。要从容冷静地应对断轨事故,少不了扎实的理论与实操基础。让我们在接下来的内容中学习发生断轨我们应该如何处理。

任务分析

断轨处理是线路工岗位的重要技能,也是发生紧急情况时对我们抢险素质的考验。要求学生熟练掌握可能造成断轨的原因,并熟练掌握临时处理、紧急处理、永久处理的方法与区别。

课岗赛证

课	岗	赛	证
教学内容	城市轨道线路维护工高级(××地铁)	城市轨道交通线路工比赛(中级)理论题	1+X线路维护证(中级)
1.钢轨断裂的原因与规律 2.防止钢轨断裂的主要措施 3.钢轨断裂后的处理 4.紧急处理、临时处理、永久处理的处理流程	1.能利用动态检测资料,现场检查病害并进行整治 2.能组织成段更换钢轨	**国家"一带一路"金砖大赛理论题** **铁路局职工职业技能竞赛**	中级实作4:更换接头夹板 中级实作13:50m线路检查

任务目标

【知识目标】

1.理解钢轨折断的原因。

2.能根据现场钢轨折断情况采用合适的处理方法。

3.能说出临时处理、紧急处理、永久处理的方法和区别。

【技能目标】

1.能编制钢轨折断处理作业指导书。

2.能在钢轨折断的情况下,采用合适的处理方法。

3.利用臌包夹板进行钢轨临时处理。

【素质目标】

1.在钢轨断轨处理中,培养线路应急处理能力。

2.能在紧急情况下,听从指挥,相互配合完成故障处理。

3.具备一丝不苟、精益求精的工匠精神。

微课 无缝线路
钢轨折断处理方法

知识链接

长钢轨的断裂,大部分发生在焊缝处或焊缝附近。在低温季节,断缝处钢轨向两端收缩,严重时可形成100~200mm的断缝,对行车安全威胁极大,必须予以重视,如图4-6-1所示。

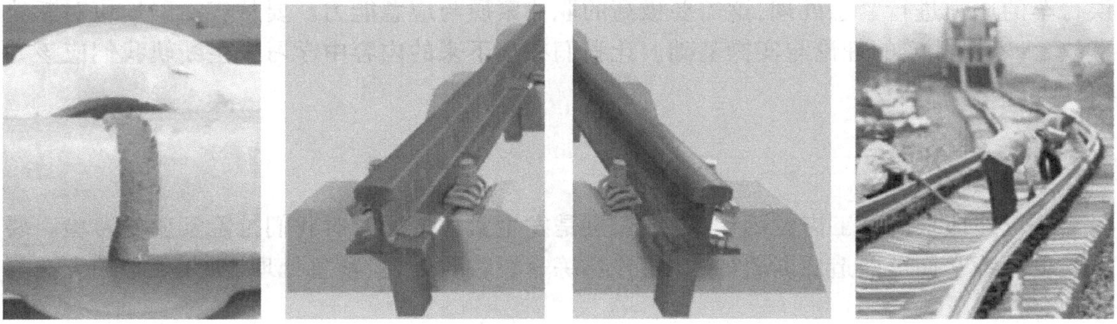

图4-6-1　钢轨断轨

一、钢轨断裂的原因与规律

(1)在锁定轨温偏高,列车轴重大、行车速度较高的线路上,断轨发生率较高,且断轨次数与累计通过总重成正比,这主要是钢轨疲劳伤损引起的。

(2)木枕线路钢轨焊缝断裂次数较多,主要是爬行锁定不良,长轨内拉应力不均匀造成的。

(3)寒冷季节长轨焊缝断裂次数多,主要是因为大部分有缺陷的焊缝的强度已不能承受温度拉应力的作用,特别是铝热焊缝断裂次数更多。

(4)曲线地段较直线地段钢轨断裂次数多,前者约为后者的4倍。

(5)线路维修质量不良,造成线路坑洼、爬行、轨枕不方正等线路不平顺,引起钢轨动弯应力加大,导致钢轨断裂。

二、防止钢轨断裂的主要措施

(1)加强焊接工艺的管理,加强技术培训,提高操作人员的技术水平,未经考试合格的人员不得参加焊接工作。

(2)对有缺陷的焊缝要综合整治。对铝热焊缝要加强检查监视,发现有伤,在未切掉重焊之前,应用臌包夹板处治。

(3)对焊缝及附近的线路质量要加强观察,并严格执行有关焊缝处的作业规定。

(4)在做好钢轨探伤工作的同时,还要按规定对焊缝进行全断面探伤。

(5)严寒季节,必要时应增加巡道班次,加强钢轨特别是伤轨的检查巡视。

三、钢轨断裂后的处理

(1)紧急处理:当钢轨断缝不大于50mm时,应立即进行紧急处理。在断缝上上好夹板或膨包夹板,用急救器固定,在断缝前后各50m拧紧扣件,并派人看守,限速5km/h放行列车。如断缝小于30mm,放行列车速度为15～25km/h。有条件时应在原位焊复,否则应在轨端钻孔,上好夹板或膨包夹板,拧紧接头螺栓,然后可适当提高行车速度。

(2)临时处理:钢轨折损严重或断缝大于50mm,以及紧急处理后,不能立即焊接修复时,应封锁线路,切除伤损部分,两锯口间插入长度不短于6m的同型钢轨,轨端钻孔,上接头夹板,用10.9级螺栓拧紧。在短轨前后各50m范围内,拧紧扣件后,按正常速度放行列车,但不得大于 160km/h。

临时处理或紧急处理时,应先在断缝两侧轨头非工作边做出标记,标记间距离约为8m,并准确丈量两标记间的距离和轨头非工作边一侧的断缝值,做好记录。

(3)永久处理:对紧急处理或临时处理处,应及时插入短轨进行焊复,恢复无缝线路轨道结构。

①采用小型气压焊或移动式接触焊时,插入短轨长度应等于切除钢轨长度加上2倍顶锻量。焊好一端,焊接另一端时,先张拉钢轨,使断缝两侧标记的距离等于原丈量距离减去断缝值加顶锻量后再焊接。

②采用铝热焊时,插入短轨长度等于切除钢轨长度减去2倍预留焊缝值。先焊好一端,焊接另一端时,先张拉钢轨,使断缝两侧标记的距离等于原丈量距离减去断缝值后再焊接。

在线路上焊接时,气温不应低于0℃。放行列车时,焊缝温度应低于300℃。

项目五

轨道施工

📚 项目引入

轨道工程作为交通运输网络的骨架,是国家基础设施建设的核心组成部分。轨道铺设能否如期完成,直接影响城市轨道交付运营的期限。截至2024年,全球铁路运营里程达140万km,其中高铁里程突破8.5万km,中国以4.8万km位居世界第一。在全面发展的时代中,城市轨道交通既要满足高速化的运输需求,又需应对复杂地质的严苛考验。为了更好地应对这些考验,城市轨道交通地下线通常采用无砟轨道。而为了应对复杂的环境条件,无砟轨道又分为普通无砟轨道、高等减振地段无砟轨道、特殊减振地段无砟轨道。

在急速发展的今天,轨道施工正面临前所未有的机遇与挑战。无砟轨道的铺设精度需控制在0.3mm以内,否则可能引发高速列车运行时的轮轨力突变(误差1mm可导致轮轨力增加20kN);焊接接头的内部缺陷(如未熔合面积>5%)会使钢轨疲劳寿命缩短50%以上。由此可见,轨道施工的质量直接决定线路的服役寿命与安全性能。我们要认真学习本项目,以应对未来的机遇与挑战。

📚 项目导航

项 目 五 轨 道 施 工	**任务一 普通无砟轨道施工作业** 知识: 工艺流程 ◎ 技能1: 无砟轨道铺轨施工 🖐 技能2: 轨排组装 ↗ 拓展: 轨道精调 📚	**任务二 高等减振地段整体道床 施工作业** 知识1: 高等减振整体道床组成 📚 知识2: 高等减振地段无砟轨道施工 　　　工艺流程 ◎ 知识3: 减振垫要求 🧠 技能: 减振垫施工 ↗ 拓展: 无缝线路铺设 📚
	任务三 浮置板整体道床施工作业 知识1: 钢弹簧浮置板道床的组成 📚 知识2: 钢弹簧浮置板道床的组成 ◎ 知识3: 浮置板道床施工方法 ◎ 知识4: 钢筋笼式浮置板施工系统 🧠 技能: 浮置板顶升施工 ↗ 拓展: 谐振式浮轨扣件 📚	**任务四 碎石道床有砟轨道施工作业** 知识1: 有砟轨道施工工艺流程 ◎ 知识2: 道岔施工 ◎ 技能: 道岔组装工艺流程 ↗ 拓展1: 自动化铺砟设备 📚 拓展2: 智能化卸砟 📚

📚基础认知　◎教学重点　🧠教学难点　↗现场实操　🖐虚仿练习

任务一　普通无砟轨道施工

任务引入

如今城市发展日新月异,这离不开轨道交通的帮助,它就像城市身体里面的血管,为城市各处输送"养分",不知道同学们每次坐地铁的时候,有没有留意过脚下的轨道。它看似平平无奇,却是保证地铁安全、平稳、高速行驶的重要设施。

如今它已经遍布全国,据统计,2025年已有55个城市开通运营地铁,已铺设轻轨线路47条,运营里程已超过11253km。它的修建是城市发展不可缺少的一环,而它是如何修建的呢?又是什么原理让看起来平平无奇的轨道可以承载车辆安全、平稳、快速地运营,让我们来揭露轨道施工的神秘面纱,看看那些保证安全行车的"幕后工作"。

任务分析

普通无砟轨道施工是施工员岗位的基本技能,也是线路工岗位需要了解的基础知识。要求学生能熟练掌握通无砟轨道施工的流程,理解整体道床无砟轨道的结构,并能够编制一般整体施工作业指导书,组织一般整体道床施工,进行轨排组装。

课岗赛证

课	岗	赛	证
教学内容	**城市轨道线路维护工中级(××地铁)**	**中国创新创业大赛** **地铁道床离缝缺陷整治技能竞赛** **轨道交通工程施工质量技能比拼大赛**	**施工员(铁路工程)岗位证书**
1.普通无砟轨道施工工艺流程 2.轨排组装施工工艺流程 3.整体道床无砟轨道结构	1.能正确检查道岔几何尺寸和结构状态 2.能配合信号专业调试道岔		1.无砟轨施工技术标准 2.普通无砟轨道施工工艺流程 3.质量控制要点

任务目标

【知识目标】

1.能够写出普通无砟轨道施工的流程。

2.能够理解整体道床无砟轨道的结构。

【技能目标】

1.对照图纸,能够编制一般整体施工作业指导书。

2.组织一般整体道床施工,进行轨排组装。

【素质目标】

1.通过现场分组实操练习,增强动手能力。

2.提升依据规范对工程质量进行控制的工程意识,进一步提升规范操作意识。

🔍 **知识链接** -

微课　一般及中等减振地段整体道床施工　　　　虚拟仿真　无砟轨道铺轨施工

地下普通无砟道床,在城市轨道交通工程中最为常见,施工难度相对较小,一般分为机铺及散铺两种形式。机铺即基地组装轨排,采用轨道车运输,利用铺轨门吊进行铺轨作业,又称为轨排架设法。道床混凝土采用商品混凝土,混凝土搅拌运输车运输至轨排井,利用已做好的下灰管将混凝土输送至平板车料斗,轨道车运输混凝土到施工地点,铺轨小门吊将混凝土运送至待浇筑区域。其主要工艺流程为:施工准备→基底处理→基标测设→走行轨安装→钢筋安装→轨排架设→精调→浇筑、养生→拆模→整修→质量检查,如图5-1-1a)所示。在不能连续铺轨地段一般采用散铺方式进行铺轨作业。相比机铺,散铺轨排组装施工现场进行,其施工工艺流程如图5-1-1b)所示。本任务以机铺为例进行讲解。

一、基底处理

整体道床施工前使用风镐对结构底板进行凿毛,如图5-1-2所示。凿毛深度为5~10mm,间距不大于100mm,凿毛必须间距均匀,深度符合要求。凿毛结束后彻底清理基底面,基底无浮渣浮灰、积水泥浆,如图5-1-3所示。必要时采用吹风机或水清理。

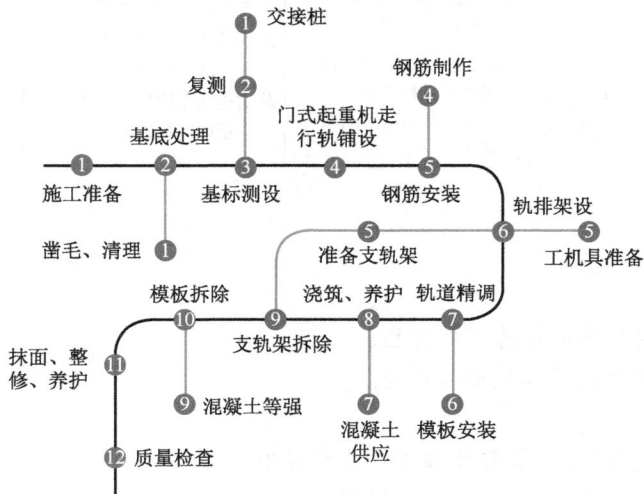

a)机铺施工工艺流程

图 5-1-1

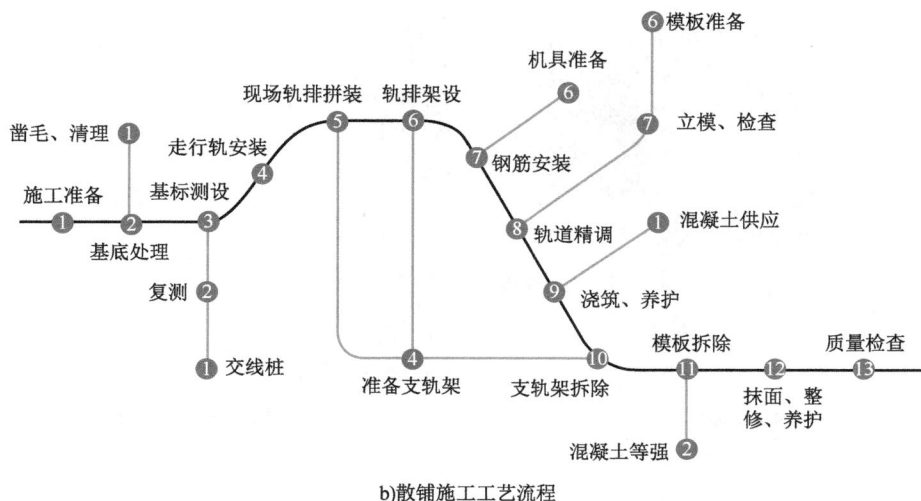

b)散铺施工工艺流程

图 5-1-1　普通地段无砟轨道施工工艺流程图

图 5-1-2　风镐基地凿毛

图 5-1-3　凿毛后的基底

基底凿毛间距应均匀,间距、深度应符合要求,凿毛后应清理干净基底浮渣、浮灰,混凝土浇筑前应洒水湿润。

二、基标复测及 CPⅢ测设

基标复测必须执行双检制,复测由有资质的专业测量人员进行。基标复测由公司精密测量队负责,基标复测误差必须满足设计及规范要求,如图 5-1-4 所示。基标复测合格后,进行CPⅢ控制网的测设。

测量预埋点必须牢固稳定,测量过程中注意测量点的保护,如图 5-1-5 所示。应严格执行测量双检制,测量成果经监理工程师确认后方可使用。

三、走行轨安装

1.安装流程

走行轨安装流程如图 5-1-6 所示。

图 5-1-4　基标复测

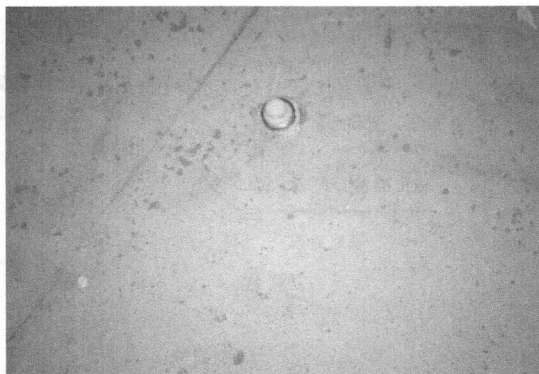

图 5-1-5　测量预埋点

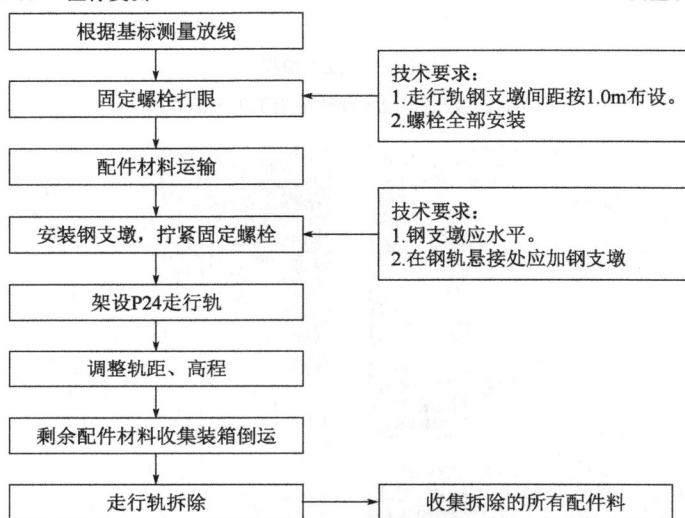

根据基标测量放线

↓

固定螺栓打眼 ←　技术要求：
1.走行轨钢支墩间距按1.0m布设。
2.螺栓全部安装

↓

配件材料运输

↓

安装钢支墩，拧紧固定螺栓 ←　技术要求：
1.钢支墩应水平。
2.在钢轨悬接处应加钢支墩

↓

架设P24走行轨

↓

调整轨距、高程

↓

剩余配件材料收集装箱倒运

↓

走行轨拆除 →　收集拆除的所有配件料

图 5-1-6　走行轨安装流程图

车站走行轨轨距采用 3.1m 跨，靠站台板一侧的走行轨中心距离线路中心的距离为 1.52m，站台板的相对一侧走行轨中心距离线路中心的距离为 1.58m，即采用中心向站台板相对的一侧偏移3cm的措施，保证铺轨门吊顺利通过站台板处。

2.质量控制要点

（1）钢支墩的间距必须符合要求，采用4个膨胀螺栓固定，在走行轨接头处必须增设一个钢支墩。

（2）走行轨的轨距、高低必须符合要求，轨距允许偏差为±8mm，高低允许偏差为±20mm，变化率不超过2‰。

（3）钢支墩安装完毕后，应上紧钢轨连接处的扣板。应指派专人负责巡检，每日检查走行轨扣板松动情况，发现松动应及时处理，以免发生安全事故。

四、钢筋加工及钢筋散布

根据隧道结构复测成果进行施工地段的横向钢筋加工（图 5-1-7），明确隧道结构上偏差

地段、曲线和缓和曲线地段的架立钢筋高度尺寸。钢筋加工完成后应分类捆扎并标明使用地段,纵向钢筋应在加工场地截断后下洞。

　　钢筋布设前依据铺轨基标道床伸缩缝间距划分道床块并做标记,每11.9m设置1道伸缩缝,遇到土建结构缝时,道床应对应设置伸缩缝,道床钢筋在结构缝处断开,道床块最小长度必须大于2m。将钢筋按间距和数量布设在结构底板上。

图5-1-7　钢筋加工现场

五、轨排组装

　　轨排组装在基地组装作业台完成。先将扣件与钢轨组装在一起,再将组装了扣件的钢轨放到摆好的轨枕上,利用螺栓固定轨枕与扣件,组成轨排,如图5-1-8所示。

六、轨排存放

　　轨排存放(图5-1-9)应在平整坚实的基础上,轨排之间应设垫木,垫木间距不得大于5m,每层垫木支点应在同一水平线上。轨排存放严禁超过4层。

图5-1-8　轨排组装

图5-1-9　轨排存放

图5-1-10　轨排吊装

七、轨排吊装及运输

　　轨排在存放台位用门式起重机吊放到平板车上,考虑洞内的限界及运输安全,平板车一次最多运送两排轨排。轨道车推至道床混凝土已施工完毕且其强度已经达到70%设计强度的地段,再用两台铺轨门吊吊运至待铺位置。轨排吊装如图5-1-10所示。

八、轨排架设

　　轨排架设时应用方尺检查轨枕是否方正,如

轨排整体扭曲,轨枕不方正,可采用错开轨缝的方式方正整节轨排轨枕。轨枕方正后通过支撑架固定轨排。

当2台铺轨门吊将轨排吊运至铺轨地段时,利用L尺控制轨排架设高度,旋入丝杠后,将轨排放下,撤掉吊点。钢轨连接采用无孔连接器和夹板连接。轨排架设采用上承式钢轨支撑架,钢轨支撑架的设置间距直线为3m,曲线为2.5m。直线段支撑架的方向应垂直于线路方向,曲线段支撑架的方向应垂直。线路的切线方向。将各部螺栓拧紧,不得虚接。轨枕、钢轨支撑架如不预留管沟、伸缩缝等重合时,前后适当调整。检查轨底坡位置钢轨底是否与支撑架斜铁密贴,如不密贴应松开支撑架调整轨距横向螺钉使其密贴。

九、钢筋绑扎及焊接

钢筋绑扎要求:钢筋间距偏差±20mm;道床混凝土保护层厚度为40mm,不设计偏差+5、−2mm;绑扎时,轨枕外露钢筋与整体道床钢筋不能相碰,当二者相碰时,可适当调整钢筋绑扎间距;绑扎采用反8字,绑扎牢固,钢筋绑扎完毕后对绑扎点进行检查,防止漏绑。钢筋绑扎现场如图5-1-11所示。

道床钢筋网严格按照设计要求进行焊接,在每条线路垂直钢轨下方,分别选2根纵向钢筋和所有的横向钢筋进行焊接,道床块内每隔3m左右选1根横向钢筋和所有交叉的纵向钢筋焊接,每个道床块两端各采用1根50×8mm的扁钢和所有的纵向钢筋焊接,保证各纵向钢筋的电气连接,在镀锌扁钢侧面焊接接地端子,露出道床5mm。钢筋焊接时,焊缝高度不小于6mm,所有搭接焊均为双面焊,严禁虚焊。

十、轨排粗调

轨排架起后按设计和规范要求对其几何状态进行粗调、精调。具体做法是:先调水平,后调轨距;先调基标部位,后调基标之间;先粗后精,反复调整。轨排粗调时应将轨底坡按照技术交底要求调整到位,轨底坡调整和轨道几何尺寸调整应同步进行,反复调整。轨排粗调如图5-1-12所示。

图5-1-11 钢筋绑扎现场

图5-1-12 轨排粗调

十一、模板安装

模板安装前应清理干净基底,所有模板应先均匀涂抹脱模剂,安装应牢固、平整,接缝严密不漏浆。应分清模板类型,正确安装。支立模板时,应严格按墨线位置进行,位置偏差不大于±3mm。模板工作面应保证垂直,不垂直度不大于±2mm,表面不平整度不大于±2mm,高程误差不大于-5mm。直线地段,模板应顺直;曲线地段,要保证模板的圆顺。安装后的模板如图5-1-13所示。

十二、轨道精调

在模板安装、钢筋绑扎焊接完成后,几何尺寸基本符合要求后,利用轨检小车配合CPⅢ控制点进行轨道精调,如图5-1-14所示。根据小车采集的数据对轨道几何尺寸进行微调。经过精调后,其精度必须符合无砟轨道铺设完成后的要求。

图5-1-13 安装后的模板

图5-1-14 轨道精调

十三、混凝土浇筑

在隐蔽工程验收合格后进行道床混凝土的浇筑,混凝土浇筑采用新式混凝土料斗,如图5-1-15所示。利用轨道车将混凝土推送至作业面,铺轨小门吊将混凝土吊装至浇筑位置进行浇筑。混凝土进场需做坍落度、入模温度等各项性能指标的检测,坍落度为(180±20)mm,符合要求后方可浇筑。

道床混凝土面应严格按照技术交底要求控制,施工过程中应根据提供的下返值从钢轨面上搭设刚度和平直度符合要求的方管,从轨面向下量取作为道床面高度。

加强混凝土的振捣,每个作业面配备2台振捣棒,如图5-1-16所示。混凝土振捣时,振捣时间为25~30s,并达到以下三个条件结束振捣:混凝土表面开始泛浆,不再冒泡,混凝土表面不再下沉,如图5-1-17所示。

道床混凝土抹面应严格按照要求进行三次找平抹光,如图5-1-18所示。对钢轨和支撑架下方部位着重抹面,保证道床抹面全覆盖。设置不小于3%的横向排水坡,并将钢轨、轨枕、扣件、支撑架等表面灰浆清理干净。抹面允许偏差为:平整度±2mm,-5mm≤高程≤0mm。抹面时道床面距轨枕承轨面30mm。

十四、道床养护

在混凝土道床初凝后将道床清扫干净,覆盖土工布后进行洒水养护,如图5-1-19所示。

每天洒水不少于3遍,养护天数不少于7天。

图5-1-15　混凝土浇筑料斗

图5-1-16　混凝土振捣

图5-1-17　混凝土振捣结束

图5-1-18　混凝土抹面

十五、道床模板、钢轨支撑架拆除,垃圾清理

道床强度达到5MPa时方可拆除钢轨支撑架及模板。拆除的模板将混凝土清理干净后,进行涂油处理。混凝土强度未达到设计强度的70%时短轨枕道床上不得行驶车辆和承重。

道床模板及钢轨支撑架拆除后,应及时清理道床上的垃圾,保证文明施工。

道床两侧走行轨、钢支墩拆除后,即可进行道床两侧的回填,回填时应在隧道壁上弹墨线,控制好道床面的高度及排水坡度。浇筑完成后对两侧接茬处进行打磨。

十六、伸缩缝处理

道床施工完成后,利用凿子和手锤沿伸缩缝或结构缝方向,凿除伸缩缝、结构缝内的木板(凿除深度20～30mm)及混凝土垃圾并清理,然后用沥青麻筋将伸缩缝板封顶,如图5-1-20所示。

图 5-1-19　混凝土养护

图 5-1-20　伸缩缝设置

任务二　高等减振地段整体道床施工

任务引入

在城市轨道的发展建设中,不可能是一帆风顺的。在中国辽阔的土地里,不乏地质条件复杂的区域,如何保障轨道稳定、减少振动传递,是个大难题。这时就要用到高等减振地段整体道床了。

××市铁路为保证运营安全,在××隧道铺设减振道床,有效控制了隧道旁河岸的下沉,减少了来往车辆对地表的振动。而高等减振地段整体道床是如何做到的呢?让我们通过下面的学习来了解吧。

任务分析

高等减振地段整体道床施工是施工员岗位的基本技能,也是线路工岗位需要了解的基础知识。要求学生能够熟练编制高等减振无砟轨道的施工作业指导书,可以独立组织施工并进行减振垫铺设,了解高等减振无砟轨道的组成与高等减振道床的减振原理。

课岗赛证

课	岗	赛	证
教学内容	**城市轨道线路维护工高级级(××地铁)**	**中国创新创业大赛轨道交通工程施工质量技能比拼大赛国家"一带一路"金砖大赛论题**	**质量员(市政工程)岗位证书**
1.高等减振整体道床组成 2.高等减振地段无砟轨道施工工艺流程 3.减振垫要求 4.减振垫施工	1.能检测线路及各类道岔设备,进行病害分类 2.能利用动态检测资料,现场检查病害并进行整治		1.高等减振地段无砟轨道的结构特点 2.高等减振地段无砟轨道安全管理要求

143

任务目标

【知识目标】

1.能够说出高等减振无砟轨道的组成。

2.能够理解高等减振道床的减振原理。

【技能目标】

1.能够编制高等减振无砟轨道的施工作业指导书。

2.组织施工并进行减振垫铺设。

【素质目标】

1.通过动手练习减振垫的铺设,训练规范操作能力。

2.提升依据规范对工程质量进行控制的工程意识,同时进一步提升规范操作意识。

知识链接

城市轨道交通运营中的噪声和振动已经严重影响到人们的生活。如何解决城市轨道交通中振动和噪声对环境的破坏和对居民生活的影响问题成为人们关注城市轨道交通建设的焦点,也成为城市轨道交通建设可持续发展的关键之一。高等减振地段采用在道床板和基底之间安装减振垫,减振效果良好。

微课　高等减振地段整体道床施工　　　　　虚拟仿真　减振轨道铺设施工

一、高等减振整体道床组成

高等减振道床主要由基底、减振垫、道床板、轨枕、扣件及钢轨等组成,其结构形式如图5-2-1所示。

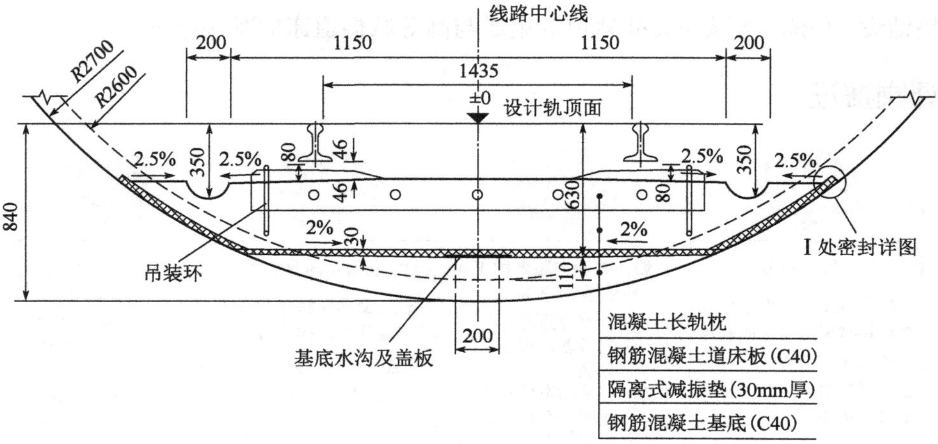

图5-2-1　高等减振道床结构形式(尺寸单位:mm)

二、高等减振地段无砟轨道施工工艺流程

高等减振地段无砟轨道与普通无砟轨道的区别是高等减振地段无砟轨道需要在基底和道床板之间铺设隔离减振垫,其施工工艺如图5-2-2所示。本次任务主要讲解减振垫的安装铺设。

```
        ┌─────────────┐
        │  施工准备    │
        └─────────────┘
          ↓        ↓
  ┌──────────┐   ┌──────────┐
  │ 基础处理  │   │ 基标测设  │
  └──────────┘   └──────────┘
          ↓        ↓
     ┌──────────────────┐   ┌──────────────────┐
     │  隔离式减振垫铺设  │ ← │  基底水沟盖板铺设  │
     └──────────────────┘   └──────────────────┘
       ↓         ↓         ↓
 ┌──────────┐ ┌──────────┐ ┌──────────┐
 │ 减振垫切割 │ │ 减振垫铺设 │ │ 减振垫密封 │
 └──────────┘ └──────────┘ └──────────┘
                ↓
        ┌──────────────┐
        │  轨排组装、架设 │
        └──────────────┘
                ↓
  ┌─────────────────────────┐
  │ 道床钢筋绑扎、混凝土浇筑及养护 │
  └─────────────────────────┘
```

图5-2-2　高等减振无砟轨道施工工艺

三、减振垫要求

(1)一般地段采用静力地基模量0.01～0.022N/mm³的减振垫,如图5-2-3所示。

(2)在减振垫道床与普通整体道床衔接处,应考虑刚度过渡段的设置,过渡段一般设置3块道床板长度(18m左右),设置在减振垫道床范围内。

(3)过渡段采用静力地基模量0.025～0.035N/mm³的减振垫。

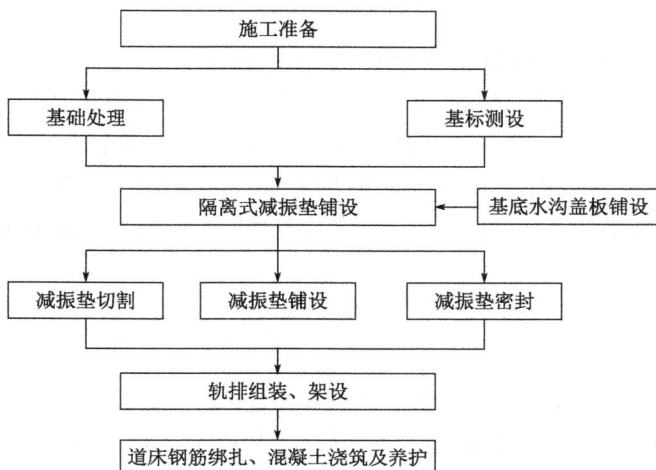

图5-2-3　减振垫

任务三　浮置板整体道床施工

任务引入

在城市的飞速发展中,轨道最开始的规划与建设并不是完美的,它需要不断地改进与完善。在轨道的建设中,经过学校图书馆等要求较高的场所是不可避免的,为了最大程度地减轻影响,诞生了一种整体道床施工工艺——浮置板整体道床。它有效解决了传统道床在应对列车振动和噪声方面的不足,大幅降低了列车运行对周边环境的影响,而它是如何建成的呢? 又有几种建成方法呢? 让我们在接下来的学习中寻找答案吧。

任务分析

浮置板整体道床施工是施工员岗位的基本技能,也是线路工岗位需要了解的基础知识。要求学生能熟练掌握通浮置板整体道床的原理、施工流程、结构及施工方法,熟练绘制浮置板整体道床的施工流程图,可以独立编制浮置板顶升作业指导书,并能指导现场浮置板施工。

课岗赛证

课	岗	赛	证
教学内容 1.钢弹簧浮置板道床组成 2.钢弹簧浮置板道床结构 3.浮置板道床施工方法 4.钢筋笼式浮置板施工系统	**城市轨道线路维护工高级(××地铁)** 1.能检测线路及各类道岔设备,进行病害分类 2.能利用动态检测资料,现场检查病害并进行整治	**中国创新创业大赛** **轨道交通工程施工质量技能比拼大赛** **国家"一带一路"金砖大赛理论题**	**安全员职业资格证书** 1.钢弹簧浮置板道床的结构特点 2.钢弹簧浮置板道床的质量控制与验收标准

任务目标

【知识目标】
1.能准确描述浮置板道床道岔施工的工艺流程。
2.能说出浮置板道床原理。
3.能绘制浮置板道床的横断面结构简图。
4.能说出人工铺设法、钢筋笼法、预制法的区别。
【能力目标】
1.能绘制浮置板道岔施工流程思维导图。

2.能编制浮置板顶升作业指导书。

3.能指导现场浮置板施工。

【素质目标】

1.通过实操演练,养成吃苦耐劳的线路工品格。

2.通过分组任务、协同合作提升团队意识,增强组织纪律性。

3.培养立足本职、建功立业的奉献精神和不畏困难、开拓进取的创新精神。

知识链接

传统减振技术在减振降噪方面因减振效果有限,列车运行经过时产生的振动和噪声仍会直接影响人们的生活和健康,我国自主研发的浮置板道床因优越的减振降噪效果被大多数轨道交通设计者采用。

微课　浮置板
道床原理

一、钢弹簧浮置板道床的组成

钢弹簧浮置板道床结构是一种新型的特殊减振轨道结构形式,由道床板、钢弹簧隔振器、剪力铰、密封条、水平限位装置、钢轨与扣件等组成。它将具有一定质量和刚度的混凝土道床板置于钢弹簧隔振器上,构成质量-弹簧隔振系统。

钢弹簧浮置板道床的减振原理就是在轨道和基础间插入一个固有频率远低于激振频率的线性隔振器,借以减少传入基础的振动量。钢弹簧浮置板道床是减小向下部结构传振和传声的最有效方法。质量-弹簧隔振系统的隔振作用的有效性主要取决于道床的质量、弹簧的刚度及相互作用。钢弹簧浮置板道床的隔离使列车产生的强大振动只有极少量会传递到下部结构,对下部结构和周围环境起到了很好的保护作用。钢弹簧浮置板道床特别适用于医院、学校、科研机构、博物馆、道岔等振动大或者对振动噪声要求严格的场所。钢弹簧浮置板道床结构如图5-3-1所示。

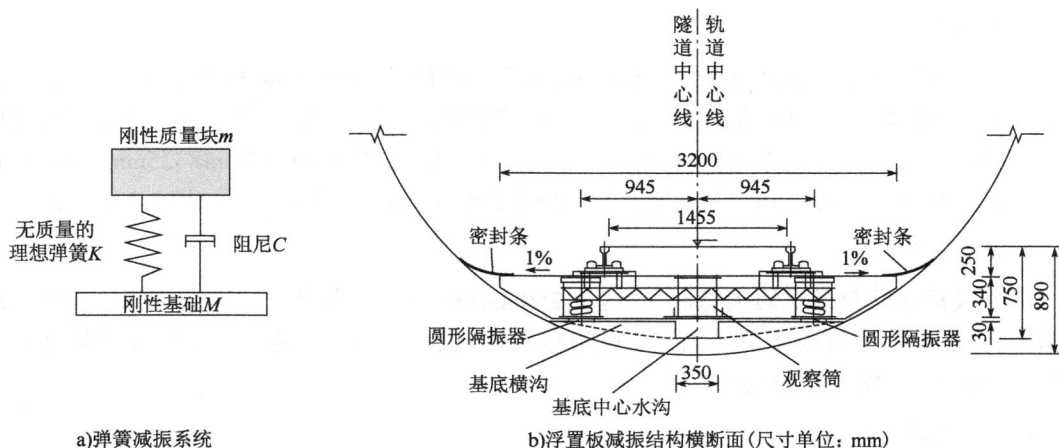

a)弹簧减振系统　　　　　　b)浮置板减振结构横断面(尺寸单位:mm)

图5-3-1　钢弹簧浮置板道床结构

二、钢弹簧浮置板道床的组成

1.道床板

钢弹簧浮置板现浇板长度一般为25m,厚325mm,由C40混凝土和HRB400级钢筋一次性浇筑而成,具有良好的整体性,设计使用年限为100年。浮置板系统竖向自振频率为6~16Hz,道床板结构如图5-3-2所示。

动画 浮置板弹簧
隔振器的组成

图5-3-2 道床板结构

道床标准25m板使用隔振器36套(8套GZQ-R40V-325,28套GZQ-R41V-325)。其中曲线地段,扣件间距加密至568mm,直线地段扣件间距为595mm左右。道床标准断面图如图5-3-3所示。

2.钢弹簧隔振器

钢弹簧隔振器由外套筒、内套筒、调平垫片和锁紧系统等部件构成。外套筒与浮置板结构浇筑为一个整体,内套筒内有钢弹簧和专用阻尼材料。锁紧系统由特殊的锁紧螺栓、锁紧板组成,将内、外套筒可靠地连接起来,确保其良好的整体工作特性,如图5-3-4所示。

3.剪力铰

剪力铰布置在两块道床板之间,主要由销轴和轴套两个部件组成,如图5-3-5所示。道床板工作状态下,剪力铰起着抗剪、维持浮置板系统整体性、协调道床板变形的重要作用。

4.观察筒

观察筒预埋于浮置板道床内,盖板采用增强聚丙烯(屈服拉伸强度25MPa)且带有疏水孔,位于钢弹簧浮置板道床中心水沟上方,用于观察基底和排水沟的状态,并为水沟和基底清理提供操作空间。布置间距一般为5~10m。观察筒尺寸一般为300mm×300mm×325mm(高),还有一个定制的700mm×300mm×325mm(高)的加长板观察筒(用于废水泵房),如图5-3-6所示。

5.密封条

浮置板板端密封条材质为橡胶,宽度为250mm;板侧也采用橡胶密封条,宽度为350mm,并镶嵌套扣,现场通过膨胀螺栓固定于隧道壁及浮置板上,主要是为了防止固体杂物进入道床板底的间隙,如图5-3-7所示。

6.水平限位器

水平限位器安装在基底混凝土内,隔振器内套筒置于其上,二者形成配合,但相互间有一定间隙,起到隔振器的定位作用,是钢弹簧浮置板隔振系统的一项辅助安全措施,如图5-3-8所示。

板-4-长度=24970mm

比例=1∶70(板5,9~10,13~18,24~27,41~45,48~49,
92~98,101~107,110~112,153~161布置与此相同)

板4,5,9~10,13~18,24~27,41~45,48~49, 92~98,101~107,110~112,153~161(圆形)(共47块)		
隔振器	类型	数量
Ⓐ	GZQ-R40V-325	8×
Ⓑ	GZQ-R41V-325	28×

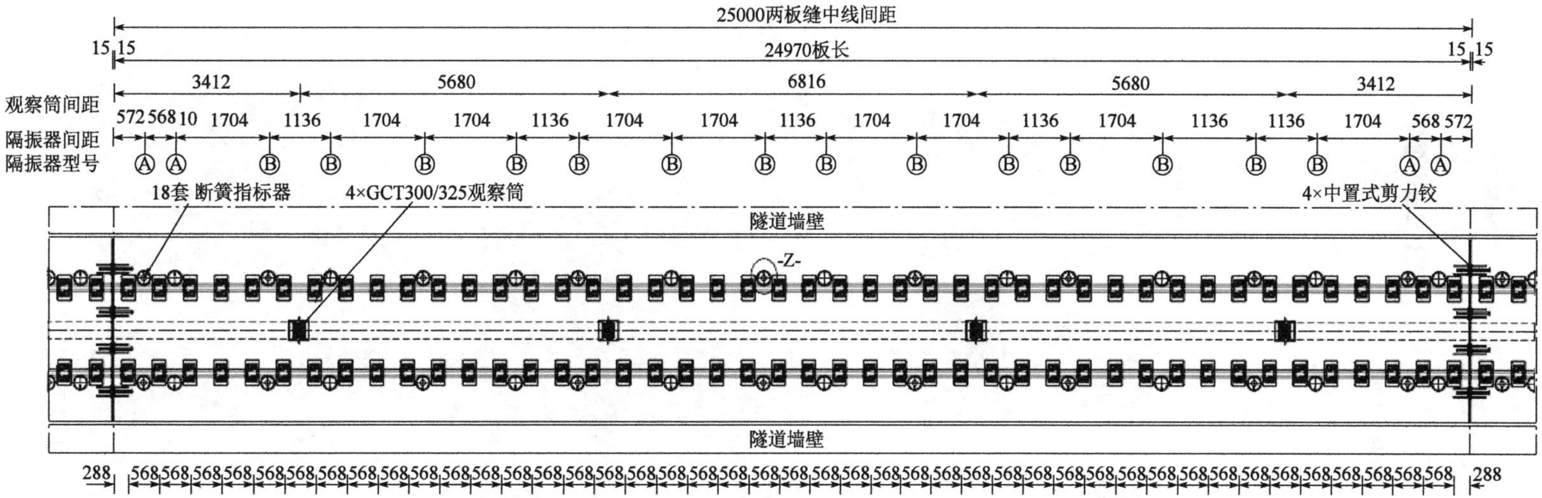

图 5-3-3　道床标准断面图(尺寸单位：mm)

锁紧板

外筒盖板

调平垫片

隔振器内套筒

隔振器外套筒

a)钢弹簧

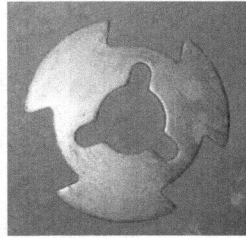

b)外套筒　　　　　　c)内套筒　　　　　　d)锁紧垫片　　　　　　e)调平垫片

图 5-3-4　钢弹簧隔振器

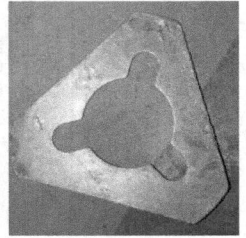

图 5-3-5　中置式剪力铰　　　　　　　　　　图 5-3-6　观察筒

图 5-3-7　密封条　　　　　　　　　　图 5-3-8　水平限位器

7.排水系统

钢弹簧浮置板道床地段的排水系统主要设施包括基底中心排水沟和横向排水沟,还在道床面设有横向排水坡度。

从上游流入钢弹簧浮置板中心水沟的水,应在浮置板道床基底水沟端头处设置有效的水篦子及沉砂坑等设施拦挡、沉淀垃圾杂物,做好入口的防堵处理,防止基底水沟的堵塞。

微课　浮置板减振
道床施工

三、浮置板道床施工方法

钢弹簧浮置板施工可采用散铺法、拼装一体化(钢筋笼法)和预制浮置板法。

1.散铺式浮置板施工

散铺法施工工艺,即把浮置板所有材料(钢筋、钢轨及其扣件、隔振器、检查桶、隔离膜、水沟盖板)通过下料口运输到施工地点,现场组装轨排、绑扎钢筋、浇筑混凝土。其施工现场如图5-3-9所示。

图5-3-9　散铺式浮置板施工现场

首先完成基底施工,然后铺设隔离膜、架设轨排,接着绑扎道床钢筋与隔振器外筒,最后浇筑混凝土结构。散铺式浮置板系统特别适用于车站、道岔及有特殊减振级别要求的地段。

2.钢筋笼式浮置板系统

架设轨排,绑扎道床,并将其与钢筋、隔振器、外套筒等在场外地面组成钢筋笼,然后将钢筋笼整体吊装至隧道内,再实施其他工序,如图5-3-10所示。其施工工艺主要包括施工准备、基底施工、水沟盖板安装及隔离膜铺设、钢筋笼施工、混凝土浇筑及养护、浮置板顶升。

这一工法实现了模块化、机械化作业。预制龙骨整体制作、整体运输,尤其是场外预制龙骨和现场基地施工完全分离,极大地提高了施工效率。钢筋笼式浮置板系统,特别适用于盾构暗挖、隧道内高效率的浮置板铺设,是目前最为主流的施工工艺。

图5-3-10　钢筋笼式浮置板施工

3.预制式浮置板系统

预制式浮置板系统现场只需要进行基底施工与预制板铺装,特别适用于高等级减振及工期紧张的浮置板地段。

在预制场内,钢筋连接件、预埋套管系统和混凝土模板一起绑扎,最终与混凝土浇筑在一起,工厂化生产大大提高了浮置板的生产速度和品质,预制板由轨道施工下料口吊放到轨道运输车上,运输至工作断面。在此之前,待安装位置基底混凝土已经施工完成,部分下置式隔振器已经摆放就位,由于板体较短,为提高整体性,在两块板之间采用下置式隔振器共同承担相邻板的端部,预制板由门式起重机自轨道车上吊起至隔振器处,在缓缓降下的时候,同时用调整顶杆等辅助工具对其位置进行精调。当连续的预制板铺装完成后,安装剪力铰、钢轨扣件,之后安装中部隔振器。隔振器的安装与散铺钢筋笼浮置板相同,对预制板进行了便于维护的设计,即使是处于下部的隔振器,仍然能方便地取出、更换以及添加调整垫片。

四、钢筋笼式浮置板施工系统

钢筋笼式浮置板施工与普通轨排架设的区别是,钢筋笼式浮置板施工需要按照规范要求在施工过程中需要安装隔振器外套筒。其余施工步骤与普通整体道床施工无显著区别,本任务主要介绍钢筋笼浮置板施工。

1.钢筋笼生产台位

拼装浮置道床钢筋笼的台位可按26m×3.5m设置,台位为混凝土硬化的水平面,表面平整。在台位上设置浮置道床端头线、浮置板道床钢筋笼中心线、钢轨中心线、隔振器套筒位置中心线等关键线,作为拼装钢筋笼的控制线。

2.钢筋拼装台位现场环境的模拟及放样

在混凝台位上,根据不同曲率半径的浮置板道床,线路中心线每间隔5m设置线路中桩(根据中心线弹设板边墨线),作为控制浮置板钢筋笼拼装及轨道几何尺寸的控制线。

根据测量组提供的隧道中线与道床中心的偏离值(每环盾构环测量1个点位),进行检查。若差异较大,可能造成钢筋笼无法就位的或钢筋笼的混凝土保护层不满足最小保护层厚度的,需对钢筋笼的中心线进行局部调整,调整至满足设计要求。

3.钢轨架设

根据搭设台位放样的线路中心线进行架轨作业。钢轨架设采用内承式支撑架,支撑架不大于3m设置一处。保证轨底坡为1/40,轨底坡允许误差为1/45~1/35。

支撑架在直线段应垂直于线路方向,曲线地段应垂直于线路切线方向,并将各部分螺栓拧紧,不得虚接。

4.隔振器外套筒安装

根据搭设台位放样的线路中心线及图纸中隔振器的相对位置放置外套筒(要求对隔振器中心位置弹"十"字交叉的墨线),误差满足设计要求。

放置隔振器外套筒时注意隔振器外套筒具有方向性,按图纸要求布置隔振器(三角尖端朝钢轨外侧)。在隔振器摆放完毕后,检查隔振器的间距是否正确:隔振器的间距在曲线上外股增加,内股减少。隔振器外套筒布置如图5-3-11所示。

图5-3-11 隔振器外套筒布置

5.钢筋笼制作

1)钢筋加工

根据设计图纸,对不同规格的钢筋分别进行加工。因浮置板道床钢筋规格较多,加工完的钢筋应按规格、型号分类堆码,并做好标签,方便后道工序施工。钢筋加工各部位允许偏差见表5-3-1。

钢筋加工允许偏差表 表5-3-1

项目	允许偏差(mm)
受力钢筋顺长度方向的净尺寸	±10
弯起钢筋的弯折位置	±20
箍筋	±5

2)钢筋的连接与焊接

采用焊接工艺进行加工的,需要满足《钢筋焊接及验收规程》(JGJ 18—2012)相关要求。如在隧道内进行焊接,要采取防护措施,避免损坏隔离膜。搭接绑扎时,浮置板的同一断面内纵向钢筋搭接率小于50%,搭接长度不小于50d(d为钢筋直径)。钢筋笼绑扎现场及成型如图5-3-12、图5-3-13所示。

3)钢筋笼的防迷流焊接

根据设计要求,按区间排流截面积在浮置板道床中选择相应数量的φ20的钢筋作为排流筋,并每隔3~5m选取一组横向钢筋与所有纵向钢筋焊接闭合,确保纵横钢筋的电路流通。外套筒锚固板上纵向钢筋严禁与之焊接,宜与外套筒绑扎牢固。

浮置板道床钢筋笼在铺轨基地绑扎完成后,要对钢筋笼进行检查。检查项目主要包括钢轨型号、扣件类型、隔振器位置、钢筋种类、各编号钢筋尺寸及位置、钢筋搭接与焊接、排流钢筋焊接、板端扁钢及端子等。

图 5-3-12　钢筋笼绑扎现场

图 5-3-13　钢筋笼成型

6. 钢筋笼存放

钢弹簧浮置道床按照一定的单元长度进行分板设计,为便于施工组织及管理,要求现场钢筋分板进行加工、存放。钢筋笼存放时不可超过3层,如图5-3-14所示。

图 5-3-14　钢筋笼存放

7. 钢筋笼的加固及吊装

为了保证钢筋笼的整体稳定性,满足钢筋笼的吊装及运输要求,需要对钢筋笼的整体进行加固,并满足施工技术的需要。

浮置板钢筋笼轨排加固完毕后,用吊轨钳将浮置板钢筋笼轨排吊装至平板车上,轨道车运输至前方作业面。轨排吊点位置需通过计算及现场试验,确定轨排合理吊点位置,将浮置板钢筋笼轨排在起吊悬空状态的挠度控制在最小值。钢筋笼吊装示意图如图5-3-15所示。

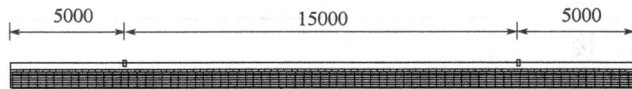

浮置板钢筋笼轨排

图 5-3-15　钢筋笼吊装示意图和现场图(尺寸单位:mm)

任务四　碎石道床有砟轨道施工

任务引入

如果轨道有年龄的话，那碎石道床就肯定是"老大哥"了。虽然随着科技的飞速发展，无砟轨道等新型轨道结构不断涌现，但碎石道床这个"老大哥"依旧凭借其弹性良好、更换与维修方便、吸噪特性好等独特优势应用于很多地方。而且在一些对轨道弹性和减振要求较高的线路，以及需要频繁进行线路调整和维护的地段，碎石道床更是无可替代。那这位道床届的"老大哥"又是如何建成的呢？建设的时候又需要注意些什么呢？让我们在下面的内容中学习吧。

任务分析

碎石道床施工是施工员岗位应具备的基本技能，也是线路工需要了解的基础知识。要求学生能熟练掌握通碎石道床施工的流程，理解单开道岔三大组成部分岔枕布置的方向及铺设要点，并能够编制碎石道床施工作业指导书，组织碎石道床道岔施工，进行道岔的组装。

课岗赛证

课	岗	赛	证
教学内容 1.有砟轨道施工工艺流程 2.道岔施工步骤 3.道岔组装工艺流程	**城市轨道线路维护工中级(××地铁)** 1.能检查判定道岔常见病害 2.能正确检查道岔几何尺寸和结构状态	**中国创新创业大赛** **地铁道床离缝缺陷整治技能竞赛** **轨道交通工程施工质量技能比拼大赛**	**铁路建造师注册证书(铁路/市政专业)** 1.有砟轨道施工工艺流程 2.有砟轨道施工安全与设备管理

任务目标

【知识目标】
1.能够写出碎石道床轨道施工的流程。
2.能够准确说出单开道岔三大组成部分、岔枕布置的方向及铺设要点。
【技能目标】
1.对照图纸，能够编制碎石道床施工作业指导书。
2.组织碎石道床道岔施工，进行道岔的组装。

【素质目标】

1.通过现场分组实操练习,增强动手能力。

2.增强依据规范对工程质量进行控制的工程意识,同时进一步提升规范操作意识。

3.通过小组合作完成有砟轨道道岔模型,激发学习主动性和小组协作性。

知识链接

微课　碎石道床施工	虚拟仿真　有砟轨道铺轨施工

城市轨道交通车辆段和库外线路采用有砟轨道,由于场地限制,一般采用人工配合机械铺轨法。

有砟碎石道床铺砟前应对线下施工单位移交的测量资料、控制点、路基高程进行复测。采用汽车人工配合机械进行道砟摊铺;在已摊铺好的道床面上,采用人工铺设的方法,将钢轨、轨枕及扣配件用汽车倒运到施工现场,分段卸料和散料,用炮车布设倒运钢轨并将钢轨拨移至线路两侧,然后按照设计资料及轨节表人工完成布枕、散扣配件、连接钢轨、上扣配件等作业。分层进行上砟整道作业,采用小型养路机械对碎石道床线路进行拨道、捣固作业,使道床达到规定要求。

一、有砟轨道施工工艺流程

有砟轨道施工工艺流程如图5-4-1所示。

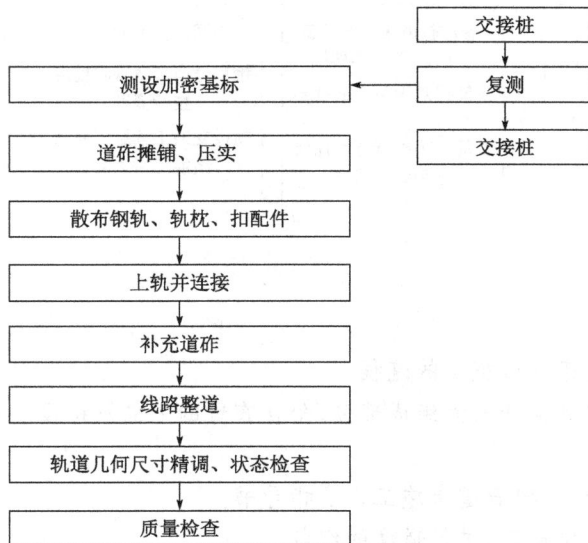

图5-4-1　有砟轨道施工工艺流程

1.底砟铺设

道砟必须洁净、形状规则、尺寸符合标准且不含有害物质,应遵循标准规范的要求。铺设碎石道床道砟,其粒径级配及材质指标应符合《铁路碎石道砟》(TB/T 2140—2008)的规定。道砟应按设计铺设。

有砟道床分为双层道床和单层道床。出入段线地面线部分采用双层道砟碎石道床,车场库外线采用单层道砟。双层道床要求一次性完成底砟摊铺。单层道床要求预铺道砟。

2.道砟摊铺

根据设计方量及底砟类型,采用自卸载重汽车将底砟运至路基上进行摊铺,利用装载机进行底砟面找平后,待监理工程师检查确认后进行下道工序。铺好的道砟如图5-4-2所示。

3.卸散钢轨、轨枕及扣配件

按轨节表所标注的钢轨长度进行钢轨配对,利用施

图5-4-2　铺好的道砟

工机械将钢轨、所需轨枕及扣配件运到现场,卸至对应铺设地点,将钢轨分上、下股拨移到线路两侧路肩,轨枕及扣配件数量均匀布设,并按线路中线桩及枕木间距将轨枕粗排整齐。

4.轨枕锚固

采用锚固剂锚固。锚固剂按照要求添加适当干净水源搅拌即可进行锚固,锚固效果及质量在其他项目施工中得以验证,效果较好。

(1)为了防止螺栓孔底漏浆,采用铁桶取适量的粗砂,用铁勺舀取砂子逐一灌入锚栓孔将孔底封死,砂子的填充高度以保证预留孔深大于等于160mm为宜。

(2)将锚固剂一包倒入搅拌锅,量取一塑料杯水(为锚固剂重量的13%~14%),加入锚固剂拌和均匀,搅拌时间1~2min。

(3)将拌和均匀的锚固剂从轨枕面垂直注入螺栓孔。锚固要一次灌够,但不宜太满,距承轨槽面10mm为宜,灌浆深度应比螺旋道钉插入孔内的长度长20mm左右。

(4)灌浆完毕,以最快的速度插入螺栓带架。插入螺栓时应保证螺栓垂直,深度符合要求。等锚固剂凝固后即可拆除固定架。

5.摆放轨下垫板、上钢轨

根据线路中桩,方正轨枕并清除承轨槽残渣、摆正轨下绝缘垫板,然后拨入钢轨至承轨槽上,如图5-4-3所示。上钢轨时注意与前一节钢轨之间按规定要求预留轨缝,并安装接头夹板、螺栓及垫圈,按规定的接头夹板螺栓扭力矩拧紧螺母。

图5-4-3　钢轨拨入

6. 散放扣件及安装扣件

将扣件按规定规格、数量散放在钢轨两侧的轨枕上。按照扣件组装图依次安装扣件。

7. 细方轨枕及紧固扣件

按照轨节表中所注明的轨枕间距,利用方尺和石笔在轨面上画出间距印,并用白油漆在轨腰上打上正式点位,然后方正轨枕,连续5根轨枕间距误差满足±20mm。调整轨下垫板,轨距挡板座必须摆正并落槽,最后用梅花扳手拧紧螺母,弹条必须密贴扣板。

8. 线路整修和上砟

线路铺好后,应进行初步整修,按线路中线桩拨至设计位置、串砟捣固、消除硬弯鹅头、三角坑和反超高现象。根据道床面砟设计方量,利用自卸汽车将道砟运至线路上,用专用设备进行摊铺。

9. 精细整道

整道时利用护桩控制现场轨面高程及线路方向。将道砟均匀地填充到轨枕盒内,不足部分用小平车推卸补充,用起道器将每节轨抬高并用道砟垫实,抬高后的轨面应大致平顺,没有明显的凹凸和反超高,并立即向轨枕下面串砟捣固密实,不得有空吊板。然后将线路拨到设计位置,达到直线顺直,曲线圆顺。最后补填轨枕盒内道砟使其饱满,进行第二遍整道作业。第二遍上砟整道作业与第一遍上砟整道相同。

10. 检测及验收

对经整道并整修压道过的线路进行全面检查。轨道几何尺寸应符合本轨道工程设计要求,各种扣配件安装齐全、位置正确,各部尺寸均应控制在轨道验收规范范围以内。

二、道岔施工

原位法道岔铺设就是在原位上进行道岔铺设和组装、精调等作业,比较适合车辆段道岔位置的铺设。其施工工艺流程如图5-4-4所示。与有砟轨道施工的区别主要是:道岔施工测量放样时需要进行岔位测量,同时需要组装和调试道岔。

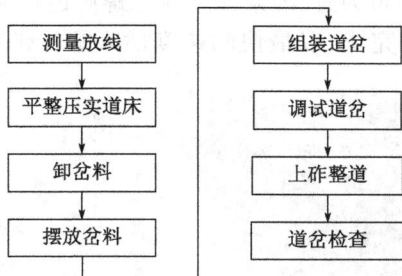

动画 原位法道岔施工流程

图5-4-4 原位法道岔铺设施工流程图

1. 岔位测量

根据车站平面图定出道岔中心桩,按道岔布置图量出道岔始端的位置钉桩,再量出道岔终端的位置钉桩,如图5-4-5所示。当道岔始端、道岔终端不在原轨道的钢轨接头位置时,就需要在道岔前后插入短轨来调整。为了使道岔始端前尽量不用短轨和减少锯轨的数量,道岔位置在不影响股道有效长度时,允许较设计位置前后移动不大于6.25m,但在区段站及以上的车站,特别是咽喉区道岔,最大移动量不得大于0.5m。

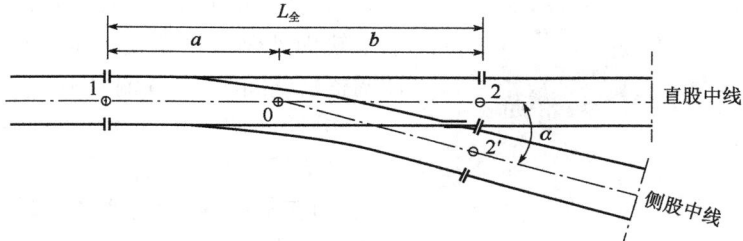

图5-4-5 道岔位置桩

0-岔中交桩;1-岔头桩;2-岔尾桩(直股);2′-岔尾桩(侧股)

2.道岔料存放

(1)采用吊车卸枕,多根吊装时岔枕间用木楔塞上。起吊中要缓起缓落,不得碰伤岔枕。

(2)岔枕集中存放时,堆放场地应平整,岔枕按长短顺序码垛,长枕在下,短枕在上,每层之间要用方木做支垫。

(3)岔枕卸车前,平整堆放场地,木枕搭存料台位,间距不大于3m,木枕顶面应位于同一平面。

(4)卸岔枕时应采用吊车卸车,起吊时绳索吊点按照道岔图要求布置在工件重心对称两侧,保证道岔部件不变形。禁止单点起吊长大组件。

3.测量放线

施工前,在岔位和其前后线路交接过程中,依据设计资料,利用控制点复核岔前、岔心、岔后中心桩,确保桩位准确无误,如图5-4-6所示。

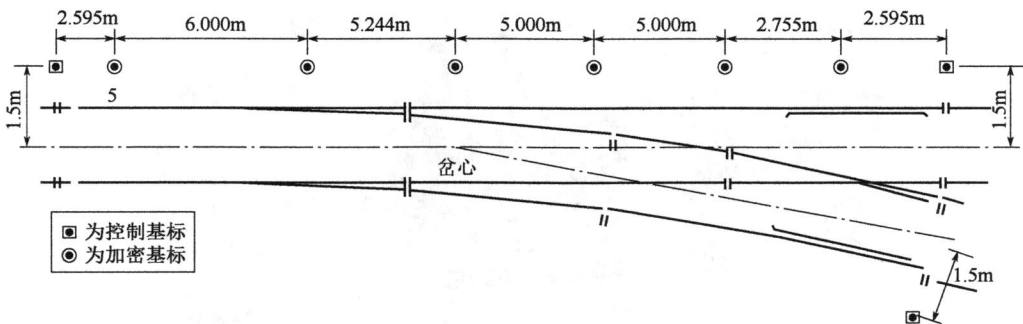

图5-4-6 测量放样图

4.散布岔枕

(1)利用汽车吊将岔枕就位(短岔枕也可人工抬运就位),如图5-4-7所示。

(2)用测绳自岔前桩至岔后桩拉直,并标出岔枕间隔距离,逐根布设。将岔枕按图纸

图5-4-7　轨枕吊运

所示方向及编号逐根吊装摆放,如图5-4-8所示。

(3)确定1号岔枕的位置和方向,使1号岔枕中点与道岔中线重合,且横向垂直于中线。

(4)岔枕间距调整:以1号岔枕为基准,在两端承轨面外侧道岔全长范围内拉钢尺控制,按设计调整岔枕间距,位置偏差不应大于±20mm。

(5)横向调整:以1号岔枕为基准方正岔枕,并与岔枕间距调整配合进行。

(6)在岔枕调整时,严禁用撬棍插入岔枕套管内撬拨岔枕。

a)岔枕摆放

b)岔枕布设现场

图5-4-8　岔枕间距设置

5.摆放垫板

将各规格垫板按道岔铺设图摆放到位,摆放前要仔细看图纸,以防放错,如图5-4-9所示。

图5-4-9　垫板摆放

6.道岔组装

(1)道岔钢轨利用人工配合汽车吊安装,采取多点起吊,以防止岔轨变形。连接夹板后要求轨缝均匀,岔前接头方正。

(2)按道岔铺设图中钢轨排列顺序从岔前起,按先直后曲、先外后内、由前向后的顺序散放,将钢轨拨到承轨槽上,并拨正位置,连接钢轨,如图5-4-10所示。

图5-4-10　钢轨摆放

7.画岔枕印、细方岔枕

按道岔铺设图中的岔枕间距要求画点位,并调整好岔枕与钢轨的对应关系。道岔钢轨上所画的岔枕点位应严格要求,测量准确、标志明显,如图5-4-11所示。

a)点位设置　　　　　　　　　　　b)细方岔枕

图5-4-11　细方岔枕

8.安装扣件

(1)岔枕扣件种类较多,安装前要按标准图对号核实就位。上扣件前应先垫好钢轨下橡胶垫板及铁垫板,特别注意铁垫板轨底坡不要放错位置。

(2)以直股为基准,用轨距尺和支距尺量出各部位轨距及曲线支距,对超标的进行调整。

(3)组装时对一些不合适的扣件禁止用锤硬打入位,以防损坏扣件。

(4)按规定力矩拧紧扣件,如图5-4-12所示。

9.上砟整道

(1)按中线桩将道岔拨至设计位置,道岔前后的连接轨与道岔联结顺直。

(2)逐步将道岔起道至比设计高程低于50mm,全面进行捣固,不允许有岔枕悬空现象,重点加强对接头及辙叉部位的捣固,如图5-4-13所示。

图5-4-12 扣件安装

图5-4-13 道岔捣固

10.道岔检查调整

测量道岔轨距、支距、水平、高低、密贴、中线偏差等几何尺寸,对超标准的检测项目进行整改。

(1)道岔钢轨铺装:道岔钢轨的铺设顺序通常都是先直股后曲股、先外股后里股,共分4步钉完。

(2)安装连杆:尖轨摆动必须灵活,尖轨尖端与基本轨必须密贴,且尖轨动程符合规定。

(3)安装转辙机:转辙机应设在侧线一侧的两根长岔枕上,一般在安装信号时进行安装,对刚铺的道岔,可采取临时措施扳动。道岔铺设后,其岔后另一股连接线未铺前,辙叉心后间隔铁处必须加铺一根临时短轨,尖轨必须钉固加锁,严禁扳动。新铺道岔临时使用时,应安装转辙设备,不得用撬棍扳道或用其他方法支顶尖轨。

(4)检查整理。

11.道岔调试

(1)全面检查道岔各部轨距,其容许误差在尖轨尖端处为±1mm(指有控制锁的道岔),其他处为-2~+3mm。

(2)检查1391mm及1348mm两个间隔尺寸是否符合规定数值。

(3)全面检查各部位垫板的位置是否正确,有无错置倒放以及轨底未落槽等现象,结合检查进行岔枕的全面方正。

(4)检查核对导曲线支距尺寸,容许误差为±2mm;或用5m长度的线绳检查导曲线正矢,容许误差最大、最小差数不得超过3mm。

(5)检查尖轨密贴情况。

常见故障应急处理

当城市轨道交通的列车在地下隧道中呼啸而过,当站台显示屏上的倒计时数字规律跳动,数百万乘客将出行安全托付给这套精密运转的系统。作为现代都市的"大动脉",我国城市轨道交通运营里程已突破10000km,日均客运量超8000万人次。然而,这个由钢轨、信号、供电、车辆等数十个子系统构成的庞然大物,任何细微的故障都可能引发"蝴蝶效应"——2019年某市信号系统故障导致全线停运7小时,直接经济损失超2000万元;2021年某线路接触网故障引发大规模乘客滞留,造成3人受伤。这些数字警示我们:在享受轨道交通带来便利的同时,必须直面系统脆弱性的现实。

轨道交通故障具有典型的"黑天鹅"与"灰犀牛"双重特性。一方面,供电中断、信号故障、列车脱轨等重大事故虽概率极低,但一旦发生便会产生灾难性后果。2017年伦敦地铁脱轨事故中,车厢与隧道壁剧烈摩擦产生的浓烟导致50余人中毒送医。另一方面,车门故障、自动扶梯停运、屏蔽门异常等"小毛病"频发,犹如潜伏的"慢性病",仅2022年北京地铁就处理车门故障387起,这些看似微小的故障若处置不当,极易演变为踩踏事故等次生灾害。更值得警惕的是,在5G、全自动驾驶等新技术大规模应用的背景下,网络安全漏洞、系统兼容性等新型风险正在形成"风险综合体"。

应急处理能力直接决定着故障影响的"破坏当量"。东京地铁中央线曾发生列车紧急制动导致千人滞留事件,但通过精准的乘客分流和公交接驳,30min内恢复秩序;反观某城市应对突发大客流时,因应急广播系统失灵、工作人员缺乏处置训练,最终引发踩踏事故。这两个案例折射出应急管理的本质:它不仅是技术问题,更是系统工程。从故障初现时的精准判断,到应急程序的启动执行,再到跨部门的协同联动,每个环节都考验着运营体系的"免疫能力"。

在城市轨道交通工务系统中,挤岔、钢轨断裂、线路胀轨跑道、道床变形等工务故障如同潜伏的地质断层,一旦触发便可能引发系统性危机。据统计,2020—2022年我国地铁工务故障中,道床问题占比达34%,钢轨伤损占28%,道岔故障占19%,三者合计构成工务风险的"铁三角"。在应急事故发生时,需要快速响应,按照正确的流程汇报、各部门团结协作、保证乘客和设备安全、尽快排除故障,恢复行车。线路胀轨跑道处理和断轨处理方式在项目四已经学习,本项目不再赘述。

项目导航

	任务一 列车挤岔故障应急处理作业	任务二 碎石道床下沉故障应急处理作业	任务三 整体道床上拱、下沉故障应急处理作业
项目六 常见故障应急处理	知识1: 挤岔原因分析 📚 知识2: 挤岔事故处理方法 🎯🧠 技能: 挤岔应急抢修 ↗ 拓展1: 防挤岔自动控制系统 ↗ 拓展2: 道岔智能融雪系统 📚	知识1: 碎石道床下沉变形原因 📚 技能1: 相关案例分析 🎯 技能2: 碎石道床下沉应急处理 ↗ 拓展1: 道床新型隔离材料 📚 拓展2: 道床动态监测与预测技术 📚	知识1: 整体道床上拱、下沉的概念 📚 技能1: 典型案例事故 🎯🧠 技能2: 整体道床上拱、下沉处理 ↗ 拓展1: JC高聚物注浆材料抬升道床 📚↗ 拓展2: 绳锯切割+疏水整治道床上拱 📚↗

📚基础认知　🎯教学重点　🧠教学难点　↗现场实操　☎虚仿练习

任务一　列车挤岔故障应急处理

🔍 任务引入

在地铁运营中,列车挤岔是一种较为严重的故障。列车挤岔是指列车车轮挤上道岔、挤过道岔或挤坏道岔,可能导致列车脱轨、颠覆等严重后果,严重影响铁路运输安全和正常运营秩序。

2020年,某地铁1号线一列车在运行过程中,因司机未按规定速度行驶,导致列车挤岔,所幸发现及时,未造成人员伤亡,但对该线路的正常运营造成了较大影响。

一旦发生列车挤岔故障,需立即启动应急处置程序。各部门接到指令后立刻成立抢修小组,安排人员赶赴现场。工务和信号维修人员到达现场后,立即查看道岔损伤情况,做好施工防护,对受损尖轨进行丈量确认、拆除相关部件、更换新尖轨、调整线路几何状态等,同时信号抢修人员进行信号调试,恢复道岔功能。在这个过程中,各专业人员协同作战,与时间赛跑,全力修复故障,确保线路尽快恢复正常运营。

🔍 任务分析

挤岔故障的应急处置是线路工岗位的重要技能。挤岔故障常规情况下不会出现,但是一旦出现就会造成较大的影响。因此,需要熟悉道岔挤岔故障的应急处置流程、知晓应急工具出动、快速判断挤岔原因并制定处置方案。

课岗赛证

| 课 | 岗 | 赛 | 证 |

课 **岗** **赛** **证**

| 教学内容 | ××市轨道交通交通集团运维公司线路工岗位责任 | 铁路线路工比赛（××市轨道交通集团） | 中国中铁职业技能等级评价规范（铁路线路工）（高级） |

| 教学内容
1.挤岔事故程序汇报
2.挤岔应急处理措施
3.道岔状态检查流程 | ××市轨道交通交通集团运维公司线路工岗位责任
轨道系统设备不良及故障现场处置能力
1.挤岔应急处理能力
2.挤岔应急处置配合作业 | 铁路线路工比赛（××市轨道交通集团）
实操6更换尖轨作业
实操8挤岔应急演练 | 中国中铁职业技能等级评价规范（铁路线路工）（高级）
检查作业及故障处理
1.能检查各类道岔设备
2.能对事故或灾害地段线路组织抢修 |

任务目标

【知识目标】

1.熟悉钢轨挤岔事故的汇报程序。

2.掌握挤岔故障的应急处理措施。

3.掌握道岔状态检查流程。

【能力目标】

1.按照挤岔应急处置作业流程,进行工具的选取、现场状态判断,制订合适的处置方案。

2.能够准确判断尖轨的伤损状态,并对尖轨进行维修或者更换作业。

【素质目标】

1.接到抢修命令不慌不忙,按程序操作,通知相关抢修负责人,及时赶到故障现场。

2.在抢修作业过程中发挥主观能动性,积极参与抢修作业。在平常工作中苦练专业技能,以便能在抢修作业中发挥最大的作用,在最短的时间内使轨道设备恢复正常。

知识链接

2005年6月24日9时15分许,某市轻轨线路轨道处,4号轻轨车在进站并轨时脱轨,抢修人员先后用铁压机、复轨器、救援车、吊车等多种机器进行抢修,在约20名工人的共同努力,7h后终于将4号轻轨车扶上轨道开始通车。所幸,此次脱轨事件没有人员伤亡,轻轨车也没有造成严重损失。列车挤岔现场图如图6-1-1所示。

列车挤岔是指列车车轮挤过道岔或车轮爬上钢轨造成列车脱轨、损坏,人员伤亡等。发生挤岔时,可能造成道岔尖轨、基本轨、连接零件等部件以及转辙机杆件永久变形、损坏。

图6-1-1　列车挤岔现场图

一、挤岔原因

(1)扳道员、调车有关人员没有执行相关制度。扳道员未认真执行"一看、二扳、三确认、四显示"的扳道程序,未认真确认道岔开通位置即显示道岔开通信号。调车有关人员未认真执行"要道还道"制度,联系不彻底即盲目牵出。

(2)在作业过程中值班员擅自变更进路。

(3)特殊天气,乘务员臆测行车。

(4)车辆溜逸。主要原因是车组推进前未试拉,车辆未采取防溜措施,车组风管连接数量不足,弯道连挂未调整好钩位,连挂车辆撞重钩等。例如,1998年,某车站站内停留的车辆未采取防溜措施,造成车辆溜逸,挤毁道岔。

(5)调车中途折返作业,有关人员没有确认进路。

(6)信号设备检修,联锁试验不彻底。

(7)道岔4mm锁闭不正常。

(8)人工室外操纵道岔不密贴。

(9)车站值班员由于精力不集中,错排列车进路或调车进路,而盲目指示发车或准许调车,而列车司机、调车人员、调车司机互控、把关不严,造成挤岔。

二、挤岔处置原则

列车挤岔事故一旦发生,所有涉及专业处置时应遵循以下原则:

(1)严禁动车,及时汇报的原则:发生挤岔事故后,司机或车站应立即汇报,任何人均不得擅自发布动车指令,车站或站场派人至现场进行安全监护。

(2)周密组织,减小影响的原则:各专业保障单位抢修工作要有序进行,总调度所应周密组织行车方案,尽量缩小不良影响和后果。

(3)快速响应,统一指挥的原则:各专业保障单位在接到抢修令后,立即赶赴现场,成立现场抢修指挥小组,由专人进行统一指挥。

三、挤岔事故处理方法

发生挤岔事故后应急处理的基本原则就是司机必须立即停车并向调度员汇报事故情况,等候工务和信号维修人员前来处理。只有当受损尖轨被固定且得到维修人员同意后方能缓慢驶离岔区;否则有可能造成列车脱轨,进一步加大事故的影响和处理的难度。

1.信息报告与抢险人员响应

发生挤岔事故后,当值司机应第一时间报告调度中心,调度中心的维修调度员应立即通知工务和信号维修部门,工务和信号维修部门接到指令后立刻成立抢修小组,并安排部分维修人员先期赶赴现场进行前期勘查,同时与抢修小组保持联系,以便准备工机具和材料,待后续人员赶到后共同对损坏设备进行修复。挤岔信息报告流程如图6-1-2所示,挤岔应急处置流程如图6-1-3所示。

2.工务和信号人员的抢修程序

1)先期到达维修人员的处理方法

工务和信号维修人员到达现场后,立即清点现场并查看道岔损伤情况,并报告本部门抢修小组和OCC设备维修调度员。随后维修人员到邻近车站车控室登记,申请停用损坏的道岔,并请点封锁故障所在区间。在区间封锁后,维修人员到达现场的转辙机连接杆处,做好更换尖轨的准备。

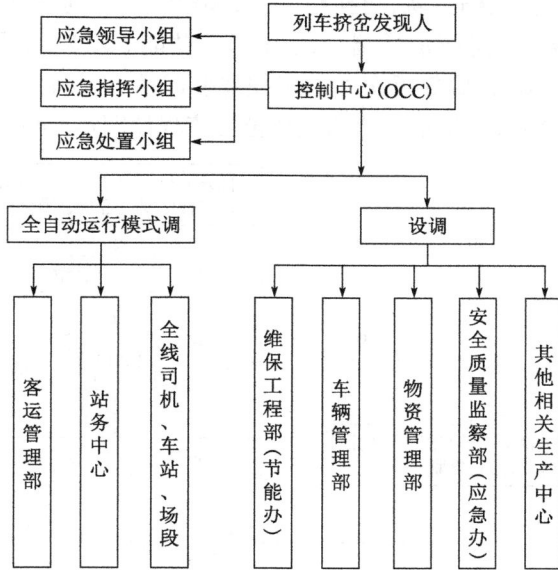

图 6-1-2 挤岔信息报告流程

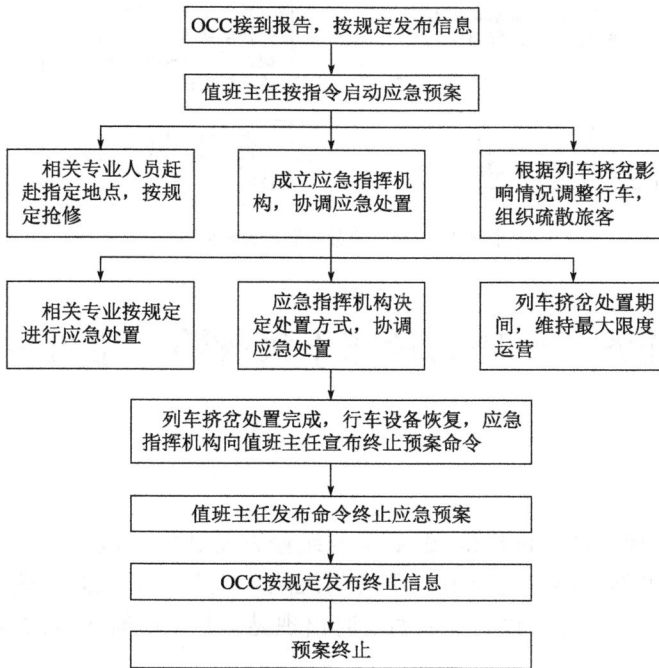

图 6-1-3 挤岔应急处置流程

2）现场抢修过程

工务抢修人员到达现场后，做好施工防护，对损伤尖轨进行丈量确认，寻找备用的尖轨并复核尺寸，并运送至故障道岔处。待信号抢修人员拆除损伤尖轨上安装的接续线，做好更换准备后，工务抢修人员拆除损伤尖轨，更换新尖轨，调整线路几何状态，把线路恢复到可以行车状态，最后由信号抢修人员进行信号调试，恢复道岔功能。工务、信号抢修人员确认设备符合行车条件，故障处理完毕后，到邻近车站的车控室登记销点，交付正常使用，并报告OCC设备维修调度员，事故抢修结束。挤岔事故的现场抢修流程如图6-1-4所示。

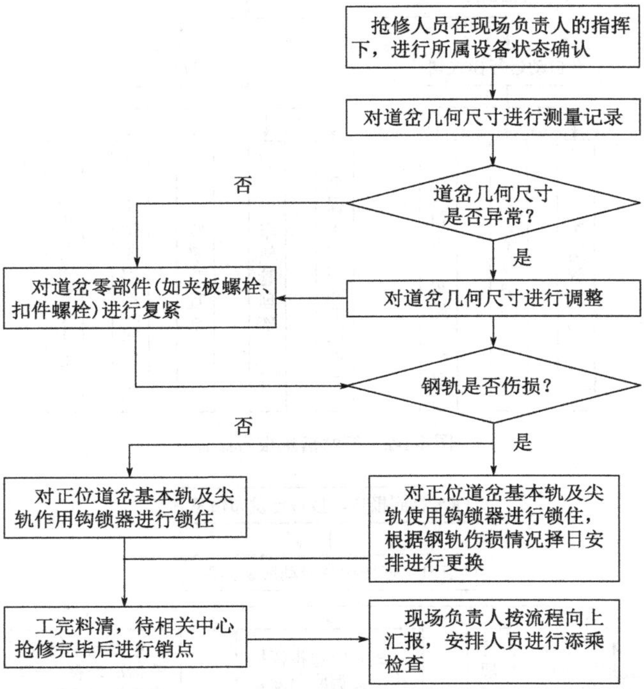

图6-1-4 挤岔事故的现场抢修流程

任务二 碎石道床下沉故障应急处理

任务引入

碎石道床具有弹性良好、价格低廉、更换与维修方便、吸噪特性好等优点，但在列车荷载的经常反复作用下也不可避免地要发生不均匀沉陷和残余变形积累。这些隐患如果不及时处治，长此以往的变形，最终导致列车在通过时出现晃车甚至脱轨等事故，给旅客和列车的安全运行带来了极大的挑战。

线路维修人员需要定期对现场的碎石道床的状态进行检查、测量线路线性线位，按规范进行日常养护，及时发现和处理下沉等问题并进行处置，确保道床的稳定性和使用寿命。

任务分析

熟练掌握检查碎石道床状态的方法,能够准确测量线路线性线位,及时发现道床不均匀沉陷、残余变形积累等问题是线路工岗位的基本技能之一,如何根据检查和测量结果,准确判断线路故障的类型、程度和可能的原因并通过合理的捣固操作、补砟数量以及对变形的线路进行精确调整是当前线路工岗位需要重点掌握的知识。要求学生能够熟练掌握各种线路检查维修工具和设备的使用方法,如捣固机、起道机、测量仪器等。

课岗赛证

课	岗	赛	证
教学内容 1.碎石道床下沉变形的原因 2.下沉应急处理办法 3.下沉起道方法和流程	**城市轨道线路维护工(中级)(××地铁)** 1.能指挥人员起道作业 2.认识道床病害 **城市轨道线路维护工(高级)(××地铁)** 能制定事故或者灾害地段线路抢修方案	**铁路线路工比赛(中级)(××铁路局)** 实操5　道床起道作业	**铁路线路工国家职业标准(中级)** 能确定起道长度和起道量并进行起道作业 **铁路线路工国家职业标准(高级)** 能对事故或灾害地段线路组织抢修

任务目标

【知识目标】

1.理解碎石道床变形的原因。

2.掌握道床变形的处理方法和预防措施。

3.了解道床下沉故障处理流程。

【能力目标】

1.根据晃车情况,判断道床下沉状态。

2.能够按照相关流程,进行道床下沉故障汇报。

3.编制下沉作业指导书,并完成碎石道床下沉事故处理。

【素质目标】

1.接到抢修命令不慌不忙,按程序操作,通知相关抢修负责人,及时赶到故障现场。

2.在抢修作业过程中发挥主观能动性,积极参与抢修作业。在平常工作中苦练专业技能,以便在抢修作业中发挥最大的作用,在最短的时间内使轨道设备恢复正常。

3.能够在作业过程中团队协作,有条不紊,听从指挥。

知识链接

一、碎石道床下沉变形原因

碎石道床是把颗粒体的道砟堆放在路基上构成的,它既具有一定的弹性,在力学上又是不甚相同的一种散体结构。这种碎石道床结构尽管经过夯实和捣固作业,但在列车荷载的经常反复作用下,即使道床备层压应力在其允许限度以内,也不可避免地会发生不均匀沉陷和残余变形积累,从而造成轨道几何形位的偏差,引起列车走行轨线路的不平顺,增大列车对轨道的动力作用,给维修保养工作带来沉重的负担,损坏轨道的正常工作机能。地铁出入线碎石道床如图6-2-1所示。

图6-2-1　地铁出入线碎石道床

1.道床变形

道床变形可分为弹性变形和永久变形。

1)弹性变形

弹性变形发生在列车荷载作用下,当荷载卸除,变形即恢复。

2)永久变形

永久变形是指在变形恢复过程中残留下来并随着列车荷载重复作用的次数增加而积累的变形。

2.道床下沉

道床下沉是永久变形及其积累的结果,根据实测所得的道床下沉曲线(图6-2-2)所示,道床下沉分为初始急剧下沉和后期缓慢下沉阶段。

初始加剧下沉取决于荷载和孔隙比的大小。研究表明,下沉与荷载的关系可以用式(6-2-1)来表示:

$$y = \gamma(1 - e^{-\alpha x}) + \beta x \qquad (6-2-1)$$

式中:y——道床下沉量,mm;

　　　x——荷载循环重复作用次数;

　　　α——实验次数;

　　　β——斜率,β = 下沉量/荷载重复次数=y/x。

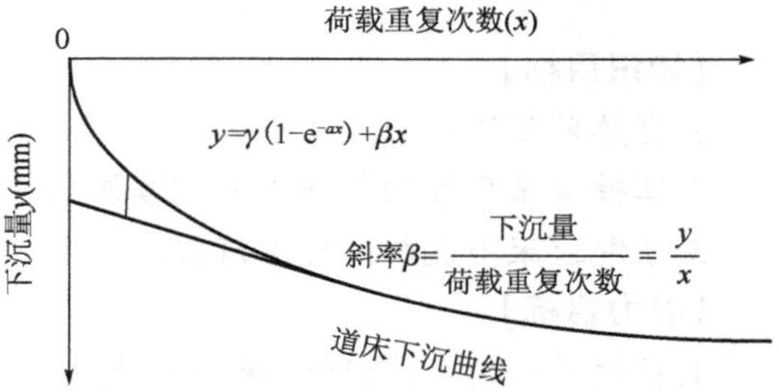

图6-2-2　道床下沉曲线

二、相关处理案例

1.事故背景

2016月1月13日14时30分××地铁列车司机发现朱塘村出入段线列车严重晃车,列车司机立即停车并将现场情况及影响程度报信号楼调度员;信号楼调度员立即停止受影响区段的所有作业,通知相关列车司机严禁动车,防止列车进入事故区段,并向OCC汇报,行车调度员对受影响的列车出入库作业、调车作业及施工作业制定调整措施,及时布置相关人员实施。随后工务、信号维修人员等赶赴现场处理。

2.事故处理优化分析

(1)当晚停运后,组织轨道专业维护员对朱塘村出入段线所有碎石混凝土枕道床进行检查,对发生道床下沉的线路进行线路整改,用捣固机对道砟进行捣固,对钢轨扣件进行紧固,用轨距尺对钢轨间距进行测量。

(2)加强事故段轨道日常巡检和沉降监测,定期进行碎石道床捣固,对钢轨进行涂油保养。

3.专家提示

(1)道床的下沉,特别是不均匀下沉,是轨道结构破坏的主要形式之一。

(2)道床不均匀下沉导致轨道不平顺的产生,影响列车运行的平稳性,同时加剧了轮轨之间的动力作用,轨道不平顺和轮轨之间的动力作用互为因果,不断发展的结果是轨道不平顺超过管理标准,必须通过养护维修来恢复轨道的平顺性。

4.预防措施

(1)在运营管理过程中,对地质地貌复杂地段,工务中心应根据地质勘探结果,及时进行软土地基处理和病害整治。

(2)加强对车场、车辆段线路附近周边环境的检查,尤其是正在进行大型施工作业的场地,应做好与有关单位的沟通工作,对可能影响地铁运营安全的隐患及时处理,确保地铁运营安全。

(3)加强对道床的沉降变形监测,定期对比分析运营监测数据,并加强人工添乘,及时发现设备变化。

任务三　整体道床上拱、下沉故障应急处理

任务引入

整体道床是由混凝土整体灌筑而成的道床,具有维护工作量少、结构简单、整体性强、表面整洁、坚固稳定耐久、轨道建筑高度小等优点,目前已在轨道交通领域大面积使用。但整体道床因施工质量及结构形式等原因,一旦出现上拱或下沉病害,其整治难度相较碎石道床要大很多。

工务专业人员通过定期的现场检查、监测,加强日常养护维修工作,及时发现道床的上拱、下沉等病害迹象并采取应对措施,将病害遏制在萌芽状态,保证了整体道床的结构稳定。

任务分析

整体道床病害成因分析是整体道床维护人员必备的业务技能知识。通过深入掌握整体道床由混凝土整体灌筑而成的结构特性、结合检测手段,及时发现潜在问题并制定针对性的管控措施。要求学生能够熟练掌握不同结构形式的整体道床的基本结构组成及病害成因分析,牢记病害突发事件的应急响应程序,防止病害进一步扩大,降低对运营的影响。

课岗赛证

课	岗	赛	证
教学内容	**城市轨道线路维护工**（高级）（××地铁）	**铁路线路工比赛**（××铁路局）	**铁路线路工国家职业标准**（高级）
1.整体道床上拱、下沉原因 2.整体道床上拱、下沉应急处理 3.下沉起道方法和流程	1.能组织故障抢修 2.能对故障原因进行分析	实操7 道床整理作业	能对事故或灾害地段线路组织抢修

任务目标

【知识目标】

1.理解整体道床上拱、下沉的原因。

2.掌握整体道床变形的处理方法和预防措施。

3.了解道床变形故障处理流程。

【能力目标】

1.根据列车运行异常,判断整体道床状态。

2.能够按照相关流程,进行道床起上拱、下沉故障汇报。

3.能编制整体道床上拱、下沉故障应急处理作业指导书,完成事故处理。

【素质目标】

1.接到抢修命令不慌不忙,按程序操作,通知相关抢修负责人,及时赶到故障现场。

2.在抢修作业过程中发挥主观能动性,积极参与抢修作业。在平常工作中苦练专业技能,以便在抢修作业中发挥最大的作用,在最短的时间内使轨道设备恢复正常。

3.能够在作业过程中团队协作,有条不紊,听从施工负责人指挥。

知识链接

一、整体道床上拱、下沉概述

整体道床上拱、下沉是指道床受到外力(道床底部水压力等)作用上拱,或道床内部存在空洞,导致下沉,进而使轨道几何尺寸严重变形,影响行车安全等情况。

1.道床上拱分级

1)重大级(Ⅰ级)

正线整体道床线路局部上拱30～40mm,碎石道床线路局部上拱40～50mm;必须临时中断当日事故区段列车运行,进行处理后恢复通车,列车运行必须限制速度和调整运营组织方案。

2)较大级(Ⅱ级)

正线整体道床线路局部或整体上拱量在15～30mm范围以内或者正线碎石道床局部上

拱20～40mm,必须在非运营时间内处理,当日列车运行必须限制速度和调整运营组织方案。

3)一般级(Ⅲ级)

正线整体道床线路局部或整体下沉或上拱量在0～15mm范围以内或者正线碎石道床局部下沉或上拱0～20mm时对正常运营不造成影响。

2.道床上拱测量方式

道床上拱采用水准仪进行测量,一旦发现异常,立即派人每天对上拱地段进行观测,记录上拱发展情况,根据上拱高程变化的大小和发展速度评定其危害程度。

二、典型案例

1.故障概况

2012年1月6日9:12,××地铁司机驾驶列车在2号线上海路—汉中门站下行区间(距汉中门站约200m处)发现列车有异常晃动,立即通知行车调度员;OCC及时发布限速命令和相关信息,通知专业部门和中心现场查勘。专业人员迅速赶赴现场,检查发现上海路—汉中门站下行区间K12+363～K12+383处道床拱起1.5cm,建议OCC加大降速措施;专业人员定时现场查勘发现,该区域道床拱起逐步升高,12:20,拱起最高点约8cm,专业人员通知OCC该区段停止运营,OCC发布故障区段停止运营的命令。

2.原因分析

一是汉中门—上海路站区间隧道位于五台山南坡冲沟发育区,冲沟为地下水相对富集区,并与隧道走向近于正交。

二是道床拱起处正位于冲沟部位,特殊的地形、地貌和水文工程地质条件,形成了横穿既有隧道结构的冲沟内掩埋地层富水和过水通道,区域内不确定性水源的补给和积聚导致地下水压力增大,是上海路—汉中门站下行区间K12+363～K12+383处道床拱起的主要原因。

参 考 文 献

[1] 中华人民共和国住房和城乡建设部.地铁设计规范:GB 50157—2013[S].北京:中国建筑
　　工业出版社,2013.
[2] 国家铁路局.铁路轨道设计规范:TB 10082—2017(2023修订版)[S].北京:中国铁道出版
　　社,2023.
[3] 中华人民共和国住房和城乡建设部.地下铁道工程施工标准:GB 51310—2018[S].北京:
　　中国建筑工业出版社,2018.
[4] 国家铁路局.铁路轨道工程施工质量验收标准:TB 10413—2018[S].北京:中国铁道出版
　　社,2019.
[5] 中国铁路总公司.普速铁路线路修理规则(2022年7月修订):TG/GW 102—2019[S].北
　　京:中国铁道出版社有限公司,2019.
[6] 中国国家铁路集团.普速铁路工务安全规则:铁工电[2023]54号[S].北京:中国铁道出版
　　社,2023.
[7] 国家铁路局.铁路无缝线路设计规范:TB 10015—2012(2024修订版)[S].北京:中国铁道
　　出版社,2024.
[8] 埃斯韦尔德.现代铁路轨道(第2版)[M].王平,陈嵘,井国庆,译.北京:中国铁道出版社,
　　2014.
[9] 文妮.高速铁路轨道施工与维护[M].2版.成都:西南交大出版社,2018.
[10] 王平,杨荣山.轨道工程[M].北京:机械工业出版社,2021.
[11] 中华人民共和国交通运输部.城市轨道交通运营设备维修与更新技术规范　第4部分:
　　轨道:JT/T 1218.4—2024[S].北京:人民交通出版社股份有限公司,2024.
[12] 中华人民共和国交通运输部.城市轨道交通设施设备运行维护管理办法:交运规〔2024〕
　　9号[S].北京:人民交通出版社股份有限公司,2024.

高职交通运输与土建类专业系列教材

高等职业教育新形态一体化教材

轨道工程

实训手册

陈凤英　姜海波　赵宁宁　主　编
刘巧静　霍新伟　陈路明　副主编
　　　　　　　　田苗盛　主　审

专业班级：＿＿＿＿＿＿＿＿＿

姓　　　名：＿＿＿＿＿＿＿＿＿

学习小组：＿＿＿＿＿＿＿＿＿

人民交通出版社

北京

本教材配套数字资源索引

资源位置		资源编号	资源类型	资源名称	资源页码
项目一	任务一	1.1.1	微课	钢轨的断面及材质	主教材6
		1.1.2	模型	钢轨	主教材7
		1.1.3	现场视频	轨缝调整作业	主教材10
		1.1.4	虚拟仿真	单根钢轨更换	实训手册7
		1.1.5	习题小测	钢轨的功能及断面	实训手册7
	任务二	1.2.1	微课	钢轨伤损及探伤	主教材12
		1.2.2	现场视频	波磨测量作业	主教材16
		1.2.3	现场视频	钢轨磨耗检查作业	实训手册8
		1.2.4	模型	磨耗尺	实训手册8
		1.2.5	虚拟仿真	钢轨探伤	实训手册11
		1.2.6	模型	钢轨探伤仪	实训手册11
		1.2.7	现场视频	焊缝探伤	实训手册22
		1.2.8	现场视频	钢轨人工打磨	实训手册22
		1.2.9	习题小测	钢轨伤损及探伤	实训手册22
	任务三	1.3.1	微课	轨枕	主教材17
		1.3.2	现场视频	碎石道床方正轨枕作业	实训手册23
		1.3.3	虚拟仿真	更换木枕作业	实训手册28
		1.3.4	习题小测	轨枕	实训手册28
	任务四	1.4.1	微课	接头连接零件	主教材25
		1.4.2	模型	钢轨接头	主教材26
		1.4.3	微课	扣件	主教材29
		1.4.4	动画	WJ-7型扣件	主教材31
		1.4.5	现场视频	扣件涂油作业	实训手册29

资源位置		资源编号	资源类型	资源名称	资源页码
项目一	任务四	1.4.6	虚拟仿真	扣件涂油	实训手册29
		1.4.7	现场视频	接头螺栓涂油	实训手册35
		1.4.8	习题小测	连接零件	实训手册35
	任务五	1.5.1	模型	有砟轨道	主教材34
		1.5.2	现场视频	碎石道床人工捣固作业	实训手册36
		1.5.3	习题小测	有砟轨道	实训手册41
	任务六	1.6.1	微课	无砟轨道	主教材38
		1.6.2	模型	无砟轨道	主教材38
		1.6.3	习题小测	无砟轨道	实训手册44
项目二	任务一	2.1.1	微课	直线轨道的几何形位	主教材47
		2.1.2	模型	电子轨距尺	实训手册47
		2.1.3	现场视频	线路起道作业	实训手册49
		2.1.4	习题小测	直线轨道轨距水平	实训手册50
	任务二	2.2.1	微课	小半径曲线轨距加宽	主教材51
		2.2.2	习题小测	小半径曲线轨距加宽	实训手册52
	任务三	2.3.1	微课	曲线外轨超高	主教材55
		2.3.2	动画	曲线外轨超高	主教材55
		2.3.3	习题小测	曲线外轨超高	实训手册55
	任务四	2.4.1	微课	曲线整正	主教材59
		2.4.2	现场视频	正矢测量	实训手册56
		2.4.3	现场视频	碎石道床拨道作业	实训手册60
		2.4.4	虚拟仿真	曲线拨道作业	实训手册60
		2.4.5	现场视频	线路改道作业	实训手册64
		2.4.6	虚拟仿真	改道作业	实训手册64
		2.4.7	习题小测	曲线整正	实训手册64
	任务五	2.5.1	现场视频	轨底坡测量	实训手册65
		2.5.2	习题小测	前后高低、轨底坡	实训手册69
	任务六	2.6.1	微课	缩短轨1	主教材67
		2.6.2	微课	缩短轨2	主教材67
		2.6.3	习题小测	缩短轨	实训手册72
	任务七	2.7.1	模型	轨道检查仪	主教材72
		2.7.2	虚拟仿真	轨道检查仪静态检查作业	实训手册72

资源位置		资源编号	资源类型	资源名称	资源页码
项目二	任务七	2.7.3	现场视频	轨道检查仪检查作业	实训手册72
		2.7.4	习题小测	轨道检查仪	实训手册77
项目三	任务一	3.1.1	微课	普通单开道岔的认知	主教材80
		3.1.2	虚拟仿真	单开道岔组成	实训手册78
		3.1.3	习题小测	道岔认知	实训手册86
	任务二	3.2.1	微课	单开道岔的构造:转辙器部分	主教材85
		3.2.2	动画	转辙机的工作原理	主教材85
		3.2.3	习题小测	单开道岔转辙器部分	实训手册91
	任务三	3.3.1	虚拟仿真	道岔支距测量作业	实训手册92
		3.3.2	现场视频	道岔支距测量作业	实训手册92
		3.3.3	模型	支距尺	实训手册93
		3.3.4	习题小测	道岔连接部分	实训手册96
	任务四	3.4.1	微课	识读单开道岔总布置图	实训手册96
		3.4.2	图纸	图3-4-2 单开道岔布置图1	实训手册97
		3.4.3	图纸	图3-4-3 单开道岔布置图2	实训手册99
		3.4.4	习题小测	单开道岔布置图	实训手册102
	任务五	3.5.1	微课	单开道岔的构造:辙叉及护轨	主教材100
		3.5.2	现场视频	护轨轮缘槽测量作业	实训手册102
		3.5.3	现场视频	道岔查照间隔测量作业	实训手册106
		3.5.4	习题小测	单开道岔辙叉及护轨	实训手册111
	任务六	3.6.1	现场视频	道岔17处测量作业	实训手册111
		3.6.2	虚拟仿真	道岔17处检查	实训手册111
		3.6.3	习题小测	道岔17处轨距水平检查	实训手册115
	任务七	3.7.1	微课	更换道岔护轨	主教材106
		3.7.2	现场视频	道岔护轨更换	实训手册115
		3.7.3	动画	护轨的更换流程	实训手册116
		3.7.4	习题小测	护轨更换	实训手册121
项目四	任务一	4.1.1	微课	无缝线路认知	主教材110
		4.1.2	习题小测	无缝线路认知	实训手册124
	任务二	4.2.1	微课	无缝线路温度力计算	主教材114
		4.2.2	微课	温度力单向图及反向图	实训手册125
		4.2.3	习题小测	钢轨温度力及温度力图	实训手册129
	任务三	4.3.1	微课	无缝线路应力放散	主教材120

资源位置		资源编号	资源类型	资源名称	资源页码
项目四	任务三	4.3.2	虚拟仿真	无缝线路应力放散	实训手册130
		4.3.3	现场视频	位移观测桩测量作业	实训手册135
		4.3.4	习题小测	无缝线路应力放散	实训手册135
	任务四	4.4.1	动画	无缝线路胀轨跑道	主教材125
		4.4.2	微课	无缝线路胀轨跑道	主教材125
		4.4.3	虚拟仿真	无缝线路胀轨跑道处理作业	实训手册135
		4.4.4	习题小测	无缝线路胀轨跑道	实训手册139
	任务五	4.5.1	虚拟仿真	钢轨焊接作业	实训手册139
		4.5.2	习题小测	钢轨焊接	实训手册150
	任务六	4.6.1	微课	无缝线路钢轨折断处理方法	主教材131
		4.6.2	虚拟仿真	无缝线路钢轨折断临时处理	实训手册150
		4.6.3	虚拟仿真	无缝线路钢轨折断紧急处理	实训手册152
		4.6.4	现场视频	无缝线路钢轨折断紧急处理	实训手册152
		4.6.5	虚拟仿真	无缝线路钢轨折断永久处理	实训手册154
		4.6.6	习题小测	钢轨折断处理	实训手册157
项目五	任务一	5.1.1	微课	一般及中等减振地段整体道床施工	主教材136
		5.1.2	虚拟仿真	无砟轨道铺轨施工	主教材136
		5.1.3	动画	整体道床轨道施工流程	实训手册158
		5.1.4	虚拟仿真	轨道精调	实训手册161
		5.1.5	习题小测	普通无砟轨道施工	实训手册161
	任务二	5.2.1	微课	高等减振地段整体道床施工	主教材144
		5.2.2	虚拟仿真	减振道床铺设施工	主教材144
		5.2.3	虚拟仿真	无缝线路的铺设	实训手册166
		5.2.4	习题小测	减振轨道施工	实训手册166
	任务三	5.3.1	微课	浮置板道床原理	主教材147
		5.3.2	动画	浮置板弹簧隔振器的组成	主教材148
		5.3.3	微课	浮置板减振道床施工	主教材151
		5.3.4	习题小测	浮置板减振轨道	实训手册174
	任务四	5.4.1	微课	碎石道床轨道施工	主教材156
		5.4.2	虚拟仿真	有砟轨道铺轨施工	主教材156
		5.4.3	动画	原位法道岔施工流程	主教材158
		5.4.4	微课	碎石道床道岔岔枕摆放及道岔组装	实训手册174
		5.4.5	习题小测	碎石道床施工	实训手册178

资源位置		资源编号	资源类型	资源名称	资源页码
项目六	任务一	6.1.1	现场视频	挤岔应急抢修作业	实训手册180
		6.1.2	习题小测	挤岔应急处理	实训手册184
	任务二	6.2.1	现场视频	线路起道作业	实训手册185
		6.2.2	虚拟仿真	起道作业	实训手册185
		6.2.3	习题小测	碎石道床下沉应急处理	实训手册188
	任务三	6.3.1	现场视频	整体道床沉降处理	实训手册189
		6.3.2	习题小测	整体道床下沉	实训手册192

资源使用说明：

1. 扫描封面二维码,注意每个码只可激活一次;

2. 长按弹出界面的二维码关注"交通教育出版"微信公众号并自动绑定资源;

3. 公众号弹出"购买成功"通知,点击"查看详情",进入后即可查看资源;

4. 也可进入"交通教育出版"微信公众号,点击下方菜单"用户服务—图书增值",选择已绑定的教材进行观看。

目 录
Contents

项目一
轨道构造与检查

任务一　学习活动　轨缝调整作业

作业指导书

一、工具准备

准备表1-1-1中相应数量的工具。

轨缝调整作业工具准备表　　表1-1-1

序号	项目名称	规格	单位	数量	备注
1	轨距尺	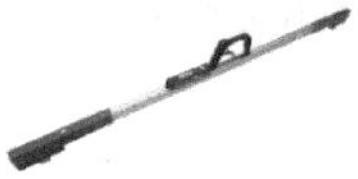	把	1	
2	塞尺	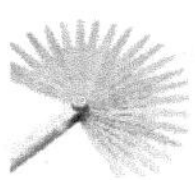	个	1	
3	羊角扳手	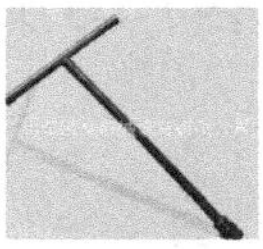	把	2	
4	轨缝液压调整器	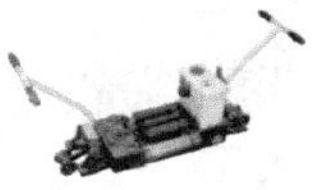	套	1	
5	单开口扳手	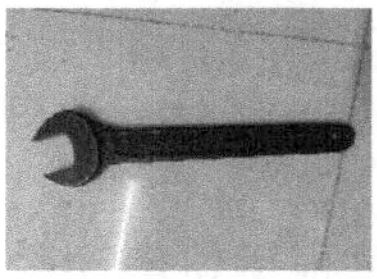	把	1	

序号	项目名称	规格	单位	数量	备注
6	活扳手	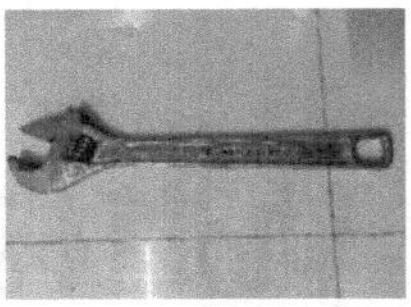	把	21	
7	方尺	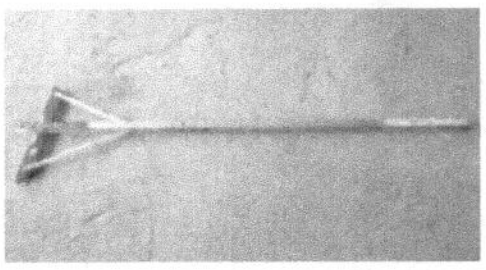	把	1	
8	轨温计		只	1	

二、作业程序

轨缝调整作业程序如图 1-1-1 所示。

图 1-1-1　轨缝调整作业程序

1.作业前

1)准备作业

(1)工长编制日生产作业计划、合理分工,制定作业计划单和工具携带清单。

(2)召开点名会,会上工长首先布置工作任务,明确作业地点、任务、作业人员和防护人员,然后结合作业项目、人员、环境等综合因素,提出作业预想和安全风险提示等,最后由安全值日员补充安全注意事项。作业前准备如图 1-1-2、图 1-1-3 所示。

图 1-1-2　召开班前会议

图 1-1-3　办理相关手续

2)计算串动量

(1)测量轨缝并进行轨缝调整计算,计算出每根钢轨串动量和串动方向,做出分段作业安排,并确定防护办法。测量轨缝、计算串动量和串动方向如图1-1-4、图1-1-5所示。

图1-1-4　测量轨缝

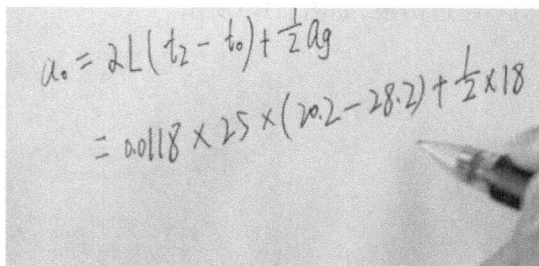

$$u_0 = 2L(t_2 - t_0) + \frac{1}{2}Ag$$
$$= 0.0118 \times 25 \times (20.2 - 28.2) + \frac{1}{2} \times 18$$

图1-1-5　计算串动量和串动方向

(2)查明发生轨缝不良的原因,并加以消除。

(3)检查所带料具是否齐全、状态是否良好,如图1-1-6所示。

图1-1-6　检查工机具

(4)安全措施。

①使用料具如轨距尺、羊角扳手、活扳手等前认真检查其安全性能,并做到合理使用。

②现场施工负责人对作业人员进行班前安全教育,根据当日生产任务提出具体的、有针对性的安全要求和安全预想,做好文字记录。

2.作业中

(1)打开防爬器,松动扣件螺栓,拧松接头螺栓,松动夹板,松开影响串动的扣件,如图1-1-7、图1-1-8所示。

图1-1-7　松连接零件

图1-1-8　松开扣件

（2）按计划串动钢轨，使用液压轨缝调整器时，25m钢轨每次串动一根，12.5m钢轨每次串动不超过两根，如图1-1-9所示。

图1-1-9　串动钢轨

（3）拧紧接头螺栓和扣件螺栓，安装防爬器，如图1-1-10所示。

图1-1-10　拧紧螺栓

（4）作业负责人对当日作业地点扭力矩、错牙量、钢轨串动量、轨缝、轨道加强设备等进行全面检查，发现不合格及时返工，如图1-1-11、图1-1-12所示。

图1-1-11　轨距检查

图1-1-12　扭力扳手检查扣压力

（5）质量要求。

①轨缝均匀，无瞎缝，无大轨缝。

②接头应相对，正线及到发线直线误差不超过40mm，曲线误差不超过40mm加缩短量一半，其他站线及专用线直线误差不超过60mm，曲线误差不超过60mm加缩短量一半，相错式曲线接头相错不少于3m。

（6）操作中常见错误。

①脚踩轨缝调整器，如图1-1-13所示。

②单手操作轨缝调整器，如图1-1-14所示。

图1-1-13 脚踩轨缝调整器

图1-1-14 单手操作轨缝调整器

③撞夹板轨缝调整，如图1-1-15所示。

④工机具放在两线之间，如图1-1-16所示。

图1-1-15 撞夹板轨缝调整

图1-1-16 工机具放在两线之间

（7）安全措施。

①严禁抛掷工具、材料或其他重物，防止人员受伤或砸坏材料及设备设施。

②集体作业时，施工人员相互之间要保持安全距离，加强自我防护。

③作业中不得损坏其他单位的设备、设施。施工人员进入现场后，未经施工负责人允许，禁止到非施工区域。

3.作业后

1）清理现场

由现场施工负责人、安全员组织清理现场，检查线路限界，如图1-1-17所示。

2）撤离销点

施工负责人、安全员对整个施工现场进行安全检查，确认没有安全隐患后撤离施工现场，然后办理注销手续并按程序上报，如图1-1-18所示。

3）安全措施

（1）由现场施工负责人、安全员组织清理现场、检查线路限界。

（2）收拾工具，现场存放的工具、设备、材料要整齐码放在安全地带。

图 1-1-17　清理现场

图 1-1-18　撤离销点

（3）废弃物、易燃物统一清理干净，装袋回收带出洞外。

（4）经检查确认安全后方可离开现场。

（5）清点人员，待施工人员全部撤离现场后，方可办理注销手续。

任务训练单

按表1-1-2完成轨缝调整任务分工。

任务分工表　　　　　　　　　　　　　　表1-1-2

班级		组号		指导教师	
组长		学号		日期	
作业任务		轨缝调整			
组员	姓名	任务分工			

任 务 实 施

按照搜集资料和决策过程，制订一段线路的轨缝调整计划，计划包括作业前、作业中、作业后及安全技术交底，完成表1-1-3的内容。

工作计划表　　　　　　　　　　　　　　表1-1-3

步骤	工作内容	负责人
1		
2		
3		
4		
5		
6		
7		
8		

任 务 评 价

根据表1-1-4对本次任务进行评分。

轨缝调整考核评价表　　　　　　　　　　　表1-1-4

序号	测定项目	考核标准	满分	评价			
				自评	互评	师评	总评
1	作业前	进行安全技术交底	5分				
		清点工具	5分				
		正确防护	5分				
2	作业中	测量轨缝、轨温	5分				
		进行轨缝串动量计算,判断调整值以及是否需要插入短轨	10分				
		正确使用工具拆卸扣件、螺栓、轨道附属设施等	10分				
		正确配合使用轨缝调整器	15分				
		拧紧扣件、螺栓	10分				
		更换垫片	10分				
		进行线路测量、检查	10分				
3	作业后	清理现场、撤出限界	10分				
		按规范要求撤除防护	5分				

拓 展 任 务

序号	内容	地址
1	虚拟仿真　单根钢轨更换	
2	习题小测　钢轨的功能及断面	
3	**"光谷光子号"空轨** **中国首列"飞行"列车来了** 空轨,全称空中轨道列车,是一种悬挂式单轨交通系统。简单地说,它就是一种运行在由水泥或钢铁立柱支撑的空中轨道之下的机车	https://mp.weixin.qq.com/s?__biz=MzU4MDc2MjIwNQ==&mid=2247525052&idx=3&sn=5c33e67872bd4c4cbf710a205003d807&chksm=fc0f53e303ab7570761565574705789b3c602a64f4fd3290a00994cb34572e19774b5b2afb64&scene=27

序号	内容	地址
4	钢轨的"身份证"和"出生证"	https://mooc1.xueyinonline.com/mooc-ans/mycourse/teacherstudy?chapterId=953212990&courseId=250269189&clazzid=119055324
5	《普速铁路线路修理规则》(TG/GW 102—2019)第8.4.1条	
6	《城市轨道交通设施设备运营维护管理办法》第十三条第4点:轨道设施养护维修分为巡检、月检、年检和大修,巡检间隔不超过7天,月检间隔不超过3个月,年检间隔不超过1年,大修间隔依据状态确定	

任务二　学习活动一　钢轨磨耗检查

作业指导书

现场视频　钢轨磨耗检查作业

钢轨磨耗测量尺(以下简称"磨耗尺")用于测量钢轨垂直磨耗和侧面磨耗量。合理的设计使它具有重量轻、操作方便的特点。

一、磨耗尺结构

磨耗尺主要由底板、定位块、垂直磨耗测量尺(以下简称垂磨测尺)、侧面磨耗测量尺(以下简称侧磨测尺)、游标对零装置、手柄、数显读数装置等组成。磨耗尺结构如图1-2-1、图1-2-2所示。

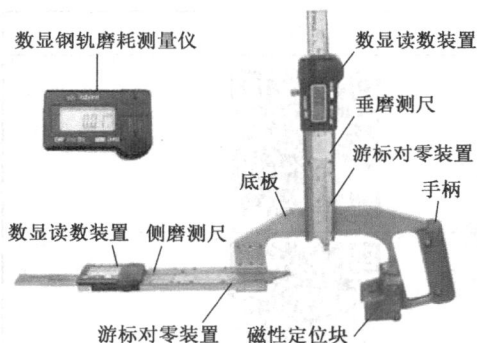

图 1-2-1　磨耗尺结构图

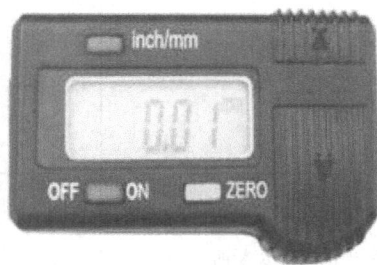

图 1-2-2　磨耗尺显示屏

模型　磨耗尺

二、数显读数装置操作键简介

磨耗尺数显按键说明见表1-2-1。

操作键名称	用途及操作方法
"OFF/ON"开关键	用途:打开或关闭电源 操作方法:按一下此键打开或关闭电源
"ZERO"清零键	用途:将显示数值变为零 操作方法:按一下此键将显示数值变为零
"inch/mm"公英制转换键	用途:公英制相互转换 操作方法:按一下此键将公制、英制循环转换

磨耗尺数显按键说明　　　　　　　　表 1-2-1

三、操作方法

（1）校对零位:将垂磨测尺、侧磨测尺的游标对零装置的游标"0"线对准,再按动数显读数装置"ZERO"清零键,将显示数字变为"0.00"。

（2）握住手把,将磨耗尺定位在被测钢轨的外侧面,推动垂磨测尺和侧磨测尺,使其测头分别与钢轨上表面和内侧面接触,此时即可从数显读数装置中读取钢轨垂直磨耗和侧面磨耗量。磨耗尺操作图如图 1-2-3 所示。

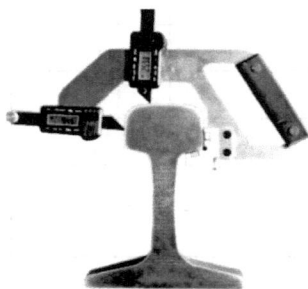

图 1-2-3　磨耗尺操作图

任务训练单

钢轨磨耗检查任务分工见表 1-2-2。

任务分工表　　　　　　　　表 1-2-2

班级		组号		指导教师	
组长		学号		日期	
作业任务		钢轨磨耗检查			
组员		姓名	任务分工		

任 务 实 施

按照作业指导书的引导,制订曲线钢轨磨耗检查计划,检查一段曲线的磨耗并填写完整曲线钢轨磨耗检查记录表,见表 1-2-3。

曲线钢轨磨耗检查记录表　　　　　　　　　　　表 1-2-3

曲线位置:_____,区间K_____+_____~K_____+_____,曲线全长____m,缓和曲线长____m,曲线半径____m,计划正矢____mm,超高_____mm,加宽____mm。

检查区段		磨耗尺					
点号	垂直磨耗	侧面磨耗	总磨耗	伤损标准	表示方法	处理办法	
1							
2							
3							
4							
5							
6							
7							
8							
9							
10							

任 务 评 价

根据表1-2-4对本次钢轨磨耗检查的完成情况进行评价。

钢轨磨耗检查考核评价表　　　　　　　　　　　表 1-2-4

项目	满分	考核内容及评分标准	教师扣分	小组扣分	实得分
操作技能	80分	检查测量工具。没检查扣5分			
		用测量仪器及工具进行测量。测量方法不正确,每处扣5分			
		判断测量钢轨、叉心的伤损情况。未进行,每项扣5分			
		对达到轻、重伤设备进行标记。未进行标记及漏标,每处扣5分			
		测量部位不正确,每处扣5分			
		测量数据误差大于1mm,每处扣5分			
		漏判及错判,每处扣5分			
		对重伤轨未提出更换,扣20分			
工具设备的使用及维护	10分	正确使用测量仪器。使用方法不正确,扣10分			
时间	5分	按规定时间完成,否则每超过1min扣1分			
安全及其他	5分	本人无安全因素,否则扣1分/次			
		记录无涂改,否则扣1分/处			

任务二　学习活动二　钢轨探伤

作业指导书

钢轨探伤小车一般由仪器主机和手推小车两大部分组成,通过电源电缆及探头接线连为一体。其中,小车由推行把手、仪器托架、水箱、工具箱、翻板架、走行轮、探头架、洒水装置等组成。下面以汕头超声仪器研究所GT-2+型钢轨探伤仪为例,说明其结构组成,如图1-2-4所示。

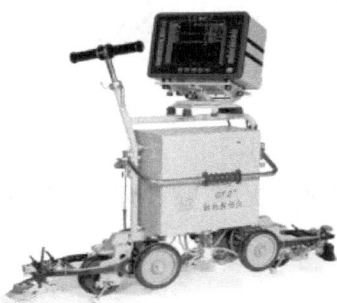

虚拟仿真　钢轨探伤

模型　钢轨探伤仪

图1-2-4　钢轨探伤仪

下面以铁路探伤检查为例,进行钢轨探伤作业指导。

一、测试前准备工作

1.工(班)长点名

由工(班)长点名确定当日作业人员数量和精神状态,如图1-2-5所示。

图1-2-5　工(班)长点名

2.工作安排及人员分工

由工(班)长对作业人员进行工作安排和人员分工,如图1-2-6所示。负责人由工(班)长担任,一般两台探伤仪为一组,配备8人。具体分工:负责人1人,执机人员2人,前中后防护员3人,帮机兼手工检查人员2人。单机不少于6人。

图1-2-6 工作安排及人员分工

3.安全教育

工(班)长对当日作业中的安全注意事项、工作重点进行提醒,被教育人在钢轨探伤作业日志安全指导上进行安全教育签认,如图1-2-7所示。

4.技术交底

根据作业项目,对作业过程中的各项标准进行技术交底,如图1-2-8所示。

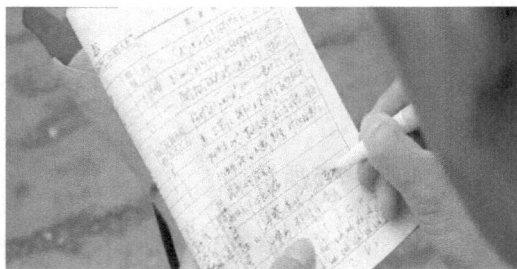

图1-2-7 安全教育签认

图1-2-8 技术交底

5.工机具准备及检查

工机具、材料包括CSK-1A、WGT-3、阶梯试块、GTS-60C试块、钢轨超声波探伤仪、耦合剂、棉纱、水壶、螺丝刀、钳子、活口扳手、卷尺、白油漆、毛笔、反光镜、手工检查锤及探伤仪器适配原件等。对工机具、材料进行清点、检查、性能测试,确保材料齐全、工机具状态良好,如图1-2-9、图1-2-10所示。

二、作业程序及要求

(1)作业前,带班班长应根据当日钢轨探伤作业计划的地点,按照《钢轨探伤作业日志》中的要求规范填写(图1-2-11)。对作业安全进行针对性的指导,其中包括人员分工、钢轨作业地点、设备状况和人身安全等方面。

图 1-2-9　工机具准备

图 1-2-10　工具检查

图 1-2-11　填写操作日志

　　应对当日作业使用的钢轨探伤仪的探伤灵敏度、电压、B 型显示图形等进行复检并使其达到上道作业要求。执机人员上道前,应先检查钢轨探伤仪工作电压是否正常,供水系统是否正常,机械部件是否松动,走形装置是否良好;其次对钢轨探伤仪进行动态校验,如图 1-2-12 所示。

图 1-2-12　钢轨探伤仪校验

根据仪器型号和钢轨种类对探头位置、探伤灵敏度及B型显示图形进行调整(图1-2-13)。校验完毕后,经带班班长确认合格后方可上道使用。

a)探头检校

b)灵敏度调整

图1-2-13 探头调整

(2)作业中,带班班长及时与驻站联络员联系,确定登记后,通知防护人员到达防护地点后,带领作业人员进网作业。对当日钢轨探伤作业进行现场全面监控,对作业人员的非标准化作业及时制止并纠正。

(3)对发现的钢轨伤损进行复核确认,按规定认真填写《钢轨探伤伤损日记录》和《伤损钢轨通知单》。处理现场钢轨探伤作业外出现的其他状况。执机人员上道作业前必须检测数据存储情况,输入线别代码(股道编号)、左右股、里股、轨型、正反向检查方式、起始公里、执机编号等信息,并根据钢轨状况对探伤仪进行现场校验、试探伤,经带班班长复核后方能开始探伤作业,如图1-2-14所示。

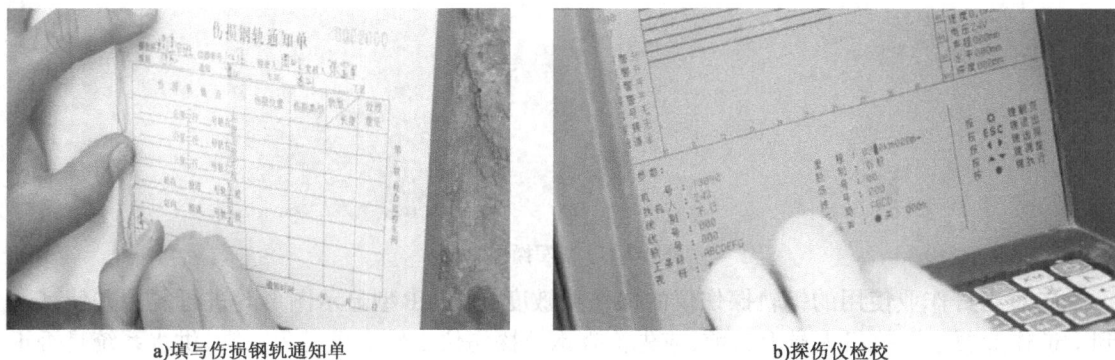

a)填写伤损钢轨通知单

b)探伤仪检校

图1-2-14 伤损钢轨复核

(4)严格控制探伤速度:在无缝线路地段不超过3km/h,其他线路不超过2km/h。作业过程中,两台仪器为一组,其间距不得大于50m,如图1-2-15所示。因故下道重新上道作业时,探伤仪器必须后退1m以上;次日作业接续前日作业时,探伤仪器必须后退50m以上。

(5)无缝线路作业遇焊缝报警,经分析确认无伤损后,应在仪器上做焊缝标记,以便数据回放人员进行数据分析。执行探伤要领,确保出波及B型显示图形记录完整,做到仪器与手工相结合。

图1-2-15 两台探伤仪作业间距

检查尖轨、基本轨、可动面道岔时要注意倾听报警,仔细观察反射波形及B型显示图形,严禁在道岔转撤部分收仪器翻板。进入曲线,执机人员要根据上下股的磨耗、轨面压溃程度及时调整探头位置,加大耦合剂用量,注意观察波形及B型显示图形,如图1-2-16所示。对检查出的疑似伤损,必须由两台探伤仪器共同复核,并经有无损检测Ⅱ级资格证或无损检测Ⅲ级资格证人员或带班班长进行最终确认。

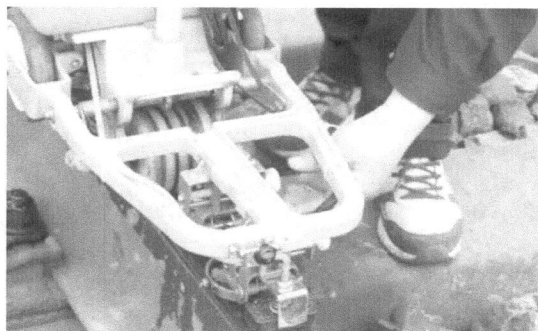

a)波形观察　　　　　　　　　　　　　　　　b)耦合剂用量

图1-2-16 特殊位置调整

(6)确认伤损后,在探伤仪上做出相应伤损级别的标记符号。通知带班班长分别按照有关规定做出伤损标记,填写《侧轨探伤伤损日记》及《伤损钢轨通知单》,如图1-2-17、图1-2-18所示。

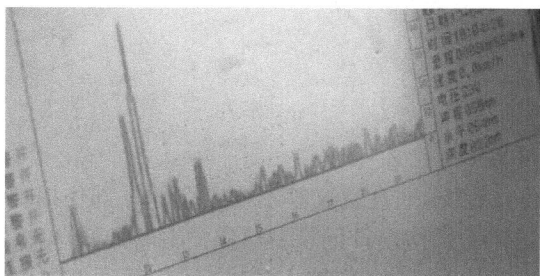

a)伤损波形图　　　　　　　　　　　　　　　b)伤损标记

图1-2-17 确认伤损并标记

a)伤损日记填写

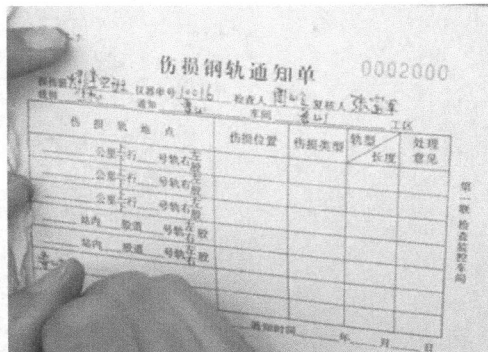
b)伤损钢轨通知单填写

图1-2-18　伤损填写

（7）帮机人员作业过程中，紧跟探伤仪器，对钢轨外观进行检查，协助执机人员听报警，并参与分析疑似伤损。仪器通过道口进入曲线时，及时清除钢轨表面的杂质、油污，确保探头与轨面的耦合良好。对确认的伤损在钢轨上做好标记，及时补充耦合剂。

（8）手工检查人要严格执行"一看、二敲、三照、四卸"的手工检查要领，随时做到手工与仪器相结合，协助执机人员进行伤损的复核工作，如图1-2-19所示。

a)一看

b)二敲

c)三照

d)四卸

图1-2-19　手工检查

（9）对轨顶面压溃、擦伤、掉块、磨耗、水平（纵向）裂纹、垂直裂纹等影响安全的外部伤损要按规定判别伤损并进行标记，通知带班班长填写《钢轨探伤伤损日记录》及《伤损钢轨通知单》。

（10）作业后带班班长待作业人员安全撤出封闭网后，通知防护人员安全，最后通知驻站联络员进行销记。

对发现的钢轨伤损在填写《伤损钢轨通知单》后及时送交设备管理车间工区进行签认,并将当日发现的问题及伤损钢轨汇总整理后报探伤车间。

返回驻地后,及时将探伤数据上传(图1-2-20),分析人员确定探伤数据完整后,在《钢轨探伤数据接收登记本》上登记并签认。

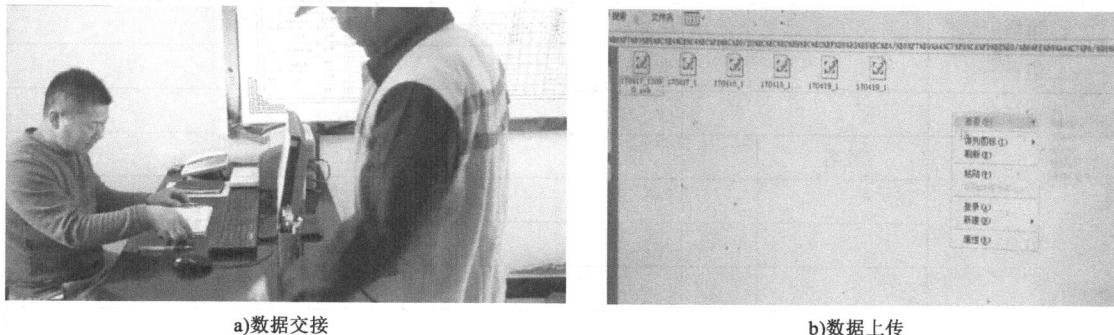

a)数据交接

b)数据上传

图1-2-20　探伤数据上传

执机人员将当日仪器存储的数据导入移动存储设备,并交由带班班长传输至计算机进行数据备案。对使用的探伤设备进行擦拭、保养、充电。

(11)手工检查人员对手工检查所使用的用品进行检查、整理,避免遗漏,保证次日探伤作业的正常使用,如图1-2-21所示。

图1-2-21　检查、整理仪器

三、安全重点

(1)每天作业前,必须根据当天的作业内容由带班班长开展有针对性的安全预想,并根据行车条件,按有关规定选择工地防护办法。

(2)加强对钢轨重点地段的检查。

(3)职工上岗必须按规定着装、携(佩)戴标志,正确使用劳动保护用品。

(4)驻站联络员和防护员必须由教育部门培训,经考试合格后持证上岗。

(5)探伤作业时,必须设驻站联络员和现场防护人员。当现场防护条件不良时,应增设防护人员。严禁不设防护或防护未设好上道作业。驻站联络员、防护员和带班班长之间必须按规定保持经常联系(每次联系间隔3~5min)。

任务训练单

对本次钢轨探伤任务,按照工作任务和工作实施引导进行分工,见表1-2-5。

任务分工表　　　　　　　　　　　　　　　　　表1-2-5

班级		组号		指导教师	
组长		学号		日期	
作业任务		钢轨探伤			
组员	姓名	任务分工			

任 务 实 施

按照工作任务和工作实施引导,制订一段钢轨探伤作业计划,并根据计划进行钢轨现场探伤,完成表1-2-6、表1-2-7中的内容。

探伤小车钢轨探伤作业　　　　　　　　　　　表1-2-6

步骤	工作过程	工作内容
1	测试前准备	
2	作业程序及要求	
3	安全交底	
4	验收总结	

钢轨常规探伤记录表　　　　　　　　　　　　表1-2-7

作业区域:								里程:		探伤人员:				
左股仪器编号:							方向:			右股仪器编号:				
探头组合														
仪器灵敏度	1通道	2通道	3通道	4通道	5通道	6通道	6A通道	1通道	2通道	3通道	4通道	5通道	6通道	6A通道
上道(dB)值														
下道(dB)值														
作业时间														

续上表

仪器灵敏度	1通道	2通道	3通道	4通道	5通道	6通道	6A通道	1通道	2通道	3通道	4通道	5通道	6通道	6A通道
助听														
操作者														
左股														
里程														
右股														
操作者														
助听														
作业时间														

任 务 评 价

根据表1-2-8对本次制订钢轨探伤作业的计划与钢轨现场探伤的完成情况进行评价。

钢轨探伤考核评价表　　　　　　　　　　　　　　　表1-2-8

序号	项目	满分	考核内容及评价标准	扣分	得分
1	时间	10分	作业时间30min,每超过2min扣1分,超过10min不合格		
2	口述主流程	10分(错1项扣2分)	作业前准备、点名分工及安全讲话、到达现场、设置防护、上道矫正、探伤作业、伤损信息反馈、下道避车、撤除防护、探伤收工、班后总结、回放分析		
3	准备工作	10分(错1点扣1分)	1. 复核仪器性能。在钢轨试块上标定仪器灵敏度,确保仪器性能良好,满足探伤作业要求。灵敏度调试:GTS-60c试块上斜70°探头探测D4平底孔二次波位移量大于等于1.5格;直70°探测试块无孔端面下35mm D4平底孔端角回波位移量大于等于2.5格;37°探头探测螺孔3mm下斜裂纹位移量大于等于0.5格,轨底2mm裂纹回波位移量大于等于0.4格;0°探头探测螺孔5mm水平裂纹波幅80%且轨底10锥孔收(失)波报警。 2. 材料工具。钢轨探伤仪,冬季备齐酒精和水,夏季备齐水。备用机头一个、电池两块、白铅油。随机工具包括检查锤、钳子、平口螺丝刀、梅花螺丝刀、油漆、小镜子、水壶、钢卷尺各一把,仪器配件37°、70°、0°探头各一个、电源熔断丝(250V/5A)还有探头螺钉、探头保护膜各2个。 3. 防护备品。信号牌(灯)、喇叭、短路铜线(自动闭塞区间)、录音对讲机(驻站、工地电话员)、无线电话机、有线电话机等状态良好,夜间携带照明灯具,穿反光标志服。 4. 携带资料。《重伤、折断钢轨登记表》《伤损钢轨通知书》《钢轨探伤检查记录簿》。点外作业维修计划,需经所在车间批准,整章后在车站办理相关手续		

序号	项目	满分	考核内容及评价标准	扣分	得分
4	分工与安全讲话	10分(错1点扣5分)	1. 分工。按探伤作业计划,布置各组作业里程及现存伤损处所的复查。根据作业地段环境,安排作业防护并提出安全及技术标准。 2. 对作业防护、下道避车、道路交通、探伤作业安全及天气等进行安全讲话		
5	上道矫正	10分(错1项扣5分)	探伤仪上线后,重新校对各项参数,检查探伤仪各探头工作状态。 1. 开启电源后,检测参数设置:输入检测员姓名或编号、日期、线名、线别、里程、股别及方向等。 2. 检查校正显示方式及显示状态,确认探头方向及是否存在失检。 3. 调整探头位置,观察耦合状态,调节水量。 4. 检查仪器各项性能指标,进行探伤灵敏度的校正,以免出现人为故障。 5. 现场灵敏度调试。70°通道(偏角):在良好的接头断面二次断面回波达到满幅高的80%时,P60轨释放不小于10dB,P50轨不小于8dB。在断面波前无杂波的前提下,尽可能开大增益。70°通道(直):在良好的接头断面回波达到满幅高的80%时,释放6dB,断面需出现两次回波,无两次回波显示应开大增益。 6. 37°通道:螺孔最高回波满幅达到80%,P60轨释放不小于18dB;P50轨不小于14dB。在无杂波的前提下,尽可能开大增益。前0通道:底波回波达满幅高的80%,释放8~10dB。后0通道:底波回波达满幅高的80%,释放10~12dB。P43轨比照P50轨调节。 7. 作业负责人对调试好的仪器探伤灵敏度进行复查确认,达到要求后方准作业		
6	探伤作业	10分(错1项扣5分)	1. 基本作业要领。 (1)执机人员要精力集中,推车平稳,目视仪器,耳听报警,随时注意掌握仪器、探头、线路状态。 (2)控制检查速度,无缝线路均速不超过3km/h,有缝线路均速不超过2km/h,双机作业两机间隔应不大于50m。 (3)执行"接头站、小腰慢、大腰匀速探"的作业要领。 (4)随时注意接头与轨面的耦合和灵敏度修正,发现电压不足、仪器设备故障、仪器性能或耦合不良时,必须停止作业,立即进行处理,严禁仪器"带病"上道作业。 (5)辅机人员紧跟仪器,细听报警,配合手工检查,注意瞭望每2km轮流执机,每半千米校正里程。 (6)本线、临线来车及时下道避车,再上道作业必须回退1m重复探测,防止漏检。		

序号	项目	满分	考核内容及评价标准	扣分	得分
6	探伤作业	10分(错1项扣5分)	(7)对可疑波形和报警,要认真分析、校对确认。对现场存在的伤损,要多人两台仪器认真复核。发现伤损后,要在仪器内做好伤损标记,及时填写《伤损钢轨通知书》,对危及行车安全的重伤轨应进行妥善处理。 (8)记录发展情况,根据伤损发展情况提出处理意见。 2. 接头检查。 (1)探伤时推行速度要慢,注意仪器各通道波形显示和探头位置,辨别报警音响。一看接头状况,二看波形显示,三看探头位置。 (2)对道岔引轨、绝缘、胶接和焊缝加固的接头,须执行"双人复检"制。异形、高低、压塌、掉块、擦伤、焊补等接头处所,应采用仪器和手工结合检查。 3. 焊缝检查。 钢轨焊缝接头必须执行"站停看波"。认真区分焊筋与焊缝缺陷回波显示。加强对焊缝轨底横向裂纹的检查:根据前后37°探头的回波显示,用定位法确定轨底焊筋波或裂纹波。对有疑问的焊缝做好标记、记录,使用焊缝探伤仪复查确认。 4. 关键部位检查。 (1)钢轨小腰、曲线、坡道、隧道、道口和桥梁等重点位置,应放慢速度,加大水量,调整增益。 (2)小半径曲线地段,应根据上股侧面、下股压宽的程度调整探头在轨面上的位置,注意波形分析。 (3)道口轨面不洁,应执行"一扫、二冲、三探伤"的作业要领。 (4)道岔区钢轨探伤中,分清各探头回波、报警;正线曲基本轨要擦去油污,反向探测。尖轨、辙叉、岔后引轨执行"双人复查制",加强手工检查。 (5)钢轨锈蚀严重时,要注意0°探头底波显示变化及37°探头对轨底横向裂纹的探测。 (6)对焊补、掉块、鱼鳞伤严重部位,探伤仪无法检测焊补、掉块、鱼鳞伤层下伤损时,采用轨头下颚或侧面校对法,加强探测。 (7)遇机车和车辆压道,做好记录,及时补探。曲线磨耗严重无法探伤,做好记录,报技术(线路)科备案。 5. 手工检查。手工检查钢轨按"一看,二敲,三照,四卸"的过程进行。一看:观察钢轨表面状况,根据伤损钢轨所具有的特征,判断钢轨伤损。二敲:锤敲可疑处、不良接头、道岔部位,根据小锤跳动的次数和发出的声音,判断伤损。三照:用镜子和电筒检查。四卸:拆卸螺孔或夹板检查		
7	伤损判定	10分(错1项扣5分)	发现异常波形显示时,根据波形显示位置、游动距离、钢轨外观,结合探头位置进行综合判伤		

续上表

序号	项目	满分	考核内容及评价标准	扣分	得分
8	伤损信息反馈	10分(错1项扣5分)	1. 对发现的轻伤、重伤、折断钢轨,按照《普速铁路工务设备安全信息处置办法》文件规定通知线路车间和工务段调度。 2. 填写轻重伤通知书:填写重伤的行别、里程、轨号、轨长、发现伤损的时间、人员、伤损钢轨的类型、位置,交所在车间班组签字确认。 3. 由班组长负责将每日的SD卡收回后,并将数据及时上报车间。 4. 遇压车等无法探伤的设备应做好记录		
9	工具的使用与维护	10分	1. 工具和设备使用方法不对扣2分,损坏工具扣3分。 2. 工具摆放位置超限扣3分,不整齐扣2分		
10	安全及其他	10分(错1项扣5分)	1. 按要求进行防护,落实人员机具清点制度,人员机具未撤离现场不得撤除防护。 2. 施工完毕,做到"工完、料净、场地清",严禁机械、料具侵限。 3. 本人有不安全因素		

拓 展 任 务

序号	内容	地址
1	现场视频 焊缝探伤	
2	现场视频 钢轨人工打磨	
3	习题小测 钢轨伤损及探伤	
4	《普速铁路线路修理规则》(TG/GW 102—2019)第3.6.1～3.6.3条	
5	《高速铁路线路维修规则》(TG/GW 115—2023)第3.6.1～3.6.4条	
6	《城市轨道运营设备维修与更新技术规范 第4部分:轨道》(JT/T 1218.4—2024)D.3.6.1钢轨折断标准	

任务三　学习活动　方正轨枕

作业指导书

一、作业前准备和确认事项

（1）确认作业地点和工作量，明确作业人员及分工，并做好安全讲话记录。

（2）作业前准备好下列工具材料并确认状态良好：起钉撬棍、道钉锤、方枕器、四齿耙、道镐、道木塞、扳手、道尺，如图1-3-1所示。

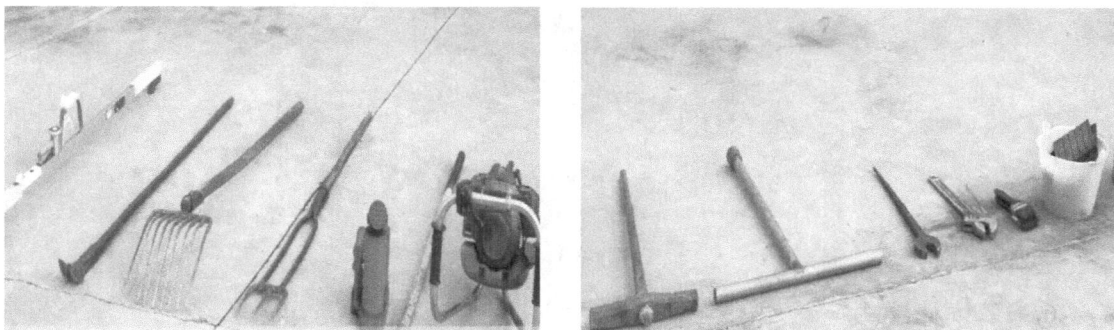

现场视频　碎石道床方正轨枕作业

图1-3-1　作业工具

（3）防护备品：作业标。

（4）轨枕位置应用白油漆标记，直线地段标记在顺计算里程方向左股钢轨内侧的轨腰上，曲线地段标记在外股钢轨内侧的轨腰上，曲线钢轨涂油地段可标记在内股钢轨内侧的轨腰上。各标记距离的误差不得大于10mm。单开道岔（含交叉渡线）标记在直股基本轨外侧轨腰上，复式交分道岔标记在顺计算里程方向左股基本轨外侧轨腰上，如图1-3-2所示。

图1-3-2　标记轨枕位置

二、作业过程

1.设置防护

按《日常施工防护作业》第4.1条设置作业标。

2.确定方正方向

根据轨枕位置及白油漆标记，判断轨枕需方正的方向。

3.松开防爬设备

打松防爬器,退出防爬销子,撤出防爬支撑。

4.松开扣件

木枕地段,用起钉撬棍将扣在轨底上的道钉冒起5~10mm。混凝土枕地段拧松扣件,使扣件与钢轨分离约5mm,如只方正轨枕一端,另一端的扣件也应拧松。

5.扒砟

根据轨枕偏斜程度和方正的方向,用四齿耙扒开移动一侧枕边的道砟,扒砟深度扒至轨枕底齐平,如图1-3-3所示。

图1-3-3 扒砟

6.安装方枕器

在轨枕的一侧安装好方枕器,并检查方枕器的工作面与轨枕侧面接触状态是否正常。混凝土枕、混凝土岔枕地段安装方枕器时要加垫木,如图1-3-4所示。

7.方正轨枕

利用方枕器方正轨枕,将轨枕中心移至白油漆标定的位置,如图1-3-5所示。

图1-3-4 安装方枕器

图1-3-5 方正轨枕

8.整正胶垫,拧紧扣件

拆除方枕器,整正胶垫,拧紧扣件,安装防爬设备,如图1-3-6所示。

a)整正胶垫图

b)拧紧扣件图

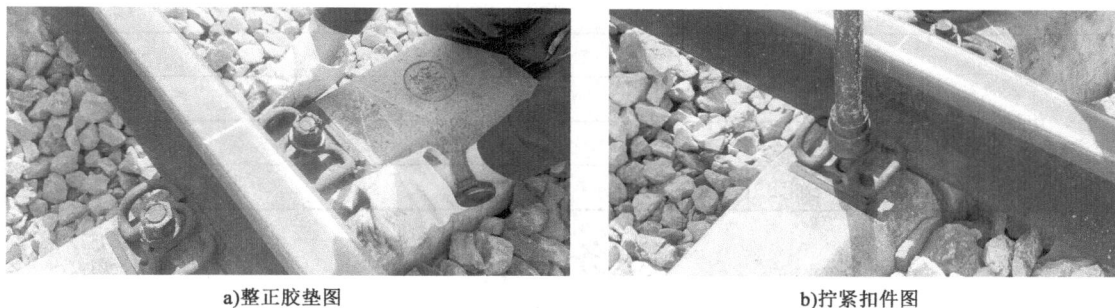

图 1-3-6 整正胶垫,拧紧扣件

9.捣固

对被方正的轨枕进行捣固,使枕底石砟密实均匀。木枕地段,将冒起的道钉打密贴,道钉下颚与轨底间的间隙不超过 2mm;混凝土枕地段拧紧扣件,使扣件扭力矩符合规定要求,如图 1-3-7 所示。

10.整理道床

清除杂物,回填道砟,并整平,如图 1-3-8 所示。

图 1-3-7 捣固

图 1-3-8 整理道床

11.作业完成

作业完后,由施工负责人按质量标准要求进行质量回检并记录,作业完毕,撤除防护。

任务训练单

按表 1-3-1 进行分工。

任务训练单   表 1-3-1

班级		组号		指导教师	
组长		学号		日期	
作业任务		方正轨枕			
组员	姓名	任务分工			

	姓名	任务分工
组员		

任 务 实 施

按照搜集资料和决策过程,制订一段线路的方正轨枕调整计划,计划包括作业前、作业中、作业后及安全技术交底,完成表1-3-2、表1-3-3的内容。

方正轨枕作业方案表 表1-3-2

步骤	程序	工作内容
1		
2		
3		
4		
5		

工具、耗材和器材清单表 表1-3-3

序号	工具	工具名称	型号	数量
1				
2	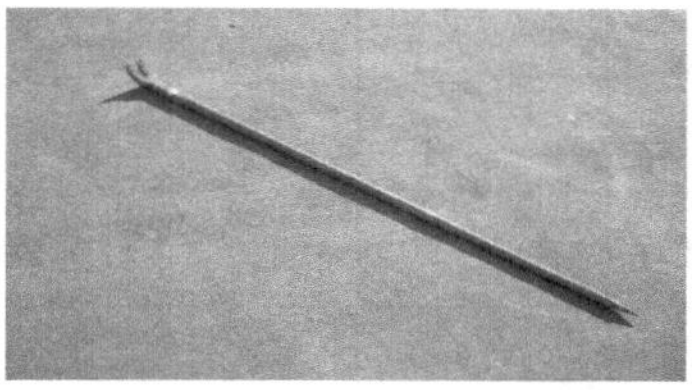			
3				
4	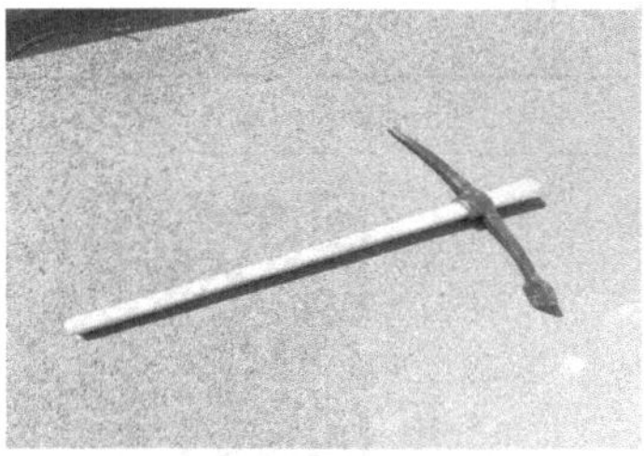			

任 务 评 价

按表1-3-4对本次方正轨枕制订的计划和现场完成情况进行评价。

方正轨枕考核评价表 表1-3-4

序号	测定项目	考核标准	满分	评价			
				自评(20%)	互评(20%)	师评(60%)	总评
1	作业前	进行安全技术交底	10分				
2		清点工具	5分				
3		正确防护	5分				
4	作业中	测量轨缝、轨温	5分				

续上表

序号	测定项目	考核标准	满分	评价			
				自评(20%)	互评(20%)	师评(60%)	总评
5	作业中	进行轨缝串动量计算,判断调整值以及是否需要插入短轨	15分				
6		正确使用工具拆卸扣件、螺栓、轨道附属设施等	10分				
7		正确配合使用轨缝调整器	10分				
8		拧紧扣件、螺栓	10分				
9		更换胶垫片	5分				
10		进行线路测量、检查	10分				
11	作业后	清理现场、撤出限界	10分				
12		按规范要求撤除防护	5分				

拓 展 任 务

序号	内容	地址
1	虚拟仿真 更换木枕作业	
2	习题小测 轨枕	
3	**6分30秒,"智"造10根轨枕** 轨枕生产中从模具清理到脱模、检测,各环节均实现无人化作业。 使用机械手同步翻转模具,10s内完成轨枕与模具分离,采用雾化喷涂装置,均匀覆盖模具内腔,替代传统人工喷涂,避免质量缺陷	http://www.chinahightech.com/chanye/2025-01/14/content_285981.html
4	《普速铁路线路修理规则》(TG/GW 102—2019)第3.5.1~3.5.9条	
5	《高速铁路线路维修规则》(TG/GW 115—2023)第3.5.1~3.5.3条	

任务四 学习活动 扣件涂油

作业指导书

现场视频 扣件
涂油作业

虚拟仿真 扣件
涂油

一、工机具和材料

所需工机具和材料见表1-4-1、表1-4-2。

工机具表

表1-4-1

序号	备品名称	单位	数量	备注
1	带反光条的防护服	件	1/人	全部作业人员
2	安全帽	顶	1/人	全部作业人员
3	防护旗	个	3红1黄	防护人员
4	对讲机	台	1/人	防护人员
5	口笛	只	1/人	防护人员
6	防护臂章	副	1/人	防护人员
7	信号灯	盏	1/人	防护人员
8	列车接近报警器	个	1/人	防护人员
9	防护通话记录簿	本	1/人	防护人员
10	作业记录仪	个	1	工地防护
11	短路铜线	盒	1	防护人员
12	作业标	个	1/人	关门防护
13	移动停车信号灯（牌）	个	2	点内用

材料表

表1-4-2

序号	材料名称	备注	序号	材料名称	备注
1	扭矩扳手		5	油刷	
2	学习活动扳手		6	油桶	
3	钢丝刷		7	防腐油	
4	除锈刀		8	清扫工具	

二、作业过程

扣件涂油作业流程如图1-4-1所示。

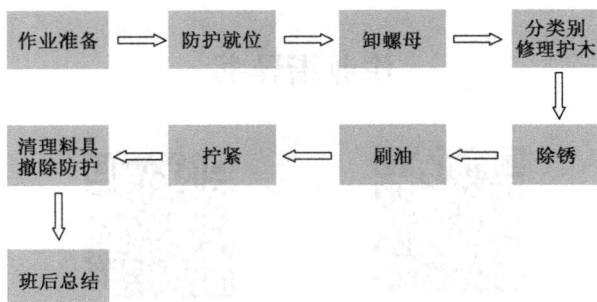

图1-4-1 扣件涂油作业流程

1.作业准备

1）点名分工

作业负责人组织防护员、作业人员列队点名,明确作业内容、主要技术标准、安全事项、作业时间、人员分工、作业人员行走路线,所有职工均应按规定使用劳动保护用品。根据当日作业项目进行全员安全预想。要明确驻站联络员、现场防护员和两端防护员及联络防护员（根据需要）。

2）工机具检查

作业人员对工机具性能及安全性进行检查确认,防止将损伤的工机具带入作业现场,影响作业进度和质量。对安全绳（带）进行检查,与劳务工负责人共同签认。

3）设置防护

防护员必须由经考试合格的职工担任。驻站联络员应办理登记手续,了解列车运行情况,及时通知现场防护员。

4）人机转移

现场防护员（联系困难地段增加中间联络员）接到驻站防护员通知后,会同作业负责人,组织所有作业人员在就近安全通道或在路肩上行走至作业地点附近的安全地带。

2.作业过程

1）上道作业

作业负责人确认防护已到位,在接到施工命令（命令号、施工起讫时间）后,通知作业人员上道作业。

2）基本作业

（1）卸下扣件,隔二松一或隔三松一。

（2）用钢丝刷、除锈刀和棉纱头将丝口、螺母及螺杆的铁锈、污垢清除干净,如图1-4-2所示。

图1-4-2　除锈

（3）在丝扣、螺母、铁垫圈上抹润滑油或防锈油脂，如图1-4-3所示。

图1-4-3　涂油

（4）重新安装扣件，如图1-4-4所示。

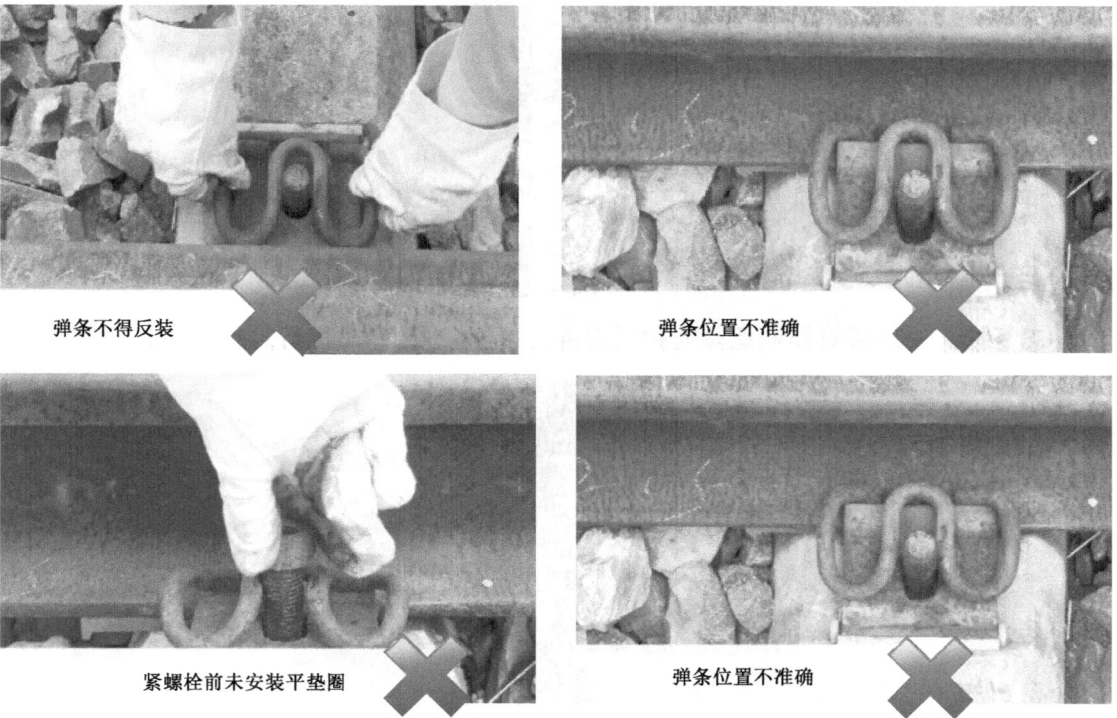

图1-4-4　重新安装扣件

（5）拧紧螺栓，松掉下一个螺母，如图1-4-5所示。

图1-4-5　拧紧螺栓

（6）回检。检测扣件扭力矩是否达标：全面检查，发现不合格及时返工。扭力矩扳手检测时，先用石笔在螺母和扣板上画一条直线，标定螺母原始位置，再将螺母松开约30°，最后将螺母紧回，使扭力矩扳手的记号与扣板上白线对齐，如果扳手发出"咔嚓"声，表明已经达到设定的扭力矩，否则要用长柄呆扳手继续复拧，如图1-4-6所示。

图1-4-6　回检

（7）复拧。一周后对作业地段的扣压力进行复测，不达标时进行复拧，如图1-4-7所示。

图1-4-7　复拧

3.验收

（1）严格执行"工完料尽"制度。对不能回收的料具,应堆放整齐,并安排人员看守。

（2）作业负责人检查是否有工机具侵限。

（3）作业负责人根据质量标准对作业内容进行验收,做好记录。

三、撤除防护

作业负责人检查工机具和材料及人员下道完毕,待人员、工机具全部到达安全区域后,作业负责人通知驻站联络员开通区间,驻站联络员办理销记手续后,方可撤离。

四、整理作业

全面检查一次清理工具材料,组织进行班后总结。

任务训练单

按表1-4-3对扣件涂油任务进行分工。

班级		组号		指导教师	
组长		学号		日期	
作业任务	扣件涂油				
组员	姓名	任务分工			

任务训练单　　　　　　表1-4-3

任 务 实 施

按照搜集资料和决策过程,制订一段线路的扣件涂油作业计划,计划包括作业前、作业中、作业后及安全技术交底,完成表1-4-4、表1-4-5的内容。

工作内容表　　　　　　表1-4-4

序号	步骤	工作内容
1		

序号	步骤	工作内容
2		
3		
4		

工具、耗材和器材清单　　　　　　　　　　　表1-4-5

序号	工具	单位	名称	备注
1				
2				
3				

任 务 评 价

按表1-4-6对本次扣件涂油的作业计划与实际完成情况进行评价。

扣件涂油考核评价表 表1-4-6

序号	测定项目	考核标准	满分	评价			
				自评（20%）	互评（20%）	师评（60%）	总评
1	作业前	进行安全技术交底	10分				
2		清点工具	5分				
3		正确防护	5分				
4	作业中	用工具正确卸下扣件	10分				
5		正确清理铁锈、污垢	10分				
6		涂油适当、方法正确	15分				
7		正确安装扣件	15分				
8		用扭力扳手拧紧螺栓，达到扣压力	15分				
9	作业后	清理现场、撤出限界	10分				
10		按规范要求撤除防护	5分				

拓 展 任 务

序号	内容	地址
1	现场视频　接头螺栓涂油	
2	习题小测　连接零件	
3	**轨道智能扣件螺栓作业机器人** 能够在钢轨上自动行走、自动识别扣件螺栓位置、准确的定扭矩控制和弹条离缝间隙控制的原理完成对扣件螺栓的复紧作业	https://www.jigao616.com/zhuanlijieshao_40197167.aspx
4	《城市轨道交通运营设备维修与更新技术规范　第4部分：轨道》(JT/T 1218.4—2024)A.2中低速磁浮交通线路设备维修要求	

任务五　学习活动　人工道床捣固

作业指导书

人工道床捣固的目的是保证枕下道床的强度均匀坚实,整治轨道几何状态不平顺。

现场视频　碎石道床人工捣固作业

一、工机具和材料

内燃捣固机、小拉耙、石砟叉、道尺、石笔、大拉耙、高低板、弦线、直钢尺、轨温计等。

二、作业前程序

1.点名分工

工(班)长组织职工列队点名,明确作业分工项目、内容及时间,所有职工均应按规定使用劳动保护用品。

2.作业要求

多人在同一股钢轨进行捣固作业时,每对镐之间要隔开3根以上轨枕,以防捣镐伤人及石砟飞溅伤人。捣固时脚不能伸出轨枕面;无缝线路地段起道作业,要做到"一准、二清、三测、四不超、五不走"。

一准。扒镐准:扒镐时要准确地扒在轨枕端部,避免将石砟扒空,防止起道时轨枕翻倒或影响轨道稳定性。

二清。作业前清理:在开始起道作业前,要清理作业地段的障碍物,如杂草、垃圾、工具等,确保作业场地整洁,便于操作和保证作业质量。作业后清理:作业完成后,要及时清理现场,将剩余的石砟、工具、材料等收拾整齐,恢复线路的整洁和畅通。

三测。作业前测量:在起道作业前,要测量作业地段的线路几何尺寸,包括轨距、水平、高低等,以便确定起道量和作业重点;作业中测量:起道过程中,要随时测量线路的高低和水平,根据测量结果及时调整起道量,确保线路平顺;作业后测量:作业完成后,要对起道后的线路进行全面的测量验收,检查各项几何尺寸是否符合标准,确认线路达到开通条件。

四不超。起道量不超、拨道量不超、作业时间不超、温度不超。

五不走。扒开道床未回填不走、作业后未均匀道砟不走、未夯实道床不走、未组织回检不走、线路质量未达到作业标准不走。

3.工机具检查及设置防护

作业人员对携带工机具进行检查,禁止带病机具上道作业;作业前设置好防护。

三、作业流程

1.上道前准备

（1）作业负责人进行清点登记，完成后，通知作业人员，进入轨行区进行作业。

（2）对捣固机进行上道前检查。加足油箱内燃料，启动预热汽油机，如图1-5-1所示。

图1-5-1 捣固机上道前检查

（3）确定基准股。在起道时，无论直线还是曲线，起道指挥人员都应先俯身观测坑洼，在较高处丈量水平，然后以水平高的一股为基准股。

（4）作业负责人对划撬范围进行复查确认，如图1-5-2所示。准确划好每撬的始终点，根据坑洼深度，确定起道量；同时将钢轨低头、空吊板等划上符号，以便指导捣固作业。

图1-5-2 对划撬范围进行复查确认

2.上道作业

（1）扒开道床，如图1-5-3所示。

扒砟量：一般起道量在20mm以下时，扒出轨枕盒内1/2石砟；起道量超出20mm时，扒出轨枕盒内1/3石砟；如石砟清洁，能插入捣固机或起道量超过30mm，也可不扒石砟。

（2）起道指挥人俯身在标准股上看钢轨下颚水平的高低情况，指示起道，如图1-5-4所示。

图1-5-3 扒开道床

图1-5-4 起道

（3）捣固机作业基本操作顺序：下插、振动、提升、换插、振动、提镐、回填道砟、整理道床、转移。捣固时，要求紧握捣固机把手，对位准、下插稳、深度够、振动足，镐头与轨枕面成45°角，如图1-5-5所示。

图1-5-5 捣固机作业

捣固机作业流程：插向枕底，待插入枕底50mm左右时，停留3~4s后拔出换位，重复捣固。排镐的顺序：自轨底向外，先由内向外捣固，再由外向内捣固，每面捣固时间不少于30s。捣固重点位置是轨枕底和钢轨两侧，操作时双手稍微用力，也可以利用机器本身的重量进行捣固。

（4）标准股捣固完成后，起对面股，如图1-5-6所示。随后采用相同的流程捣固。

图1-5-6 对面股起道

3.质量回检

由作业负责人组织,对作业后的线路进行回检,不符合要求的及时整改,确保作业后的线路达标,如图1-5-7所示。

图1-5-7　作业回检

质量要求:

(1)"单撬"捣固作业后,未通车前、当日作业结束后、线路稳定后,轨道几何状态快速路线须符合快速线路容许标准:高低2mm、水平2mm,按《城市轨道交通运营设备维修与更新技术规范　第4部分:轨道》(JT/T 1218.4—2024)D.1执行。

(2)成段进行捣固作业时,作业后,轨道几何状态必须达到"单撬"起道作业稳定后的标准。

(3)捣固必须做到"五够"(力量够、高度够、镐数够、宽度够、八面镐够)。

(4)捣固时不得碰坏轨枕。

4.石砟回填

质量检查达到要求后,回填石砟。

5.出清、销点

作业负责人确认作业质量达到要求,清点工机具及作业人员人数无误后,撤出现场。人员、工机具全部达到安全区域后,施工负责人销点。

任务训练单

按表1-5-1对本次人工道床捣固任务进行分工。

任务训练单　　　　　　　　　　　　　　　　　表1-5-1

班级		组号		指导教师	
组长		学号		日期	
作业任务			人工道床捣固		
组员		姓名	任务分工		

任 务 实 施

按照搜集资料和决策过程,制订一段线路的人工道床捣固计划,计划包括作业前、作业中、作业后,完成表1-5-2的内容,并按照作业计划进行现场人工捣固作业。

人工道床捣固方案 表1-5-2

步骤	工作内容
	复查划撬范围:
	捣固机作业流程:
	起道要求:

任 务 评 价

根据人工道床捣固任务评价表(表1-5-3)对本次任务进行打分。

人工道床捣固考核评价表 表1-5-3

序号	测定项目	考核标准	满分	评价			
				自评	互评	师评	总评
1	作业前	安全技术交底	10分				
2		清点工具	5分				
3		正确防护	5分				
4	作业中	测量轨缝、轨温	5分				
5		正确的方法起镐	15分				
6		正确的方法落镐	15分				
7		捣固顺序	10分				

序号	测定项目	考核标准	满分	评价			
				自评	互评	师评	总评
8	作业中	捣固姿势标准	10分				
9		验收要领	10分				
10	作业后	工具清理、销点	10分				
11		总结	5分				

拓 展 任 务

序号	内容	地址
1	习题小测　有砟轨道	
2	**无人化智能捣固车** 配备钢轨/路面双模式走行轮、激光避障系统和刚度加载装置，实现钢轨上自动走行、横向移动及紧急制动，支持无人化捣固作业，减少人力投入90%以上	https://news.uyanip.com/507/301/j2wr76q4b5.html
3	《普速铁路线路修理规则》(TG/GW 102—2019)有砟轨道：第3.3.1～3.3.6条	
4	《高速铁路线路维修规则》(TG/GW 115—2023)有砟轨道：第3.3.1～3.3.4条	
5	《地铁设计规范》(GB 50157—2013)中第7.4.1、7.4.2条	

任务六　学习活动　城市轨道交通无砟轨道认知

作业指导书

1.无砟轨道结构认知

认知无砟轨道的基本构成包括钢轨、扣件、轨枕、道床等部分，以及各部分的作用和相互关系。

掌握常见的无砟轨道结构类型，如板式无砟轨道、长枕埋入式无砟轨道、弹性支承块式无砟轨道等，并对比它们的异同点。

2.无砟轨道的优点及应用

熟悉无砟轨道相比有砟轨道的优点,如稳定性好、耐久性强、维修工作量少、使用寿命长、线路状况良好、不易胀轨跑道、高速行车时不会有石砟飞溅等。

了解城市轨道交通中无砟轨道的应用情况,包括国内外一些地铁、轻轨线路采用无砟轨道的情况及取得的效果。

3.无砟轨道的技术要求

掌握无砟轨道在强度、稳定性、耐久性、绝缘性、弹性等方面的技术要求。

熟悉无砟轨道的排水要求、减振降噪要求、杂散电流防护要求等。

4.无砟轨道的施工及维护

学习无砟轨道的主要施工工艺流程,对无砟轨道的施工有初步的了解。掌握无砟轨道的日常维护内容和检查方法,以及常见病害的防治措施。

任 务 训 练 单

引导问题1:无砟轨道相对有砟轨道的优点有哪些?

_____

_____

_____

引导问题2:城市轨道交通常见的无砟轨道类型有哪些?

_____

_____

_____

引导问题3:高铁中常见的无砟轨道类型有哪些?

_____

_____

_____

任 务 实 施

根据任务六的学习,完成表1-6-1。

对无砟轨道的认知 表 1-6-1

作业任务	对无砟轨道的认知
无砟轨道结构认知	标出以下无砟轨道的类型。  _____
无砟轨道结构认知	 _____
构造认知	在下列方框中标出各部分的名称。 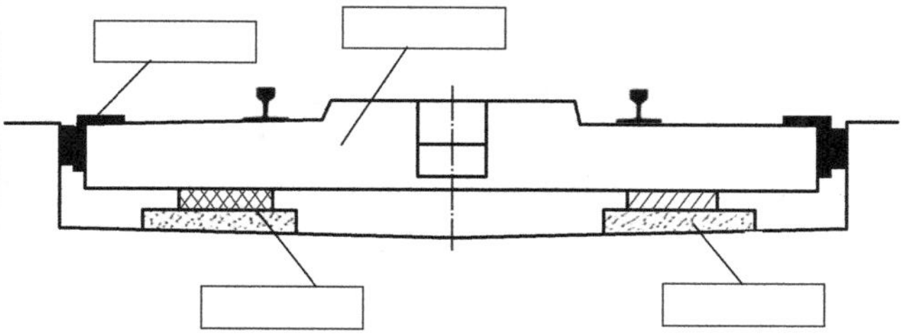 浮置板式整体道床

根据无砟轨道认知评价表(表1-6-2)对本次任务进行打分。

任 务 评 价

无砟轨道认知评价表 表 1-6-2

题目	无砟轨道认知	考试日期			
考 生		用时(min)			
项目	满分	考核内容及评分标准	扣分	实得分	备注
无砟轨道结构认知	75分	无砟轨道类型识别			
		无砟轨道构造判断			
任务训练单	20分	问题回答正确全面			
时间	5分	在规定时间内完成;每超过1min扣2分			

拓 展 任 务

序号	内容	地址
1	习题小测　无砟轨道	
2	**无砟轨道毫米级变形与裂缝检测技术** 　　京沪高铁研发了基于视觉测量的非接触式变形检测系统,结合北斗定位技术,实现无砟轨道层间离缝的毫米级精度检测,复杂工况下检测精度达1mm	https://www.crs.org.cn/2024kxjsjcgzs1/37509.jhtml
3	《普速铁路线路修理规则》(TG/GW 102—2019)第3.4.1～3.4.4条	
4	《高速铁路线路维修规则》(TG/GW 115—2023)第3.4.1～3.4.8条	

轨道的几何形位检测

任务一 学习活动 轨距尺使用

作业指导书

轨距尺主要检测线路直线、曲线、道岔的轨距、水平(超高)、查照间隔、护背距离等几何参数,用于铁路线路铺轨、检修及维护。轨距尺主要有两种类型:一种是机械式结构,另一种是数显式结构。

一、机械式轨距尺使用

1.结构形式

机械式轨距尺轨距值是通过标尺读数的,水平是通过水准泡位置及刻度轮盘指示刻度读数的。轨距尺如图2-1-1所示,其结构如图2-1-2所示。

图2-1-1 轨距尺

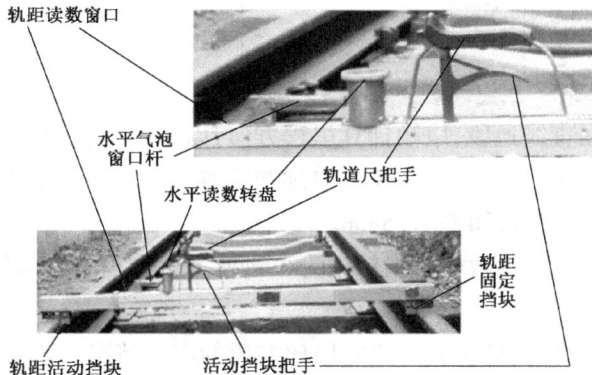

图2-1-2 机械式轨距尺结构

2.轨距测量及读数方法

图 2-1-3　轨距尺位置图

(1)操纵学习活动挡块把手,将轨距尺水平放在两股钢轨上,使左右两个轨距挡块卡紧钢轨内侧,如图 2-1-3 所示。

(2)操纵学习活动挡块把手,目视,使轨距尺与两股钢轨垂直,如图 2-1-4 所示。

(3)读数时,注意读上面的刻度,每格为1mm,读为整毫米数,1mm以下四舍五入,估读取整,如图 2-1-5 所示。

(4)记录数据时,用读数−1437mm=记录数(应填入表格),注意前面"+"号或者"−"号,如图 2-1-6 所示。

图 2-1-4　轨距尺与钢轨垂直

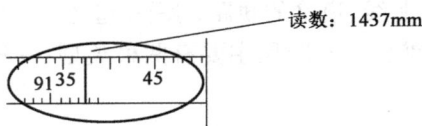

读数:1437mm

图 2-1-5　轨距尺读数

测点	测点1	测点2	测点3
轨距	+2		
水平			

图 2-1-6　轨距尺记录

3.水平测量步骤

水平测量用标尺式轨距尺:常见水平度盘,度盘上一个小格为1mm,分为内圈和外圈两个读数,如图 2-1-7 所示。

a)水平值示意图

b)水平值读数

图 2-1-7　水平值

水平测量步骤如下:

(1)确定基本轨,在直线地段,以顺计算里程方向,以左股钢轨为基本股,基本股高时水平为"+",反之为"−";道岔以上股为基本轨。口述与标准尺寸的偏差,如+3、−5,即轨距与标准值偏差为+3mm,水平与标准值偏差为−5mm。

(2)读水平前,先将水平读数转盘指针调为0,即水平气泡窗口杆与轨距尺主杆架平行,如图 2-1-8 所示。

(3)观察气泡偏离的位置即可判断出右股比左股的高低情况。若右股比左股高取"−"号,若右股比左股低取"+"号,如图 2-1-9 所示。

（4）用大拇指转动水平读数转盘，使气泡居中，读取水平读数，1格为1mm，估读取整，如图2-1-10所示。

（5）读取水平读数，连同正负号一起填入记录表格，如图2-1-11所示。

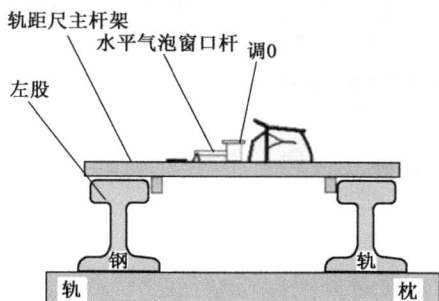

图2-1-8　水平读数前

图2-1-9　水平气泡示意

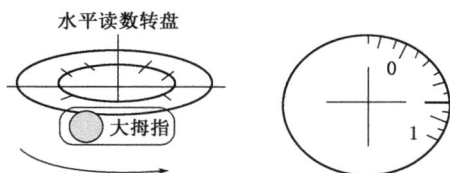

图2-1-10　大拇指与水平读数的关系

测点	测点1	测点2	测点3
轨距	+2		
水平	-6		

图2-1-11　水平值记录

4.记录要求

在《线路检查记录簿》上，按线路里程（股道）、轨号、检查部位，记录轨距、水平的偏差值。

二、数显式轨距尺使用

1.结构形式

数显式轨距尺与机械式轨距尺的主要区别是数显式轨距尺含有显示电路装置，能自动读取轨距、水平值。其结构如图2-1-12所示。

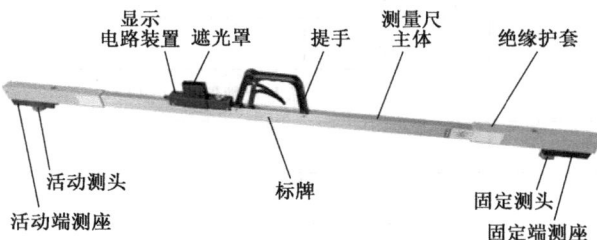

图2-1-12　数显式轨距尺结构

2.操作界面

数显式轨距尺操作界面如图2-1-13所示。

模型　电子轨距尺

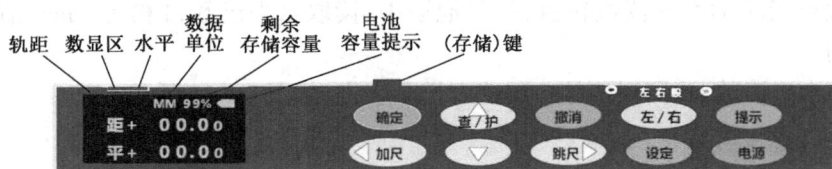

图2-1-13　数显式轨距尺操作界面

(1)确定:确定操作。

(2)查/护:向上选择查照间隔/护背距离测量。

(3)撤销:退出当前操作、删除数据。

(4)左/右:左/右股切换。

(5)提示:查看下一点名称。

(6)加尺:向左选择或加尺。

(7)跳尺:向右选择或跳尺。

(8)设定:正线或道岔的参数设置。

(9)电源:开机、关机,如图2-1-14所示。

⭐ 开关机

图2-1-14　开关机

(10)(存储)键:存储数据、标定校准时的存储。

任务训练单

　　3人1组,1人找点,1人放尺读数,1人记录,进行轨距水平测量,其任务分工表见表2-1-1。

任务分工表　　　　　　　　　　　　　　　　　表2-1-1

班级		组号		指导教师	
组长		学号		日期	
作业任务		轨距尺轨距水平测量			
组员	姓名	任务分工			

任 务 实 施

轨距尺测量记录单见表2-1-2。

轨距尺测量记录单　　　　　　　　　　　表2-1-2

正线_____km至_____km,站线_____km,曲线半径_____m,超高_____mm,顺坡率_____‰

检查日期	检查项目	钢轨编号								
		接头	中间	接头	中间	接头	中间	接头	中间
	轨距								
	水平、三角坑								
	轨距								
	水平、三角坑								
	轨距								
	水平、三角坑								
	轨距								
	水平、三角坑								

任 务 评 价

根据表2-1-3对本次任务进行评价。

轨距尺使用考核评价表　　　　　　　　　　表2-1-3

序号	测定项目	考核标准	满分	评价			
				自评	互评	师评	总评
1	轨距尺的认知	认知各部分名称	10分				
2	读数及记录	握尺姿势	5分				
3		轨距测量位置	20分				
4		水平测量位置	15分				
5		三角坑测量位置	15分				
6		正确读数	20分				
7		正确记录	15分				

拓 展 任 务

序号	内容	地址
1	现场视频　线路起道作业	

续上表

序号	内容	地址
2	习题小测　直线轨道轨距水平	
3	《普速铁路线路修理规则》(TG/GW102—2019)第3.7.8～3.7.11条	
4	《地铁设计规范》(GB 50157—2013)第5.2.1～5.2.4条	
5	《城市轨道交通运营设备维修与更新技术规范　第4部分:轨道》(JT/T 1218.4—2024)D.1.3调节器轨道静态几何不平顺容许偏差管理值	

任务二　学习活动　曲线轨距水平值的计算

作业指导书

圆曲线的半径是一直固定的,所以圆曲线的加宽值 W 和超高是固定的,量测相对简单。缓和曲线的半径是一直变化的,所以缓和曲线的加宽值 W 和超高值 h 是变化的,加宽和超高都是线性变化的。

在测量前,需要计算:

(1)缓和曲线轨距递减率=轨距加宽值/缓和曲线长度= W/l_0。

(2)缓和曲线超高顺坡率=超高值/缓和曲线长= h/l_0。

【例2-1】 某铁路曲线半径为200m,超高为30mm,加宽为10mm,缓和曲线长为30m,求轨距递减率和超高顺坡率。

轨距递减率=10/300000=0.33‰,超高顺坡率=30/30000=1‰。

在现场中,我们也可以利用轨枕间距计算出每根轨枕轨距递减率和超高顺坡率,从而利用轨枕间距计算出对应的超高和加宽值。

【例2-2】 如图2-2-1所示,在ZH点处,超高和加宽值均为零,HY点处加宽值5mm,超高值15mm,两点之间共有24个轨枕间距,则

每个轨枕间距的轨距变化率为5/24=0.208。

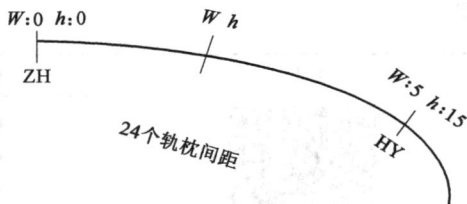

每个轨枕间距的超高顺坡率为15/24=0.625。

如果我们在第10根(10个轨枕间距)轨枕处量测出轨距为1435mm,外轨高5mm,那么第10根轨枕处的轨距和水平记录值应该是多少呢?

轨距加宽=0.208×10=2,超高=0.625×10=6。

所以该处轨距应记录的1435-1437=-2,记录为-2。

该处水平应记录为5-6=-1,记录为-1。

图2-2-1　轨距变化率示意图

如果在轨道检测中,按照固定距离检测时,可以算出固定距离的W和变化值,后测量点W值、h值=前后测量点W值、h值+固定距离的W和h变化值$W_2 = W_i + \Delta W$。比如,我们采用12.5米检查4处,检查间隔就是3.125m,如果超高顺坡率为1‰,轨距递减率为0.5‰,那么每走3.125m,W就增加3.125×0.5=1.5mm,h就增加3mm。缓和曲线上第一点:W_1:1,h:2。第二点:W_2:3,h_2:5。第三点:W_3:4,h_2:8。

任务训练单

3人1组,1人找点,1人放尺读数,1人记录,进行轨距水平测量,任务分工表见表2-2-1。

任务分工表 表2-2-1

班级		组号		指导教师	
组长		学号		日期	
作业任务		曲线轨距水平测量			
组员	姓名	任务分工			

任 务 实 施

2人1组,根据现场线路,采用轨距尺进行曲线轨距、水平测量,完成表2-2-2的内容。

轨距尺测量记录单 表2-2-2

正线_____km至_____km,站线_____km,曲线半径_____m,超高_____mm,顺坡率_____‰

检查日期	检查项目	钢轨编号							
		接头	中间	接头	中间	接头	中间	接头	中间
	轨距								
	水平、三角坑								
	轨距								
	水平、三角坑								
	轨距								
	水平、三角坑								
	轨距								
	水平、三角坑								

任 务 评 价

作业完成后,按照表2-2-3的要求进行考核评价。

小半径轨距加宽考核评价表   表2-2-3

序号	测定项目	考核标准	满分	评价			
				自评	互评	师评	总评
1	曲线轨距值的计算值正确性	确定轨距加宽值、加宽递减率、缓和曲线各点的轨距计算值	20分				
	曲线水平值的计算正确性	根据超高值能计算出缓和曲线各点的水平值	10分				
2	读数及记录	正确校尺	5分				
3		轨距测量位置	10分				
4		水平测量位置	15分				
5		三角坑测量位置	15分				
6		正确读数	10分				
7		正确记录	15分				

拓 展 任 务

序号	内容	地址
1	习题小测　小半径曲线轨距加宽	
2	万能轨距尺使用	https://www.bilibili.com/video/BV1tZSKYwEFA/
3	数显式轨距尺操作视频	https://www.bilibili.com/video/BV1wZD7YREit/
4	《普速铁路线路修理规则》(TG/GW 102—2019)第3.6.1～3.6.3条	
5	《高速铁路线路维修规则》(TG/GW 115—2023)第3.6.1～3.6.3条	
6	《城市轨道交通设施设备运行维护管理办法》(交运规〔2024〕9号)第二章设施设备运行监测	

任务三　学习活动　曲线地段超高的计算和验算

作业指导书

一、实训目的

本次实训旨在加深对曲线地段超高的计算与验算理论的理解,掌握相关计算方法和技巧,能够熟练运用所学知识对曲线地段超高进行准确计算和合理验算,培养分析和解决实际工程问题的能力,以及严谨的科学态度和团队协作精神。

二、实训内容

1.曲线地段设置超高的目的

明白设置超高是为了抵消列车在曲线地段行驶时产生的离心力,保证列车的行驶安全和旅客的舒适度。

2.超高计算公式及参数含义

例如,列车速度应根据线路设计速度或实际运行速度确定,曲线半径应根据线路的几何设计确定。

3.超高验算内容和标准

根据《地铁设计规范》(GB 50157—2013),未被平衡的超高允许值不宜大于61mm,困难时不应大于75mm。根据《普速铁路线路修理规则》(TG/GW 102—2019)要求,未被平衡的欠超高不应大于75mm,困难情况下不应大于90mm,但允许速度大于120km/h的线路在个别特殊情况下已设置的90(不含)~110mm的欠超高可暂时保留,但应逐步改造;未被平衡过的超高不应大于30mm,困难情况下不应大于50mm,允许速度大于160km/h线路的个别特殊情况下不应大于70mm。

三、考核要点

1.理论知识掌握程度

主要考查对曲线地段超高计算公式的理解程度,包括公式中各参数的物理意义、公式推导原理等,以及对超高验算标准的熟悉程度。

2.计算与验算能力

重点考核在实际计算和验算过程中的准确性,包括公式应用是否正确、参数代入是否准确、计算步骤是否规范、验算结论是否符合标准等。

3.团队协作与交流能力

在实训操作过程中培养团队协作能力,包括小组成员之间的分工合理、协作默契,以及在交流讨论环节能够积极表达自己的观点、倾听他人意见等。

任务训练单

工作任务单见表2-3-1。

工作任务单   表2-3-1

姓名		班级		日期	
作业任务		外轨超高计算			
检查意见					

任 务 实 施

按照任务完成表2-3-2的内容。

任务实施表   表2-3-2

姓名		班级		时间	
题干要素					
圆曲线超高计算过程					
与ZH点距离(m)	计算缓和曲线点位超高值				
0					
10					
20					
30					
40					
圆曲线					
与HZ点的距离					
40					
30					
20					
10					
0					

任 务 评 价

作业完成后,按照表2-3-3进行考核评价。

外轨超高实际操作考核评价表　　　　　　　　　　　　　　表2-3-3

题目		计算与调整曲线超高		考试日期		
考生				用时(min)		
项目	满分	考核内容	评分标准		扣分	实得分
操作技能	70分	1.明确所要调整曲线超高的曲线半径、缓和曲线长和经过曲线各次列车的速度	不明确扣3分			
		2.计算列车平均速度	计算错误扣5分			
		3.计算超高度	计算错误扣10分			
		4.确定超高值	计算错误扣10分			
		5.在现场每10m一点,标明超高量	有遗漏,每处扣2分			
		6.补充道砟。根据超高调整量确定补砟量	不满足要求扣10分			
		7.起道。按超高调整量进行起道,调整超高	不满足要求扣10分			
		8.实设最大超高、未被平衡超高、超高顺坡率应符合《地铁设计规范》(GB 50157—2013)要求	不满足要求扣10分			
工具设备的使用及维护	10分	正常使用	造成工具设备故障扣5分			
时间	10分	在规定时间内完成	每超时1min扣2分			
安全及其他	5分	1.按规定设置好防护。在调整超高过程中来车时,应按规定要求做好顺坡并及时下道车	没有及时下道扣5分			
	5分	2.根据线路情况补充道砟,无缝线路地段调整超高严格按无缝线路作业有关规定执行	没有按照规定执行扣5分			

拓 展 任 务

序号	内容	地址
1	习题小测　曲线外轨超高	
2	西南交通大学《轨道工程》公开课——外轨超高设置	https://www.guimei8.com/9285.html
3	《普速铁路线路修理规则》(TG/GW 102—2019)第3.1.1~3.1.4条	
4	《高速铁路线路维修规则》(TG/GW 115—2023)第3.1.1~3.1.3条	
5	《地铁设计规范》(GB 50157—2013)中7.2.3、7.2.4	

任务四 学习活动一 轨向现场测量及整正计算

作业指导书

一、轨向检查方法

轨向检查时,目测找出两股钢轨的轨向不良处,用石笔做出标记,将10m弦绳两端贴靠在钢轨内侧踏面下16mm处,测量弦绳至轨向不良处钢轨作用边的最大矢度值。若轨向是向轨道内侧凹入的,则应在10m弦绳的两端垫以同样高度的垫墩,使弦绳两端垫离轨头内侧,量取弦绳至轨向不良处钢轨作用边的最小矢度值。用垫墩高度减量取的最小矢度的差,即该处轨向的最大凹矢度值。在这种情况下,也可以检查相对股钢轨的外凸矢度值。

现场视频 正矢测量

二、曲线整正计算

绳正法拨道量计算方法较多,下面以表2-4-1为例介绍梯形修正法。

绳正法拨道量计算 表2-4-1

测点	现场正矢的累计	现场正矢	计划正矢	正矢差	正矢差累计	修正量	半拨量	拨量	拨后正矢	备注
(1)	(2)	(3)	(4)	(5)	(6)	(7)	(8)	(9)	(10)	(11)
1	2013	4	4	0	0		0	0	4	
2	2009	19	22	−3	−3		0	0	22	
3	1990	47	45	+2	−1		−3	−6	45	
4	1943	62	67	−5	−6	+1	−4	−8	66	−1
5	1881	92	89	+3	−3	+1	−9	−18	89	
6	1789	108	111	−3	−6		−11	−22	112	+1
7	1681	146	134	+12	+6		−17	−34	134	
8	1535	145	152	−7	−1		−11	−22	152	HY
9	1390	158	156	+2	+1		−12	−24	156	
10	1232	162	156	+6	+7		−11	−22	156	
11	1070	152	156	−4	+3		−4	−8	156	
12	918	151	156	−5	−2		−1	−2	156	
13	767	158	156	+2	0		−3	−6	156	
14	609	150	151	−1	−1		−3	−6	151	YH
15	459	132	132	0	−1		−4	−8	132	

测点	现场正矢的累计	现场正矢	计划正矢	正矢差	正矢差累计	修正量	半拨量	拨量	拨后正矢	备注
16	327	106	109	−3	−4		−5	−10	109	
17	221	92	87	+5	+1		−9	−18	87	
18	129	66	65	+1	+2		−8	−16	65	
19	63	43	42	+1	+3		−6	−12	42	
20	20	20	20	0	+3		−3	−6	20	
21	0	0	3	−3	0		0	0	3	HZ
Σ	22046	2013	2013	±34	+26 −28 −2				2013	

1.计算正矢差

$$正矢差=实量正矢-计划正矢$$

当实量正矢大于计划正矢时,正矢差为"+"号;当实量正矢小于计划正矢时,正矢差为"−"号。正矢差的正值和负值分别加在一起,其数值必然相等,否则要复查和改正计算上的错误。例如,表2-4-1计算结果,正矢差的正值与负值均为34mm。

2.计算正矢差累计

计算正矢差累计可按表2-4-1矢量表示的方向,用"斜加平写"的方法进行。例如,在表2-4-1中,第4测点的正矢差累计=第4测点的正矢差(−5)+第3测点的正矢差累计(−1)=−6。

每个测点的正矢差累计数算出来以后,对其正值与负值分别累加比较。如数值相等,则不必修正,即可进行半拨量计算;如数值不等,说明曲线始点或终点将发生拨道量,故应进行修正。

3.修正正矢差累计

用梯形修正法,在一些测点上,加一些与正矢差累计合计的符号相反、总的数值相同的修正量。在本例中需要加正数,总的修正量为2,即在测点4、5上各设修正量为+1,其合计为+2,与正矢差累计合计数相同,符号相反,这样就可以消去−2,保证曲线头尾位置不变。

如果需要消去的正矢差累计合计数值较大,可在多个测点上修正。为了保证曲线的圆顺性,相邻测点修正量应排列成梯形的渐变形式,渐变量为1mm,一般不要超过2mm,并且在相邻测点上修正量由增加转变为减少时,至少有两个相邻测点上的修正量相同,确保曲线圆顺。

4.计算半拨量

半拨量可用"平加下写"的方法进行计算。

$$半拨量=前点正矢差累计+前点修正量+前点半拨量$$

例如,在表2-4-1中,第5测点的半拨量=第4测点的正矢差累计+第4测点修正量+第4测点半拨量=-6+1-4=-9。

根据表2-4-1的计算结果,第1测点和最后一个测点的半拨量均等于零,符合始、终点半拨量等于零的要求。

如果半拨量很大,要求把它减少到允许程度,也可用梯形修正法。一般地,曲线的上半部半拨量负值大,曲线轨道往下压得多,可先用正号梯形来修正,在下半部用负号梯形来反修正;反之,如曲线上半部半拨量正值大,曲线轨道往上挑得多,可先用负号梯形来修正,在下半部用正号梯形来修正。但修正量的合计与正矢差累计的合计必须符号相反,绝对值相等。

5.计算拨量

$$拨量 = 半拨量 \times 2$$

6.计算拨后正矢

$$拨后正矢 = 现场正矢 + 拨量 - \frac{前点拨量 + 后点拨量}{2}$$

表2-17中,第5测点拨后正矢= 第5测点现场正矢 + 第5测点拨量 $- \dfrac{第4测点拨量 + 第6测点拨量}{2} =$ $92 + (-18) - \dfrac{(-8 - 22)}{2} = 89$。

通过计算,拨后正矢合计应与现场正矢合计、计划正矢合计相等;若干点拨后正矢与计划正矢相比较的增减数,应和修正量的计算相吻合,否则应复查计算上的错误。

对照拨后正矢与计划正矢值可以发现,梯形修正,在修正过程中,虽然没有考虑计划正矢,但实际上与调整计划正矢的原理是完全相同的,修正差累计实质是改变了计划正矢。

任务训练单

5人1小组,合理分工,完成曲线正矢测量及整正计算任务,其任务分配表见表2-4-2。

任务分配表 表2-4-2

班级		组号		指导教师	
组长		学号		日期	
作业任务		曲线正矢测量及整正计算			
组员	姓名		任务分工		

任 务 实 施

按照曲线正矢测量及整正计算任务,完成表2-4-3的内容。

曲线正矢量表 表2-4-3

测点	现场正矢倒累计	现场正矢	计划正矢	正矢差	正矢差累计	修正量	半拨量	拨量	拨后正矢	备注
1										
2										
3										
4										
5										
6										
7										
8										
9										
10										
11										
12										
13										

任 务 评 价

作业完成后,按照表2-4-4进行考核评价。

曲线正矢测量及整正计算考核评价表 表2-4-4

题目	曲线拨量计算	考试日期				
考生		用时(min)				
项目	配分	考核内容	评分标准	扣分	实得分	备注
操作技能	80分	根据地形条件选用曲线半径不符合要求	扣10分			
		计算圆曲线正矢 20m的弦:正矢=50000/R 10m的弦:正矢=12500/R 计算错误	扣10分			
		计算缓和曲线正矢	扣15分			
		使用弦绳量出每点的实测正矢	扣15分			
		正确手算拨量	扣15分			
		运用软件计算拨量	扣15分			

续上表

项目	配分	考核内容	评分标准	扣分	实得分	备注
工具设备的使用及维护	10分	不会使用弦线定桩	扣10分			
时间	5分	在规定时间内完成每超过1min	扣2分			
安全及其他	5分	存在不安全因素及发生放行列车条件错误	扣10分			

任务四 学习活动二 曲线拨道

作业指导书

现场视频 碎石
道床拨道作业

虚拟仿真 曲线
拨道作业

一、曲线拨道作业

1.准备

(1)全面测量曲线内各测点正矢,如图2-4-1所示。

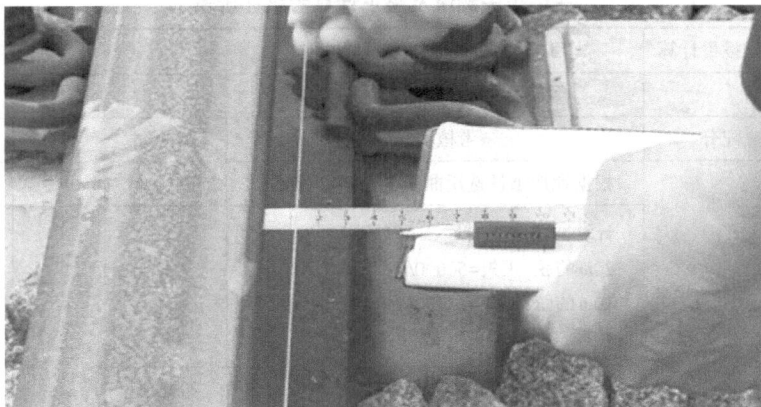

图2-4-1 正矢测量示意图

(2)使用绳正法计算拨道量。

(3)拨道量计算要考虑各种限界尺寸,防止拨道后侵限。

2.登记封锁

(1)驻站联络员按照规定进行登记。

(2)现场负责人确认命令无误后,通知现场防护员设置停车信号防护。

3.拨道前准备

(1)对正各测点埋设拨道桩,在轨底或轨腰上标注拨道桩至测点间的既有距离和拨后距离,在轨枕面上标注拨道方向、拨道量。

(2)拨道量>20mm时,挖开枕头道床,深度不大于轨枕底面,挖开石砟宽度不小于拨道量;拨道量<20mm时,刨松枕头道床,刨松石砟深度不小于轨枕厚度,宽度不小于拨道量。

(3)拆除影响拨道的防爬设备、加强设备,打紧道钉,拧紧扣件。

4.拨道

(1)安放液压起拨道器,使限位块与钢轨底侧面靠贴,如图2-4-2所示。

(2)按标注的拨道量拨道,液压起拨道器操作动作协调一致,如图2-4-3所示。

图2-4-2 液压起拨道器安放

图2-4-3 拨道动作一致

(3)拨正到位后,先松开拨道方向后面的液压起拨道器回油阀,夯拍本侧砟肩,再松开前面的液压起拨道器回油阀,确认拨后线间距达标,取出液压起拨道器;以拨道到位的控制点为参照点,目视拨正圆顺度找齐,使控制点之间的曲线圆顺,如图2-4-4所示。

5.捣固、改道

(1)拨道量大于20mm的地段需加强捣固整修。

(2)结合正矢,改正局部不良轨距。

6.恢复线路

(1)恢复防爬设备、加强设备。

(2)整理道床外观,夯拍砟肩,如图2-4-5所示。

7.作业回检

作业负责人对当日作业地点几何尺寸、曲线正矢进行全面检查,发现不合格及时返工,统计完成工作量,记录回检质量数据。

图2-4-4　砟肩夯实

图2-4-5　道砟夯拍

8.开通线路

(1)作业负责人检查确认线路达到开通条件。

(2)作业负责人确认无人员、工机具、材料侵限。

(3)撤除停车防护信号。

(4)驻站员确认轨道电路良好。

(5)驻站联络员按规定登记,申请开通线路。

任务训练单

线路拨道任务分配表见表2-4-5。

任务分配表　　　　　　　　　　　　　　　　表2-4-5

班级		组号		指导教师	
组长		学号		日期	
作业任务		线路拨道			
组员	姓名	任务分工			

任 务 实 施

按照作业任务,完成以下引导问题。

引导问题1:拨道前准备工作有哪些?

_____

_____

_____

引导问题2:简述拨道的作业过程。

_____

_____

_____

引导问题3:拨道后的收尾工作有哪些?

_____

_____

_____

任 务 评 价

作业完成后,按照表2-4-6进行考核评价。

曲线拨道考核评价表　　　　　　　　　　　　　表2-4-6

题目		曲线拨道	考试日期		
考生			用时(min)		
项目	配分	考核内容	评分标准	扣分	实得分
操作技能	30分	1. 设置作业标防护(被考核者可口述)	未口述扣5分		
		2. 调查:按曲线各点的计划正矢进行测量和调查,用简易拨道法计算拨道量,对曲线头、尾出现的"鹅头"或"反弯"进行确定	计算错,每点扣2分;确定错误扣5分		
		3. 拨道机拨道:扒窝深120～125mm,用3台拨道机,每台相距2～3空。每撬相隔6～9空,拨正方向一侧设2台,另一侧设1台,呈"V"形。油缸与轨面夹角不大于45°	拨道机放置错误,每处扣3分。拨曲线时做好顺撬,列车来时未做好顺撬,每次扣5分		
		4. 指挥拨道:指挥人距拨道人距离,拨大弯时100m左右,拨小弯时50m左右。双腿跨在方向好的轨上(曲线沿上股指挥)	位置不当,每项扣2分		
		5. 指挥手势为:①向前手心向外推;②向自己的手心向内招;③向左、向右相应伸平左、右手;④拨接头两手握拳,隔一个接头两拳相碰两次;⑤拨大腰,两手过头做大圆状;⑥拨小腰两手在胸前做小圆状;⑦交叉拨,两臂体前交叉;⑧暂停,两臂伸平;⑨拨道完毕单臂在头上部画圆圈	手势错每次扣2分,手势不规范每次扣1分		

项目	配分	考核内容	评分标准	扣分	实得分
操作技能	30分	6. 检查、整理：用弦绳检查曲线正矢，不符合标准重拨（应考虑预留量）。对拨量大的地段应整理和夯拍好道床	道床未整理好扣5分		
质量标准	50分	1. 直线轨向：目视直顺，无甩弯。最大矢度：正线、到发线不大于4mm，站线、专用线不大于5mm	若超限，每处扣5分；超保养值扣41分		
		2. 曲线轨向：目视圆顺。正矢误差按现行曲线正矢允许误差办理。拨道后保持现场曲线头尾位置、技术数据不变。在没有通过列车时的测量，上拨的预留量不能大于5mm，下压的预留量不能超出10mm。在通过列车后的测量，正矢应符合《普速铁路修理规则》(TG/GW 102—2019)之规定	若超过作业验收标准，每处扣5分；超保养值扣41分		
工具设备的使用及维护	10分	在有轨道电路及绝缘接头处拨道时，应离开接头50mm以上，离开跳线不足50mm	指挥拨道者若未提出，扣5分		
安全及其他	10分	1. 在钢梁桥、电气化区间拨道，要按要求控制拨道量。线路中心位移不得超过30mm，一侧拨道量年度累计不得大于120mm，并不得侵入限界	未控制扣7分		
		2. 来车时，下道不及时和工具未带下道或工具侵限	每次扣5～10分		
		3. 不能超时	每超时2min扣1分，超时20min停止考核		

拓 展 任 务

序号	内容	地址
1	现场视频　线路改道作业	
2	虚拟仿真　改道作业	
3	习题小测　曲线整正	
4	《普速铁路线路修理规则》(TG/GW 102—2019)第6.2.1～6.2.3条、第6.3.1～6.3.4条	
5	《高速铁路线路维修规则》(TG/GW 115—2023)第5.1.2、5.2.3条	

任务五　学习活动　轨底坡测量仪使用

作业指导书

轨底坡测量仪是轨底坡检测的仪器,能够快速、准确地进行铁路轨底坡检测,其结构如图2-5-1所示。

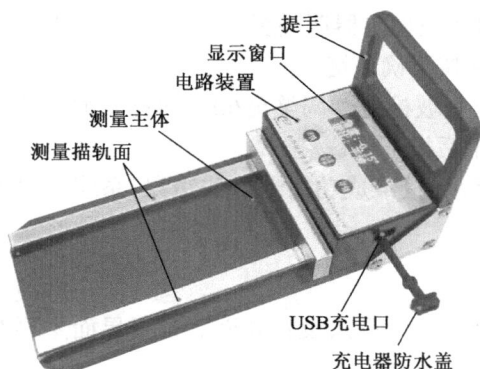

图2-5-1　轨底坡测量仪结构

现场视频　轨底坡测量

一、主功能界面

1.显示主板装置

(1)电量显示:当电池电量满格时,表示电量充足;当电量为零时,提示电量空,应尽快充电。

(2)切换:在测量界面,用于测量点之间的切换(外轨外侧和内轨外侧之间的切换);在输入超高界面后,长按此键用于切换"+""-"号(切换正超高值和负超高值前面的符号);在菜单状态下,用于向上翻页;在密码输入状态下,按下此键,密码数值减小。

(3)存储:在角度、坡比测量界面,用于存储数据;在菜单状态下,用于向下翻页;在密码输入状态下,按下此键,密码数值增大。

(4)内容指示显示区:用于指示右边显示数值的含义。

(5)数值显示区:显示左边内容相对应的数据。

(6)电量百分比:用于指示剩余电量相对电池容量的百分比。

(7)确定键:在关机状态下,按此键开机;在开机状态下,长按此键,进入菜单(关机、校准等)界面;在校准状态下,按此键记录数据并进入下一校准状态;在其他状态下,此键起确定的作用,按下此键,进入箭头指向对应的功能,如图2-5-2所示。

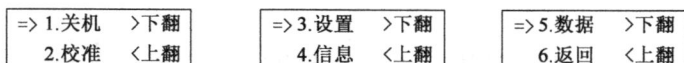

=> 1.关机　>下翻		=> 3.设置　>下翻		=> 5.数据　>下翻
2.校准　<上翻		4.信息　<上翻		6.返回　<上翻

图2-5-2　确定键示意图

2.基本操作

1)关机

任何操作界面长按开关/确认键,进入主功能界面,选中"关机",此时按下确认键,轨底坡测量仪进入关机状态,显示屏不再显示。轨底坡测量仪在5min内没有移动或操作时会自动关机。

2)校准

打开轨底坡显示装置,长按开关/确认键进入功能界面,选择校准,输入校准密码(82031),选择角度校准(非专业计量人员请勿自行校准数据)。

第一步:±0.0°位校准。先将轨底坡检定器调整至0°,再把轨底坡测量仪的测量搭轨面吸附在检定器检定面上,待数据稳定后按下确认键。

第二步:±6.8°位校准。先将轨底坡检定器调整至6.8°,再把轨底坡测量仪的测量搭轨面吸附在检定器检定面上,待数据稳定后按下确认键。

校准完成后,若方法正确,会提示"校准成功";若方法错误,系统会提示"校准失败,请重新校准"。

3.设置

在主功能界面选中"设置",按确认键,进入设置界面。设置界面主要对亮度、起始里程、测量间隔进行设置。

1)亮度设置

对屏幕亮度进行调节,共10个亮度等级(用星号表示)。按左键调暗,按右键调亮,按确认键对当前亮度进行保存。

2)起始里程设置

选中"起始里程",按确认键,进入起始里程设置。用户可根据现场测量的里程信息进行相应的设置。

3)测量间隔设置

进入测量间隔设置界面,测量间隔可以设置成相邻测量点之间的间隔长度或者相邻枕木之间的宽度。

4)相对超高

进入选择界面,选择"是",则以当前平面作为基准水平面;选择"否",则以轨底坡出厂时校准的水平面(绝对水平面)为基准水平面,每次重开机,相对高度数据不记录,以出厂时校准的水平面(绝对水平面)为基准水平面。

5)输入超高

在设置界面选中"输入超高",长按"切换"键选择"+""-"号,按"切换"键光标数据减,按"存储"键光标数据加。每次重开机,输入高度数据不记录,以出厂时校准的水平面(绝对水平面)为基准水平面。

6)信息

信息界面提供电量查看及电量使用时长、当前环境温度、软件版本号、轨底坡测量仪存储编号等信息查询功能。

7)数据

数据界面提供数据上传、数据删除、用量查看的功能。数据上传是指将角度、坡比测量时存储在轨底坡测量仪内部的数据上传(拷贝)到U盘的操作。上传到U盘之后可以将数据再拷贝到计算机上进行查看或备份,这一操作有效减少了人工记录、人工录入的烦琐工序。

选中“数据上传”,按确认键提示插入U盘,插入U盘后跳转到开始上传数据界面,上传成功后提示上传成功,退出上传界面。

数据上传前,轨底坡测量仪电量不得少于50%(低电量会影响轨底坡测量仪数据上传),以保证数据的正常上传。

数据上传的文档(.txt)如图2-5-3所示:文件名“S1W0001”代表轨底坡测量仪内部存储编号,每个序号代表一个测量点,每个测量点的里程、间隔、角度、坡比都有存储记录。

S1W0001 - 记事本
文件(F)　编辑(E)　格式(O)　查看(V)　帮助(H)

序号	里程	间隔	角度	坡比
00001	0000003	0.0	-0.64	-1:88.2
00002	0000003	0.0	+10.99	+1:5.1

图2-5-3　记事本

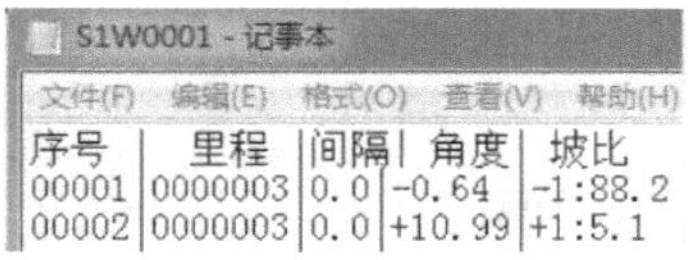

数据删除界面提供清空轨底坡测量仪内部数据的功能。

二、使用方法

1.直线测量方法

按开关键进入测量状态,将轨底坡测量仪放在被测钢轨的底部,仪器会自动吸附在被测面上,当前仪器所显示的角度及坡比即轨底坡(当前角度是由坡比自动换算的对应角度),现场可根据检测出来的坡比及角度大小来调整线路的轨底坡。

2.曲线超高测量方法

(1)相对超高(无轨道超高值):使用此功能需要有一把轨距尺,把轨距尺放在需要测量轨底坡的钢轨两端,再将轨底坡测量仪和轨距尺同轴放置,在测量仪设置界面选中“相对超高”,选择“是”来消除当前超高带来的角度偏差。然后将测量仪吸附在曲线钢轨的被测面上检测轨底坡坡比。

(2)输入超高(有轨道超高值):在已知当前测量点超高值的情况下,在设置界面选中“输入超高”,把超高值手动输入轨底坡测量仪(例如,要求输入+150.00mm,操作输入+15000;要求输入-0.58mm,操作输入-00058;要求输入+56.23,操作输入+05623。长按“切换”键选择“+”“-”号,按“切换”键光标数据减,按存储键光标数据加),消除超高带来的角度偏差,然后将测量仪吸附在曲线钢轨的被测面上检测轨底坡坡比。

图2-5-4　默认输入顺序

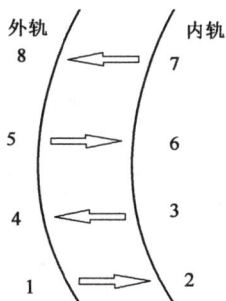

(3)默认输入顺序如图2-5-4所示,对称测量点只需要输入一次超高数据。先测量外轨的外侧(测量点1),然后按“切换”键测量对称点内轨的外侧(测量点2),继续向前测量内轨的外侧(测量点3),再测量对称点外轨的外侧(测量点4),以此类推。在测量界面,右上角显示电量时,表示测外轨,需输入正超高值(如+50.00mm);按“切换”键,右上角不显示电量时,表示测内轨,需输入负超高值(如-40.00mm)。

任务训练单

轨底坡测量仪检测任务分工表见表2-5-1。

任务分工表　　　　　　　　　　表2-5-1

班级		组号		指导教师	
组长		学号		日期	
作业任务		轨底坡测量仪检测			
组员	姓名	任务分工			

任 务 实 施

根据任务分工完成表2-5-2。

轨底坡测量表　　　　　　　　　　表2-5-2

里程	超高	左股（坡比）	右股（坡比）	标准		合格范围	
				上股	下股	上股	下股

任 务 评 价

作业完成后,按照表2-5-3进行考核评价。

轨底坡测量仪使用考核评价表　　　　　　　　　　表2-5-3

序号	测定项目	考核标准	满分	评价			
				自评	互评	师评	总评
1	轨底坡测量仪认知	认知各部分名称	10分				
2	读数及记录	握尺姿势	5分				
3		轨底坡测量位置	20分				
4		开关机	15分				

续上表

序号	测定项目	考核标准	满分	评价			
				自评	互评	师评	总评
5		操作正确性	15分				
6	读数及记录	曲线测量	20分				
7		正确记录	15分				

拓 展 任 务

序号	内容	地址
1	习题小测　前后高低、轨底坡	
2	简易拨道法算例	https://www.guimei8.com/29369.html
3	绳正法整正曲线	https://v.qq.com/x/page/j351754cj8v.html
4	《普速铁路线路修理规则》(TG/GW 102—2019)第6.2.1条	
5	《高速铁路线路维修规则》(TG/GW 115—2023)第5.1.2条、第3.7.3条	

任务六　学习活动　曲线缩短轨配置计算

作业指导书

曲线缩短轨配置计算见表2-6-1。

曲线缩短轨配置计算　　　　　　　　　　　表2-6-1

题干要素	已经某曲线,其圆曲线半径 $R=600$m,圆曲线长 $l_c=119.73$m,两端缓和曲线各长100m,铺设标准轨25m,计算缩短轨及配置缩短轨。直线最后一节钢轨进入曲线的长度为5.5m
缩短轨的根数计算过程	步骤一:顺公里方向依次编号1,2,3······ 步骤二:计算各个接头处对应的内轨要求缩短量。 原则:分成三大段,三段曲线内轨缩短量计算公式不同。 1.第一缓和曲线。 $$\Delta l_1 = \frac{S_1 l_1^2}{2R l_0}$$

69

缩短轨的根数 计算过程	式中：l_1——第一缓和曲线上任一接头距离第一缓和曲线起点ZH点的距离； S_1——两股钢轨中心线之间的距离，取1500mm。 2. 圆曲线。 圆曲线上任一接头处，内轨要求缩短为 $$\Delta l_2 = \Delta l_0 + \frac{S_1 l_2}{R}$$ 即整个第一缓和曲线的缩短量+圆曲线长度l_2对应的缩短量。 3. 第二缓和曲线。 第二缓和曲线上任一接头处的内轨要求缩短量：整个曲线内轨缩短量减去第二缓和曲线该接头对应与第二缓和曲线终点的缩短量。 $$\Delta l_3 = \Delta l_0 + \Delta l_c + \Delta l_3' = \Delta l - \Delta l_3''$$ $$\Delta l = \Delta l_c + 2\Delta l_0$$ $$\Delta l_3'' = \frac{l_3^2}{2Rl_0}$$ l_3为第二缓和曲线上任一接头至第二缓和曲线终点HZ点的距离

任 务 实 施

（1）作业程序：选用缩短轨—计算缩短轨缩短量—计算缩短轨根数—布置缩短轨—校核HY和YH两点。

（2）图表要求见表2-6-2。

曲线缩短轨配轨计算表　　　　　　　　　　　　　　　　　　表2-6-2

配轨里程		缩短轨长度L	
圆曲线半径R	600m	曲线总缩短量ΔL_z	
圆曲线长度L_y	119.73m	使用缩短轨根数N	
缓和曲线长度L_h	100m	进入曲线第一个接头后长度	

接头号数	从ZH或HY点到 接头处的长度(m)	计算缩短量 (mm)	钢轨类型	实际缩短量 (mm)	接头错开量 (mm)	附注
（1）	（2）	（3）	（4）	（5）	（6）	（7）

续上表

接头号数	从ZH或HY点到接头处的长度（m）	计算缩短量（mm）	钢轨类型	实际缩短量（mm）	接头错开量（mm）	附注
（1）	（2）	（3）	（4）	（5）	（6）	（7）

注：钢轨类型 O 为标准轨，×为缩短轨。

任 务 评 价

作业完成后，按照表2-6-3进行考核评价。

曲线缩短轨配置计算考核评价表　　　　　表2-6-3

项目	配分	考核内容	评分标准	扣分	实得分	备注
操作技能	90分	缩短轨选用正确	有错扣10分			
		总缩短量计算正确	有错扣20分			
		缩短轨根数计算正确	错扣10分			
		每点计算错，影响下一点时应累计扣分	每点扣2分			
		个别计算错	每点扣5分			
时间	5分	按规定时间完成，否则每超过1min	扣1分			
安全及其他	5分	本人无安全因素	否则扣1分/次			
		记录无涂改	否则扣1分/处			

拓 展 任 务

序号	内容	地址
1	习题小测　缩短轨	
2	线路检查作业	https://www.bilibili.com/video/BV1mb411P7Zv/
3	缩短轨调整测量	https://www.bilibili.com/video/BV1ie4y1W7NC/
4	《普速铁路线路修理规则》(TG/GW 102—2019)第3.6.4条	
5	《高速铁路线路维修规则》(TG/GW 115—2023)第3.8.1条、第3.6.3条	

任务七　学习活动　轨道检查仪几何形位检查

作业指导书

虚拟实训　轨道检查仪静态检查作业

现场视频　轨道检查仪检查作业

一、工具准备

作业料具单见表2-7-1。

作业料具单   表2-7-1

序号	名称	型号	技术规格	单位	数量	备注
1	轨道静态检查仪	GJY-T-4A		台	1	

二、作业程序

1.作业前

(1)工(班)长组织班前会,对作业人员就班前安全教育、作业分工、作业要求等进行讲话。

(2)检查仪器各部分,特别是测量轮和走行轮部分有无松动现象,如发现有松动应及时拧紧。

(3)检查仪器蓝牙连接是否正常。

(4)检查仪器电池及笔记本电脑电池电量是否充足。

(5)蓝牙连接及电量的检查按以下步骤进行:

①将轨检小车组装成一体。

②开机(主机和笔记本电脑)。

③点击桌面图标 进入数据采集分析软件。

④点击 图标进入状态监测界面查看连接状态及电池电压,如图2-7-1所示。

图2-7-1　状态监测界面

(6)夜间作业现场要有充足的照明。

(7)按相关规程进行施工登记、请销点。

(8)作业人员必须按劳动保护要求着装,作业前由现场安全员负责检查作业人员劳保着装情况,不符合劳保着装要求的不准许上岗。

2.作业中

1)作业步骤

(1)点击桌面图标进入数据采集分析软件。

(2)静止状态下对陀螺仪进行零点标定。

(3)点击"线路测量"进入自动运行设置向导界面。

(4)输入当前检测线路的名称等相关信息。

(5)输入线路资料及行别信息,点击"下一步"按钮进入自动运行设置向导界面,如图2-7-2所示。

(6)设置前进方向、左右轨、采样点数,输入检测的起始里程。

(7)点击"下一步"按钮进入超限报警设置界面,如图2-7-3所示。

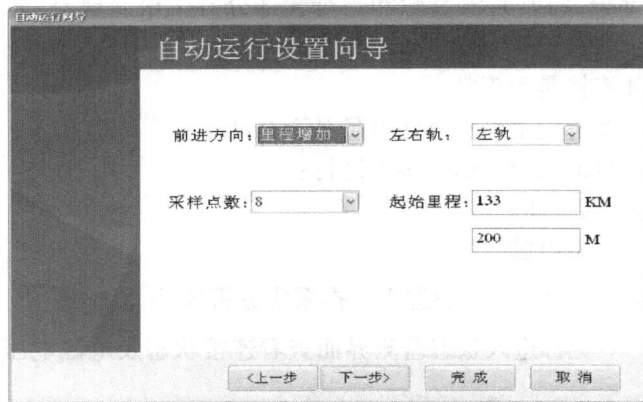

图2-7-2　自动运行设置向导界面(1)

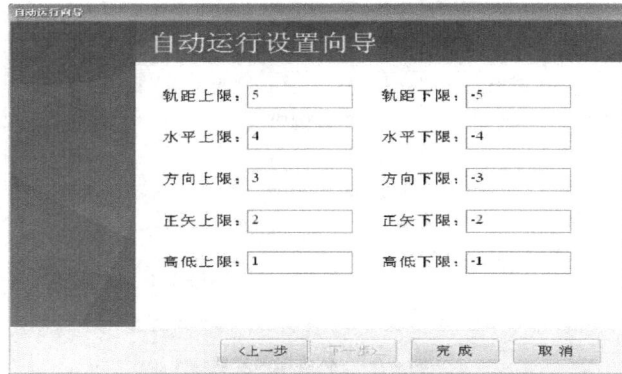

图2-7-3　自动运行设置向导界面(2)

(8)根据用户实际情况设置各项参数。

(9)现场超限报警值,点击"完成"。

(10)进入线路测量界面,如图2-7-4所示。

图2-7-4　线路测量界面

（11）轨道检查过程中根据现场实际情况变换左右轨，输入特征点、标志点等信息。

（12）完成测量后按"结束测量"按钮，软件自动将测量数据保存至数据采集分析软件安装目录下的"测量数据"文件夹中。

（13）下道关闭主机电源。

（14）导出可供智能型数据分析处理软件分析的原始测量数据。

（15）通过智能型数据分析处理软件对测量数据进行分析。

（16）在数据采集软件主界面下点击"记录查看"按钮进入"记录查看"界面，如图2-7-5所示。

图2-7-5　记录查看界面

（17）选择一条数据记录双击或按查看选定数据。

（18）在数据查看界面点击"导出数据"按钮可导出当前查看数据并自动保存在数据采集软件安装目录下的"导出数据"文件夹中，如图2-7-6所示。

图2-7-6　数据查看界面

2）作业要求

（1）推行速度保持在3～5km/h范围内。

（2）在测量前要确保走行轮和测量轮干净,过多的灰尘和油污会影响测量数据的精度。

（3）测量前确保陀螺箱的安装可靠,不可靠的安装方式会导致测量数据错误。

（4）按时对轨道检查仪进行标定和检定,用没有按时标定和检定过的仪器进行测量可能导致测量结果不准确。

3）安全措施

（1）严禁抛掷工具、材料或其他重物,防止人员受伤或砸坏材料及设备设施。

（2）作业中不得损坏其他单位的设备、设施。施工人员进入现场后,未经施工负责人允许,禁止到非施工区域。

3.作业后

（1）由现场施工负责人组织清理现场。

（2）经检查确认安全后方可离开现场。

（3）清点人员,待施工人员全部撤离现场后,方可办理销点手续。

（4）班后会对完成情况进行总结。

任务训练单

轨道检查仪几何形位检查任务分工表见表2-7-2。

任务分工表　　　　表2-7-2

班级		组号		指导教师	
组长		学号		日期	
作业任务		轨道检查仪几何形位检查			
组员		姓名	任务分工		

任 务 实 施

按照任务分工,完成表2-7-3的内容。

轨道检查仪记录表　　　　表2-7-3

正线_____km至_____km,站线_____km,曲线半径_____m,超高_____mm,顺坡率_____‰

检查日期	检查项目	钢轨编号							
		接头	中间	接头	中间	接头	中间	接头	中间
	轨距								
	水平、三角坑								
	高低								

续上表

检查日期	检查项目	钢轨编号									
		接头	中间	接头	中间	接头	中间	接头	中间		
	轨向										
	轨底坡										

任 务 评 价

作业完成后,按照表2-7-4进行考核评价。

轨道检查仪几何形位检查考核评价表　　　　表2-7-4

序号	测定项目	考核标准	满分	评价			
				自评	互评	师评	总评
1	轨道检查仪的认知	认知各部分名称	10分				
2	轨道检查仪的组装	能够正确组装轨道检查仪	10分				
3	参数设置	正确操作软件、合理设置参数	10分				
4	推行	数据采集、分析	20分				
5	特殊位置设置	过道岔、接头的设置	10分				
6	数据导出	正确操作软件、导出数据	10分				
7	数据分析	分析、处理数据	30分				

拓 展 任 务

序号	内容	地址
1	习题小测　轨道检查仪	
2	轨道静态几何形位检查	https://www.guimei8.com/9322.html
3	轨道几何尺寸检查	https://www.bilibili.com/video/BV114411N7Fx/
4	《普速铁路线路修理规则》(TG/GW 102—2019)第8.2.1条、第8.3.1条、第8.4.1条、第8.5.1条	
5	《高速铁路线路维修规则》(TG/GW 115—2023)第4.3.1条、第4.4.1条、第4.5.1条、第4.6.1条	
6	《城市轨道交通运营设备维修与更新技术规范　第4部分:轨道》C.1地铁、轻轨和有轨电车线路设备更新改造实施条件	

道岔

任务一　学习活动一　单开道岔绘制

作业指导书

一、单开道岔的组成

单开道岔的组成三大组成部分包括转辙器部分、连接部分、辙叉及护轨部分,如图3-1-1所示。

虚拟仿真　单开道
岔组成

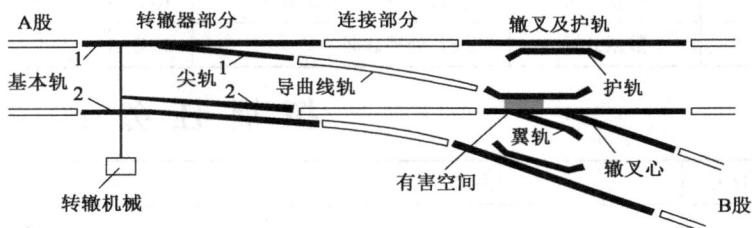

图3-1-1　单开道岔各部分名称

二、单开道岔示意图绘制

以右开道岔为例,其示意图绘制方法如下(图3-1-2):

(1)绘制右开道岔,首先水平画两条平行线,如图3-1-2a)所示。

(2)竖直画两条平行定位线,前一根是尖轨的起点,后一根是尖轨的终点,如图3-1-2b)所示。

(3)从后一根竖直线与水平平行线交点向下确定两个点,这是道岔导曲线的起始点,如图3-1-2c)所示。

(4)将①②两点分别与③相连,绘出尖轨位置,如图3-1-2d)所示。

(5)准确绘制出尖轨位置,如图3-1-2e)所示。

(6)从①和②画两条平行的圆曲线,擦除圆曲线和直线相交的部分,从而确定导曲线和辙叉位置,如图 3-1-2f)所示。

(7)分别画上平行于辙叉作用边的线,尾部向上翘起,确定翼轨和岔心位置,如图 3-1-2g)所示。

(8)在轨线不连续的道岔危险工作区(有害空间)的基本轨对应位置,绘制出护轨,尾部也翘起,如图 3-1-2h)所示。

(9)在尖轨尖端一定位置画出转辙机,如图 3-1-2i)所示。

(10)擦除多余线条,标出各部分的名称,如图 3-1-2j)所示。

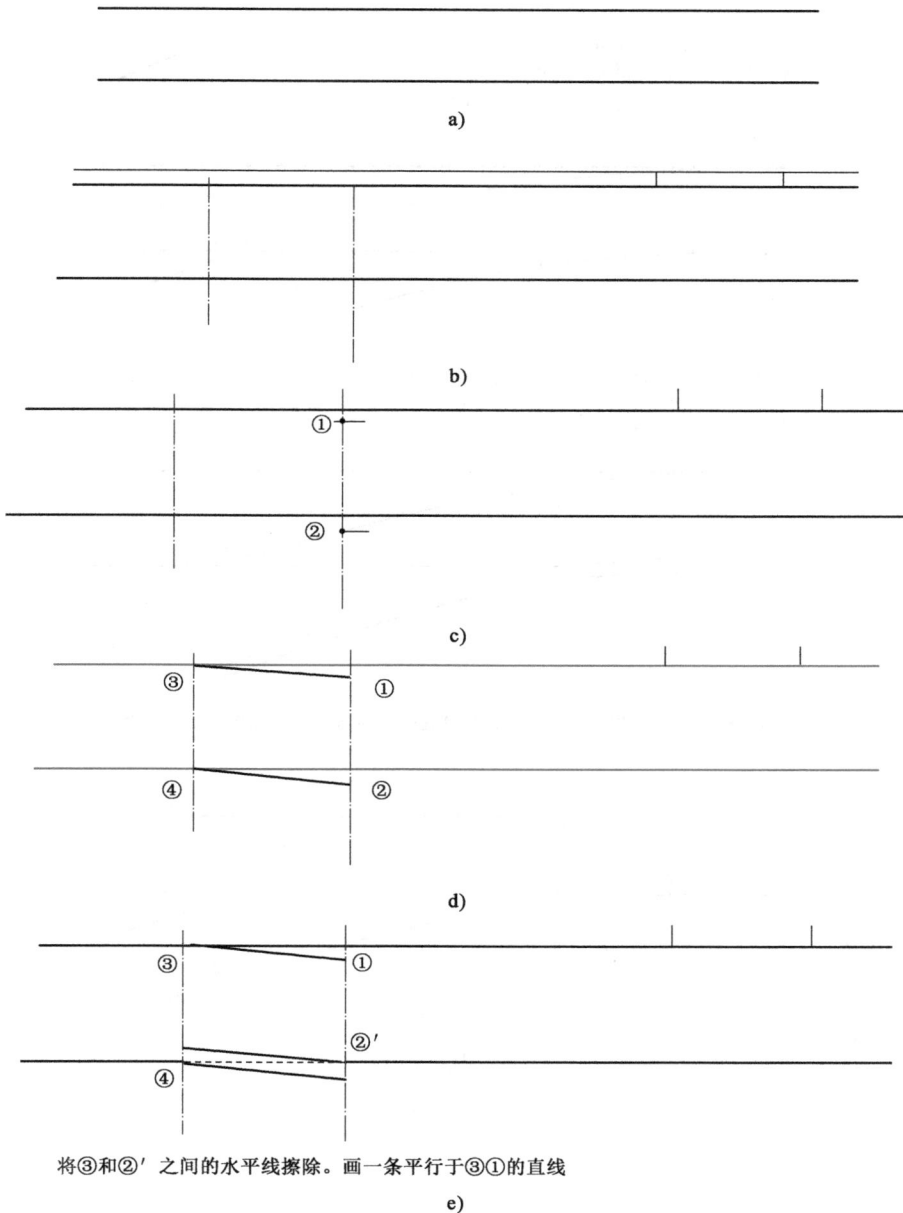

a)

b)

c)

d)

将③和②′之间的水平线擦除。画一条平行于③①的直线

e)

图　3-1-2

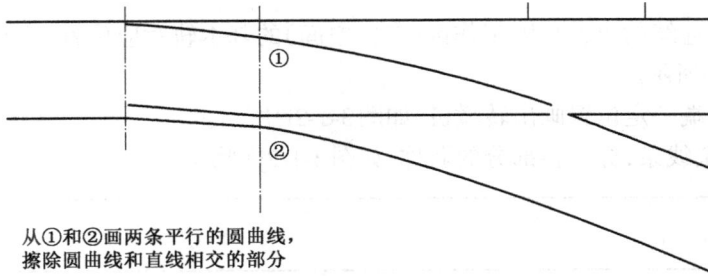

从①和②画两条平行的圆曲线，
擦除圆曲线和直线相交的部分

f)

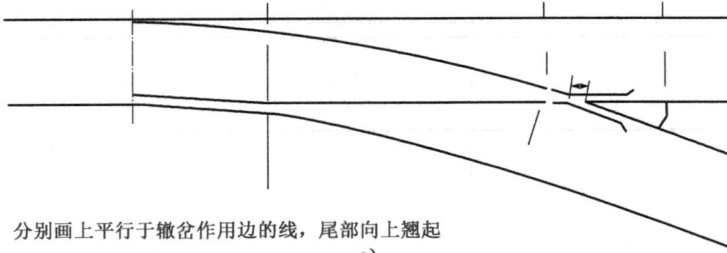

分别画上平行于辙岔作用边的线，尾部向上翘起

g)

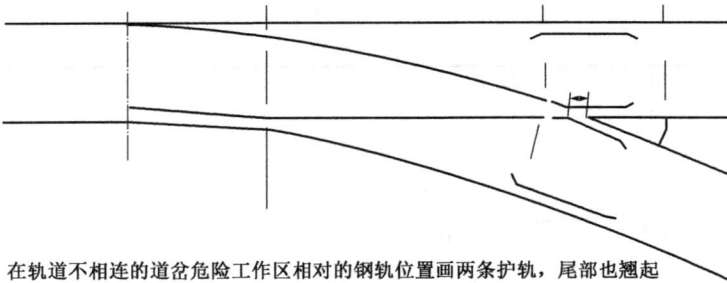

在轨道不相连的道岔危险工作区相对的钢轨位置画两条护轨，尾部也翘起

h)

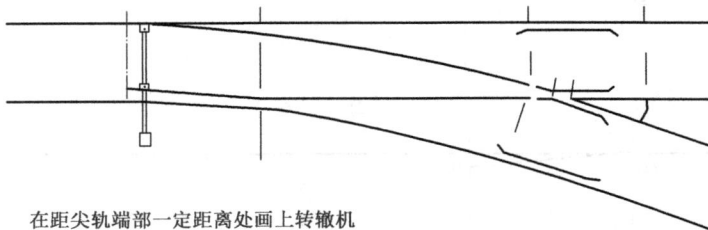

在距尖轨端部一定距离处画上转辙机

i)

图 3-1-2

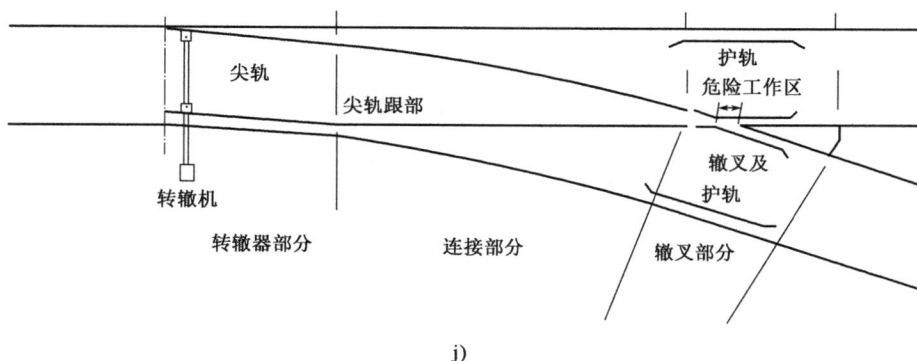

j)

图3-1-2　右开道岔示意图绘制方法

任务训练单

单开道岔绘制作业任务单见表3-1-1。

单开道岔绘制作业任务单　　　　　　　　　　　　　　　表3-1-1

姓名		班级		日期	
作业任务	单开道岔绘制				
引导问题	1.单开道岔由几大部分组成？				
	2.尖轨和基本轨如何贴靠？				

任 务 实 施

在绘图区域中采用徒手画图方式,完成单开道岔作业简化图绘制,并标出各部分名称。

绘图区域			

任 务 评 价

按照表3-1-2对本次任务的完成情况进行考核评价。

单开道岔绘制考核评价表　　　　表3-1-2

序号	测定项目	考核标准	满分	评价			
				自评	互评	师评	总评
1	道岔的认知	准确认识单开道岔、对称道岔、交分道岔和交叉渡线	10分				
		现场指出道岔转辙部分、连接部分、辙叉及护轨部分	15分				
		现场指出尖轨、基本轨、护轨、翼轨、导曲线、岔枕	15分				
2	道岔图绘制	准确绘制直股	10分				
		准确绘制曲股	10分				
		转辙机位置正确	10分				
		尖轨位置正确	10分				
		有害空间、翼轨位置正确	10分				
		组件标注正确	10分				

任务一　学习活动二　现场测量单开道岔号数

作业指导书

一、单开道岔的号数

单开道岔常见的号数有 6 号、7 号、9 号、12 号、18 号、24 号、38 号,道岔号数以辙叉号数 N 来表示的。

辙叉号数 N 与辙叉角 α 的关系:我国规定以辙叉角的余切表示辙叉号数。辙叉号数的计算示意图如图 3-1-3、式(3-1-1)所示。

$$N = \cot\alpha = \frac{FE}{AE} \qquad (3\text{-}1\text{-}1)$$

式中:N——辙叉号数(道岔号数);

图 3-1-3　道岔号数计算示意图

　　α——辙叉角,(°);

FE——叉心工作边任一点 A 至另一工作边的垂足 B' 的距离,m;

AE——由叉心理论尖端至垂足 B' 的距离,m。

辙叉角越大,道岔号数越小;反之,辙叉角越小,道岔号数越大。

二、现场确认道岔号数的方法

1. 用脚测量法

在心轨顶面脚宽处,用脚量到心尖端,是几脚就是几号道岔,如图 3-1-4 所示。

2. 用尺测量法

先在心轨顶面量出 100mm 宽度和 200mm 宽度两处,并在这两处画上线,然后量出两条线之间的垂直距离,是几个 100mm 就是几号道岔,如图 3-1-5、式(3-1-2)所示。

图 3-1-4　脚量道岔号数示意图

图 3-1-5　尺测量法道岔号数量测

$$N = \frac{a}{100} \qquad (3\text{-}1\text{-}2)$$

3.趾宽和跟宽计算法

用趾宽和跟宽计算法量辙叉全长（甲）、辙叉趾宽（乙）、辙叉跟宽（丙），如图3-1-6所示。

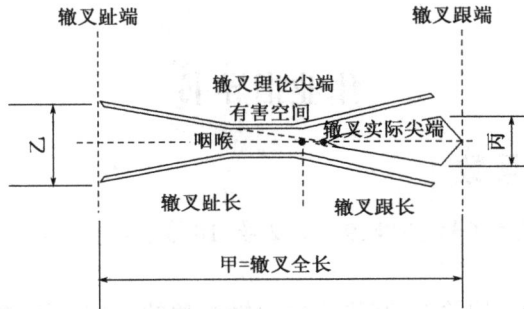

图3-1-6　趾宽和跟宽计算法
注：辙叉号数 $N=$ 甲÷（乙+丙）。

任 务 训 练

3人1组，采用用脚测量法、用尺测量法、趾宽和跟宽计算法进行道岔号数的判断，任务训练单见表3-1-3。

任务训练单　　　　　　　　　　　　　表3-1-3

班级		组号		指导教师	
组长		学号		日期	
作业任务		道岔号数判断			
组员	姓名	任务分工			

任 务 实 施

采用不同的方法，对同一组道岔号数进行判断，完成表3-1-4～表3-1-6，并总结三种方法的准确性。

一、用脚测量法

脚测量法实施表见表3-1-4。

脚测量法实施表　　　　　　　　　　　　表3-1-4

现场辨别步骤	1.
	2.
	3.
道岔号数	

二、用尺测量法

尺测量法实施表见表3-1-5。

尺测量法实施表 表3-1-5

尺测量法步骤	1.
	2.
	3.
数据	顶宽100~200mm的距离
计算过程	
道岔号数	

三、趾宽、跟宽计算法

趾宽、跟宽计算法实施表见表3-1-6。

趾宽、跟宽计算法实施表 表3-1-6

辙叉全长	
辙叉趾宽	
辙叉跟宽	
计算过程	
道岔号数	

任 务 评 价

按照表3-1-7进行考核评价。

道岔号数判断考核评价表 表3-1-7

序号	测定项目	考核标准	满分	评价			
				自评	互评	师评	总评
1	用脚测量法	站脚位置准确性	10分				
		操作熟练度	5分				
		判读正确性	5分				
2	用尺测量法	准确找到心轨	8分				
		测量顶宽100mm处	8分				
		测量顶宽200mm处	8分				
		正确计算	8分				
		准确判断	8分				
3	趾宽和跟宽计算法	准确测量辙叉全长	8分				
		准确测量辙叉趾端	8分				

续上表

序号	测定项目	考核标准	满分	评价			
				自评	互评	师评	总评
3	趾宽和跟宽计算法	准确测量辙叉根端	8分				
		正确计算	8分				
		准确判断	8分				

<h1 align="center">拓　展　任　务</h1>

序号	内容	地址
1	习题小测　道岔认知	
2	**我国铁路轨道道岔设备发展变化** 　　纯净钢辙叉生产线,采用低能耗电弧炉与智能铸造工艺,解决传统辙叉寿命短、养护频繁的问题。中国道岔技术已出口至孟加拉、塞尔维亚等"一带一路"共建国家	https://npo11144c.npoall.com/news/itemid-40934.html
3	《普速铁路线路修理规则》(TG/GW 102—2019)第3.9.1条	
4	《高速铁路线路维修规则》(TG/GW 115—2023)第3.8.1条	

<h1 align="center">任务二　学习活动一　尖轨类型判断</h1>

<h2 align="center">作业指导书</h2>

尖轨的类型有直线尖轨和曲线尖轨,在现场,尖轨的类型判断一般有以下两种方法。

1.看标识

新的尖轨上一般会有一些标记,标明直线尖轨、曲线尖轨。如图3-2-1所示,尖轨轨腰有喷码标识,轨腰有标识牌,其注明了道岔厂家、类型、图号、长度、开向等信息。

2.看线形

看线形区分直线尖轨、曲线尖轨,如图3-2-2所示。

图 3-2-1 轨腰标识牌

图 3-2-2 直线尖轨、曲线尖轨

可以现场量取尖轨同断面顺坡长度来确定直线尖轨、曲线尖轨。比如,在尖轨顶面20m处量取至尖轨尖端之间长度,结果为 X,Y。如果 $X>Y$,那么 X 为曲线尖轨 Y 为直线尖轨;反之,X 为直线尖轨 Y 为曲线尖轨。

任务训练单

采用合适的方法进行尖轨类型判断,任务训练单见表3-2-1。

任务训练单 表 3-2-1

班级		组号		指导教师	
组长		学号		日期	
作业任务		尖轨类型判断			
组员	姓名	任务分工			

任 务 实 施

采用不同的方法,对尖轨类型进行判断,并完成表3-2-2。

尖轨类型判断 表 3-2-2

道岔类型	
道岔号数	
尖轨类型	
判断依据	1. 2. 3.

任 务 评 价

根据学生完成情况,进行综合打分,并计入表3-2-3。

尖轨类型判断考核评价表　　　　　　　　表3-2-3

评价内容	差	合格	良好	优秀
对尖轨类型判断的掌握程度				
对转辙器部分结构组成认知的掌握程度				
学习中存在的问题或感悟				

任务二　学习活动二　尖轨顶面降低值测量

作业指导书

　　为了使钢轨具有承受车轮压力的足够强度,规定在尖轨顶宽50mm以上部分才能完全受力。在尖轨顶宽20mm以下部分,完全由基本轨受力。尖轨顶宽20~50mm的部分为车轮荷载的过渡段,是普通断面尖轨,按照图3-2-3所示的位置进行测量;矮型特种断面钢轨按照图3-2-4所示的位置要求进行测量。

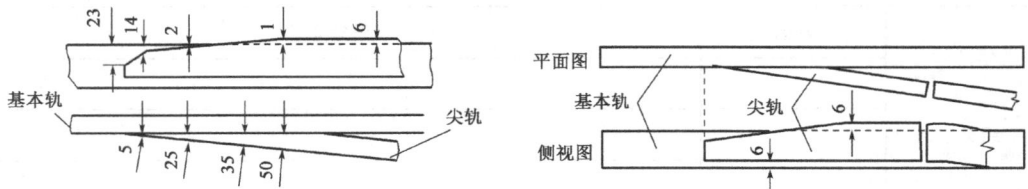

图3-2-3　普通断面尖轨纵坡(尺寸单位:mm)

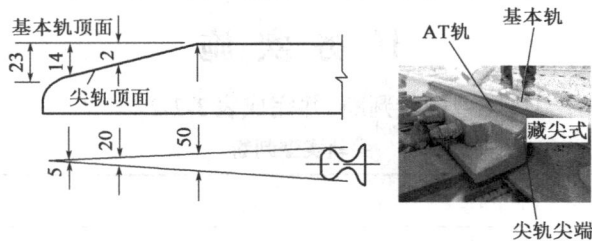

图3-2-4　矮型特种断面尖轨纵坡(尺寸单位:mm)

尖轨降低值测量步骤如下。

一、判断

根据上一学习活动判断尖轨类型、尖轨贴靠方式。

二、找点

找到降低值测量的点位。采用卷尺确定一股断面位置,再利用支距尺确定另一股的两侧位置,采用红色油漆在轨腰处标注出断面位置,如图3-2-5所示。

a)确定一股断面位置　　　　b)支距尺找出另一股位置　　　　c)标注断面位置

图3-2-5　降低值测量点

三、测量

测量的方法一般有两种:一是传统的弦绳+卷尺测量方法,二是尖轨降低值测量仪测量法。

1.弦绳+卷尺测量

(1)在两基本轨光带中心间横向拉一弦绳。

(2)用尺子测量弦绳与尖轨最高点的距离,即降低值。

(3)直线尖轨和曲线尖轨可同步测量,如图3-2-6所示。

2.尖轨降低值测量仪测量

用手握住尖轨降低值测量仪(图3-2-7)的把手端,将管水准气泡一端放在基本轨上,上下调整,使水准气泡居中;松开螺栓,让触头自由下落,显示屏上的数值即对应位置的尖轨降低值。上述操作过程中,管水准气泡保持居中。

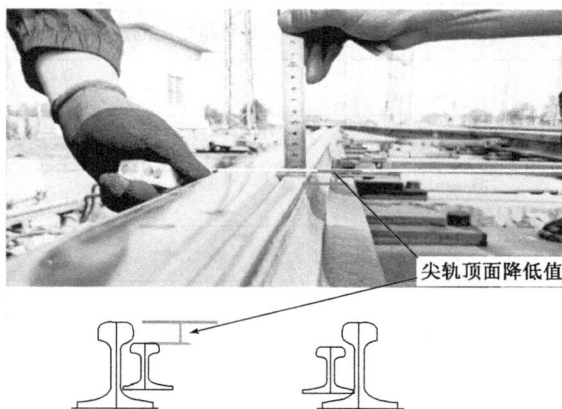

尖轨顶面降低值

图3-2-6　弦绳+卷尺测量方法

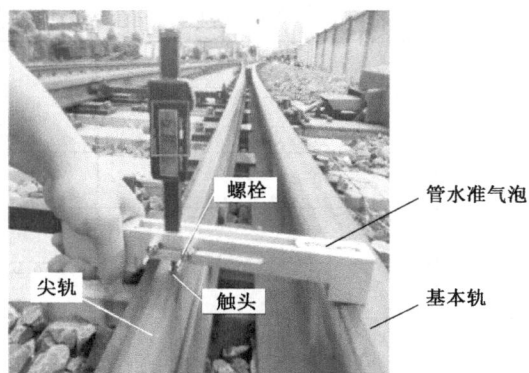

螺栓　　管水准气泡

尖轨　　触头　　基本轨

图3-2-7　尖轨降低值测量仪

四、判断

判断是否超限。根据《城市轨道交通运营设备维修与更新技术规范 第4部分:轨道》(JT/T 1218.4—2024)规定,尖轨、可动心轨顶宽50mm及以上断面处,尖轨顶面低于基本股顶面、可动心轨顶面低于翼轨顶面2mm及以上。

任务训练单

3人1组,完成尖轨顶面降低值测量,任务训练单见表3-2-4。

任务训练单 表3-2-4

班级		组号		指导教师	
组长		学号		日期	
作业任务		尖轨顶面降低值测量			
组员	姓名		任务分工		

任 务 实 施

将测量数据填入表3-2-5。

工作记录单 表3-2-5

_____号道岔　　_____(直线/曲线)尖轨　　_____(藏/贴)尖式　　测量方法_____

序号	尖轨顶宽(mm)	降低值(mm)	是否超过规范要求
1			
2			
3			
4			
5			
6			
7			
8			

任 务 评 价

按照表3-2-6进行任务考核评价。

尖轨顶面降低值测量考核评价表　　　　　　　表3-2-6

序号	测定项目	考核标准	满分	评价			
				自评	互评	师评	总评
1	尖轨类型判断	准确判断AT/普通断面尖轨	20分				
2	找点方法	准确采用支距尺找到测量位置	20分				
3	读数及记录	握尺姿势	10分				
4		量测位置	10分				
5		是否缺项	10分				
6		读数准确	10分				
7		尖轨状态判断	10分				
8		正确记录	10分				

拓 展 任 务

序号	内容	地址
1	习题小测　单开道岔转辙器部分	
2	**道岔焊接新突破,沈白高铁树行业标杆** 中铁十七局在沈白高铁项目中成功实现全国首组道岔全闪光焊接实验。通过新型楔形窄钳口焊机,采用"液压支腿支撑+焊机机头180度旋转"设计,解决了AT轨变截面焊接难题,焊接效率提升3倍以上	https://opinion.gscn.com.cn/system/2025/04/07/013307101.shtml
3	**警钟长鸣-荣家湾列车事故** 1997年4月29日,京广线荣家湾站,一场本可避免的灾难在10时48分降临。两列载满生命的列车因信号系统的致命错误轰然相撞,信号工郝某在维修12号道岔时,擅自使用二极管封连电路,导致道岔假表示	https://www.bilibili.com/video/BV1xfNGeSExc/

序号	内容	地址
4	《普速铁路线路修理规则》(TG/GW 102—2019)第3.9.1条	
5	《高速铁路线路维修规则》(TG/GW 115—2023)第3.8.1条	
6	《城市轨道交通运营设备维修与更新技术规范　第4部分:轨道》(JT/T 1218.4—2024)C.2中低速磁悬浮交通线路设备更新改造实施条件	

任务三　学习活动　导曲线支距测量

作业指导书

虚拟仿真　道岔支距测量作业　　　　　现场视频　道岔支距测量作业

一、导曲线支距测量的概念

道岔导曲线支距是指道岔直股钢轨工作边按垂直方向量到导曲线上股工作边之间的距离。正确的支距反映正确的圆顺度。

从导曲线起点在直股工作边的投影点开始,按2m横距设一个支距点,由于其总长度不是2的倍数,故终点处的分段距离不是整数,如图3-3-1所示。

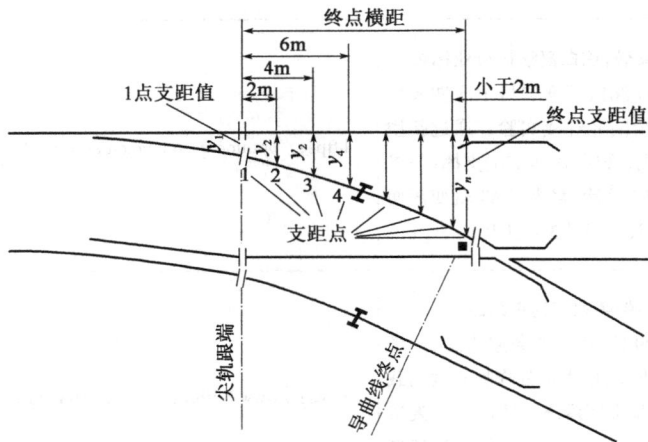

图3-3-1　导曲线支距位置

二、导曲线支距测量方法

1.铁路支距尺

导曲线支距一般采用铁路支距尺进行测量,支距尺结构示意图如图3-3-2所示。

模型　支距尺

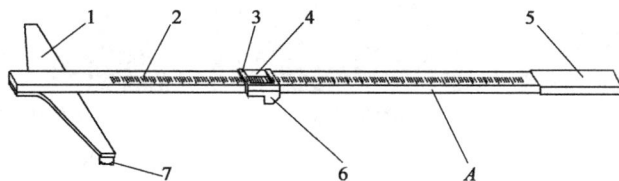

图3-3-2　支距尺示意图

1-丁字形绝缘板;2-尺身;3-游框组件;4-游标;5-绝缘套;6-压测板;7-测头;A-基准面

2.使用方法

测量支距时,将支距尺绝缘板搭在道岔的直股钢轨上,使两圆测头与直股钢轨工作边接触,移动游框,使压测板与导曲线接触,通过游标即可读出支距示值。

三、导曲线支距测量要点

1.找点

在道岔上找支距点标志。以普通单开道岔为例,支距点测量点一般标识在外直股的外侧轨头下颚处。标记方式为红底白色正三角形。在其附近的轨腰处,采用红底白字标记支距值的理论值。找支距点如图3-3-3所示。

a)单开道岔图　　　　　　　　　　b)支距值标记位置　　　　　　　　　　c)支距标记点

图3-3-3　找支距点

2.对点

支距尺对准支距点标记。将支距尺的尺头测密贴外直股的工作边,用尺头右侧对准三角标的顶点,滑动支距尺的游框,使其卡紧导曲线上股的工作边,如图3-3-4所示。

3.读数

读取各支距点的支距值。读取支距尺游框值,支距尺读数由下部主尺读数和上部副尺读数两部分组成。以图3-3-5为例,首先读取副尺零刻度线对应的主尺读数500mm,再读取副尺刻度与主尺刻度相重叠部分,0.2×2=0.4mm,因此总读数为550.4mm。

a)紧贴外直股   b)准确对点   c)滑动游框   d)卡紧导曲股

图3-3-4 对支距点

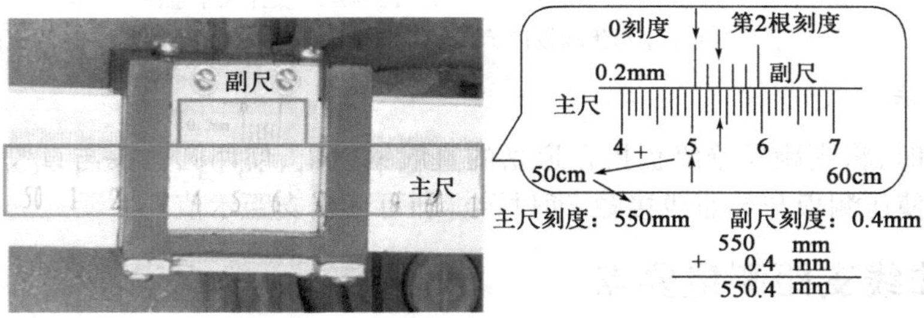

图3-3-5 支距尺读数

4.判定

根据规范判断误差是否超限。《普速铁路线路修理规则》(TG/GW 102—2019)规定:道岔导曲线支距的容许偏差为±2mm。当有一处导曲线支距偏差值超过规范要求时,需要对整条导曲线进行整正。

任务训练单

3人1组,对支距进行测量,并填写表3-3-1。

任务分工表   表3-3-1

姓名		班级		日期	
作业任务	导曲线支距测量				
检查意见:					

任　务　实　施

将支距检查数据填写到表3-3-2中,并判断导曲线状态。

支距尺检查记录表　　　　　　　　　　　　　　　　　　　表3-3-2

道岔类型:＿＿＿＿＿＿　　检查日期:＿＿＿＿＿＿　　检查人:＿＿＿＿＿＿　　记录人:＿＿＿＿＿＿

点号	横距(m)	计划值(mm)	实测值(mm)	偏差	是否超过规范要求

任　务　评　价

按照表3-3-3进行考核评价,并将结果填入表中。

导曲线支距测量考核评价表　　　　　　　　　　　　表3-3-3

题目		导曲线支距量测	考试日期		
考生			用时(min)		
项目	满分	考核内容	评分标准	扣分	实得分
操作技能	60分	1.设置作业标防护(被考核者可口述)	未口述扣5分		
		2.找点:准确在外侧轨腰上找到支距测量点和理论值	操作错误扣10分		
		3.对点:尺头准确对准支距点,正确卡点	操作错误扣15分		
		4.读数:准确读取主尺和副尺读数,读出最终值	读数不准确扣15分		
		5.判断:对标规范,判断支距值的合理性,确定是否需要整正	判断错误扣15分		
工具使用及维护	30分	工具轻拿轻放,不发生磕碰	工具掉落,磕碰扣30分		
其他	10分	1.来车时,下道不及时,工具未带下道或工具侵限	每次扣5~10分		
		2.不能超时	每超时2min扣1分,超时20min停止考核		

拓 展 任 务

序号	内容	地址
1	习题小测　道岔连接部分	
2	工务标尺检定榜样——耿慧积跬步至千里	https://moocl.xueyinonline.com/mooc-ans/mycourse/teacherstudy?chapterId=953212990&courseId=250269189&clazzid=119055324
3	《普速铁路线路修理规则》(TG/GW 102—2019)第3.9.1、3.9.3条	
4	《高速铁路线路维修规则》(TG/GW 115—2023)第3.8.4条	
5	《城市轨道交通运营设备维修与更新技术规范　第4部分:轨道》(JT/T 1218.4—2024)D.1.4道岔轨道精调几何不平顺容许偏差管理值	

任务四　学习活动　单开道岔图纸识读

作业指导书

一、单开道岔的主要尺寸

(1)道岔主线中心线与道岔侧线中心线的交点,称为道岔中心。

微课
识读单开道岔
总布置图

(2)从道岔始端(也称岔头)轨缝中心至道岔终端(也称岔尾)轨缝中心的距离,称为道岔全长。

(3)从岔头轨缝中心至道岔中心的距离,称为道岔前部实际长度,又称道岔前长;从道岔中心至岔尾轨缝中心的距离,称为道岔后部实际长度,又称道岔前长。

(4)道岔全长包括道岔前长和道岔后长。

(5)尖轨前基本轨长度,用 q 表示,是指从道岔始端轨缝中心至尖轨尖端的距离。

(6)尖轨尖端至道岔中心的水平距离称为道岔理论前长。

(7)道岔中心至辙叉心轨理论尖端的水平距离称为道岔理论后长。

(8)辙叉趾长(距),用 n 表示,是指从辙叉趾端至辙叉心轨理论尖端的水平距离。

(9)辙叉跟长(距),用 m 表示,是指从辙叉心轨理论尖端至辙叉跟端的水平距离。

(10)辙叉角,指辙叉心轨两工作边间的夹角 α。

单开道岔主要尺寸图如图 3-4-1 所示。

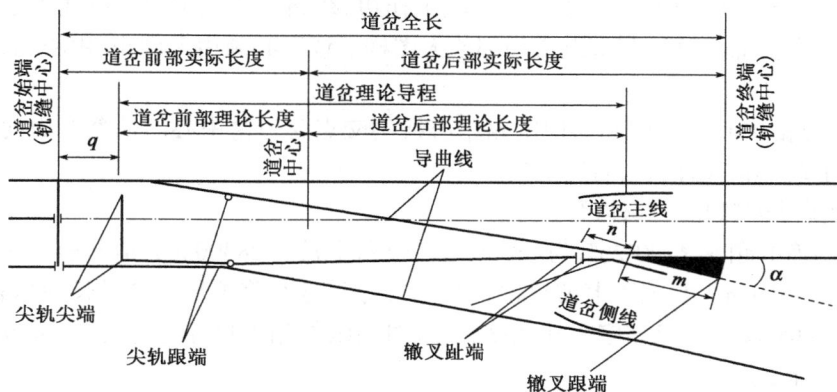

图 3-4-1　单开道岔主要尺寸图

二、识读单开道岔总布置图

1.识读方法和步骤

(1)铺开道岔图纸,记住图号,确认图纸的标题名称、零配件标注的比例尺寸等基本信息。

(2)读出道岔全长、中交位置、转辙角、前长、后长的起讫位置及相互关系。

(3)读出导曲线半径、导曲线起讫位置、各点支距、横距。

(4)读出道岔配轨情况及每根钢轨的长度。

(5)读出岔枕根数、长度和岔枕间距。

(6)读出各部间隔尺寸。

(7)读出图中标注编号指的是什么零部件,并按编号查阅明细表,读出该零件及其数据。

(8)详细阅读设计说明、铺设指南及技术要求,了解道岔设计理念、构造性能和结构,掌握铺设指南中铺设、安装、调试中的顺序和方法,并熟悉技术要求,指导日常养护维修作业。

2.识读图纸

以××市轨道交通 3 号线一期工程(哈西站地铁联络线工程)单开道岔铺设总布置图为例,进行识读。

单开道岔总布置图包括平面铺设图、材料明细表和岔枕数量表、图注以及标题栏,如图 3-4-2 所示。

通常按照先读标题栏,然后读平面铺设图,接着读材料明细表和岔枕数量表,最后读图注的顺序进行识读。

图纸　图 3-4-2
单开道岔布置图1

1)标题栏

标题栏中显示工程名称、图名、图号、比例尺、日期、设计尺寸单位名称和设计人、复核人的签字等信息。

2)平面铺设图

图3-44中,钢轨用单线表示,表示其钢轨工作边;线路中心线用单点画线表示;单线表示岔枕中心线。主要部位可绘制节点或局部放大图样。读图必须由大到小,由粗到细。图中尺寸单位一般为毫米。

(1)找出道岔中心。直向和曲向线路中心线的交点为道岔中心。从岔头面向岔尾,道岔侧线相对于主线,向右岔出,为右开道岔。

(2)读出道岔转辙角及具体尺寸。

①道岔的辙叉角$\alpha=6°20'25''$,为9号道岔。道岔全长为28300mm,道岔前长为12570mm,道岔后长为15730mm。复核图上的道岔全长是否等于道岔前长与道岔后长的总和。实际读图过程中,我们不仅要读出相应尺寸数据,还应对图纸的相关尺寸进行复核,养成细致认真、严谨负责的工作态度。

②尖轨前基本轨长度为2620mm。

③道岔理论前长为9950mm。

④道岔理论后长为12955mm。

⑤辙叉心轨理论尖端至岔后直向基本轨轨缝中心的距离为2775mm。

(3)读出导曲线半径,导曲线起讫位置,各点支距、横距。

①导曲线半径是指外轨工作边的半径,为200717.5mm。

②导曲线理论起点距尖轨尖端1037mm,导曲线实际起点距尖轨尖端2256mm,导曲线终点距辙叉心轨理论尖端1787mm。图3-44中各支距点的横距为2000mm,最后一支距点横距为456mm,合起来为10456mm。各点支距分别为352mm、479mm、626mm、793mm、981mm、1188mm、1238mm。

(4)读出道岔配轨情况及每根钢轨的长度。

①直尖轨和曲尖轨长均为10680mm,直基本轨和曲基本轨长均为13292mm。

②外直股钢轨长为14992mm,内直股钢轨长为10671mm,曲上股长分别为5369mm、5353mm,曲下股钢轨长分别为5369mm、9508mm。

(5)读出岔枕根数、长度和岔枕间距。岔枕上面的数字为岔枕间距,在岔枕编号之间的数值为岔枕间距。轨枕组数为22组。每组前一个数字为根数,后一个数字为岔枕长度,如第一组共12根,每根长2.3m。如编号5与6、11与12的岔枕间距均为650mm,编号32与33、33与34、34与35的岔枕间距分别为570mm、575mm、580mm,编号40至49间相邻各岔枕间距都为540mm,其余岔枕间距为600mm。

(6)读出各部间隔尺寸。

①尖轨尖端以及导曲线实际起点到导曲线终点前2000mm距离的轨距为1440mm;导曲线终点前2000mm与导曲线终点之间轨距由1440mm逐渐变为1435mm,其他地段轨距为1435mm。

②尖轨尖端距5号岔枕80mm,第一牵引点距尖轨尖端430mm,第一牵引点距第二牵引点3650mm。直向护轨前端距辙叉心轨理论尖端1851mm,护轨后端距辙叉心轨理论尖端2149mm。辙叉心轨理论尖端距44号岔枕350mm。

3)材料明细表和岔枕数量表

(1)转辙器、辙叉及护轨按部件计。

(2)钢轨长度按总长度及单根长度计,岔枕以单根长度和根数计。

(3)钢轨配件、垫板及连接零件仅列出道岔连接部分的数量。

4)图注

图注中简要说明主要设计资料、接头的表示符号、轨缝、岔枕布置方向、材料明细表中钢轨数量组成及其他。

任务训练单

3人1组,按照合理的分工,学习道岔图纸识读,并将分工填入表3-4-1。

任务训练单

表3-4-1

班级		组号		指导教师	
组长		学号		日期	
作业任务		单开道岔图纸识读			
组员	姓名	任务分工			
检查意见:					

任 务 实 施

小组识读图3-4-3,并完成表3-4-2。

图纸　图3-4-3　单开道岔布置图2

图纸识读任务书 表3-4-2

小组		班级		日期	
作业任务	单开道岔图纸识读				
基本尺寸	1.图中道岔的开通方向为_____开,道岔的辙叉角为_____,为_____号道岔。 2.道岔全长_____,道岔前长_____,道岔后长_____。 3.全长是否等于前长+后长_____。 4.尖轨前基本轨长度为_____。 5.道岔理论前长为_____,道岔理论后长为_____				
导曲线尺寸	1.导曲线半径为_____。 2.导曲线实际起点至尖轨尖端_____,导曲线终点至辙叉心轨理论尖端_____。 3.支距点的横距为_____,各点支距分别为_____				
岔枕	1.转辙部分岔枕的尺寸为_____。 2.第58号岔枕的位置垂直于_____。 3.第34号岔枕垂直于_____。 4.岔枕的总数为_____根				
细部要求	1.普通接头用_____表示。 2.绝缘接头用_____表示				
其余信息					
指导老师评语:					
任务完成人签字: 日期: 年 月 日					

任 务 评 价

按照表3-4-3对小组进行考核评价,并将结果填入表中。

工程线路工实际操作考核评价表　　　　　　表3-4-3

题目		读道岔图		考试日期		
考生				用时(min)		
项目	满分	考核内容	评分标准	扣分	实得分	
操作技能	70分	1.取出单开道岔图纸,确认所要识读图纸的标题名称、型号及比例尺寸、图号等与所需要的单开道岔一致	不按照要求扣5分			
		2.读出道岔全长、中交位置、转辙角和辙叉角、前长、后长的起讫点位置及相互关系	错误每处扣2分			
		3.读出导曲线半径,导曲线起讫点位置,各点支距、横距	错误每处扣2分			
		4.读出道岔配轨情况及各根钢轨的长度	错误每处扣2分			
		5.读出各部间隔尺寸	错误每处扣2分			
		6.读出岔枕根数、长度及岔枕间隔尺寸	错误每处扣2分			
		7.读出图中标注顺号指的是什么零部件,并依据顺号查阅明细表,读出该零部件及其数据	错误每处扣2分			
		8.判定道岔图左右开,并能区分哪些零部件左右开是对称制造的	错误每处扣2分			
		9.说明道岔的特点	错误扣8分			
		10.说明道岔的不同点	错误扣8分			
工具设备的使用及维护	10分	1.不发生小刀划伤手指等事故。2.考场不发生意外事件。3.注意作图工具使用方法和保护	发生扣5分			
时间	10分	按规定时间完成	每超时1min扣1分,超时10min停止考核			
安全及其他	10分	1.本人无不安全因素	不符合要求扣5分/次			
		2.不标写涂改	不符合要求扣5分			

拓 展 任 务

序号	内容	地址
1	习题小测　单开道岔布置图	
2	**BIM技术重构图纸逻辑** 　　隧道施工中传统图纸难以直观反映地质与结构交互风险,利用BIM建筑信息模型技术进行地质-结构一体化建模、可视化交底与施工模拟,实现了工程全生命周期的精准管控	http://news.tielu.cn/yixian/2024-11-09/310621.html
3	《普速铁路线路修理规则》(TG/GW 102—2019)第3.9.2～3.9.5条	
4	《高速铁路线路维修规则》(TG/GW 115—2023)第3.8.3、3.8.4条	

任务五　学习活动一　道岔辙叉及护轨部分轮缘槽宽的检查

作业指导书

现场视频
护轨轮缘槽
测量作业

一、辙叉及护轨各部分间隔尺寸

1. 辙叉咽喉轮缘槽 t_1

为保证车轮顺利通过辙叉咽喉,应保证在最不利的条件下,即最小轮对一侧车轮轮缘紧贴基本轨时,另一侧车轮轮缘不撞击翼轨。这时最不利的组合为

$$t_1 \geqslant S_{\max} - (T + d)_{\min} \tag{3-5-1}$$

考虑到道岔轨距允许最大误差为3mm,轮对车轴弯曲后,内侧距减小2mm,则

$$t_1 \geqslant (1435+3) - (1350-2) - 22 = 68 \, (\text{mm})$$

辙叉轮缘槽宽如图3-5-1所示。

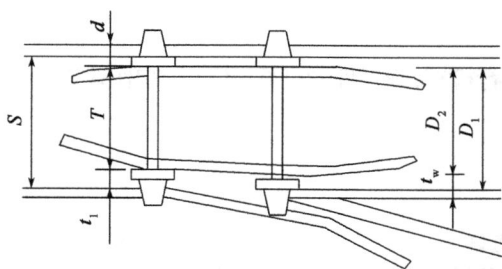

图 3-5-1　辙叉轮缘槽宽

2.护轨轮缘槽 t_g

护轨由开口段、缓冲段、平直段组成,如图3-5-2所示。开口段和缓冲段是为了使车轮轮缘顺利进入护轨轮缘槽内。缓冲段的角度与尖轨冲击角相同,其终端轮缘槽 t_{g2} 应保证有和辙叉咽喉轮缘槽相同的通过条件,即 $t_{g2}=t_{g1}=68mm$ 。在缓冲段的外端,再各设开口段,开口段终端轮缘槽 t_{g3} 采用90mm用把钢轨头部向上斜切的方法得到。护轨平直部分轮缘槽标准宽度为42mm。

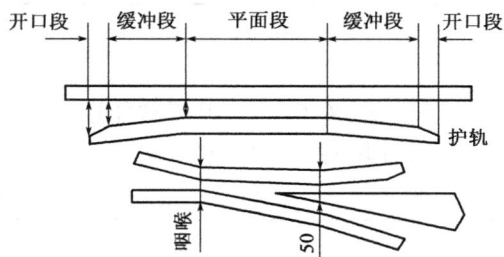

图 3-5-2　护轨轮缘槽宽

3.辙叉翼轨平直段轮缘槽 t_w

考虑到制造时可能出现负公差,《城市轨道交通运营设备维修与更新技术规范　第4部分:轨道》(JT/T 1218.4—2024)规定:辙叉心轮缘槽标准宽度(测量位置按标准图或设计图规定)为46mm,采用心轨加宽技术的辙叉。

辙叉翼轨轮缘槽也要有过渡段和开口段。与护轨情况相同,其终端轮缘槽分别为68mm和90mm。辙叉翼轨各部分长度及其总长,可比照护轨进行相应的计算。

翼轨轮缘槽如图3-5-3所示。

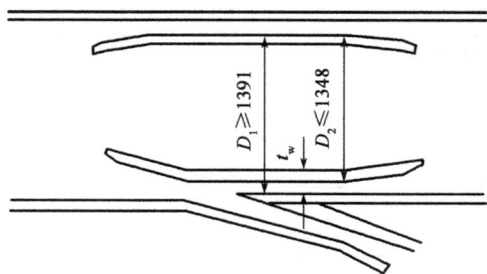

图 3-5-3　翼轨轮缘槽

二、工机具准备

150mm直钢尺。上道前需对当天使用的工机具进行检查,确保性能良好,不能影响作业进度。

三、检查要求

辙叉及护轨部分检查表见表3-5-1。

辙叉及护轨检查表 表3-5-1

序号	检查项目	检查要求(mm)	允许偏差
1	辙叉咽喉轮缘槽宽	68	+3,-1
2	护轨轮缘槽宽	直向:42	
		侧向:48	
3	翼轨平直段轮缘槽宽	46	

任务训练单

2人1组,对西区三组道岔任选一组,采用直尺对轮缘槽宽进行测量,将分工情况填入表3-5-2,并填写引导问题。

任务分工表 表3-5-2

姓名		班级		日期	
组别		组长			
作业任务		道岔轮缘槽宽检查			
组员	姓名	分工			

引导问题1:单开道岔、固定辙叉的检查要求是什么?

_____

_____

_____

引导问题2:单开道岔、可动心轨辙叉的检查要求是什么?

_____

_____

_____

任 务 实 施

按照作业指导书要求进行检查,并将相关数据填入表3-5-3。

任务记录表 表3-5-3

道岔类型：_____ 检查日期：_____ 检查人：_____ 记录人：_____ 审阅人：_____

序号	检查项目	检查位置	实测值(mm)	理论值(mm)	偏差值	是否超过规范要求

任 务 评 价

按照表3-5-4进行考核评价。

道岔辙叉及护轨部分轮缘槽宽考核评价表 表3-5-4

题目		辙叉及护轨尺寸检查	考试日期			
考生			用时(min)			
项目	满分	考核内容	评分标准	扣分	实得分	
检查部位正确	40分	1.检查辙叉轮缘槽:部位正确	错,扣6分			
		2.检查护轨平直段轮缘槽:部位正确	错,扣6分			
		3.检查翼轨轮缘槽:部位正确	错,扣6分			
		4.正确使用工具	错,扣6分			
		5.消除外部灰尘、油污	每漏一项扣6分			
		6.检查每项的时间不宜超过60s	超过,扣10分			
工具设备的使用及维护	10分	1.不发生重伤和由操作者造成机械事故;酌情处理	发生,每次扣5分			
		2.不发生轻伤	发生,每次扣5分			
时间	20分	按规定时间完成	否则每超过30s扣1分			
规范操作	15分	1.无摔倒、碰伤现象	发生,扣5分			
		2.来车带工具及时下道避车	不及时(5s),扣5分			
		3.不脚踏尖轨、连杆	发生,扣5分			
学习态度	15分	1.能与成员积极配合	酌情扣分,最多5分			
		2.语言文明、规范	酌情扣分,最多5分			
		3.遵守小组分配,不拣轻怕重	酌情扣分,最多5分			

任务五 学习活动二 道岔查照间隔、护背距离检查

作业指导书

一、检查内容

1.查照间隔 D_1

查照间隔是指护轨作用边至心轨作用边的查照间隔,此间隔应保证轮对在最不利条件下,最大轮对一侧轮缘受护轨的引导,而另一侧轮缘不撞击辙叉岔心。为保证车辆顺利通过要求 $D_1 \geqslant 1391mm$, D_1 只能有正误差,容许值为 1391 ~ 1394mm ,如图 3-5-4 所示。

现场视频
道岔查照间隔测量作业

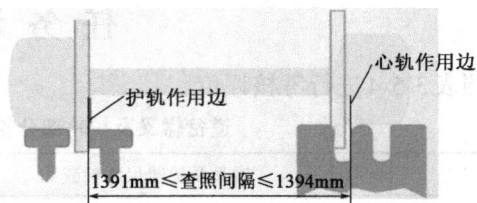

图 3-5-4 查照间隔示意图

2.护背距离 D_2

护轨作用边至翼轨作用边的距离为查照间隔 D_2(又称护背距离),此间隔应保证最小车轮通过时不被楔住。根据轮对宽度要求, $D_2 \leqslant 1348mm$, D_2 只能有负误差,容许范围为 $1348mm \geqslant D_2 \geqslant 1346mm$,如图 3-5-5 所示。

3.查照间隔、护背距离与轨距的关系

轨距>查照间隔>护背距离,如图 3-5-6 所示。

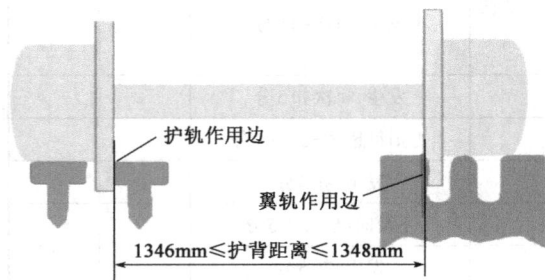

图 3-5-5 护背距离示意图

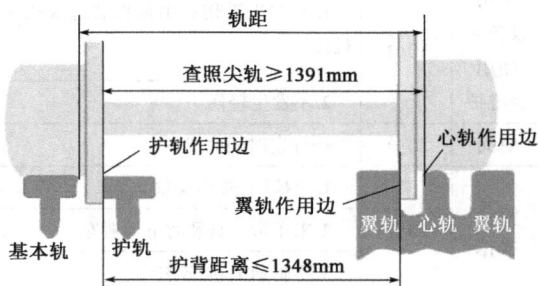

图 3-5-6 三者关系图

二、检查要求

查照间隔和护背距离采用轨距尺进行检查。在心轨顶宽50mm以下进行检查,一般在20～30mm处进行,如图3-5-7所示。

三、检查方法

辙叉护轨位置轨距、查照间隔、护背距离的尺寸检查一般按照先测轨距,再测查照间隔,最后测护背距离的顺序进行,可以总结为"查轨距、捏91、推48"。

1.查轨距

在测量道岔的查照间隔时,轨距尺的固定端须放在岔心一侧,测块贴靠心轨作用边,活动端放在护轨一侧,贴靠在基本轨作用边。轨距尺放正后,读取轨距值1435mm。轨距尺固定端、活动端示意图如图3-5-8所示。

图3-5-7　检查位置

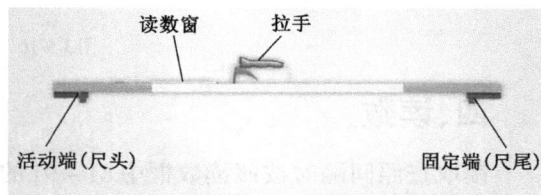

图3-5-8　轨距尺固定端、活动端示意图

2.捏91

轨距尺不动,轻轻捏住活动端拉手手柄,使活动端测块从贴靠基本轨作用边移动到贴靠护轨作用边,读取查照间隔。捏91过程如图3-5-9所示。

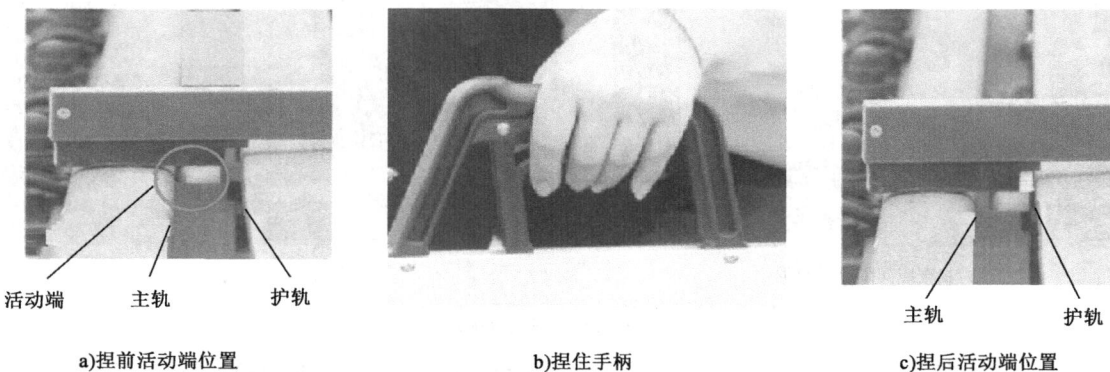

a)捏前活动端位置

b)捏住手柄

c)捏后活动端位置

图3-5-9　捏91过程

3. 推48

继续捏住手柄,保持活动端继续贴靠在护轨作用边上,然后向护轨侧整个推动轨距尺,使固定端测块从贴靠心轨作用边移动到贴靠翼轨作用边,读取护背距离。推48过程如图3-5-10所示。

a)推前活动端位置

b)推后活动端位置

图3-5-10   推48过程图

四、读数

读取查照间隔时按照读数框中81~91的范围读数,读取护背距离时按照数框中48~58的范围读数,读数方法与轨距相同。

查照间隔误差值为+3mm时,其允许范围为1391~1394mm;护背距离误差为−2mm,其允许范围为1346~1348mm。

例如,查照间隔测量数据如图3-5-11a)所示,读数方法按照图3-5-11b)进行,读数为1381+2=1383(mm),超过规范允许值。

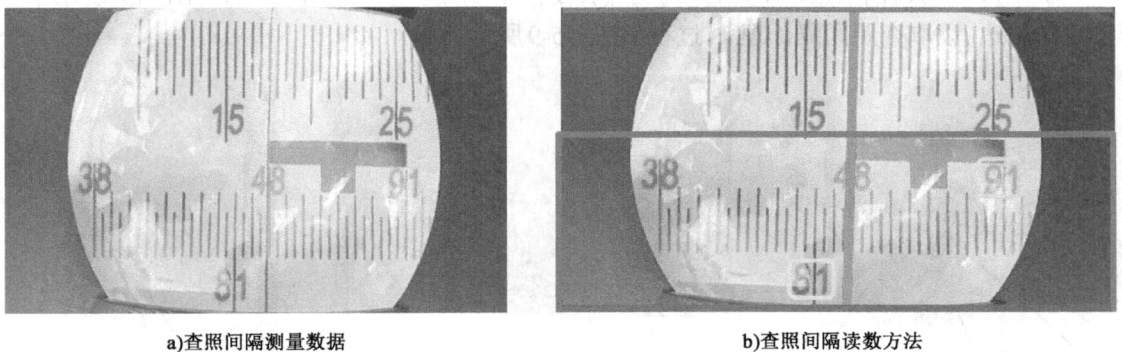

a)查照间隔测量数据

b)查照间隔读数方法

图3-5-11   查照间隔读数

例如,护背距离测量数据如图3-5-12a)所示,读数方法按照图3-5-12b)进行,读数为1348+5=1353(mm),超过规范允许值。

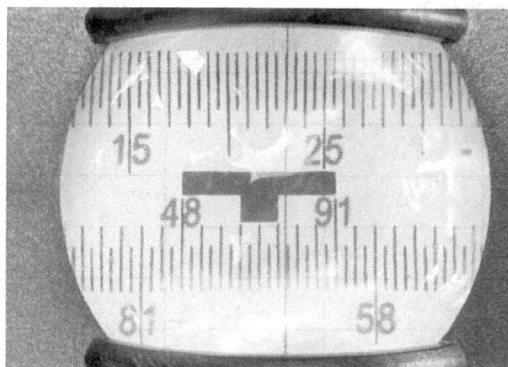

a)护背距离测量数据　　　　　　　　　　　　b)护背距离读数方法

图3-5-12　查护背距离读数

任务训练单

2人1组,任选一组道岔,采用轨距尺对查照间隔和护背距离进行测量,并将任务分工填入表3-5-5。

任务分工表　　　　　　　　　　　　　　　表3-5-5

姓名		班级		日期	
组别		组长			
作业任务		查照间隔、护背距离检查			
组员	姓名	分工			
检查意见:					

任　务　实　施

按照作业指导书要求对查照间隔和护背距离进行检查,并将检查结果填入表3-5-6。

查照间隔、护背距离检查结果　　　　　　　　　　表3-5-6

道岔类型：_____　检查日期：_____　检查人：_____　记录人：_____　审阅人：_____

序号	检查内容	位置	1	2	3	4
1	查照间隔	直				
		曲				
2	护背距离	直				
		曲				
3	轨距					

任 务 评 价

按照表3-5-7进行任务考核评价。

道岔查照间隔、护背距离检查考核评价表　　　　　　　表3-5-7

题目		检查道岔查照间隔、护背距离		考试日期		
考生				用时(min)		
项目	满分	考核内容		评分标准	扣分	实得分
检查部位正确	40分	1.检查直股辙叉查照间隔:部位正确		错,扣6分		
		2.检查直股辙叉护背距离:部位正确		错,扣6分		
		3.检查曲股辙叉查照间隔:部位正确		错,扣6分		
		4.检查曲股辙叉查护背距离:部位正确		错,扣6分		
		5.轨距尺读数正确		每错一次扣6分		
		6.检查每项的时间不宜超过60s		超过,扣10分		
工具设备的使用及维护	10分	1.不发生重伤和由操作者造成机械事故,酌情处理		发生,每次扣5分		
		2.工具轻拿轻放		发生,每次扣5分		
时间	20分	按规定时间完成		否则每超过30s扣1分		
规范操作	15分	无摔倒、碰伤现象		发生,扣5分		
		来车带工具及时下道避车		不及时(5s),扣5分		
		不脚踏尖轨、连杆		发生,扣5分		
学习态度	15分	能与成员积极配合		酌情扣分,最多5分		
		语言文明、规范		酌情扣分,最多5分		
		遵守小组分配不拈轻怕重		酌情扣分,最多5分		

拓 展 任 务

序号	内容	地址
1	习题小测　单开道岔辙叉及护轨	
2	**我国自主研制的Ⅲ代高锰钢辙叉** 中铁宝桥研发的Ⅲ代高锰钢辙叉采用高强韧、高致密合金化高锰钢,最大通过总重超6亿吨	http://sn.people.com.cn/GB/n2/2023/0511/c186331-40411071.html
3	《普速铁路线路修理规则》(TG/GW 102—2019)第3.9.5、3.9.7、3.9.13、3.9.14条	
4	《高速铁路线路维修规则》(TG/GW 115—2023)第3.8.3、3.8.5条	
5	《城市轨道交通运营设备维修与更新技术规范　第4部分:轨道》(JT/T 1218.4—2024)表D.14高锰钢整铸辙叉轻伤标准、表D.15高锰钢整铸辙叉重伤标准	

任务六　学习活动　单开道岔17处轨距水平检查

作业指导书

现场视频　道岔17处测量作业　　　　　虚拟仿真　道岔17处检查

一、道岔轨距水平检查位置

道岔轨距水平检查顺序一般是由岔头到岔尾,在17处放置轨距尺,读取17项轨距值,15项水平值及4项查照间隔和护背距离值,如图3-6-1所示(以60kg/m钢轨9号单开道岔为例),逐处进行检查并填写记录。

为了便于记忆和读数,可将17个轨距尺分入道岔转辙器部分、连接部分、辙叉及护轨部分三大部分,如图3-6-2所示,见表3-6-1。

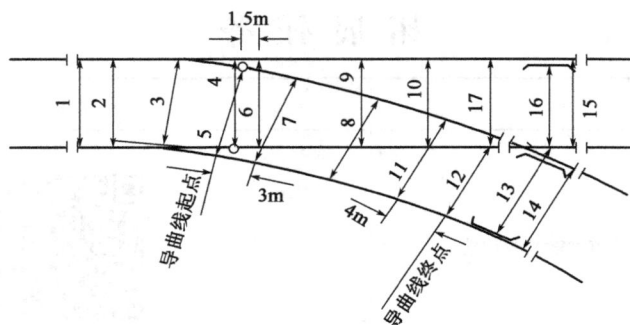

图 3-6-1　道岔轨距水平检查位置

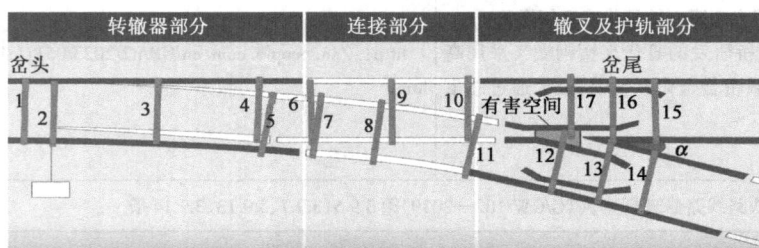

图 3-6-2　道岔轨距水平检查示意图

1-尖轨前顺坡终点；2-尖轨尖端；3-尖轨中部；4-尖轨跟直股；5-尖轨根端曲股；6-导曲线直股前部；7-导曲线曲股前部；8-导曲线曲股中部；9-导曲线直股中部；10-导曲线直股后部；11-导曲线曲股后部；12-辙叉曲股前部；13-辙叉曲股中部；14-辙叉曲股后部；15-辙叉直股后部；16-辙叉直股中部；17-辙叉直股前部

道岔轨距水平检查具体位置表　　　　　　　　表3-6-1

转辙器部分 （共5尺）	第1尺	尖轨前顺坡终点	距离基本轨50~100mm
	第2尺	尖轨尖端	距离尖轨尖端50~100mm
	第3尺	尖轨中部	尖轨中刨切点，此处不测水平
	第4尺	尖轨跟直股	直尖轨后连接轨轨端第一螺栓孔中心处
	第5尺	尖轨根端曲股	曲尖轨后连接轨轨端第一螺栓孔中心处
连接部分 （共6尺）	第6尺	导曲线直股前部	距尖轨根端1.5m
	第7尺	导曲线曲股前部	距导曲线7点3m处
	第8尺	导曲线曲股中部	中部接头第3螺栓处
	第9尺	导曲线直股中部	中部接头第3螺栓处
	第10尺	导曲线直股后部	距导曲线终点4m
	第11尺	导曲线曲股后部	距导曲线终点4m
辙叉 及护轨部分 （共6尺，10处）	第12尺	辙叉曲股前部	第3螺栓处
	第13尺	辙叉曲股中部	同时检测查照间隔、护背距离
	第14尺	辙叉曲股后部	第3螺栓处
	第15尺	辙叉直股后部	第3螺栓处
	第16尺	辙叉直股中部	同时查照间隔、护背距离
	第17尺	辙叉直股前部	第3螺栓处

二、道岔轨距水平检查标准

对于常见的9号、12号道岔,轨距检查标准见表3-6-2。

普通9号(含AT9号)、12号道岔轨距检查标准　　　　　表3-6-2

序号	检查部位	轨距标准(mm)	
		9号道岔	12号道岔
1	前顺坡终点	1435	1435
2	尖轨尖端	1450	1445
3	尖轨中	1444	1442
4	尖轨跟端(直)	1439	1439
5	尖轨跟端(曲)	1435	1435
6	导曲线直股(前)	1450	1445
7	导曲线曲股(前)	1435	1435
8	导曲线曲股(中)	1450	1445
9	导曲线直股(中)	1435	1435
10	导曲线直股(后)	1435	1435
11	导曲线曲股(后)	1450	1445
12	辙叉曲股(前)	1435	1435
13	辙叉曲股(中)	1435	1435
14	辙叉曲股(后)	1435	1435
15	辙叉直股(后)	1435	1435
16	辙叉直股(中)	1435	1435
17	辙叉直股(前)	1435	1435

三、轨距水平容许误差

(1)道岔轨距容许误差为+3mm和−2mm,尖轨尖端处为±1mm。水平容许误差正线、辅助线±4mm,车场线±6mm,并且不允许出现曲线反超高。水平值在检查轨距时一并读取,并应在记录中表明基准股。

(2)任何情况下,道岔最大轨距不得超过1456mm。

任务训练单

2人1组,对西区三组道岔任选一组,采用轨距尺进行17处轨距水平量测,并将分工情况填入表3-6-3。

任务分工表　　　　　表3-6-3

姓名		班级		日期	
组别		组长			
作业任务	道岔17处轨距、水平检查				

续上表

	姓名	分工
组员		

任 务 实 施

将检查结果填入表3-6-4。

固定辙叉道岔检查记录表　　　　　　　　　　　　　　表3-6-4

班级：_____　　　　姓名：_____　　　　道岔型号：_____

检查日期	检查项目	转辙器部分					导曲线部分						辙叉部分									
		前顺坡终点	尖轨尖端处	尖轨中	尖轨跟端		直线			导曲线			叉心前		叉心中		叉心后		查照间隔		护背距离	
					直	曲	前	中	后	前	中	后	直	曲	直	曲	直	曲	直	曲	直	曲
	轨距																					
	水平			×											×	×			×	×	×	×

考 核 评 价

按照表3-6-5进行考核评价，并将考核结果填入表中。

道岔检查实际操作考核评价表　　　　　　　　　　　　表3-6-5

题目	检查道岔轨距	考试日期		
考生		用时(min)	总分	
项目	满分	考核内容	评分标准	得分
操作技能	70分	1.选用工具：量具选用正确	失误扣8分，失准扣10分	
		2.检查轨距水平：根据不同类型道岔逐项逐处检查	漏检、错检，每处扣2分	
		3.特种道岔要注意检查前后锐角、钝角辙叉的叉前叉后轨距、水平，叉中的轨距、查照间隔、护背距离、曲中内、外矢距等	漏检、错检，每处扣5分	
		4.日常保养： (1)注意各种尺子的保养和放置。 (2)消除外部灰尘、油污。 (3)检查是否平直	每漏一项扣3分	
工具设备的使用及维护	10分	1.不发生重伤和由操作者造成机械事故。 2.不发生轻伤。 3.检查每项的时间不宜超过30s	1.酌情处理 2.发生，每次扣5分 3.超过，扣2分	

续上表

项目	满分	考核内容	评分标准	得分
时间	10分	按规定时间完成	否则每超过30s扣1分	
安全及其他	10分	不夹轨距尺	夹,扣5分	
		无摔倒、碰伤现象	发生,扣5分	
		来车带工具及时下道避车	不及时(5s),扣5分	
		不脚踏尖轨、连接	发生,扣5分	

拓 展 任 务

序号	内容	地址
1	习题小测　道岔17处轨距水平检查	
2	**高速铁路道岔大型车载动态检测设备** 突破高速道岔区段多源轨道动态检测数据里程高精度定位技术,创新提出基于TQI-T的道岔区轨道几何状态评价方法	https://www.sohu.com/a/874382270_121956424
3	《普速铁路线路修理规则》(TG/GW 102—2019)第3.9.2条	
4	《高速铁路线路维修规则》(TG/GW 115—2023)第3.8.1条	
5	《城市轨道交通运营设备维修与更新技术规范　第4部分:轨道》(JT/T 1218.4—2024)表D.18道岔零件损伤或病害标准	

任务七　学习活动　护 轨 更 换

作业指导书

一、作业前程序

1.作业前防护程序

防护时执行手比、眼看、口呼制度。

2.工具领取

主要领取工具见表3-7-1。

现场视频
道岔护轨更换

主要领取工具　　　　　　　　　　　　　　　　表3-7-1

序号	名称	数量	备注
1	轨距尺	把	
2	30m卷尺	把	
3	直尺	把	
4	石笔	支	
5	抬轨卡	把	
6	扳手	组	
7	撬棍	把	
8	扭力扳手	把	
9	轨温计	个	
10	记录本	本	

3.班前预想

作业风险提示和班前预想由施工负责人组织进行,一般包括以下内容:"根据天窗计划,今天对××进行更换护轨作业,作业现场采取停车信号防护,作业过程中落实好护轨防倾倒措施,作业人员之间保持一定的安全距离,抬运护轨时动作一致,防止磕手碰脚;拆卸护轨时,需要有人保护,防止护轨突然跌落,碰伤手脚。作业分工:××用长扳手负责松动并恢复螺栓,××用短扳手松动并恢复螺栓,其余人员按照方案要求分工。各部分几何尺寸达到修规标准,作业后清理现场,做到'工完料净场地清',班前预想完毕。"

动画
护轨的更换流程

二、作业过程

按照表3-7-2的要求执行作业。

作业过程　　　　　　　　　　　　　　　　表3-7-2

序号	作业程序	作业流程	要领
1	准备护轨	1.按定型图要求,挑选符合设计形式的护轨并运到作业地点。 2.检查原护轨安设位置是否正确。如辙叉咽喉或辙叉心轨宽50mm断面位于护轨平直段外,不符合标准,应考虑同时更换基本轨	新换护轨与原护轨类型相同,检查是否完好
2	联系及防护	作业前与车站联系并在相应登记簿上登记,调度命令下达后,及时通知作业负责人。按规定设好防护	按照防护标准设置
3	卸螺栓	将护轨螺栓卸下,连同方垫圈一起放在岔枕上。卸时先拆卸中间护轨螺栓、螺母、平垫圈,后拆卸最外侧两个螺栓,拆卸前由两人用抬轨钳进行保护,防止护轨突然跌落碰伤手。先用加力扳手松螺栓、再用短扳手或者手卸下螺栓	拆时先拆中间,后拆卸最外侧两个

序号	作业程序	作业流程	要领
4	拨出旧护轨	将旧护轨拨到道岔外侧(提速道岔将护轨抬出),以免影响作业	抬护轨时,应听从指挥,共同用力
5	涂油、清扫	护轨拨出(抬出)后,要对垫板进行清扫,并将护轨垫板及卸下的螺栓或间隔铁除锈涂油	用钢丝刷清理锈迹,再涂油
6	换入新护轨	换入新护轨后安装间隔铁,使主轨、间隔铁及护轨螺栓孔相对,轮缘槽符合标准。换轨时两人用撬棍配合,防止夹伤手脚或护轨调入轨撑和基本轨中间卡槽	注意防止夹伤手脚
7	上螺栓	对损坏及不标准的螺栓要进行更换	先穿两侧,再穿中间
8	上轨撑	将轨撑从垫板侧面用锤轻轻磕打进去,使其前面靠紧护轨,后面顶紧垫板肩板	
9	调整尺寸	按改道作业要领,调整轮缘槽宽度、轨距、查照间隔、护背距离尺寸。当尺寸不满足时,安装护轨垫。同一个轨撑,护轨垫片的数量不能超过2个。 护轨平直段轮缘槽宽:42mm,误差+3,-1。 缓冲段轮缘槽宽:65mm	查照间隔:1391~1394mm 护背距离:1346~1348mm 轨距:1433~1438mm
10	紧螺栓	几何尺寸调整好后,上好扣件,拧紧螺栓。从中间往两侧紧固螺栓	先用短扳手,后用加力扳手,最后用扭力扳手
11	开通前检查	作业负责人对轨道几何尺寸及零配件进行全面检查,确认放行列车条件	全面检查护轨位置尺寸和状态
12	回检	收工前,作业负责人对作业地段进行全面检查,调整、复拧零配件,做好回检记录	
13	结束作业	全部达到作业质量标准后,撤除防护	
14	回收路料	将换下的护轨及配件及时回收	"工完料净场地清"

三、作业安全

(1)作业中,设专人进行防护,并认真瞭望。邻线来车时停止作业,按有关规定下道避车,人员、材料、工具不得侵入限界。

(2)由职务不低于工(班)长的人员担任作业负责人。

(3)电气集中道岔作业使用的撬棍必须带绝缘装置,以防联电。

(4)拨出、拨入及抬运护轨要注意人身安全,防止碰伤手脚。

任务训练单

7人1组,按照作业指导书的要求进行现场护轨更换,并填写表3-7-3,工具选取填写表3-7-4。

护轨更换作业分工　　　　　　　　　　表3-7-3

班级		组号		指导教师	
组长		学号			
组员	姓名	分工			

工具要求　　　　　　　　　　表3-7-4

序号	名称	是否需要	精度	数量	备注
1	轨距尺			把	
2	30m卷尺			把	
3	直尺			把	
4	石笔			支	
5	抬轨卡			把	
6	扳手			组	
7	撬棍			把	
8	扭力扳手			把	
9	起拨道器			台	
10	磨耗仪			把	
11	塞尺			把	
12	支距尺			把	
13	轨温计			个	
14	记录表			本	

任 务 实 施

根据任务实施过程(部分)填写表3-7-5。

任务实施过程　　　　　　　　　　表3-7-5

步骤一	工具领取
步骤二	拆除旧护轨

续上表

步骤三	安装新护轨
步骤四	调整护轨尺寸

任 务 评 价

按照表3-7-6进行考核评价,并将考核分值填入表中。

护轨更换考核评价表　　　　　　　　　　　　表3-7-6

小组:_____　　　　　　班级:_____

操作开始时刻:____时____分　　操作结束时刻:____时____分钟　　用时:____分钟

序号	考核内容	考核要点	评分标准	扣分	得分
1	作业程序 (45分,最多扣45分)	1.作业准备(不占作业时间):①作业分工及班前安全教育;②清点检查工(机)具、材料(石笔、道尺、30m卷尺、150mm钢板尺、记录本、记录笔、抬轨卡、抬杠、撬棍、石砟叉、活口扳手、呆扳手、梅花扳手、道钉锤、钢丝刷、油刷、长效油脂、棉纱、螺栓及零配件),口述确认道尺的有效期;③检查新护轨的型号、长度、螺孔间距、有无外伤和其他问题,确认新轨符合上道标准	1.作业准备:①未分工、未进行安全教育扣10分;②未清点工(机)具、材料扣5分,未确认道尺有效期扣3分;③新护轨未检查扣10分,每漏一项扣2分。扣完为止,下同		
		2.拆除旧护轨:①松开与基本轨相连的螺栓及轨撑朝天螺栓;有间隔铁的护轨,先起掉轨撑垫板道钉,起高基本轨,移动轨撑垫板,使护轨与轨撑脱离;②拆下旧护轨,抬出限界,摆放到位;③清理护轨垫板和轨撑等的污渍	2.拆除旧护轨:①旧护轨未放置指定位置扣5分;②未清理污渍扣3分;③施工过程中未采取护轨防倾倒措施扣2分;④旧护轨需有报废标志,未标识扣2分		
		3.安装新护轨:①抬入新护轨,落槽对位;②护轨螺栓除锈、涂油(口述),更换失效连接零件;③装好间隔铁、轨撑,穿入螺栓(护轨螺栓从两端向中间依次穿入),用铁片或打磨来调整查照间隔、护背距离、轮缘槽尺寸,复紧螺栓	3.安装新护轨:①护轨螺栓未除锈扣2分,未涂油扣3分,未更换失效连接零件扣3分。②螺栓稍稍拧紧逐个安装,拧紧一个螺栓扣2分,协作作业不一致扣3分;未先拧紧平直段螺栓扣2分。③先调整护轨平直段,再调整轮缘槽尺寸,最后调整喇叭口尺寸,每步顺序错误扣2分。④施工过程中未采取护轨防倾倒措施扣2分		

序号	考核内容	考核要点	评分标准	扣分	得分
1	作业程序 (45分,最多扣45分)	4.调整护轨各部尺寸(开口端、缓冲端、平直段及高差),调整护轨垫片螺栓穿入后调整加力顺序。先平直段,做好91-48;再两端,做好开口80;最后是过渡段	4.少测量1处扣2分。对未达标处调整,调整顺序错误每处扣2分		
		5.恢复线路外观,清理钢轨及枕木的油渍、污垢	5.未恢复线路外观扣3分,未清理油渍、污垢扣3分		
		6.作业完毕后,不得遗留工具、材料。旧轨料回收摆放	6.现场遗留工具扣3分。旧料未回收,未按规定标识、摆放扣3分		
		7.按作业质量标准要求回检各部分几何尺寸及螺栓复紧,发现不合格及时返工	7.未进行回检扣5分		
2	作业质量 (40分,最多扣40分)	1.检查护轨与基本轨的高差,《普速铁路线路修理规则》(TG/GW 102—2019)、《高速铁路线路维修规则》(TG/GW 115—2023)和《城市轨道交通运营设备维修与更新技术规范 第4部分:轨道》(JT/T 1218.4—2024)均要求:护轨顶面不应高出基本轨顶面5mm,也不应低于25mm	1.高差超限未勾画扣2分		
		2.检查新护轨的开口段、缓冲端、平直段。护轨平直部分轮缘槽标准宽度为42mm,侧向轨距为1441mm时,侧向轮缘槽标准宽度为48mm,容许误差为-1～+3mm。护轨两开口端不得小于80mm。轮缘槽宽度的量取位置与轨距量取位置相同	2.超限1处扣1分		
		3.轨距误差标准$^{+3}_{-2}$mm	3.轨距超限未记录、未勾画1处扣1分		
		4.查照间隔误差标准(1391～1394mm)和护背距离误差标准(1346～1348mm),测量位置按设计图纸规定	4.超限1处扣15分		
		5.护轨与护轨轨撑缝隙不得大于0.5mm	5.不密贴1处扣1分		
		6.调整片总厚度不得超过10mm,不得高于护轨平面	6.调整片超限1处扣2分。高于护轨顶面扣2分		
		7.弹簧垫圈开口朝水平线以下	7.垫圈开口朝上1处扣1分		

序号	考核内容	考核要点	评分标准	扣分	得分
2	作业质量 (40分,最多扣40分)	8.护轨螺栓的扭力矩不得小于500N·m,连接零件无松动,螺栓涂油。(连接零件齐全有效,无松动,无安装其他不标准零件,扭力在标准范围内,误差不大于50N·m)	8.扭力矩不达标1处扣2分,松动扣5分		
3	作业安全 (10分,最多扣10分)	1.按照《普速铁路工务安全规则》(铁工电〔2023〕54号)、《普速铁路线路修理规则》(TG/GW 102—2019)、《营业线管理办法》等标准、管理文件规范作业,如设好防护、穿好防护服	1.没穿防护服,每次扣1分		
		2.上道前要报告:防护设置好(上道口述要点:车站登记、封锁命令已下达、防护已设好),防护服穿戴完毕,向裁判报告申请开始考试。下道后要撤除防护,向裁判报告:防护已撤除,更换护轨作业完毕,请停止计时(下道口述要点:人员机具已下道,防护已撤出,车站已消记)	2.上道前要报告防护设置完毕并向裁判申请开始考试。 口述的上道、下道要点漏一项扣2分		
		3.工具、材料使用方法正确,轻拿轻放	3.工量具掉落、抛接一次扣1分		
		4.更换作业过程协调一致相互帮助,作业中严禁碰伤手脚、摔倒	4.摔伤、磕碰手脚扣5分		
		5.拆装护轨不得滑落(拆除或安装护轨,须有防护轨倾倒措施)	5.护轨滑落扣5分		
		6.作业中人员、工具、材料不得侵入邻线限界	6.侵入邻线扣5分		
4	作业效率 (5分,最多扣5分)	作业时间25min,作业15min提醒选手,超时5min停止作业	提前1min加0.5分,最多加3分。每超时1min扣1分,最多扣5分,超5min强制下道。护轨未装上,本项目判0分		

拓 展 任 务

序号	内容	地址
1	习题小测　护轨更换	

序号	内容	地址
2	**轨道新技术** 　侧轨机器人助力自动换轨与维护某公司研发的"侧轨机器人自动换轨机构",包括滑动轨和移动轨,通过滑块、滑槽、链条及伺服电机等配合,可自动降低至维护高度,实现自动换轨。	https://www.sohu.com/a/864020927_121956424
3	《普速铁路线路修理规则》(TG/GW 102—2019)第3.9.5条	
4	《高速铁路线路维修规则》(TG/GW 115—2023)第3.8.3条	
5	《城市轨道交通运营设备维修与更新技术规范　第4部分:轨道》(JT/T 1218.4—2024)D.5护轨	

无缝线路

任务一　学习活动　温度应力式无缝线路认知

作业指导书

温度应力式无缝线路是现阶段普遍存在的模式,每股由焊接长钢轨及两端2~4根标准轨(或厂制缩短轨)组成,长钢轨两端的接头采用普通接头形式,包括固定区、伸缩区和缓冲区三部分,如图4-1-1所示。

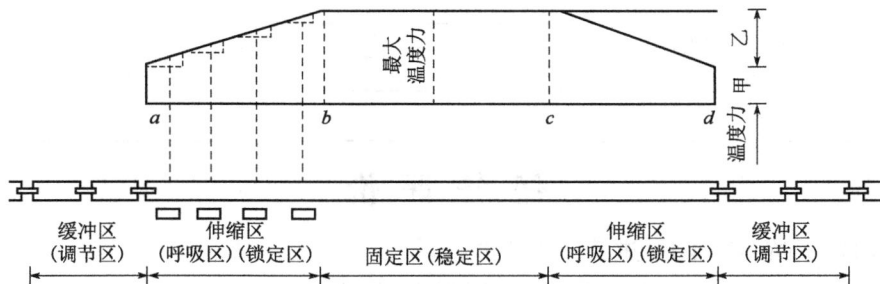

图4-1-1　温度应力式无缝线路

温度力甲-克服接头阻力产生的温度力;温度力乙-克服道床纵向阻力产生的温度力

固定区:长钢轨中间不能伸缩的部分,其长度根据线路及施工条件确定,最短不得短于50m。

伸缩区:长钢轨两端能随轨温变化,进行一定程度的伸缩,其伸缩量可以控制在构造轨缝允许范围内。伸缩区长度根据计算确定,一般为50~100m。

缓冲区:2~4根标准轨或厂制缩短轨地段,作为与下一根长钢轨或道岔等联结的过渡段。当采用普通绝缘接头时为4根,采用胶结绝缘接头时可将胶结绝缘钢轨插在2节或4节标准轨中间。缓冲区的主要作用是调节轨缝,应力放散时调换调节轨,设置绝缘接头,以及作为与道岔连接的过渡段等。

任务训练单

根据学习内容及作业指导书,按照分工现场认识无缝线路,其任务分工表见表4-1-1。

任务分工表 表4-1-1

班级		组号		指导教师	
组长		学号		日期	
作业任务		温度应力式无缝线路认知			
组员	姓名	任务分工			

任 务 实 施

根据表4-1-1分工,完成表4-1-2中的作业任务。

无缝线路认知作业任务 表4-1-2

姓名		班级		日期	
作业任务		温度应力式无缝线路的认知			
问题引导	固定区要求:_____ 伸缩区要求:_____ 缓冲区要求:_____				

任 务 评 价

作业完成后,按照表4-1-3进行考核评价。

温度应力式无缝线路的认知考核评价表 表4-1-3

评价内容	差	合格	良好	优秀
对无缝线路的认知				
无缝线路的各部分组成				
学习中存在的问题或感悟				

拓 展 任 务

序号	内容	地址
1	习题小测　无缝线路认知	

续上表

序号	内容	地址
2	**贝壳仿生管道** 模仿珍珠层"砖-泥"结构,氧化铝片层+聚合物基体使抗裂性提高5倍	https://wanfang.szlib.com/D/Periodical_ccgxjmjxxyxb201605014.aspx
3	《高速铁路线路维修规则》(TG/GW 115—2023)第3.9.8、3.9.9条	
4	《普速铁路线路修理规则》(TG/GW 102—2019)第3.10.2条	

任务二　学习活动　钢轨温度力和温度力图计算

作业指导书

温度力沿长钢轨的纵向分布,常用温度力图来表示,故温度力图实质是钢轨内力图。温度力图的横坐标轴表示钢轨长度,纵坐标轴表示钢轨的温度力,规定温度拉力为正,绘在横坐标轴的上方;温度压力为负,绘在横坐标轴的下方。钢轨内部温度力和钢轨外部阻力随时保持平衡是温度力纵向分布的基本条件。一根焊接长钢轨沿其纵向的温度力分布并不是均匀的。它不仅与阻力、轨温变化幅度、施工过程等因素有关,而且与轨温变化的过程有关。

微课　温度力单向图及反向图

一、温度力与纵向阻力的关系

在无缝线路长钢轨中,温度力(主动力)与纵向阻力(被动力)同时作用在长钢轨上,两者大小相等、方向相反。长钢轨两端的纵向伸缩、轨道的纵向阻力及温度力三者之间存在互相联系、互相制约的关系。

1.温度力与接头阻力的关系

无缝线路锁定后,当轨温发生变化时,长钢轨的热胀冷缩首先受到接头阻力的约束,长钢轨不产生伸缩,只在钢轨全长范围内产生温度力P_t,这时有多大温度力作用在接头上,接头就提供多大的阻力与之相平衡。当温度力大于接头所能提供的最大阻力时,长钢轨两端才能开始伸缩,而接头仍提供最大的阻力与温度力相抗衡。因此在克服接头阻力阶段,温度力的大小等于接头阻力,要使温度力达到接头所能提供的最大阻力P_H所需的轨温变化幅度Δt_H可用式(4-2-1)计算。由平衡条件得$P_t = 247.8F\Delta t_H = P_H$则

$$\Delta t_H = \frac{P_H}{247.8F} \tag{4-2-1}$$

【例4-1】　60kg/m钢轨无缝线路,F=77.45cm²,接头螺栓扭矩为1000N·m时,P_H=570kN,则

$$\Delta t_H = \frac{570000}{247.8 \times 77.45} = 29.7$$

当轨温由增温转为降温(或由降温转为增温)反向变化时,只有在原方向的接头阻力被抵消,反方向的接头阻力被克服后,长钢轨两端才能由伸长转为缩短(或由缩短转为伸长)。

2.温度力与道床纵向阻力的关系

在上述基础上,若轨温继续变化,在接头阻力被克服后,长钢轨的伸缩又受到道床纵向阻力的约束。温度力克服接头阻力后的余量由某段道床长度所提供的纵向阻力与之相抗衡,钢轨将带动该段长度的轨枕一起伸缩,直至轨温变化幅度达到最大。温度力达到最大时,温度力克服接头阻力后的余量达到最大,提供纵向阻力与温度力相抗衡的道床长度达到最长,长钢轨两端带动轨枕一起伸缩的长度也达到最长。

当轨温反向变化时,只有在道床的正向纵向阻力被抵消,反向纵向阻力被克服后,长钢轨两端才能由伸长转为缩短(或由缩短转为伸长)。

二、温度力图

温度力沿长钢轨的纵向分布是不均匀的,它不仅与轨温变化幅度和轨道纵向阻力有关,而且与轨温变化过程有关。温度力图有两种类型:一种为轨温单向变化时的温度力图(也称基本温度力图),另一种为轨温往复变化时的温度力图,这里介绍轨温单向变化时的温度力图。

轨温单向变化是指长钢轨锁定后,轨温从锁定轨温向增温(或向降温)一个方向变化。以轨温从锁定轨温向最低轨温方向降温变化为例,绘温度力图如图4-2-1所示。

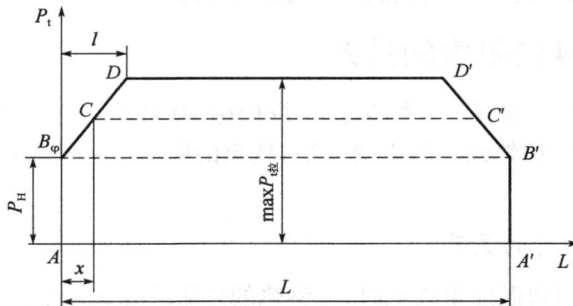

图4-2-1 轨温单向变化时的温度力图

(1)当轨温为锁定轨温时,钢轨内部无温度力,即$P_t=0$,如图4-2-1中AA'线。

(2)轨温从锁定轨温开始下降,钢轨内部产生温度拉力,当下降幅度$\Delta t \leqslant \Delta t_H$时,轨端无位移,有多少温度拉力作用在接头上,接头就提供多大的阻力与之相平衡。在长钢轨任一断面处的温度拉力均为$P_t = 247.8F\Delta t$,温度力在整个长轨条内均匀分布。当$\Delta t = \Delta t_H$时,温度拉力达到接头所能提供的最大阻力P_H,钢轨和夹板之间处于即将发生相对位移的临界状态,温度力图为图4-2-1中$ABB'A'$线所示的矩形。

(3)当轨温继续下降,$\Delta t > \Delta t_H$时,温度拉力大于接头阻力,轨端开始产生收缩位移,在距轨端长度x范围内,钢轨将带动轨枕位移,道床受挤压,道床纵向阻力开始作用。这时,在长钢轨两端除接头阻力外,还有x长度范围内的道床纵向阻力,共同起着平衡温度拉力的作用。

在温度拉力图(图4-2-1)上,温度拉力的分布为$ABCC'B'A'$线所示的形状,根据温度力与阻力平衡条件,这时长钢轨内的温度拉力P_t计算式为

$$P_t = P_H + rx \tag{4-2-2}$$

(4)当轨温下降到当地最低轨温T_{min}时,下降幅度达到最大值Δt_{max},温度拉力也达到最大P_{tmax}。此时,发生收缩的钢轨长度(道床阻力起作用的范围)达到其极限长度l,在温度力图(图4-2-1)上,温度力的分布为$ABCDD'C'B'A'$线所示的形状,此时伸缩区的长度按式(4-2-3)计算:

$$P_{tmax} = 247.8F\Delta t_{max} = P_H + rl$$
$$l = \frac{P_{tmax} - P_H}{r} \tag{4-2-3}$$

式中:Δt_{max}——最大降温幅度,℃;

P_{tmax}——最大温度拉力,N;

l——伸缩区的长度,cm;

r——单位道床纵向阻力,N/cm。

由于一般情况下锁定轨温要高于中间轨温,在一年中最大温度拉力比最大温度压力的数值大,因此,伸缩区长度可按式(4-2-3)计算设置。为便于养护维修和有利于安全,规定伸缩区长度应按式(4-2-3)计算结果进整为一节钢轨长度25m的整倍数来设置,一般为50~100m。固定区的长度最短不得短于两节标准钢轨的长度,即最短不得短于50m。

【例4-2】 某地区最高轨温60℃,最低轨温–20℃,铺设60kg/m钢筋混凝土枕无缝线路,$F=77.45cm^2$,$P_H=570kN$,$r=91N/cm$,锁定轨温为25℃,计算伸缩区长度。

按式(4-2-3)可得

$$l = \frac{P_{tmax} - P_H}{r} = \frac{247.8 \times 77.45 \times [25 - (-20)] - 57000}{91} = 3227(cm) = 32.27m$$

进整为25m的倍数,可采用50m。

由图4-2-1可得出以下结论:

①长钢轨中部的固定区,各断面处的温度力相同且数值最大,钢轨不发生伸缩变化。

②长钢轨两端的伸缩区,各断面处的温度力及伸缩量都不一样,从固定区两端向外,温度力逐渐减小,而伸缩量逐渐增大。

③斜线BD可称为阻力梯度线,其与横坐标轴之间的夹角φ与单位道床纵向阻力γ的大小有关,γ值越大,φ值越大。

若轨温从锁定轨温开始向最高轨温方向增温单向变化,长钢轨内部产生的是温度压力,故绘在横坐标轴的下方,温度力图与图4-2-1相似,这里不再详述。

任务训练单

根据学习内容及作业指导书,按照分工对无缝线路温度力进行计算及绘制温度力图,其任务分工见表4-2-1。

任务分工表 表4-2-1

班级		组号		指导教师	
组长		学号		日期	
作业任务		无缝线路温度力计算及温度力图绘制			
组员	姓名		任务分工		

任 务 实 施

根据表4-2-1的分工,完成表4-2-2中的作业任务。

任务实施表 表4-2-2

姓名		班级		日期	
作业任务		无缝线路温度力计算及温度力图绘制			
问题引导	某地区铺设无缝线路,已知该地区年最高轨温为65.2℃,最低轨温为-20.6℃,道床阻力梯度为9.1N/mm,接头阻力为490KN,60kg/m钢轨断面面积为7745mm²,当锁定轨温为当地中间轨温加5℃时,试计算: (1)克服接头阻力所需升降的轨温。 (2)钢轨内最大的温度拉力和温度压力。 (3)伸缩区长度。 (4)绘制轨温从锁定轨温单向变化到最高、最低温度时的温度力图,并标注有关数据。 (5)长轨条一侧伸缩量				
计算过程					

考 核 评 价

作业完成后,按照表4-2-3进行考核评价。

钢轨温度力和温度力图计算考核评价表 表4-2-3

评价内容	差	合格	良好	优秀
对温度力的计算正确性				
温度力拉力压力判断的合理性				
学习中存在的问题或感悟				

拓 展 任 务

序号	内容	地址
1	习题小测　钢轨温度力及温度力图	
2	**热弹性理论** 　　热弹性理论是温度应力分析的基础。它基于弹性力学的基本假设,考虑物体因温度变化产生的热应变,将热应变与弹性应变叠加来分析物体的应力和变形。在热弹性理论中,物体的总应变由弹性应变和热应变组成,通过胡克定律和热膨胀规律建立起应力与应变、温度之间的关系	
3	**未来技术展望** (1)形状记忆合金(SMA):镍钛合金在温度变化时自动调节应力,抵消热胀冷缩变形。 (2)梯度复合钢轨:激光熔覆技术实现轨头—轨腰—轨底硬度梯度设计,抗疲劳寿命提升3倍	
4	《普速铁路线路修理规则》(TG/GW 102—2019)第3.10.3条	
5	《地铁设计规范》(GB 50157—2013)7.5.1～7.5.6无缝线路	

任务三　学习活动　无缝线路应力放散

作业指导书

一、作业准备

1. 工机具准备

防护备品1套,数显式道尺3把,轨温表3支,红外测温仪1支,10台机板,手锤20把,撬棍10根,起道机5台,滚筒100个,钻孔机2台,切割机2台,拉伸器2台,铝热焊设备1套,焊药3套,臌包夹板1副,普通夹板4块,急救器4个,短轨1根,30m钢卷尺1把、封连导线1.5m2根。(工具应根据现场实际作业情况适当增加)

2. 作业前调查

(1)测量轨温,如图4-3-1所示。

图 4-3-1　测量轨温

虚拟仿真
无缝线路应力放散

（2）调查钢轨爬行量，桥梁、道口位置及影响施工的其他设备。

（3）测量长轨端错差，缓冲区钢轨长度、轨缝、错差及相邻道岔前、后轨缝接头，错差等数据。

3. 数据计算

根据现场调查和铺设的原始资料，确定放散后锁定轨温，计算长轨放散量，调节锯轨量。

二、作业组织

人员基本配置 26 人（500m 放散配置）：施工负责人 1 人，焊接操作 9 人，拉伸、撞轨及松紧扣件 10 人，探伤人员 2 人，驻站联络员 1 人，现场防护员 3 人。（不含电务、供电配合人员，现场作业人员应根据现场实际情况进行调整）

三、作业流程

1. 检查钢轨及焊剂，测量轨温

检查钢轨材质与焊剂型号及现场钢轨轨型材质是否一致；测量作业前的轨温，看是否达到作业轨温条件，确定连续松开扣件数量。使用 3 支轨温表进行测量，取平均值。

2. 设置临时观测桩

丈量钢轨，在长钢轨上每 100m（从放散始端）设置一处临时观测桩，将放散量及作业方向标注于内侧轨底。

3. 开断钢轨

先在开断位置两侧进行标记，准确记录标记长度；根据放散量标定切轨位置，用钢轨切割机切断钢轨，如图 4-3-2 所示。记录开断时轨温、断缝值、两标记间的距离、两锯口间的距离；清除待焊轨端部两侧各 200mm 范围内钢轨表面的油污、锈蚀、毛刺等。

图 4-3-2　钢轨切割

4.安装撞轨器

在长轨计划位置(原则上每200~250m安装一处,曲线等地段可适当加密)安装撞轨器,安装撞轨夹具,做好撞轨准备。

5.拆卸扣件

全部松开轨枕扣件(高温放低温+15℃及以上由轨条两端向中间松解),起道机及撬棍配合,及时抽出轨枕承轨槽上的橡胶垫板并加垫滚筒(放在放散向异侧),如图4-3-3所示,每隔20根轨枕放一个滚筒。完成后通知撞轨及拉轨作业人员。

图4-3-3　滚筒安装

6.放散

根据计划放散量撞轨,如图4-3-4所示,同时开始操作拉伸器拉伸,如图4-3-5所示,当各百米观测桩到位时停止撞轨。高温放低温,如温差较大,在扣件松开后,钢轨使用液压机升起,使钢轨慢慢收缩。要严防收缩过多,达不到设计锁定轨温要求。

图4-3-4　撞轨作业

图4-3-5　钢轨拉伸器作业

7.焊接

当钢轨伸缩达到要求后,龙门口处留好焊缝,待扣件锁定完毕后实施焊接打磨程序。焊接完成后对焊缝进行探伤。钢轨现场焊接如图4-3-6所示。

图4-3-6　钢轨现场焊接

8. 恢复线路

全数收回滚筒,恢复线路,扣件上紧。测量各百米桩放散量和总放散量,分析放散效果,总放散量如与原计划有出入,应修正锁定轨温。

9. 作业回检

作业后,对作业区段进行检查,发现不符合作业标准处进行纠正,直至符合标准并由作业负责人对回检情况进行签认。

对作业区段进行拉网式排查。

四、质量标准

(1)应力放散后的锁定轨温应达到设计调整的锁定轨温,两股相差不超过3℃。跨区间或全区间无缝线路相邻单元轨节锁定轨温相差不超过5℃,区间内单元轨条的锁定轨温差不超10℃,各单元轨节应力放散均匀。

(2)每隔100m设置位移观测桩。

(3)放散后应力均匀并满足施工安全要求,完毕后认真整理备档技术资料。

(4)连接零件齐全,扣压力达标,轨底胶垫无歪斜,无串动。

(5)轨道几何状态符合作业验收要求。

(6)焊缝探伤检查合格。

(7)钢轨工作边、轨面平整,并满足表4-3-1中的标准。

铝热焊接头质量标准 表4-3-1

设计速度	铝热焊接头
$V \leqslant 160km/h$	$+0.1 \leqslant a_1 \leqslant +0.4$ $0 \leqslant b_1 \leqslant +0.3$ $0 \leqslant b_2 \leqslant +0.3$
$V > 160km/h$	$+0.1 \leqslant a_1 \leqslant +0.3$ $0 \leqslant b_1 \leqslant +0.3$ $0 \leqslant b_2 \leqslant +0.3$

注:a_1为轨顶面平直度,凸出为正;b_1、b_2为作用边及非作用边平直度,凹入为正。

任务训练单

根据学习内容及作业指导书,按照分工对无缝线路进行应力放散,其任务分工见表4-3-2。

任务分工表 表4-3-2

姓名		班级		日期	
作业任务	无缝线路应力放散				
所需工具					
任务分工	施工负责人		焊接操作		
	拉伸、撞轨		松紧扣件		
	驻站联络员		现场防护员		

任 务 实 施

根据表4-3-2分工,完成表4-3-3中的作业任务。

无缝线路应力放散记录表

表4-3-3

区间:＿＿＿＿＿＿　　　　　　　　　　　　线别:＿＿＿＿＿＿　　　　　　　年　月　日

单元轨节编号						起止里程										
单元轨节长度		mm				天气				气温				℃		
观测点间距		m					撞轨点间距					m				
计划锁定轨温		℃					增加放散长度					m				
	观测点	1	2	3	4	5	6	7	8	9	10	11	12	13	14	15
放散位移量 (mm)	左股															
	右股															
拉伸位移量 (mm)	左股															
	右股															
		作业前		作业后		拉伸量		锯轨量		实测轨温			实际锁定轨温			
左股		—		—							℃			℃		
右股		—		—							℃			℃		
接头相错量						作业起止时间										

位移观测桩

内填入桩号

任 务 评 价

作业完成后,按照表4-3-4进行考核评价。

无缝线路应力放散考核评价表 表4-3-4

项目	满分	考核内容及评分标准	扣分	实得分	备注
操作技能	70分	1.准备作业 (1)放散前调查。 (2)做好标记、编号。每隔一根轨枕,涂上白漆。每100m在轨底画一标志,作为位移观测点,并按放散的方向顺序编号。做好现场分工标记、扣件松紧标记以及安放滚筒标记。 (3)制定安全措施,确定施工方案。 (4)配置调整轨。 (5)料具准备。 (6)设置防护。 漏一项扣4分			
		2.封锁前慢行时基本作业 (1)方正轨枕。 (2)检查拉轨设备,拆除道口,松防爬器。 (3)松扣件,拆除部分接头螺栓。每隔一根轨枕,将扣件卸下。每个接头保留接头螺栓4个,其余拆除。 (4)本作业阶段时间约为30min。 不符合要求,扣5分每处			
		3.封锁中基本作业 (1)松扣件,拆除全部接头螺栓,松开全部轨枕扣件。 (2)更换调整轨,安装拉轨设备,均匀缓冲区轨缝。长轨每隔15根轨枕,轨底垫入滚筒。 (3)拧紧固定端接头和扣件螺栓。固定端长度一般取50m。接头螺栓扭力矩为900N·m,扣件螺栓扭力矩为120N·m。 (4)拉伸长轨。 (5)抽出滚筒,上紧扣件,拆除拉轨器,上紧接头螺栓。待各位移观测点的位移量均已到位,即可抽出轨底滚筒,整正胶垫,上紧扣件。同时拆除拉轨器,连接接头夹板,上紧接头螺栓。 (6)放散另一股钢轨。作业程序与方法同上。 不按程序做,每次扣3分			
		4.线路开通后基本作业 (1)校正轨距,全面复紧扣件螺栓。 (2)全面复紧接头螺栓,打紧防爬器。 (3)记录无缝线路新的锁定轨温和长轨长度。根据长轨实际放散量确定锁定轨温,修改原有技术资料。 (4)重新油漆位移观测桩上的标记。 不按程序做,每次扣3分			
工具设备的使用及维护	10分	(1)不发生重伤和由操作者造成的机械事故;酌情处理。 (2)不发生轻伤;发生,每次扣5分。 (3)下道时间不超过30s;超过,扣2分			

续上表

项目	满分	考核内容及评分标准	扣分	实得分	备注
时间	10分	按规定时间完成,否则每超过30s扣1分			
安全及其他	10分	本人无安全因素,否则扣5分/次			
		必须按规定设置防护,穿好黄色防护服、帽,注意瞭望,安全避车,否则扣2分			
		任何情况下,不准在邻线钢轨上、轨枕头上、道心内及停留车辆下面坐卧休息,否则扣2分			
		往返时,应由施工领导人员或指定一专人带队,安全员在后,整队在路肩上行走。乘坐轨道车时,车未停稳不准上下,否则扣2分			

拓 展 任 务

序号	内容	地址
1	现场视频 位移观测桩测量作业	
2	习题小测 无缝线路应力放散	
3	**未来设想** (1)分布式光纤传感(DAS)。实时监测钢轨应力分布,精度达毫米级,可提前预警应力集中区域。 (2)量子传感技术。金刚石NV色心传感器可检测纳米级应变,未来或实现原子级缺陷监测。 (3)AI驱动的预测模型。结合气象数据、列车荷载历史,预测最佳应力放散时机,减少人工干预	
4	《高速铁路线路维修规则》(TG/GW 115—2023)第3.9.8条	

任务四　学习活动　无缝线路胀轨紧急处理

作业指导书

一、作业前准备

1.工机具和材料

锯轨机具、钻孔机具、全套气割备品、皮斗等运砟工具、夯拍捣固机具、复紧扣件螺栓机具、浇水降温器具、撬棍翻轨器、拨道器、轨缝调整器、石砟

虚拟仿真 无缝线路胀轨跑道处理作业

135

叉子,臌包长孔夹板、接头螺栓及垫圈、轨温表、道尺、板尺、弦线20m、超高板、钢板尺,绝缘手套、绝缘靴、短路铜线(70mm)、反光移动减速信号(含终端)牌、停车牌、反光减速地点标、T字标、对讲机、定位手机。

2.防护要求

按规定设置驻站及现场防护。

二、作业步骤和要点

1.封锁线路,通知车站、工区

(1)按照"先防护,后处理"的原则,立即设置停车信号防护,如图4-4-1所示,及时通知车站、工区,并登记。

(2)情况不明,不准冒险放行列车;注意邻线来车。

2.应急处理

(1)有条件时,浇水降温;自胀轨两端50~100m向中间浇水降温,如图4-4-2所示。

图4-4-1 设置停车信号

图4-4-2 浇水降温

(2)无条件或浇水降温无效时,应切断钢轨,放散应力,再用无齿锯切割钢轨接头,钻孔上夹板,重新锁定线路。

①安装纵横向连接线,如图4-4-3所示。

②垫起轨端,松开胀轨后扣件,释放应力,再使用切割机切割钢轨,如图4-4-4所示。

图4-4-3 安装连接线

图4-4-4 锯轨作业

③使用轨缝调整器调整轨缝位置,如图4-4-5所示。

④若轨端不能合龙,插入短轨头,如图4-4-6所示。

图4-4-5　轨缝调整器

图4-4-6　插入短轨头

⑤安装夹板、急救器、连接线,锁定线路,如图4-4-7所示。

3.开通线路

(1)处置后限速放行列车,首列放行车速不超过5km/h,派人看守,如图4-4-8所示。

图4-4-7　急救器安装

图4-4-8　限速放行列车

(2)严禁盲目放行列车。

(3)防护员在故障地点来车方向以展开的黄色信号旗(灯)进行防护。

4.恢复线路

(1)检查并整修线路,逐步提高行车速度,直至达到正常放行列车条件。

(2)不臆测提高列车速度。

(3)线路质量不能恢复如初,人员、防护不准撤除。

任务训练单

根据学习内容及作业指导书,按照分工对无缝线路胀轨进行紧急处理,其任务分工表见表4-4-1。

任务分工表　　　　　　　　表4-4-1

班级		组号		指导教师	
组长		学号		日期	
作业任务		无缝线路胀轨紧急处理			

	姓名	任务分工
组员		

任 务 实 施

根据表4-4-1分工,完成表4-4-2中的作业任务。

作业任务单 表4-4-2

姓名		班级		日期	
作业任务	无缝线路胀轨紧急处理作业				
问题引导	浇水法的作业要点是什么?				
	切割放散法的作业要点是什么?				
画出胀轨处理工艺流程图。					

任务完成人签字: 日期: 年 月 日
指导老师签字: 日期: 年 月 日

任 务 评 价

作业完成后,按照表4-4-3进行考核评价。

无缝线路胀轨紧急处理考核评价表 表4-4-3

评价内容	差	合格	良好	优秀
作业前防护要求设置的合理性				
胀轨现场处理程序的合理性				
浇水处理方法的规范性				
切割处理的规范性				

拓 展 任 务

序号	内容	地址
1	习题小测　无缝线路胀轨跑道	
2	**锯轨机具** 　铁路施工和维护中用于切割钢轨的专用设备,主要用于钢轨铺设、维修、更换等作业。根据动力来源,主要分为: 　电动锯轨机:采用电动机驱动,适用于有电力供应的环境,如站场、隧道等,噪声小、环保。 　内燃锯轨机:以汽油机为动力,适合野外无电源环境,动力强劲但噪声较大。 　液压锯轨机:通过液压系统驱动,切割力大,稳定性好,适用于大型工程	
3	**钻孔机具** 　一种专门用于在铁轨上进行钻孔操作的机械设备,主要有内燃钢轨钻孔机和电动钢轨钻孔机两类	
4	《高速铁路线路维修规则》(TG/GW 115—2023)第3.9.17条	

任务五　学习活动　钢轨铝热焊接作业

作业指导书

一、工艺流程

虚拟仿真
钢轨焊接作业

　　准备工作—干燥钢轨—除锈去污—对轨—砂模安装—夹具安装—封箱—预热—坩埚使用—点火—铝热反应—拆模—推瘤—打磨。

二、工机具准备

铝热焊接常规使用工机具及药剂有液压推瘤机、氧气、手提打磨机、发电机、内燃锯轨机、仿形打磨机、丙烷以及其他辅助工具等,具体如图4-5-1所示。

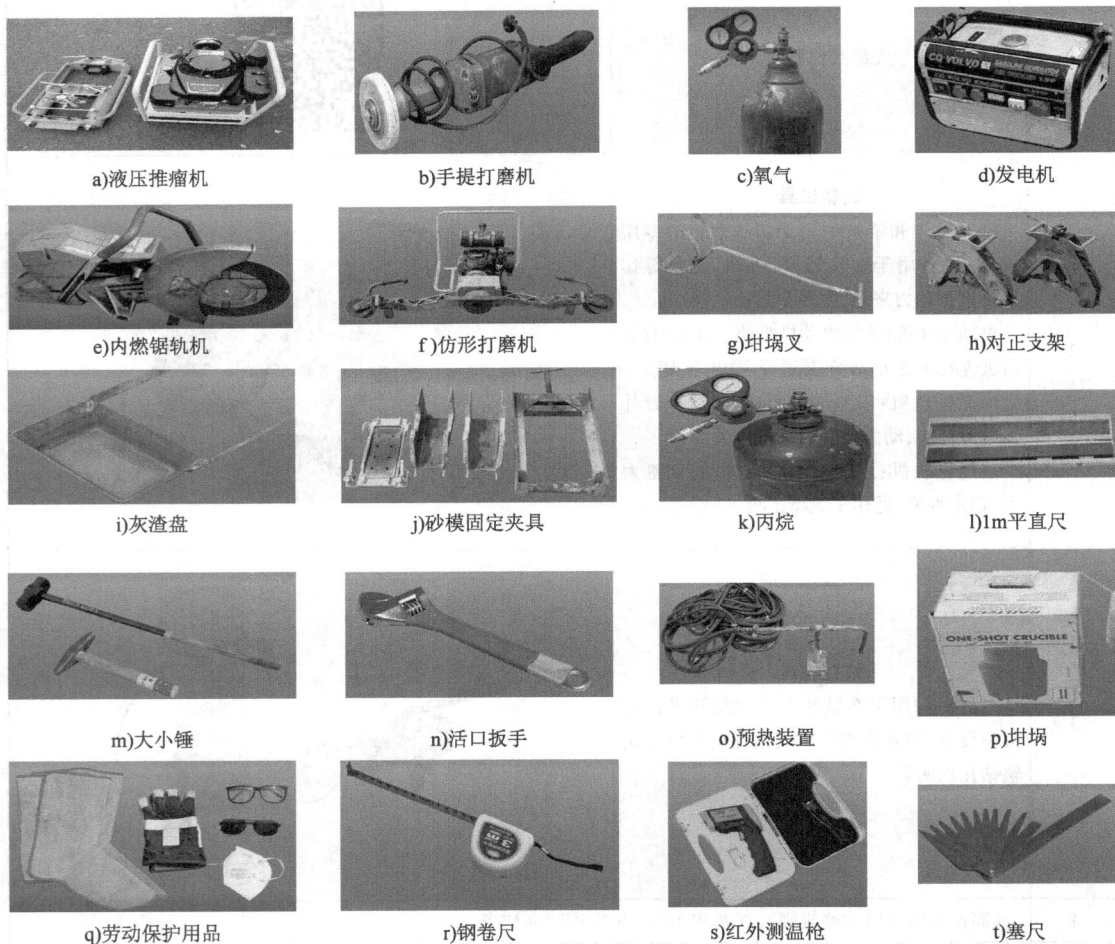

a)液压推瘤机	b)手提打磨机	c)氧气	d)发电机
e)内燃锯轨机	f)仿形打磨机	g)坩埚叉	h)对正支架
i)灰渣盘	j)砂模固定夹具	k)丙烷	l)1m平直尺
m)大小锤	n)活口扳手	o)预热装置	p)坩埚
q)劳动保护用品	r)钢卷尺	s)红外测温枪	t)塞尺

图4-5-1 焊接工具

三、上道前准备

上道前工地防护员要与驻站联络员联系确认线路已封锁,方可上道。上道前必须执行手比、眼看、口呼制度,如图4-5-2所示。

四、作业过程

1.焊接前准备

(1)焊缝应位于两轨枕中心位置,困难条件下焊缝与轨枕距离不能小于100mm,并清除焊缝处,道砟距轨底不小于100mm,如图4-5-3所示。

图 4-5-2　上道准备

a)焊缝与轨端距离

b)焊缝与道砟距离

图 4-5-3　焊缝位置示意图

（2）去除焊头两侧 3～6 根轨枕上的扣件，如图 4-5-4 所示。

（3）预留轨缝。按照（25±2）mm 在轨角标线按工艺要求切割钢轨，切割后在钢轨两侧和两轨角处测量，如图 4-5-5 所示。

图 4-5-4　松开扣件

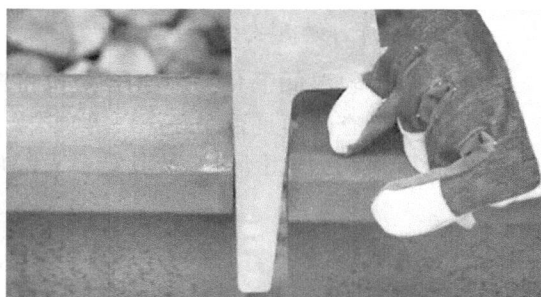

图 4-5-5　测量轨缝

（4）轨端干燥。用预热枪进行烘烤，排除钢轨两端水分，如图 4-5-6 所示。

（5）除锈去污。用角磨机对钢轨端头 150mm 区域进行除锈清洁，待焊钢轨端部两侧 500mmm 区域执行去除表面污垢操作，如图 4-5-7 所示。

图4-5-6 钢轨干燥

图4-5-7 角磨机除锈去污

2. 对轨

（1）水平对直：以轨顶面为基准，间点值为1.6mm，根据细节可适当放宽到2mm，如图4-5-8所示。

（2）纵向对直：在轨头内侧作用边用1m直尺测量，确保两根钢轨与直尺密贴，如图4-5-9所示。

图4-5-8 钢轨水平对直

图4-5-9 钢轨纵向对直

（3）扭转矫正：调整对轨架，矫正钢轨扭曲，使轨顶面、轨头内侧作用边、轨腰和轨底同时对直，且保证轨缝为（25±2）mm，如图4-5-10所示。

3. 预热钢轨，模具安装

预热钢轨（轨温低于15℃）。用预热枪将轨缝两端各1m范围内钢轨均匀加热至37℃。

（1）开箱检查砂模是否完好。

（2）将砂模在钢轨上摩擦，使其结合紧密并清除摩擦留下的痕迹，如图4-5-11所示。

(25±2)mm

图4-5-10 扭曲矫正后的轨缝

图4-5-11 砂模安装

（3）安装底模。将砂模底板安装在底托盘内,均匀涂抹适量密封膏,与轨缝居中,与轨底密贴,轻敲底板,上紧固定螺栓,如图4-5-12所示。

a)底板密封膏涂抹

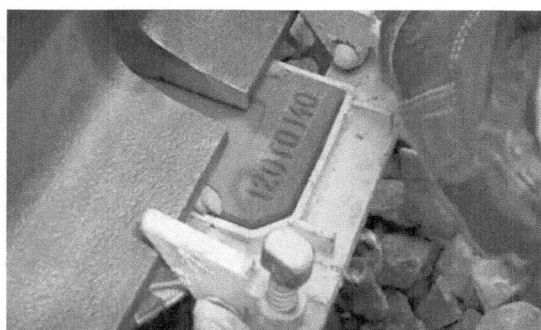

b)底模密贴

图4-5-12　底模安装

（4）复查待焊钢轨对正状态。

（5）安装侧模。将侧模装入侧模板,先安装一片侧模,再安装第二片侧模,侧膜与焊缝应居中,用夹紧装置固定,如图4-5-13所示。

（6）用干净的纸板盖住模具上方,如图4-5-14所示。

图4-5-13　侧模安装

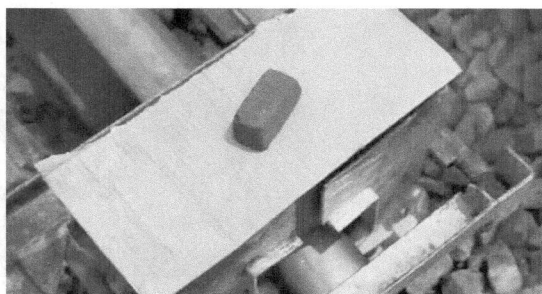

图4-5-14　盖住砂模

（7）用两根短棒做两个堵漏棒,以备堵漏,如图4-5-15所示。

4.封箱

（1）从底板到侧模,用封箱泥自下而上封箱,如图4-5-16所示。封箱泥不宜过多,以免影响预热效果。

图4-5-15　堵漏棒

图4-5-16　封箱泥封箱

（2）放置灰渣盘。盘中放置干的细砂或用过的坩埚渣，如图 4-5-17 所示。

（3）在框模出口及夹具螺纹处抹少量的封箱泥以保护工具，如图 4-5-18 所示。

图 4-5-17　灰渣盘放置

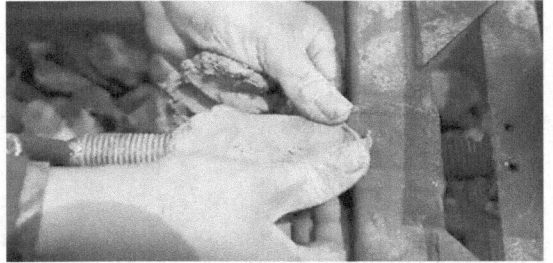
图 4-5-18　螺纹处抹封箱泥

5.预热

（1）将氧气、丙烷压力表完全释放，指针归零，完全打开预热枪氧气、丙烷阀门，调节氧气压力值至 4.9MPa，调节丙烷压力值至 0.7MPa，关闭预热枪氧气、丙烷阀门。

（2）在上风向安装加热器支架，并调节预热器与焊缝位置，使加热器喷嘴处于焊缝的中间，高度约为 50mm，如图 4-5-19 所示。

图 4-5-19　预热器与焊缝位置调节

（3）记录钢轨轨温。

（4）预热器火焰调节。先打开丙烷阀门，并将其稍稍开大，慢慢打开预热器氧气阀门，并交替慢慢打开，直到丙烷阀门完全打开，且氧气阀门也适当，在预热器的喷嘴处获得约 12mm 的蓝色焰芯，如图 4-5-20 所示。

a)阀门调节

b)火焰调节

图 4-5-20　预热器火焰调节

（5）将预热枪放在支架上，并迅速使其在模具中定位，然后用秒表计时，如图4-5-21所示。

（6）把分流塞放在砂模边上，加热干燥不少于2min。

（7）预热5min，加热过程中时刻观察轨头、轨角及轨底三角区加热是否均匀。加热终了时，轨腰颜色应为亮黄色，温度为950～1000℃。

（8）关小阀门。先关闭氧气阀门，然后关闭丙烷阀门。

6.浇筑

（1）在预热之前，在一个干燥的地方取出

图4-5-21　预热枪放置在模具中

一次性坩埚，检查包装箱内组件是否齐全。检查是否受潮、破损，检查坩埚中的自融塞是否正确无损，添加焊剂，插入高温火柴，如图4-5-22所示。

（2）把焊剂标签贴在记录表上。

（3）将分流塞放在砂模顶部，迅速放上坩埚，用高温火柴在30s内点火（高温火柴插入焊剂最深为25mm），迅速盖上坩埚帽，记录焊剂反应过程中平静时间，应大于或等于5s，反应总时间应小于或等于35s，当最后一滴钢水流出后，按下秒表，记录拆模推瘤时间。反应过程如图4-5-23所示。

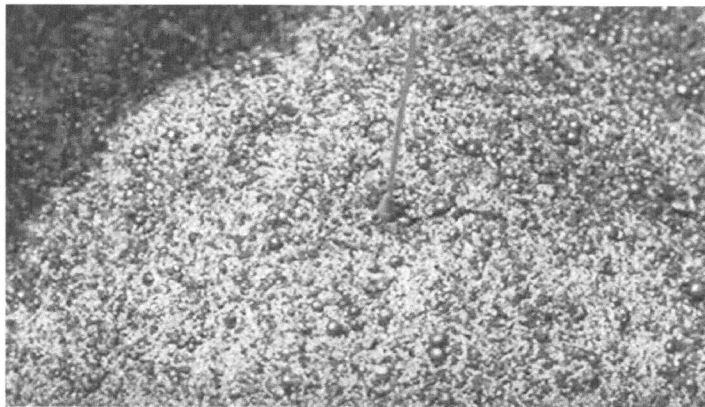

图4-5-22　焊剂中插入高温火柴

图4-5-23　反应过程

（4）浇筑结束1min，用坩埚叉移走坩埚，并移去灰渣盘，清除封箱泥，如图4-5-24、图4-5-25所示。

7.拆模

（1）浇筑结束5min，拆除侧模及底模。

（2）清除轨面上的封箱泥，如图4-5-26所示。

8.推瘤

（1）浇筑完成6min30s迅速安装推瘤机进行推瘤，推瘤到距离钢轨表面间隙大于1mm，如

图4-5-27所示。

图4-5-24　取走坩埚

图4-5-25　清除封箱泥

图4-5-26　封箱泥清除

图4-5-27　钢轨推瘤

（2）用热切除凿把砂模上端打掉，将两个浇筑棒打弯。

9.打磨

（1）粗打磨。用钢轨仿形打磨机先打磨顶面，再打磨侧面，最后打磨圆角后调转打磨机，打磨钢轨的另一侧，粗打磨后，应留有标准值+0.5～0.7的余量，如图4-5-28所示。

（2）精打磨。当焊放冷却到370℃以下时，打掉浇筑棒再进行精打磨，顺序同上，如图4-5-29所示。浇筑15min后拆除对正架和其他对正设施。

图4-5-28　粗打磨

图4-5-29　精打磨

（3）清除轨角边至轨腰处焊接两侧的焊渣，如图4-5-30所示。

10.表面质量检查,平直度检查

根据《城市轨道交通运营设备维修与更新技术规范 第4部分:轨道》(JT/T 1218.4—2024)无缝线路焊接接头损伤和表面质量及平直度坚持按照铁路相关标准执行。

(1)检查焊剂表面有无气孔、夹渣等缺陷。

(2)平直度检查。在钢轨焊接接头温度低于50℃时,用1m直钢直尺测量焊缝平直度。

11.探伤检查

待焊缝温度降至40℃及以下时,按标准进行焊缝全断面探伤,如图4-5-31所示。

图4-5-30 焊渣清除

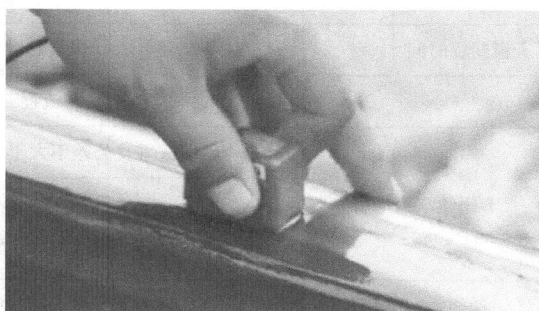

图4-5-31 探伤

12.印刷焊头标志

在距离焊缝1~5mm的轨腰内侧印刷焊头标志。

13.作业完成

(1)填写《钢轨焊接质量记录簿》,正确填写作业人员、作业温等基本信息(记录簿由工区保存,期限两年)。

(2)将废弃物挖坑掩埋处理。

任务训练单

根据学习内容及作业指导书,按照分工模拟现场铝热焊接,其任务分工表见表4-5-1。

任务分工表   表4-5-1

班级		组号		指导教师	
组长		学号		日期	
作业任务		钢轨铝热焊接			
组员	姓名		任务分工		

任 务 实 施

根据表4-5-1分工,完成表4-5-2中的作业任务。

铝热焊接主控操作表

表4-5-2

轨温: 　　　　　　　　　　线别: 　　　　　　　　　　年　月　日

单元轨节编号		起止里程				
单元轨节长度	mm	天气		气温		℃
焊接位置	m	工(机)具准备情况				m
天窗封锁时间		焊点前后50m线路是否锁定				m
施工工艺流程					是否规范	扣分项
1.钢轨端头准备	(1)钢轨端头垂直公差不大于1mm					
	(2)钢轨端头对正:将1m直钢尺放在轨头顶面,检查是否紧贴。把1m钢直尺放在钢轨轨腰处,调节A型对正架使钢直尺与钢轨贴					
2.砂磨安装	(1)检查砂模有无受潮、破损,浇道和通气孔必须干净通畅					
	(2)将两侧砂模在钢轨上轻轻摩擦,以使其与钢轨贴合紧密。若砂模与钢轨缝隙过大需进行磨模。如遇钢轨磨耗过大还需加高温棉密封条。对焊缝两侧各0.5m范围内钢轨进行烘烤,去除可能出现的水气					
	(3)将砂模底板放在金属底板中,并涂上密封膏,安装在钢轨底部,保证底板居中,并再次使用钢直尺检查钢轨的对正情况					
	(4)将侧模放在金属侧模中,装在钢轨上,注意使侧模居中,上紧夹具,并覆盖砂模口,防止异物掉入					
	(5)挂灰渣盘,灰渣盘中均匀铺上一层干燥灰渣并放置平稳。用两根短棒做成两根堵漏棒,以备堵漏					
	(6)当气温在0~5℃(低温)时,须在安装砂模前,对焊缝两侧1m范围内钢轨加热处理至37℃					
3.预热	(1)预热支座安装在上风处,调整预热枪头距离钢轨表面的高度至40mm(施密特工艺)					
	(2)将丙烷和氧气调压表上的压力完全释放掉(归零)					
	(3)预热前点火,应在砂模外进行,丙烷点燃后打开氧气,然后交替打开氧气和丙烷直至氧气和丙烷阀门全部打开,然后调节氧气阀门至出现蓝色焰心,将预热枪放在预热支架上					

施工工艺流程		是否规范	扣分项
3.预热	(4)预热过程中注意观察钢轨颜色变化。预热完成时钢轨中间及轨头发红。60kg/m钢轨预热时间5min,检查确保火焰垂直进入砂模,并将分流塞放在砂模边缘进行烘烤,使其干燥		
	(5)预热完成后取走预热枪,先交替关小氧气、丙烷,然后关闭氧气,最后关闭丙烷		
	(6)预热完成后,把预热枪头从支架上移开,将分流塞放入砂模		
4.焊剂的准备	(1)选择一个干燥的地方取出坩埚。 (2)检查包装内组件是否齐全,焊剂是否破损、受潮现象,坩埚是否破损,自熔塞是否完好无损。 (3)将焊剂上的标签揭下贴在焊接记录上。 (4)焊剂均匀混合(施密特工艺:用容器将焊剂反复倾倒三次后倒入坩埚),并使焊剂顶面成锥面,将高温火柴插入焊剂并盖上坩埚		
5.浇筑	(1)预热结束后,将分流塞放在顶部,将坩埚放在砂模的正中央,点燃高温火柴,并将其斜插入焊剂,插入深度约为25mm,盖上坩埚盖(预热结束后,焊药必须在此后30s内点燃并插入坩埚)。 (2)观察焊剂反应过程,记录反应和镇静时间		
6.拆模及推瘤	(1)浇铸完成1min,移去坩埚,并放在安全的地方,然后移去灰渣盘并将灰渣倒入坩埚 (2)浇铸完成后4min30s,拆除侧模及底板,拆除模板后及时将轨面清理干净。 (3)浇铸完毕后7min30s,去除轨头砂型,浇注完毕后7min40s开始推瘤,推瘤完成后,用撬棍将浇筑棒向外侧下方扳曲,浇筑完成30min以后才能打掉浇铸棒。 (4)推瘤完成后,温度350℃以下方能拆除对轨架		
7.打磨及探伤	(1)打磨分为热打磨、冷打磨及精磨。 (2)热打磨即粗打磨,推瘤之后可立即进行。将焊头表面打磨至距轨面0.8～1mm,钢轨内外侧及圆弧处打磨至与既有钢轨平齐。 (3)冷打磨:焊头冷却至环境温度后,对钢轨表面进行冷打磨,使其整体平齐。不能打磨过快过猛,否则会造成钢轨淬火或发蓝。 (4)精打磨:使用精磨机精细打磨焊缝至作业验收标准		
8.探伤及标识	焊缝温度冷却至40℃以下或自然轨温时,方能进行焊缝全断面探伤		

任 务 评 价

作业完成后,按照表4-5-3进行考核评价。

钢轨铝热焊接考核评价表 表4-5-3

评价内容	差	合格	良好	优秀
作业前防护要求设置的合理性				
钢轨对正及预热				
钢轨预热的规范性				
装模、拆模的规范性				

拓 展 任 务

序号	内容	地址
1	习题小测　钢轨焊接	
2	**高强耐磨过共析钢轨焊接技术** 攀钢在研制高强耐磨过共析钢轨时,设计了抑制先共析渗碳体析出与焊接接头强韧性协同调控的多标准、多工况焊接技术,突破了焊接接头热影响区相关技术难题,形成了全套焊接技术并制定了规范	科易网——《过共析钢轨焊接性及焊接工艺研究》
3	**液压推瘤机** 　液压推瘤机是一种用于切除钢轨铝热焊接头焊瘤的小型专用机具。 它以液压泵为动力,通过液压缸推动推凸刀动作,产生剪切力切除焊瘤,适用于50～75kg/m各型钢轨在基地或线路上铝热焊接后切除轨头焊瘤	

任务六　学习活动一　钢轨折断临时处理

作业指导书

虚拟仿真　无缝线路钢轨折断临时处理

工机具和材料选择

根据表4-6-1选择需要的工具。

作业工机具和材料选择　　　　　　　　　　　　　表4-6-1

名称	型号	数量	备注	名称	型号	数量	备注
短轨		1根	和旧轨同型号	大三角铁片	2mm	若干	
长臂扳手		2把		钢轨钻孔机		1台	
活口扳手		2把		钢轨钳		2把	
10.9级螺栓		12根		锯轨机		1台	
套筒扳手		4把		钢卷尺	5m	1把	
夹板		4块		撬棍	六角	4把	
吊轨车		2台		剁子		2把	
短路铜线		2根		红闪灯		2个	

任务训练单

根据学习内容及作业指导书,按照分工模拟现场断轨临时处理,其任务分工表见表4-6-2。

任务分工表　　　　　　　　　　　　　表4-6-2

班级		组号		指导教师	
组长		学号		日期	
作业任务		钢轨折断临时处理			
组员	姓名	任务分工			

任 务 实 施

将断轨处理过程记录在表4-6-3中。

任务记录表　　　　　　　　　　　　　表4-6-3

序号	标准、要求或记录	实训操作过程	检测手段
1	红闪灯位置摆放正确		目测
2	用夹子牢固夹在轨底		目测

续上表

序号	标准、要求或记录	实训操作过程	检测手段
3	切除伤损部分符合《钢轨锯断作业指导书》的要求及标准。 切除伤损部分等于备用同型轨加2个轨缝量		钢卷尺
4	备用同型轨无伤损		目测、探伤
5	轨端钻孔符合《钢轨钻孔作业指导书》的要求及标准		
6	10.9级螺栓必须拧紧，其扭矩达到500N·m		扭矩扳手
7	短枕前后各50m范围内扣件无松动，扭矩达到80~150N·m		扭矩扳手

考 核 评 价

作业完成后，按照表4-6-4进行考核评价。

考核评价表　　　　　　　　　　　表4-6-4

评价内容	差	合格	良好	优秀
作业前防护要求设置的合理性				
断轨临时处理的合理性				
松扣件、线路锁定的规范性				
切割处理的规范性				

任务六　学习活动二　无缝线路钢轨折断紧急处理

作业指导书

虚拟仿真　无缝线路钢轨折断紧急处理　　　现场视频　无缝线路钢轨折断紧急处理

一、作业工机具选择

根据表4-6-5选择需要的工具。

断轨紧急处理所需工机具明细 表 4-6-5

名称	型号	数量	备注	名称	型号	数量	备注
钢直尺	300mm	1把		短轨头		1套	含 10mm、20mm、30mm 同型钢轨头
夹板/臌包夹板		2块		长臂扳手	1.5m	2把	
急救器		4个		活口扳手	375mm	2把	
套筒扳手	38mm	6把		钢卷尺	5m	1把	

二、作业前准备

（1）确认作业地点及工作量。

（2）作业工机具准备齐全，确认其处于良好状态，按规定着工作服。

（3）按规定请点封锁相关作业区间。

任务训练单

根据学习内容及作业指导书，按照分工模拟现场断轨紧急处理，其任务分工表见表 4-6-6。

任务分工表 表 4-6-6

班级		组号		指导教师	
组长		学号		日期	
作业任务	无缝线路钢轨折断紧急处理				
组员	姓名	任务分工			

任 务 实 施

根据表 4-6-6 分工，完成表 4-6-7 中的作业任务。

任务记录表 表 4-6-7

序号	作业项目、内容	标准、要求或记录	实训操作过程	检测手段
1	设置防护信号	红闪灯位置正确		目测
2	安装短路铜线	用夹子牢固夹在轨底		目测
3	在断缝处上好夹板或臌包夹板	夹板或臌包夹板无裂纹，并与折断钢轨为同一类型		目测

序号	作业项目、内容	标准、要求或记录	实训操作过程	检测手段
4	用急救器固定,拧紧急救器	夹板或脿包夹板至少由2个急救器固定,急救器拧紧固定,无松动		目测
5	在断缝前后各50m拧紧扣件螺栓	断缝前后各50m范围内扣件无松动,扭距达到150N·m		扭矩扳手
6	作业回检,按规定速度放行列车	断缝在30~50mm时限速5km/h放行列车,断缝小于30mm时放行列车速度为15~25km/h		道尺
7	拆除短路铜线			目测
8	撤除防护信号			目测

考 核 评 价

作业完成后,按照表4-6-8进行考核评价。

考核评价表　　　　　　　　　　　　　　表4-6-8

评价内容	差	合格	良好	优秀
作业前防护要求设置的合理性				
急救器安装的正确性				
脿包夹板安装的正确性				
松扣件、线路锁定的规范性				
切割处理的规范性				

任务六　学习活动三　无缝线路钢轨折断永久处理

作业指导书

虚拟仿真　无缝线路钢轨折断永久处理

一、工机具和材料选择

根据表4-6-9选择需要的工机具和材料。

断轨永久处理所需工具明细

表4-6-9

名称	型号	数量	备注	名称	型号	数量	备注
短轨		1根	与切除的旧轨同型号	撬棍		4根	
钻孔机		1台		锯轨机		1台	
平磨机		1台		坩埚钳		1把	
钢卷尺	30m	1把		活口扳手	450mm	2把	
推瘤机		1台		拉伸器		1台	
扭矩扳手	PBO-500N·m	1把		发电机		1台	
铝热焊作业工具		1套		手动角磨机		1台	
火夹钳		1把		钢直尺	1m	1把	
套筒扳手	38mm	6把		轨温计		1个	
氧乙炔配套设备		1套		钢丝刷	50mm	1把	
短路铜线	70mm²	2根		秒表		1个	

二、作业前准备

(1)确认作业地点及工作量。

(2)作业工(机)具准备齐全,确认其处于良好状态,按规定着工作服。

(3)通知通信部门和供电部门配合作业。

(4)按要求锯切好插入短轨(断缝处符合条件时可在原位焊复,用插入短轨)。

(5)按规定请点封锁相关作业区间。

任务训练单

根据学习内容及作业指导书,按照分工模拟现场断轨永久处理,其任务分工表见表4-6-10。

任务分工表

表4-6-10

班级		组号		指导教师	
组长		学号		日期	
作业任务	无缝线路钢轨折断永久处理				

	姓名	任务分工
组员		

任 务 实 施

根据表4-6-10分工,完成表4-6-11中的作业任务。

任务记录表   表4-6-11

序号	作业项目、内容	标准、要求或记录	具体操作过程	检测手段
1	设置防护信号	红闪灯位置正确		目测
2	安装短路铜线	用夹子牢固夹在轨底上		目测
3	锁定焊缝两端各50m线路	锁定焊缝两端线路时扣件扭矩达到150N·m		扭矩扳手
4	按要求切除断缝伤损部分或撤除临时处理时插入的短轨	锯切的钢轨符合尺寸要求,采用铝热焊接时,插入短轨长度等于切除钢轨长度减去2倍预留焊缝值,采用小型气压焊时,插入短轨长度应等于切除钢轨长度加上2倍顶锻量		钢卷尺
5	松开待焊接头处轨枕扣件			
6	插入短轨进行焊接(焊接可采用铝热焊接或小型气压焊接)	1.焊好一端,焊接另一端时,先张拉钢轨,使断缝两侧标记的距离等于原丈量距离减去断缝值后再焊接。 2.焊接的接头应符合焊接方法的工艺及质量要求		钢卷尺
7	焊接处打磨	钢轨头部平整,光洁度好,无毛刺		钢直尺
8	作业回检	在线路上焊接时的轨温应不低于0℃,放行列车时焊缝处轨温应降至300℃以下		轨温计
9	拆除短路铜线			目测
10	撤除防护信号			目测

任 务 评 价

作业完成后,按照表4-6-12进行考核评价。

考核评价表

表4-6-12

评价内容	差	合格	良好	优秀
作业前防护要求设置的合理性				
焊缝两端锁定				
切割钢轨或者插入短轨				
松扣件、线路锁定的规范性				
钢轨打磨的正确性				

拓 展 任 务

序号	内容	地址
1	习题小测　钢轨折断处理	
2	**钢轨急救器** 　铁路工务部门广泛使用的临时救援工具,主要用于钢轨焊接点或有伤部位的加固,以及在钢轨断裂的紧急情况下,使火车能够以较低的安全速度正常通过	
3	**未来展望** 　(1)大数据与人工智能深度融合。利用大数据分析钢轨的历史状态、环境因素等,通过人工智能算法准确预测断轨的可能性和位置,提前采取防范措施。还能对监测数据进行自动分析和诊断,快速识别断轨故障模式,为应急处理提供决策支持。 　(2)虚拟仿真与预演。利用虚拟仿真技术,对断轨应急处理过程进行模拟和预演,让相关人员熟悉应急处理流程和操作方法,提高应急处理能力。同时,通过虚拟仿真可以优化应急处理方案,提前发现和解决可能出现的问题

轨道施工

任务一　学习活动　轨排组装

作业指导书

轨排组装是轨道施工的关键性工序,其工艺流程如图5-1-1所示。

（1）放置铁垫板。在组装台位依次放置铁垫板（△端放在钢轨外侧）、轨下垫板,散布轨距块、弹条,轨距块内侧为10号,外侧为8号,如图5-1-2所示。

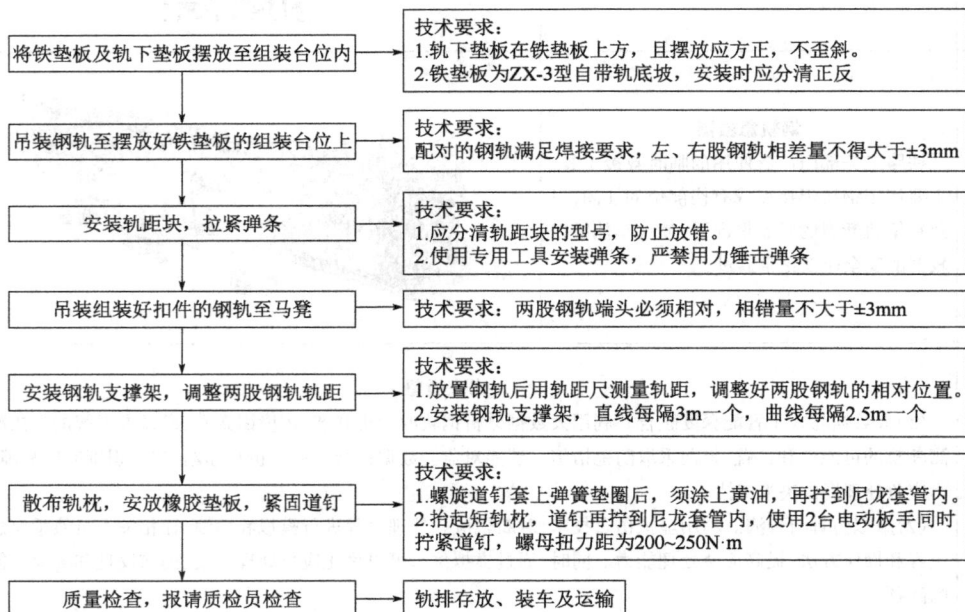

动画　整体道床轨道施工流程

将铁垫板及轨下垫板摆放至组装台位内	技术要求: 1.轨下垫板在铁垫板上方,且摆放应方正,不歪斜。 2.铁垫板为ZX-3型自带轨底坡,安装时应分清正反
吊装钢轨至摆放好铁垫板的组装台位上	技术要求: 配对的钢轨满足焊接要求,左、右股钢轨相差量不得大于±3mm
安装轨距块,拉紧弹条	技术要求: 1.应分清轨距块的型号,防止放错。 2.使用专用工具安装弹条,严禁用力锤击弹条
吊装组装好扣件的钢轨至马凳	技术要求:两股钢轨端头必须相对,相错量不大于±3mm
安装钢轨支撑架,调整两股钢轨轨距	技术要求: 1.放置钢轨后用轨距尺测量轨距,调整好两股钢轨的相对位置。 2.安装钢轨支撑架,直线每隔3m一个,曲线每隔2.5m一个
散布轨枕,安放橡胶垫板,紧固道钉	技术要求: 1.螺旋道钉套上弹簧垫圈后,须涂上黄油,再拧到尼龙套管内。 2.抬起短轨枕,道钉再拧到尼龙套管内,使用2台电动板手同时拧紧道钉,螺母扭力距为200~250N·m
质量检查,报请质检员检查	轨排存放、装车及运输

图5-1-1　轨排组装工艺流程

（2）放置钢轨。将钢轨放在摆好的铁垫板上,轨下垫板应居中放置,上好轨距块,使用专用工具安装弹条,严禁用力锤击弹条。

（3）在画好的台位摆放短轨枕,根据轨节表的顺序摆放好加长枕,并将短轨枕表面和尼龙套管内的杂物清理干净,将板下垫板放在短轨枕上。

(4)吊装钢轨至组装台位的马凳上,利用轨距尺控制好轨距,安装钢轨支撑架,如图5-1-3所示。

图5-1-2 放置铁垫板

图5-1-3 钢轨吊装

(5)将螺旋道钉套上弹簧垫圈后,涂上黄油,拧到尼龙套管内,扭矩控制在 $200 \sim 250 N \cdot m$ 范围内,安装后如图5-1-4所示。

图5-1-4 安装后的轨排

任务训练单

按照作业指导书要求,小组进行轨排组装作业施工,并将任务分工填写在表5-1-1中。

轨排组装任务分工表   表5-1-1

班级		组号		指导教师	
组长		学号			
作业任务		轨排组装			
组员	姓名		分工		

任 务 实 施

绘制轨排施工工艺流程,并按照表5-1-2的要求进行轨排组装。

轨排组装作业要点 表5-1-2

施工工艺 流程图	
钢轨安装前 检查	1.轨排组装前应对钢轨进行检验。同一轨排宜选用长度公差相同的钢轨配对,相差量不得大于3mm。 2.轨枕间距为等间距布置,严格控制轨枕间距误差(误差为±5mm)。在曲线内股应按缩短量锯轨,轨枕间距应为595mm−缩短量/轨枕数量
轨枕摆放	短轨枕四周有破损、裂纹现象的,禁止使用。轨枕应方正无歪斜
螺栓涂油要求	螺栓必须涂油,扭矩应符合设计要求,轨下垫板、板下垫板应方正、居中,锯齿扣板对中线应与铁垫板上的刻线对齐。弹条需拉到位,圆弧顶点间距为8~10mm
钢轨安装	安装钢轨支撑架时应控制好轨距,检查钢轨下方有无杂物,应上紧钢轨与支撑架之间的所有螺栓,保证钢轨与支撑架密贴

任 务 评 价

作业完成后,按照表5-1-3进行考核评价。

轨排组装考核评价表 表5-1-3

题目		轨排组装		考试日期		
考生				用时(min)		
项目	任务	考核内容	评分标准	扣分	实得分	
操作 技能	1.轨排组装基本要求(10分)	轨排组装前应对钢轨进行检验,同一轨排宜选用长度公差相同的钢轨配对,相差量不得大于3mm。轨枕间距为等间距布置,严格控制轨枕间距误差(误差为±5mm)	每错一处扣3分			
	2.放置垫板(10分)	垫板间距正确、合理,无扣件缺失	缺失扣5分,不熟练扣5分			
	3.放置钢轨(10分)	钢轨在垫板居中位置,弹条安装时严禁敲击	错误每处扣5分			

续上表

项目	任务	考核内容	评分标准	扣分	实得分
操作技能	4.放置短轨枕(10)	将短轨枕表面和尼龙套管内的杂物清理干净,将板下垫板放在短轨枕上	放置位置错误扣5分,未清理扣5分		
	5.螺旋道钉安装(10分)	涂油均匀	错误扣3分,不熟练扣2分		
小组配合情况	20分	1.操作熟练,不翻阅教材。2.小组合作完成,分工明确。3.注意实训工具使用方法和保护	发生一个扣5分		
时间	10分	按规定时间完成	每超时1min扣1分,超时10min停止考核		
安全及其他	20分	本人无安全因素	否则扣10分/次		
		标写涂改	扣10分		

拓 展 任 务

序号	内容	地址
1	虚拟仿真 轨道精调	
2	习题小测 普通无砟轨道施工	
3	**CRTS双块式无砟轨道智能化粗铺施工技术** 通过全站仪测量系统实时测量轨排的空间三维数据,自动完成粗调后精准铺设,简化了施工工序,减少了劳动力的投入,缩短了轨排组装和粗铺的时间	http://html.journal.founderss.cn/ggwh/2040/20432/
4	**装配式轨道** 结合无砟轨道和装配式结构优点形成的新型轨道结构,采用混凝土、沥青混合料等整体基础取代散粒碎石道床,具有高稳定、高平顺、少维修等特点	https://www.iesdouyin.com/share/video/7488158628684516627/?region=CN&mid=7488159372820941609&u_code=0&video_share_track_ver=&titleType=title&share_sign=d7ua25Qw22V8vs5luKI4sZ5lqtpDvT.rz05Jw6C8tIg-&share_version=8040140&ts=1746254565&from_aid=482431&from_ssr=1
5	《地下铁道工程施工质量验收标准》(GB/T 50299—2018)14.3.1～14.3.10 普通无砟轨道	

任务二　学习活动　减振垫施工

作业指导书

铺设减振垫之前,清扫基底表面的垃圾,检查基底表面平整度,不得出现尖角及不平整,并确保基底及挡墙等混凝土终凝。减振垫铺设采用横铺方式(垂直于线路中心线铺设)。

1.减振垫切割

减振垫按照现场测量的铺设宽度进行切割,要求切割完的减振垫边角平直,以保证铺设后整体美观,如图5-2-1所示。

图5-2-1　减振垫切割

2.减振垫铺设

减振垫铺设采用横铺方式,减振垫间衔接的缝隙宽度≤10mm,采用搭接条覆盖减振垫缝隙,然后用三排铆钉固定减振垫,如图5-2-2所示。

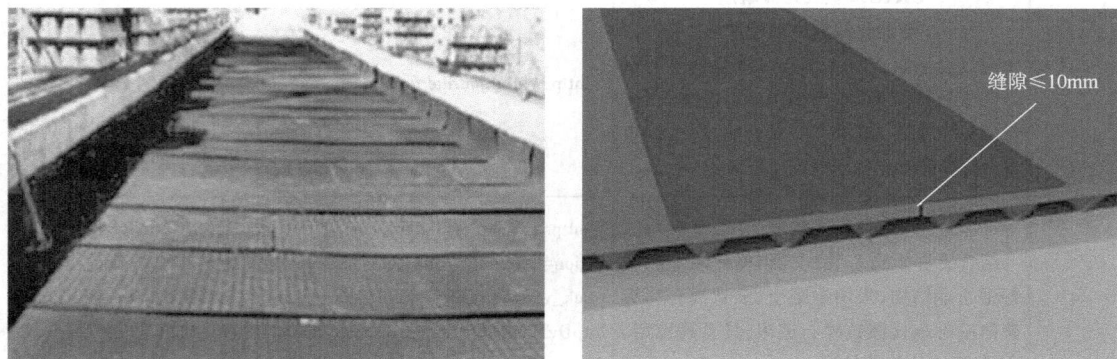

a)减振垫横铺　　　　　　　b)缝隙宽

图　5-2-2

c)边角整修

d)铆钉固定

图 5-2-2　减振垫铺设

3.减振垫密封

(1)减振垫铺设好后,上卷部分采用橡胶密封条密封。

(2)为防止杂物渗漏于减振垫下部,密封前采用土工布将减振垫上卷边沿包裹,包裹单面宽度不小于100mm。

(3)马蹄形隧道道床浇筑前密封条顶面采用泡沫板填塞;待道床浇筑完毕后勾除,采用聚氨酯密封胶封顶,如图5-2-3所示。

4.减振垫固定

铺设完毕的减振垫,一侧采用铆钉将减振垫固定,如图5-2-4所示;另一侧固定于混凝土挡墙或盾构壁上,如图5-2-5所示。铺设完毕的减振垫如图5-2-6所示。

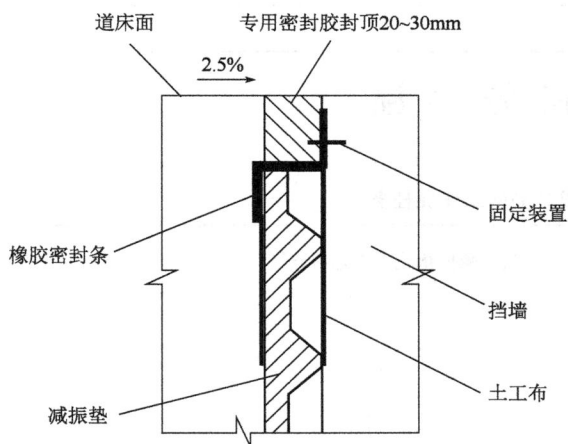

图 5-2-3　减振垫密封

图 5-2-4　一侧用铆钉固定

图 5-2-5 另一侧用挡墙/盾构壁固定　　　　　　　　　图 5-2-6 铺设完毕的减振垫

任务训练单

根据学习内容及作业指导书,按照分工进行减振垫铺设,其任务分工表见表5-2-1。

任务分工表　　　　　　　　　　　　　　　　表 5-2-1

班级		组号		指导教师	
组长		学号		日期	
作业任务		减振垫铺设			
组员	姓名		任务分工		

任 务 实 施

完成减振垫施工作业并填写表5-2-2。

减振垫施工作业任务　　　　　　　　　　　　　　表 5-2-2

施工工艺流程图	绘制减振垫施工工艺流程图

续上表

减振垫铺设	1.采用横铺方式。 2.减振垫间衔接的缝隙宽度≤____mm，采用搭接条覆盖减振垫缝隙，然后用_____固定减振垫
减振垫密封	1.补充下图减振垫密封的材料a、b、c、d代表的名称。 2.减振垫铺设好后，上卷部分采用_____密封。 3.为防止杂物渗漏于减振垫下部，密封前采用_____将减振垫上卷边沿进行包裹，包裹单面宽度不小于100mm。

任 务 评 价

按照表5-2-3进行考核评价。

减振垫施工考核评价表　　　　　表5-2-3

题目	减振垫施工		考试日期		
考生			用时(min)		
项目	任务	考核内容	评分标准	扣分	实得分
操作 技能	1.切割减振垫(10分)	测量基底宽度，切割减振垫，切割完的减振垫尺寸正确、边角平直，保证铺设后美观	不熟练扣3分，尺寸错误扣5分，不平直扣2分		
操作 技能	2.减振垫铺设(20分)	采用横铺，减振垫间缝隙宽度不大于10mm，采用搭接条覆盖减振垫，然后用铆钉固定	顺序错误扣10分，缺1项扣3分，不熟练扣2分		
	3.减振垫密封(10分)	上部采用卷材固定，密封前用土工布包裹	错误每处扣5分		
	4.减振垫固定(10分)	铺设完毕的减振垫，一侧采用铆钉固定，另一侧固定于混凝土挡墙或盾构壁上	位置错误扣5分，不熟练扣5分		
小组 配合 情况	20分	1.操作熟练，不翻阅教材。 2.小组合作完成，分工明确。 3.注意实训工具使用方法和保护	发生一个扣5分		

项目	任务	考核内容	评分标准	扣分	实得分
时间	10分	按规定时间完成	每超时1min扣1分,超时10min停止考核		
安全及其他	20分	本人无安全因素	否则扣10分/次		
		标写涂改	扣10分		

拓 展 任 务

序号	内容	地址
1	虚拟仿真　无缝线路的铺设	
2	习题小测　减振轨道施工	
3	**自修复混凝土** 实验中的智能材料(如微生物混凝土)可在裂缝出现后自动修复,延长轨道寿命	*Cement and Concrete Composites* 期刊——*Autogenous self-healing of ultra-high-performance fiber-reinforced concrete with varying silica fume dosages: Secondary hydration and structural regeneration*
4	《地下铁道工程施工质量验收标准》(GB 50299—2018)14.5.1～14.5.8　减振垫浮置板道床	

任务三　学习活动　浮置板顶升施工

作业指导书

浮置板道床施工完毕后,需要进行顶升作业。浮置板的顶升是利用放在隔振器上的液压千斤顶的液压柱塞顶住内套筒顶板,由压差控制的压力作用在顶板上并传递到隔振器下方的基底上,由基底产生的反作用力抬起浮置道床。

一、顶升专用工具准备

钢弹簧浮置板道床的顶升专用工具由专用液压油泵和专用千斤顶两个部分组成,工作时需要外接 220V 电源。全部设备的体积小、重量轻,操作方便,性能可靠。顶升工具表见表 5-3-1。

顶升工具表 表 5-3-1

序号	工具名称	数量	性能说明	备注
1	电动液压泵	1套	由 220V 电压提供动力的液压油泵,最大压力可达 800MPa	专用设备
2	高压油管	1根	传递油液压油泵产生的压力	专用设备
3	千斤顶	1套	特殊形状的液压起重设备	专用设备
4	千斤顶调高垫	10块	置于钢弹簧隔振器上,给专用千斤顶提供合理的工作空间	
5	大三爪(带球头)	1件	在隔振器内、外套筒之间传力	
6	千斤顶提杆	1件	提高操作人员的舒适度	
7	隔振器提杆	2件	提高隔振器内套筒安装效率	
8	六角螺栓	6个	提高隔振器内套筒安装效率	

二、顶升前施工准备

1.现场清理及密封

拆除浮置板道床周围所有模板,切除多余隔离膜,全面清理浮置板道床范围的杂物,如图 5-3-1 所示。采用密封条将浮置板与结构壁间缝隙、板间缝隙覆盖,注意密封条中线与缝隙中线对齐,且顺直平整,如图 5-3-2 所示。密封条使用膨胀螺栓及压片固定在混凝土结构上,间距一般为 250mm,具体实施由现场技术人员确定。

图 5-3-1　清理伸缩缝模板　　　　　　　　　图 5-3-2　安装密封条

2.测量点布设

通车运营期间,为了测量隧道下沉导致的浮置板道床下沉和变形,应在每块浮置板道床两侧,每隔 5m 设置一对测量点,每块标准板 8 个,固定牢固并编号。在顶升前将每个测点与控制基标联测,记录每个点的初始高程,结果复核无误后归档保存。

图5-3-3　内套筒现场摆放

三、内套筒安装

1.内套筒搬运

内套筒为隔振器的核心部件且结构特殊,必须保证现场存放,搬运时轻拿轻放,严禁内套筒倾倒、倒置。内套筒现场摆放如图5-3-3所示。

2.内套筒安装

(1)打开外套筒顶盖,将隔离膜沿外筒内壁边缘切下并取出。检查筒内基底平整度,不满足±2mm/m²要求的需打磨平整,将打磨碎屑全部清除。使用湿布将基底表面擦拭干净,确定无粉尘残留,如图5-3-4所示。

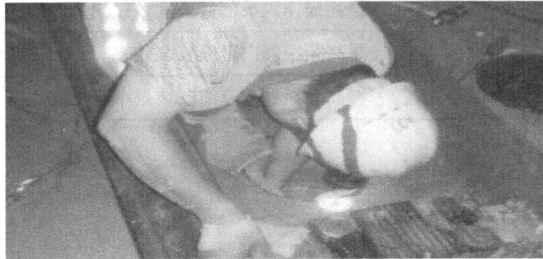

图5-3-4　清除外套筒底部隔离层

(2)将水平限位专用工装放入隔振器外筒,把电锤上的冲击钻套入工装的中心孔进行钻孔,达到深度要求为止,并清除钻孔产生的全部碎屑,压入水平限位器。如基底钢筋外露,则用植筋胶将缝隙填满。直线地段间隔布置,曲线地段全部布置水平限位器,具体操作如图5-3-5所示。

a)放置水平限位工装

b)钻设膨胀螺栓孔

图　5-3-5

c)压入水平限位器

d)完成后的水平限位器

图5-3-5　安装水平限位器

（3）使用专用工装将内套筒提起后，竖直放在外套筒内基底上，内套筒底部限位孔与水平限位器完全对应，使用"丁"字扳手拆除螺栓并取出工装，如图5-3-6所示。

四、顶升作业

利用放在隔振器上的液压千斤顶的液压柱塞顶住内套筒顶板，由压差控制的压力作用在顶板上并传递到隔振器下方的基底上，由基底产生的反作用力抬起浮置道床。浮置板道床顶升一般分3轮进行，最后达到设计的顶升高度。

图5-3-6　将内套筒放入外套筒

（1）利用轨检小车测量初始轨面高程，与设计轨面高程对比，计算顶升量及应装入的调高垫片的数量。

（2）将内筒放入外筒，随后将液压千斤顶放在第二对隔振器内，启动电动液压泵工作，顶升量大于8mm直至外筒承载挡块高于内筒，电动液压泵的压表值在300～400bar范围内；然后关闭启动开关，旋转第一对隔振器内筒至外筒承载挡块处，再将电动液压泵卸压，取出千斤顶，如图5-3-7、图5-3-8所示。

（3）放入每轮顶升高度的调高垫片，将液压千斤顶放入外筒，转至承载挡块底部，启动电动液压泵工作，其顶升位移值略大于调高垫片的厚度，电动液压泵的压表值在300～400bar范围内，然后关闭启动开关，将调高垫片拨旋到与内筒顶板重合位置上，再将电动液压泵卸压，取出千斤顶即可，至此为一个顶升循环，如图5-3-9所示。

（4）第二轮顶升统一放入15mm调高垫片，结束后进行板面高程测量。第三轮顶升应根据测量数据，再放入相应厚度的调高垫片。第三轮顶升为精调，消除内筒压缩量误差，根据测量结果由我方技术人员确定放入调高垫片厚度（一般为2～3mm），轨面高程一般控制在0～

1mm范围内,第二、三轮顶升循环如图5-3-10所示。

图5-3-7　将千斤顶放在第二对隔振器　　　图5-3-8　旋转第一对隔振器内筒至外筒承载挡块

　　三个循环顶升作业结束后,对每块浮置板上布置的8个测点高程进行实测,并与初始高程复核并归档保存,此测量数据作为运营期间浮置板道床运营维护的参考依据。

a)放入调平垫片　　　　　　　　　　　　b)千斤顶就位

c)启动液压泵　　　　　　　　　　　　d)拨旋调平垫片

图　5-3-9

e)拆除工装

图 5-3-9　一个顶升循环

a)测量第二个循环顶升量并写在钢轨上

b)放入第二个循环顶升调高垫片

c)第二个循环顶升

d)顶升完毕放入锁紧片

图 5-3-10　第二、三轮顶升

五、收尾工作

（1）安装锁紧板，并拧紧M16定位螺栓，如图5-3-11所示。

(2)盖上外套筒盖板,上紧盖板M8螺栓,套上静电帽,如图5-3-12所示。

(3)清理浮置道床表面,将多余配件、杂物等移除。

图 5-3-11　安装锁紧板紧固螺栓

图 5-3-12　安装盖板及螺栓

任务训练单

根据作业指导书,小组完成浮置板顶升作业,并将作业任务分工填写在表5-3-2中。

任务分工表　　　　　　　　　　　　　　表5-3-2

班级		组号		指导教师	
组长		学号		日期	
作业任务		浮置板顶升施工			
组员	姓名	任务分工			

任 务 实 施

按照作业指导书要求进行浮置板的顶升作业准备,将准备步骤要点记录在表5-3-3中。

顶升准备　　　　　　　　　　　　　　　表5-3-3

步骤一 工具准备	
步骤二 现场清理及密封	

步骤三内套筒运输	

任 务 评 价

按照要求对学生进行考核评价,并将结果填入表5-3-4。

顶升作业考核评价表   表5-3-4

项目	任务	考核内容	评分标准	扣分	实得分
操作技能	1.内套筒安装(20分)	(1)打开外套筒顶盖,切除外套筒底部隔离膜,平整、清理	不按照要求扣5分		
		(2)将水平限位器工装放入外套筒,把电锤上的冲击钻套入工装的中心孔内进行钻孔	错误每处扣5分		
		(3)压入水平限位器	错误每处扣5分		
		(4)用专用工装提起内套筒,竖直放到外套筒基底上,内套筒底部限位孔与水平限位器完全对应,用丁字扳手拆除螺栓,取出工装	错误每处扣5分		
	2.顶升作业(40分)	(1)轨检小车测量初始面高程,与设计轨面高程对比,计算顶升及调高垫片数量	错误每处扣5分		
		(2)将千斤顶放入第二对隔振器,进行顶升操作	错误每处扣5分		
		(3)将第一对隔振器内筒旋转至外筒承载挡块处	错误每处扣5分		
		(4)放入顶升高度的调高垫片	错误每处扣5分		
		(5)电动液压泵卸压,取出千斤顶,完成一个循环	错误每处扣5分		
		(6)第二轮顶升统一放入15mm调高垫片,结束后进行板面高程测量	错误每处扣5分		
		(7)第三轮顶升为精调,消除内筒压缩量误差,根据测量结果2～3mm调高垫片,轨面高程一般控制在0～+1mm范围内	错误每处扣5分		
		(8)三个顶升循环结束,复测高程	错误每处扣5分		
	3.收尾工作(10分)	(1)安装锁紧板,拧紧M16定位螺栓	错误每处扣3分		
		(2)盖紧外套筒盖板,上紧盖板M8螺栓	错误每处扣2分		
		(3)清理表面	错误扣1分		
小组配合情况	10分	(1)小组合作完成,分工明确;(2)注意实训工具使用方法和保护	发生一个扣5分		

项目	任务	考核内容	评分标准	扣分	实得分
时间	10分	按规定时间完成	每超时 1min 扣 1 分，超时 10min 停止考核		
安全及其他	10分	本人无安全因素	否则扣5分/次		
		标写涂改	扣5分		

拓 展 任 务

序号	内容	地址
1	习题小测　浮置板减振轨道	
2	**谐振式浮轨扣件** 基于轮轨柔度差变理论研发，减振量达 10dB 以上，有效控制高频振动噪声	http://www.xjishu.com/zhuanli/13/201822182527.html？use_xbridge3=true&loader_name=forest&need_sec_link=1&sec_link_scene=im
3	**未来展望** (1)数字孪生与预测性维护：通过 BIM 建模和 AI(人工智能)分析，构建道床全生命周期管理模型。 (2)磁悬浮兼容设计：探索无砟轨道与超高速磁悬浮系统的结合，支撑未来 600+km/h 运输需求。 (3)绿色低碳技术：采用工业废料(粉煤灰、矿渣)替代水泥，降低碳排放	
4	《铁路无缝线路设计规范》(TB 10015—2012)局部修订文第 6.1.4 条	
5	《地下铁道工程施工质量验收标准》(GB 50299—2018)14.4.1～14.4.8 钢弹簧浮置板道床	

任务四　学习活动　道岔组装工艺流程操作

作业指导书

微课　碎石道床道岔岔枕摆放及道岔组装

(1)放出岔头、岔心、岔尾位置，如图 5-4-1 所示。

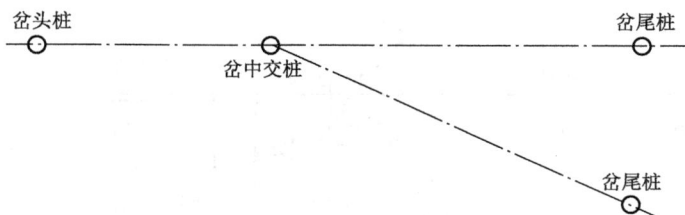

图5-4-1　道岔控制桩点位置

（2）铺钉直线上股钢轨和护轨。按编号顺序铺设直股基本轨和护轨1-1~1-3，并使1-1的前端与岔头桩对齐，连接钢轨接头，如图5-4-2所示。

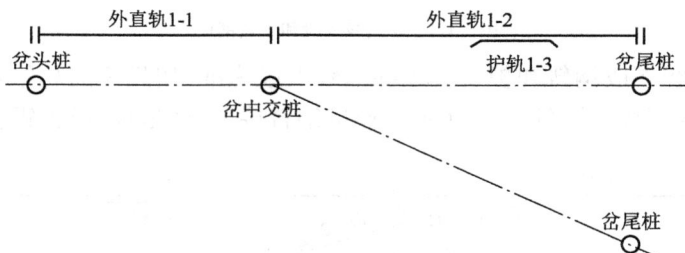

图5-4-2　外直轨铺设

注意：外直股1-1左端对准岔头桩。

（3）铺设直下股钢轨、尖轨及辙叉。根据直股轨距要求，可以在现场确定出曲基本轨2-1，然后根据图纸数据，可以确定出直尖轨2-2、内直股2-3、辙叉2-4，如图5-4-3所示。

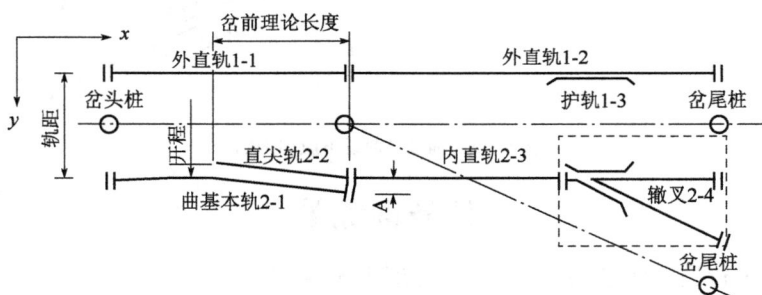

图5-4-3　曲基本轨和内直股铺设

特别注意：先铺曲基本轨，再铺直尖轨。

注：直线尖轨位置：

（1）x：岔前理论长度。

（2）y：左端——开程，右端——A。

以拨正的上股钢轨为准，根据各点的轨距要求，摆正垫板，钻好道钉孔，每块垫块先钉两个道钉，待全面钉完，拨正道岔直线方向，使道岔与前后轨道方向顺直，经检查后再补钉其余的道钉。

（4）铺钉导曲线上股轨和尖轨。根据道岔布置图或查导曲线支距表上的导曲线支距，从尖轨根部接缝处，即导曲线起点开始，按支距法铺钉3-1~3-3的钢轨，如图5-4-4所示。连接接头，铺好垫板后即可钉道钉。先钉支距点枕木上的道钉，用撬棍拨移钢轨，然后钉道钉。打钉时，应先钉外口后钉里口，以确保支距的正确。

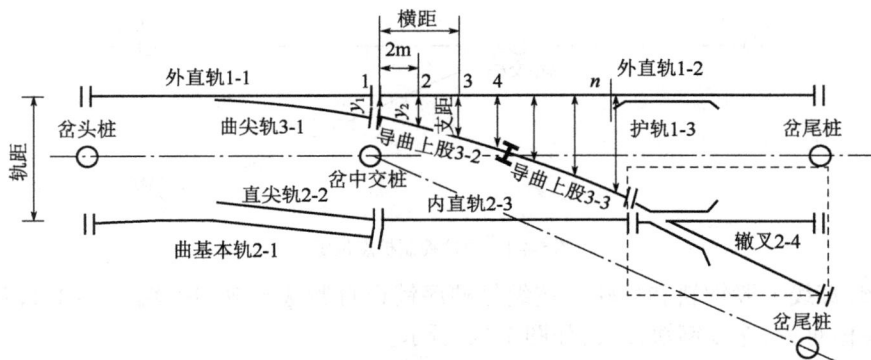

图 5-4-4　导曲线上股和尖轨铺设

（5）铺钉导曲线下股钢轨和护轨。以导曲线上股为准，按规定的轨距及递减距离（前三后四）铺钉 4-1 ~ 4-2 钢轨，如图 5-4-5 所示。连接钢轨接头，铺垫板，拨正钢轨然后钉道钉。

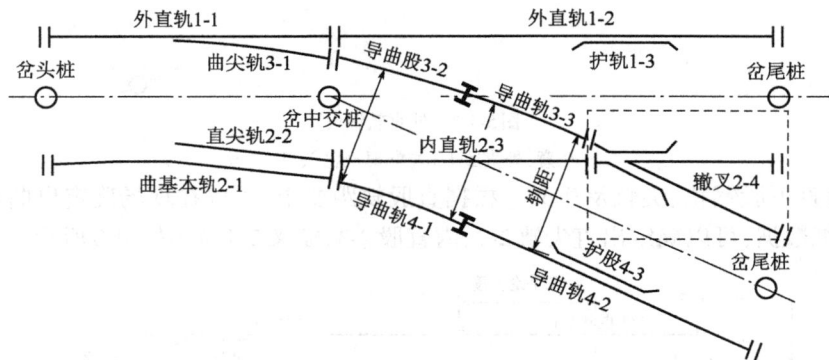

图 5-4-5　铺设导曲线下股和护轨

任务训练单

小组分工，进行道岔组装，并将分工填写到表 5-4-1 中。

任务分工表　　　　　　　　　　　　　　　　　　表 5-4-1

姓名		班级		日期	
组别		组长			
作业任务		道岔组装			
组员	姓名	分工			

任 务 实 施

将表5-4-2中的任务实施过程填写完整。

原位法道岔铺设任务实施 　　　　　表5-4-2

作业内容	具体要求
岔料存放	岔枕集中存放时,堆放场地应平整,岔枕按长短顺序码垛,长枕在_____,短枕在_____,每层之间要用方木做支垫
测量放样	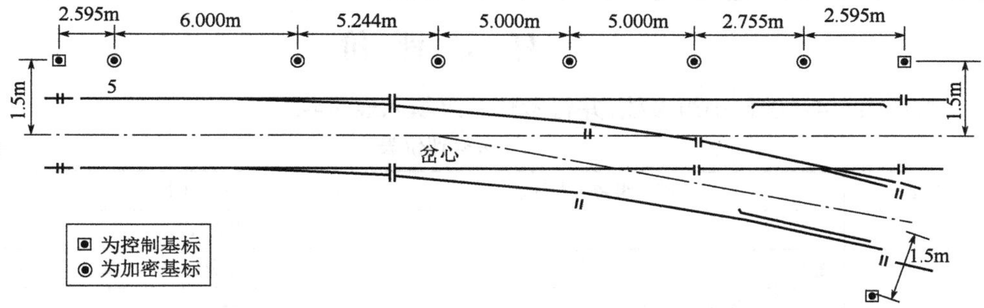 基标测试注意要点是_____。
散布岔枕	1.岔枕调整时,先调整_____号岔枕位置,再以此为基准点,逐个调整。 2.岔枕位置偏差不应超过_____mm
道岔钢轨安装	道岔钢轨安装的原则是先_____股后_____股、先_____股后_____股。 请修改以下道岔钢轨安装顺序图: 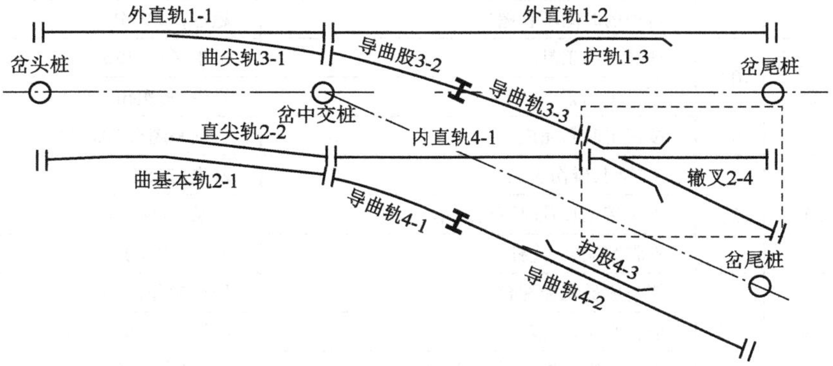 绘图区域

177

作业内容	具体要求
道岔调整	有砟轨道道岔的调整原则是： 1.方向偏差_____mm。 2.轨距偏差_____mm。 3.尖轨非工作边最小轮缘槽偏差_____mm。 4.接头错压_____mm。 5.轨枕间距偏斜_____mm

任 务 评 价

按照表5-4-3进行小组考核，并将考核结果填入表5-4-3。

考核评价表   表5-4-3

题目		道岔组装工艺流程	考试日期		
考生			用时(min)		
项目	配分	考核内容	评分标准	扣分	实得分
施工顺序	50分	岔料运输、摆放正确	错，扣6分		
		测量放样、岔枕摆放正确	错，扣6分		
		垫板摆放正确、尺寸偏差符合	错，扣6分		
		钢轨安装正确	错，扣6分		
		上砟整道工具正确，厚度满足要求	错误，扣2分		
		各部分尺寸调整正确，无漏项	每漏一项扣1分		
		每项的时间不宜超过60s	超过，扣10分		
工具设备的使用及维护	10分	选择正确工具	发生，每次扣5分		
		不发生伤害	发生，每次扣5分		
时间	10分	按规定时间完成	否则每超过30s扣1分		
规范操作	15分	无摔倒、碰伤现象	发生，扣5分		
		来车带工具及时下道避车	不及时(5s)，扣5分		
		不脚踏尖轨、连杆	发生，扣5分		
学习态度	15分	能与成员积极配合	酌情扣分，最多5分		
		语言文明、规范	酌情扣分，最多5分		
		遵守小组分配，不拈轻怕重	酌情扣分，最多5分		

拓 展 任 务

序号	内容	地址
1	习题小测　碎石道床施工	

续上表

序号	内容	地址
2	**自动化铺砟设备** 采用先进的自动化铺砟机组,能够实现道砟的精确铺设和压实。可以根据预设的参数自动调整铺砟厚度、坡度和压实度	https://www.jigao616.com/zhuanlijieshao_22326783.aspx？use_xbridge3=true&loader_name=forest&need_sec_link=1&sec_link_scene=im
3	**智能化卸砟** 基于三维点云的智能化卸砟方法和装置,通过对机车的多个卸砟车厢进行自组网编组,对无序点云数据预处理、计算得到道床实时三维点云盈亏量,实现了从对卸砟作业进行智能精确的控制,能够在更短的时间内完成更多的补砟工作	https://www.xjishu.com/zhuanli/55/202311863496.html？use_xbridge3=true&loader_name=forest&need_sec_link=1&sec_link_scene=im
4	《铁道轨道工程施工质量验收标准》(TB 10413—2018)第9.8.2条	
5	《地下铁道工程施工质量验收标准》(GB 50299—2018)14.7.1～14.7.5有砟道床	

项目六

常见故障应急处理

任务一　学习活动　挤岔应急抢修演练

作业指导书

一、挤岔应急抢修原则

(1)抢修人员以最快的速度恢复轨道设备,保证行车。

(2)严格执行行车和用电安全作业等有关规定和防护措施,防止扩大事故范围和发生意外事故。

(3)各相关单位按各自应急预案处理。

二、安全措施

(1)需行车调度员批准后,方可发布抢修施工命令。

(2)按规定穿戴安全帽、荧光衣、绝缘鞋等安全防护用品。

(3)事故抢修地点两边必须采用强光防爆方位灯进行防护,必要时还要配备无线对讲机。

(4)隧道内作业必须保证有足够的照明(如可采用多功能强光探照灯)和通风。

(5)使用运输小车等在钢轨上推行的工机具时应注意计轴器,未安装尼龙绝缘轮的应抬过计轴器,销点时应与车站人员确定经过区段有无异常光带;停车时必须与钢轨固定,以防溜车伤人;过道岔时必须由施工负责人确认道岔开通的方向,以防挤岔;下坡时车前人后;上坡时人前车后。

三、主要工机具和材料

1.作业工机具

轨距尺1把,支距尺1把,钢卷尺5m/30m各1把,30cm钢直尺1把,隧道运输小车1台,吊轨车2台或抬轨钳4把,钢丝钳1把,钢轨搬运装置1台,电缆盘1台,角磨机1台,撬棍5根,铁锤4磅/18磅各1把,起道机1台,活口扳手450mm/300mm各2把,套筒扳手内径46mm4把,加力扳手内径46mm/36mm各1把,刹子1把,起钉撬棍1根。

2.作业材料

与故障地点道岔型号相匹配的尖轨、基本轨、钢轨等关键备件,滑床板、轨撑、顶铁、间隔铁、连杆等零部件,T形铁、连杆穿销、弹条、T形螺栓、弹簧垫圈、轨距块等扣配件,1mm/2mm/3mm尖轨调整片。

四、主要抢修内容

(1)接到抢修命令后,第一时间赶赴指定地点或事故现场集合,听从抢修负责人安排,穿戴好安全防护用品,进入轨行区查看道岔设备受损情况。

(2)道岔设备受损检查内容:尖轨、基本轨技术状态及伤损情况;连杆、滑床板、护轨及其他部件是否完好、顶铁有无伤损;连接零件、扣件是否完好、轨枕是否伤损;尖轨与基本轨是否密贴,尖轨顶面宽50mm及以上断面处、尖轨顶面是否低于基本轨面等;检查道岔几何尺寸是否良好。

(3)根据现场检查情况,判断挤岔后道岔设备状态是否具备正常开通条件,如满足,则办理限速通行并逐级提速至正常;如不满足则按先通后复的原则,安排应急抢修。

(4)根据抢修负责人命令携带工机具进入故障地点进行抢修。

(5)作业区域两端设置防护,运送同型号的轨料备件、零部件到故障现场,确认备用尖轨、基本轨的型号、左右开、长度、状态是否和现场匹配。

(6)配合信号专业拆除转辙机与尖轨的连接部件,拆除连接零件,将伤损尖轨、基本轨等部件移至限界外,清洁滑床板并涂油润滑。

(7)换入新尖轨、基本轨等,安装新的连接零件及道岔配件,调整各部位道岔几何尺寸及参数达到作业验收标准,配合信号专业安装连杆及尖轨跟端跳线,进行转换调试。

(8)检查道岔技术状态,确认受损设备恢复良好后撤除防护,人员、工机具出清。

五、其他相关工作

(1)由现场抢修负责人统一指挥施工。

(2)按规定统一穿戴安全防护用品,注意抢修现场设备设施的保护。

(3)接触轨线路在抢修时由接触轨工班派专职人员配合停电并挂接地线施工。

(4)抢修作业时间视实际情况确定。

六、善后处理

(1)故障抢修完成后,应根据现场故障类别及抢修完成情况决定是否限速放行列车。若需限速,按各单位限速管理办法相关规定执行。

(2)运营开始后,现场监控人员对病害区段进行添乘观察,及时掌握病害变化情况,观察病害无发展或不影响列车运行可视情况取消限速。

(3)事后对事件进行总结分析,并进行专项/特殊/处置后检查。

(4)抢修完毕,要求对可能受影响的设备设施的相关管理部门进行设备设施状态确认。

任务训练单

8人1组,分工协作完成挤岔应急抢修演练,其具体分工情况填入表6-1-1。

任务分工表　　　　　　　　　　　　　　　　表6-1-1

班级		组号		指导教师	
组长		学号		日期	
作业任务		挤岔应急抢修演练			
组员	姓名		任务分工		

任 务 实 施

(1)选择工机具和材料,并填入表6-1-2。

挤岔工机具和材料选择表　　　　　　　　　　表6-1-2

	名称	型号	数量	名称	型号	数量
作业工机具						
	名称	型号	数量	名称	型号	数量
作业材料						
环境安全要点/关键质量控制点	1.身体防护:反光背心,头/耳防护——安全帽,呼吸器官防护——一次性防尘口罩(隧道内作业),足部防护——绝缘鞋。 2.道岔作业时,谨防尖轨夹伤手脚,不得脚踏岔心和道岔转辙器部分。 3.不得随意触碰非本专业所管辖的设备。 4.必须有信号、车辆专业人员配合作业					

（2）按照以下步骤进行演练，并将完成情况填入表6-1-3。

挤岔应急抢修演练进程表　　　　　　　　　表6-1-3

序号	内容	是否完成
1	全员准备就绪，工作组组长确认演练具备条件后，报告演练总指挥，演练总指挥宣布演练开始	
2	车站(模拟)发现故障，按预案流程报维修调度员(模拟)	
3	模拟维修调度员通知线路工班和轨道技术组出动抢修(本次演练只涉及轨道抢修)	
4	按预案规定成立现场指挥部，指定人员担任现场指挥负责人	
5	抢修人员准备材料赶赴现场向指挥部报到，指定人员欢担任抢修负责人	
6	抢修人员向车站请点进入轨行区查看情况，确认故障是挤岔故障，需要更换尖轨处理，将现场情况向维修调度员及抢修现场负责人报告	
7	抢修负责人组织人员进行抢修：设置防护—确认故障设备状态—搬运作业工机具到位—拆除尖轨—更换新尖轨	
8	现场修复，设备回检。完毕后确认现场人员、设备出清后，向抢修负责人报告	
9	现场指挥负责人确认现场具体运营条件，向演练总指挥报告	
10	演练总指挥宣布演练结束	

考 核 评 价

按照表6-1-4对小组进行考核评价，并将结果填入表6-1-4。

挤岔应急抢修演练考核评价表　　　　　　　　　表6-1-4

检修项目	检修步骤	考核标准	得分
作业准备	1.作业前由施工负责人组织召开班前会，强调作业安全注意事项，安排作业分工。 2.选择合适的工机具。 3.作业开始之前，施工负责人到达车控室或厂调处，进行登记请点。 4.批点后，施工作业人员穿戴好防护用品，进入轨行区	共10分，缺一项扣3分	
作业过程	1.车辆正确牵引出道岔区段后，在作业区段前后设置红闪灯，线路工在指定地点待命，由检查人员全面检查道岔轨件。查看尖轨、轨头有无伤损；查看尖轨连杆、滑床板、护轨及其他构件有无伤损；查看连接零件、扣件是否完好；查看轨枕是否完好；查看尖轨与基本轨是否密贴；检查道岔几何尺寸是否良好。 　2.全面检查后确认挤岔不影响道岔工务设备正常使用，则办理限速通行并逐级提速至正常。 　3.若全面检查发现挤岔后道岔设备状态不具备正常开通条件，应坚持先通后复原则，安排应急抢修。	共20分，每缺一小项扣2分，操作不熟练扣0.5分。共10分，缺项为0分	

检修项目	检修步骤	考核标准	得分
作业过程	（1）线路工班人员需及时搬运同型设备、部件及工器具到指定地点并做好更换工作。 （2）拆除伤损设备及其部件。 （3）更换伤损设备、部件并恢复道岔至正常使用状态。 （4）配合信号专业进行尖轨扳动调试,至正常状态	共30分,按照道岔组件更换流程,每缺一项扣4分,操作不熟练扣1分	
收尾工作	1.作业完毕后确认作业区域内设备已恢复正常使用状态。 2.作业的工机具、材料、人员清点。 3.到车控室(车厂调度员)处销点。 4.做好班后总结会	共10分。 每缺一项扣2分,操作不熟练扣0.5分	
安全及劳保要求	1.操作人员在作业过程中需佩戴帆布(纱)手套,注意手部防护。 2.注意作业过程中设备搬运及工机具伤人	共20分。 未佩戴防护用品扣10分,作业中工机具跌落扣10分,磕手碰脚扣20分	

拓 展 任 务

序号	内容	地址
1	习题小测　挤岔应急处理	
2	**防挤岔自动控制系统** 通过光敏传感器、控制器和磁控停车器的联动,检测道岔状态(锁闭或开通)。当道岔处于锁闭状态时,强磁铁靠近钢轨触发紧急制动,防止机车挤岔;若道岔开通则磁铁远离钢轨,保障正常通行	https://m.tianyancha.com/zhuanli/ebe1609626304e94b5431adc292925f0
3	**道岔智能融雪系统** 天津地铁自主研发的补装设备,通过整合控制软件实现外锁闭区域加热的精准覆盖,解决强降雪下的融雪盲区问题	https://www.17tex.com/tex/2/187175.html
4	《普速铁路线路修理规则》(TG/GW 102—2019)第6.4.2、6.4.3、6.4.8条	
5	《高速铁路线路维修规则》(TG/GW 115—2023)第3.8.6、3.8.8、3.8.9条	
6	《城市轨道交通运营设备运行维修管理办法》(交运规〔2024〕9号)第三章设施设备维护	

任务二　学习活动　碎石道床下沉故障应急处理

作业指导书

现场视频　线路起道作业　　　　虚拟仿真　起道作业

一、工机具和材料

1.主要工机具

工机具：轨距尺、起道机、道镐、耙子、套筒扳手、十字凿、撬棍、对讲机、铁锤、红闪灯等。

2.材料和防护用品

材料：轨距垫、扣件等。荧光衣、劳保鞋、手套等防护用品。

二、碎石道床下沉处理流程

(1)轨道巡查人员发现线路下沉,汇报给生产调度员。

(2)生产调度员接到险情后通知工务部轨道工(班)长。

(3)轨道工(班)长与技术人员迅速赶赴现场,对线路下沉事故进行确认。

(4)轨道工(班)长确认启动线路下沉应急预案,担任抢险负责人,并及时通过手台(或电话)向场/行车调度员汇报并请点。

(5)抢险负责人通知抢修人员。

(6)抢修人员搬运工机具和材料到现场(人工或小车运送)。

(7)抢险负责人对抢险人员进行分工。

(8)抢修人员按照分工,抢修地点前分别设置红闪灯,根据抢险负责人的分工和指令进行起道捣固作业。

(9)抢修人员对钢轨折断区域进行线路状态恢复,具备行车条件后人员出清并撤除红闪灯。

(10)抢修人员负责人联系场/行车调度员,申请销点。

(11)场/行车调度员确认后给予销点。

(12)抢修结束,计时员记录。

任务训练单

按照5人1组,配合使用起道机,1人打撬,测量高低时2人拉线、捣固作业,并填写任务分工表,见表6-2-1。

表6-2-1

任务分工表

班级		组号		指导教师	
组长		预计时间		日期	
作业任务		碎石道床下沉故障应急处理			
组员	姓名		任务分工		

任 务 实 施

按照表6-2-2进行作业实施过程,并将实施过程情况填入表中。

表6-2-2

碎石道床下沉故障应急处理措施

项目	考核内容及评分标准	是否完成
作业前准备	选择合适的工机具和材料及防护用品	
	按照流程进行应急汇报,请填入汇报顺序: _____ _____	
	防护设置:_____	
操作过程	1.调查工作量和确定标准股 起道人应先俯身观察坑洼位置,准确画好每撬的始终点或确定起道量。同时,要将钢轨拱起、低接头、死坑、空吊板等查明,画上符号,以便指导捣固作业。一般以主线外股钢轨为标准轨	
	2.核准与检查量具 作业前由起道人检查与校正轨距尺、水平板和高度板	
	3.指挥起道 (1)起标准股:看道指挥者俯身在标准股钢轨上,一般距起道机不少于20m处看道,目测钢轨下颚水平线高低情况,用手势指挥起道。起道时,一般分为转辙、连接、辙叉和岔后长枕四段进行。每段起道时,都是先起接头,后起大腰或小腰。 (2)起对面股: ①找尖轨跟端水平时,为使主线、侧线水平一致,起道量应为该处主线、侧线水平值的平均值。例如,量取尖轨跟端主线水平线为20mm,侧线水平为30mm,则尖轨跟端起道量=(20+30)/2=25mm。当达到这个起道量	

项目	考核内容及评分标准	是否完成
操作过程	时,主线水平为20−25=−5mm(尖轨跟比基本轨高5mm),侧线水平为30−25=5mm(尖轨跟比基本轨也高5mm)。 ②为防止连接部分起中间钢轨影响基本股,找水平时,起道机要放在侧线外股钢轨上,主线、侧线兼顾,找好水平后三股钢轨同时打塞。必须注意的是,如行车较多或主线、侧线行车密度接近,为防止导曲线反超高,找水平时,应使四股钢轨达到一致,否则水平容易超限。 ③在辙叉部分找水平时,要"起侧线、量主线、捣辙叉"。先把起道机放在对应起道主线上,水平找好后,从辙叉趾端开始向后,逐根分岔枕进行打塞。辙叉趾端起好后,再把压机放在对应辙叉跟端的侧线下股,轨距尺放在对应起道机的主侧线上股上,找好水平后,从辙叉跟端开始向前逐根岔枕进行打塞。辙叉后长岔枕段的水平也用这种方法找平。这样做,可防止起道机放在岔枕中部而将基本股钢轨带起的毛病。 (3)按规定做好顺坡	
	4.质量回检 检查水平、三角坑,发现问题及时处理	
	5.撤除防护,防护撤出方式	

任 务 评 价

按照表6-2-3进行考核评价,并将评价结果填入表中。

碎石道床下沉故障应急处理考核评价

表6-2-3

项目	满分	考核内容及评分标准	评分标准	扣分	实得分
作业前准备	5分	1.按照流程正确汇报、设置防护、请点	未汇报(口述)扣3分,汇报流程不当扣2分		
	5分	2.召开班前会,选取工器具和材料	未召开班前会扣2分,工器具选择不正确扣3分		
操作过程	60分	1.调查工作量和确定标准股 起道人应先俯身观察坑洼位置,准确画好每撬的始终点或确定起道量。同时,要将钢轨拱起、低接头、死坑、空吊板等查明,画上符号,以便指导捣固作业。一般以主线外股钢轨为标准轨	符号漏标或标错,每处扣2分;起道量判断错误扣5分		
		2.核准与检查量具 作业前由起道人检查与校正轨距尺、水平板和高度板	未校正扣5分		
		3.指挥起道 (1)起标准股:看道指挥者俯身在标准股钢轨上,一般距起道机不少于20m处看道,目测钢轨下颚水平线高低情况,用手势指挥起道。每段起道时,都是先起接头,后起大腰或小腰。	(1)手势显示错误,每次扣1分;看道距离不足,每次扣2分。		

项目	满分	考核内容及评分标准	评分标准	扣分	实得分
操作过程	60分	(2)起对面股： ①找尖轨跟端水平时，为使主线、侧线水平一致，起道量应为该处主线、侧线水平值的平均值。 ②为防止连接部分起中间钢轨影响基本股，找水平时，起道机要放在侧线外股钢轨上，主线、侧线兼顾，找好水平后三股钢轨同时打塞。 (3)按规定做好顺坡	(2)漏一项扣10分；方法不当，每项扣5分		
		4.质量回检 检查水平、三角坑，发现问题及时处理	未检扣5分		
		5.撤除防护(口述)	漏、错扣5分		
工具设备的使用及维护	10分	1.起道前检查机(量)具是否处于完好状态。	1.否，扣5分		
		2.作业过程中损坏机(量)具	2.损坏，每件每次扣5分		
安全及其他	10分	1.摔倒及碰破手、脚	1.摔倒，扣5分		
		2.团结协作	2.不团结，扣2～4分		
		3.按规定时间完成	3.每超时1min扣1分，超时10min停止考核		
质量	10分	水平、高低、三角坑，正线及到发线道岔不超过4mm，站线及专用线不超过5mm，不超过保养标准	超过4mm、5mm，每项每处扣4分；超过保养标准扣2分		

拓 展 任 务

序号	内容	地址
1	习题小测　碎石道床下沉应急处理	
2	**道床新型隔离材料** 在路基病害整治中，使用氯丁橡胶板、土工布等材料封闭路基面，隔绝地表水对路基的渗透，防止软土地基进一步沉降	https://www.guimei8.com/23982.html
3	**道床动态监测与预测技术** 广州地铁通过高频次轨面高程测量与数据分析，建立道床沉降量随时间变化的数学模型，科学指导起道量和维修周期	https://max.book118.com/html/2017/1105/139007309.shtm

续上表

序号	内容	地址
4	《普速铁路线路修理规则》(TG/GW 102—2019)第4.6.1～4.6.6条	
5	《高速铁路线路维修规则》(TG/GW 115—2023)第3.3.1～3.3.4条	
6	《城市轨道交通运营设备运行维修管理办法》(交运规〔2024〕9号)第二章设施设备运行监测第十一条	

任务三　学习活动　整体道床上拱、下沉故障应急处理

作业指导书

一、抢修原则

(1)抢修人员以最快的速度恢复轨道设备,保证行车。

(2)严格执行行车和用电安全作业等有关规定和防护措施,防止扩大事故范围和发生意外事故。

现场视频　整体道床沉降处理

(3)各相关单位按各自应急预案处理。

二、安全措施

(1)需行车调度员批准后,方可发布抢修施工命令。

(2)按规定穿戴安全帽、荧光衣、绝缘鞋等安全防护用品。

(3)事故抢修地点两边必须采用强光防爆方位灯进行防护,必要时还要配备无线对讲机。

(4)隧道内作业必须保证有足够的照明(如可采用多功能强光探照灯)和通风。

(5)使用运输小车等在钢轨上推行的工机具时应注意计轴器,未安装尼龙绝缘轮的应抬过计轴器,销点时应与车站人员确定经过区段有无异常光带;停车时必须与钢轨固定,以防溜车伤人;过道岔时必须由施工负责人确认道岔开通的方向,以防挤岔;下坡时车前人后;上坡时人前车后。

三、主要抢修工机具和材料

1.作业工机具

红闪灯2个,轨距尺2把,钢直尺30cm1把,20m弦线1个,起道机2台,铁锤4磅2把,钢凿2把,套筒扳手内径36m/46mm2把,Ⅲ型弹条专用扳手2把,加力扳手内径36mm/46mm各1把,隧道运输小车1台。

2.作业材料

1mm、3mm、5mm厚度的轨底调高垫板各100块,3mm、5mm、7mm厚度的铁垫板下调高垫板各50块。

四、主要抢修内容及流程

（1）接到抢修命令后，第一时间赶赴指定地点或事故现场集合，到达现场后及时与抢修负责人联系，听从抢修负责人安排，穿戴好安全防护用品，搬运工具材料进入故障地点开始抢修。

（2）在作业区域前后20m的位置设置红闪灯。

（3）根据抢修负责人指挥对道床结构变形位置进行调查，对现场轨道几何尺寸进行测量。

（4）道床变形处理：

①道床上拱：确定上拱位置后，抢修人员根据相应预案进行排水泄压作业。

②道床下沉：确定下沉位置后，抢修人员根据相应预案进行注浆整治作业。

（5）轨道专业根据道床变形处理后轨道几何尺寸变化情况，进行线路调坡、顺平工作。

（6）确认设备状态满足列车安全通行条件后出清工机具、材料及施工垃圾，撤除两端防护。

五、善后处理

（1）故障抢修完成后，应根据现场故障类别及抢修完成情况决定是否限速放行列车。若需限速，则根据放行条件决定列车放行速度。

（2）抢修完毕，要求对可能受影响的设备设施的相关管理部门进行设备设施状态确认。

（3）事后对事件进行总结分析和处置后检查。

（4）运营开始后现场监控人员对病害区段进行添乘观察，及时掌握病害变化情况。观察病害无发展或不影响列车运行可视情况取消限速。

任务训练单

按照5人1组，完成整体道床上拱、下沉处理，并将任务分工填入表6-3-1。

任务分工表　　　　　　　　　　　　　　　表6-3-1

班级		组号		指导教师	
组长		预计时间		日期	
作业任务	整体道床上拱、下沉故障应急处理				
组员	姓名	任务分工			

任 务 实 施

根据作业要求，选择合适的工机具和材料，将数量和类型填入表6-3-2。

整体道床上拱、下沉故障应急处理工机具和材料选取表　　　表6-3-2

序号	名称	规格	单位	数量	备注
1	红闪灯		个		
2	轨距尺		把		
3	钢直尺		块		
4	起道机		台		
5	弦绳		把		
6	铁锤		把		
7	钢凿		把		
8	套筒扳手		把		
9	Ⅲ型弹条专用扳手		把		
10	加力扳手		把		

任 务 实 施

（1）画出主要作业流程图。

（2）根据作业流程图，小组进行整体道床上拱、下沉作业，并回答以下问题：

①道床上拱的主要措施如何完成？

②道床下沉的主要措施如何完成？

_____

_____

_____

③该作业的主控项目是什么？

_____

_____

_____

任 务 评 价

对以上作业过程进行考核评价，并将评价结果填入表6-3-3。

整体道床上拱、下沉故障应急处理考核评价表　　　　表6-3-3

评价内容	评分			最终得分
	小组自评	组间互评	教师评价	
应急汇报流程的正确性				
作业前防护要求设置的合理性、工具选取合理性				
现场几何尺寸测量的正确性和熟练度				
上拱处理方式的熟练度、小组配合度				
上拱处理方式的熟练度、小组配合度				
作业后现场清理的完备性				
安全措施				

拓 展 任 务

序号	内容	地址
1	习题小测　整体道床下沉	

续上表

序号	内容	地址
2	**JC高聚物注浆材料抬升道床** 采用JC高聚物材料注入道床填充层治理隧道整体道床下沉问题,通过精确控制注浆工艺,发泡膨胀产生抬升力,有效恢复道床高程,避免传统凿除修复对结构的破坏	http://wfo.lib.ustc.edu.cn/D/Periodical_gskj202024028.aspx
	绳锯切割+疏水排水整治道床上拱 某重载铁路采用"绳锯切割+注浆加固+疏水排水"组合工艺。绳锯切割释放道床内部应力,配合环氧树脂注浆修复裂缝,同时优化排水系统降低基底含水率	http://wfo.lib.ustc.edu.cn/D/Periodical_zhongguotl202112014.aspx
3	《普速铁路线路修理规则》(TG/GW 102—2019)第4.13.1～4.13.16条	
4	《高速铁路线路维修规则》(TG/GW 115—2023)第3.4.1～3.5.8条	
5	《城市轨道交通运营设备运行维修管理办法》(交运规〔2024〕9号)第二章更新改造管理第二十条、第二十三条	